Ein neues Judentum in Deutschland?

Fremd- und Eigenbilder der russisch-jüdischen Einwanderer

Ein neues Judentum in Deutschland?

Fremd- und Eigenbilder der russisch-jüdischen Einwanderer

herausgegeben von
Julius H. Schoeps/Willi Jasper/
Bernhard Vogt

Verlag für Berlin-Brandenburg
Potsdam

Neue Beiträge zur Geistesgeschichte

Herausgegeben im Auftrage der Gesellschaft für Geistesgeschichte von Wolfgang Hempel, Joachim H. Knoll, Peter Krüger, Elisabeth Nilkens, Michael Salewski und Julius H. Schoeps

Band 2

Die Durchführung der Hauptuntersuchung „Jüdische Zuwanderer aus der GUS – zur Problematik von soziokultureller und generationsspezifischer Integration“, sowie Herstellung und Druck dieser Publikation konnten durch die finanzielle Unterstützung der ZEIT-Stiftung realisiert werden.

Die Deutsche Bibliothek – CIP-Einheitsaufnahme

Ein Titeldatensatz für diese Publikation ist bei der Deutschen Bibliothek erhältlich.

ISBN 3-932981-62-6

1. Auflage 1999

Tabellen und Grafiken: René Schreiter/Bernhard Vogt
Foto des Einbandes: Ali Paczewsky/images.de

Satz: René Schreiter

Inhalt

Einleitung 7

Julius H. Schoeps/Willi Jasper/Bernhard Vogt
Jüdische Zuwanderer aus der GUS – zur Problematik von sozio-kultureller und generationsspezifischer Integration. Eine empirische Studie des Moses Mendelssohn Zentrum 1997–1999 13

1. „Einwanderungsland“ Deutschland 13
2. Fremdbilder und Statistiken 21
3. Problemstellung und Untersuchungskonzeption . . 31
4. Sozialstruktur und Wanderungsmotivation der jüdischen Zuwanderer 41
5. Wohnsituation 54
6. Arbeit und Beruf 64
7. Sprachbarrieren 76
8. „Deutsche, Russen und Juden“ 81
9. Familie 87
10. Jüdische Gemeinden im Wandel 96
11. Partizipation am Gemeindeleben und Religiosität der Zuwanderer 109
12. Zusammenfassung 117
13. Anhang
    Verzeichnis der Grafiken und Tabellen 126
    Dokumentation des Fragebogens 127

Judith Kessler
Identitätssuche und Subkultur. Erfahrungen der Sozialarbeit in der Jüdischen Gemeinde zu Berlin . . . 140

Hanna Petschauer
Für die Alten ein Zufluchtsort. Eine Befragung unter russisch-jüdischen Zuwanderern in Leipzig 163

Alphons Silbermann
Partizipation und Integration. Eine Fallstudie aus der Synagogengemeinde Köln 202

Michael Szentei-Heise
„Allen Gruppen ein Gefühl von Zuhause geben." Interview mit dem geschäftsführenden Verwaltungsdirektor der Jüdischen Gemeinde Düsseldorf. 214

Harald Petzold
Projekte und Initiativen für Chancengleichheit. Bildungspolitische Aspekte der Integration jüdischer Flüchtlinge im Land Brandenburg 234

Sabine Gruber
Osteuropäische Ingenieure und Naturwissenschaftler im Spannungsfeld beruflicher Integration. Eine vergleichende Analyse des Hochschuldidaktischen Zentrums Dortmund 265

Olaf Glöckner
Abschied vom „kulturellen Schmelztiegel". Integration und Selbstbehauptung der russischen Juden in Israel 291

Herausgeber und Autoren 313

Literaturanhang 317

Einleitung

Mit unserer 1996 veröffentlichten Studie *„Russische Juden in Deutschland. Integration und Selbstbehauptung in einem fremden Land"* hatte eine interdisziplinär zusammengesetzte Arbeitsgruppe des Moses Mendelssohn Zentrums in Kooperation mit jüdischen Instituten und einzelnen Wissenschaftlern aus Moskau und St. Petersburg sich das Ziel gesetzt, den Jüdischen Gemeinden, Sozialeinrichtungen, Behörden und Wohlfahrtsverbänden erste Planungsgrundlagen für Integrationshilfen zur Verfügung zu stellen. Bis zu diesem Zeitpunkt gab es keine genauen Daten, die geeignet gewesen wären, Aufschluß über die Integrationsproblematik der jüdischen Zuwanderer in Deutschland zu geben. Im Mittelpunkt des Interesses stand vor allem auch die Frage nach der Ausreisemotivation. Zu diesem Zweck führten wir in Moskau parallel zur Hauptumfrage eine spezifizierte Kurzumfrage unter Ausreisewilligen durch. Die damalige Hauptumfrage wurde von August 1993 bis April 1994 in insgesamt 36 Städten der alten und neuen Bundesländer (einschließlich Berlin) auf repräsentativer Grundlage durchgeführt. Die Dokumentation der Ergebnisse der empirischen Hauptuntersuchung konnten wir durch Essays, Einzelanalysen und Interviews zu den Themenkomplexen „Jüdisches Leben in Rußland", „Zur Situation von Intellektuellen und Künstlern", „Emigrantenkinder in Berlin", „Jüdische Gemeinden im Wandel" und „Medienberichte" ergänzen. Die Ermittlung sozialer Basisdaten und die Gewinnung erster Informationen über Integrationsverlauf und kulturell-religiöse Problemfelder in den Jüdischen Gemeinden hatten wir in einem vorläufigen Erkenntnisbild zusammengefaßt:

> „Den Emigranten wird eine zweifache Integrationsleistung abverlangt, die einerseits dem ambivalenten Verhältnis der deutschen Gesellschaft zu jüdischen Bürgern Rechnung trägt und andererseits die Einfügung in die jüdische Gemeinschaft fordert, deren kulturelle und religiöse Grundlagen den meisten

fremd sind. Bei den meisten Emigranten kann allerdings von einer hohen Integrations- und Akkulturationsbereitschaft ausgegangen werden. Für die jüdischen Gemeinden selbst bedeutet der starke Zustrom aus Osteuropa einerseits die Bewältigung völlig neuer Aufgabenstellungen, die oft aufgrund von chronischer Mittel- und Personalknappheit zahlreiche organisatorische Schwierigkeiten nach sich ziehen. Andererseits sind soziale Konflikte zwischen ‚alten' und neuen Mitgliedern wegen unterschiedlicher Interessen häufig kaum zu vermeiden. Zugleich eröffnet das Wachstum den Gemeinden neue Perspektiven, die viele als Chance nicht nur zur Verjüngung des Altersdurchschnitts der Mitglieder, sondern zur Erneuerung jüdischen Lebens in Deutschland sehen, dessen Existenzberechtigung nach dem Holocaust von jüdischer Seite in den USA und Israel bis in die jüngste Vergangenheit in Frage gestellt wurde."

In der allgemeinen Tendenz wurden die Ergebnisse unserer ersten Untersuchung durch den Migrationsverlauf, die gesellschaftliche Integrationsbereitschaft und die Entwicklung in den jüdischen Gemeinden bestätigt. Das gilt vor allem für die Erkenntnis, daß die Schwierigkeit der Zuwanderer, in Deutschland eine der Ausbildung entsprechende Arbeit zu finden, in erster Linie etwas mit der „kopflastigen" Berufsstruktur und den Sprachbarrieren zu tun hat. Zweifel hingegen tauchten schon relativ früh auf, ob sich unsere vorläufige, relativ optimistische Einschätzung der subjektiven Flexibilität und Integrationsbereitschaft der Betroffenen, sowie deren Wille zur kulturell-religiösen Neuorientierung im Rahmen der jüdischen Gemeinschaft als dauerhafte Tendenz erweisen würde. Daher legten wir in der Bestimmung der Untersuchungsmethode unseres neuen Projektes den Akzent eindeutig auf die diesbezüglichen qualitativen Aspekte und berücksichtigten bei der Erstellung des Fragebogens die Ergebnisse einer Vorumfrage unter SozialarbeiterInnen in ausgesuchten Gemeinden. Die Umfrage wurde bundesweit im Zeitraum von Januar bis Juli 1998 unter den jüdischen Zuwanderern ab 16 Jahren durchgeführt. Das Sample setzte sich aus knapp 1.000 Personen aus 71 Städten und Gemeinden zusammen. Mit der regionalen Ausweitung des Untersuchungsraums berücksichtigten wir die in quantitativer und qualitativer Hinsicht erheblich veränderte Gesamtsituation. Die Zahl der nach Deutschland Eingewanderten hatte sich im Untersuchungszeitraum gegenüber der ersten Umfrage verdreifacht. Zum Zeitpunkt des Redaktionsschlusses im Juli 1999 waren insgesamt 109.936 Personen auf der Grundlage des Status von Kontingentflüchtlingen (einschließlich der zum Teil nichtjüdischen Familienmitglieder) nach Deutschland eingereist. Allerdings waren nur etwa 60 Prozent der Einwanderer als Neumitglieder der jüdischen Gemeinden registriert. Nach Angaben der Zentralwohlfahrtsstelle der Juden in Deutschland betrug Ende 1998 die Gesamtzahl der Mitglieder der jüdischen Gemeinden 74.289, davon waren 53.559 Neumitglieder (also Zuwanderer aus dem GUS-Bereich). Gehen wir also von einer vielleicht demnächst erreichten Gesamtzahl von 100.000 jüdischen Gemeindemitgliedern aus, dann ist das im Verhältnis zu der 80 Millionen umfassenden deutschen Gesamtbevölkerung (einschließlich der etwa zwei Millionen eingebürgerten Aussiedler) und den sechs Millionen Ausländern nach wie vor eine verschwindend kleine Minderheit. Dennoch ist bemerkenswert, daß – auch wenn sich die absolute Zahl der Gemeindemitglieder trotz des Zustroms aus Osteuropa in Grenzen hält – Deutschland zur Zeit tatsächlich das einzige europäische Land mit einer stark wachsenden jüdischen Gemeinschaft ist.

Bereits die Ergebnisse unserer Vorumfrage unter den SozialarbeiterInnen der Jüdischen Gemeinden verdeutlichten, daß der Migrationsdruck viele jüdische Gemeinden vor nur schwer zu lösende Probleme stellt. In Deutschland trafen und treffen die Zuwanderer auf Gemeinden, deren Selbstverständnis sich erst durch den Migrationsdruck zu klären beginnt. Salomon Korn, Mitglied des Zentralrats der Juden in Deutschland, spricht in diesem Zusammenhang vom Anwachsen einer „kritischen Masse", die die Gemeinden vor eine „Zerreißprobe" stellen könnte. Ein wesentliches Ergebnis unserer neuen Umfrage ist, daß mehr als die Hälfte aller Befragten der Ansicht waren, ihre

„Hauptprobleme“ seien noch nicht bewältigt. Da diese Probleme in den verschiedenen Altersstufen unterschiedlich ausgeprägt sind, kam es uns darauf an, generationsspezifische Erfahrungen zu dokumentieren. Ob es tatsächlich gelingen wird, den größten Teil der Zuwanderer auch langfristig zu integrieren (bei aller Ambivalenz des umstrittenen Begriffs „Integration“), ist eine offene Frage. Vieles hängt davon ab, ob die politischen und gesamtgesellschaftlichen Instanzen Deutschlands sich endlich dazu durchringen werden, den de facto längst erreichten Status eines Einwandererlandes auch offiziell zu akzeptieren. Bei der Analyse des teilweise widersprüchlichen Integrationsverlaufs gewinnen regionalspezifische Untersuchungen „vor Ort“, das heißt in den Jüdischen Gemeinden selbst, eine immer größere Bedeutung. Gewissermaßen als Ergänzung, Bestätigung und Korrektiv zu unserer allgemeinen Hauptuntersuchung dokumentieren wir zusätzlich Fallstudien aus Berlin, Leipzig, Köln und Düsseldorf.

So gibt der Beitrag von Judith Kessler Einblicke in den Alltag der Sozialarbeit in der größten Jüdischen Gemeinde Deutschlands, der Jüdischen Gemeinde zu Berlin. Neben der Bilanz struktureller Veränderungen und neugeschaffener Einrichtungen geht es auch um die in Berlin besonders ausgeprägte „russische Subkultur“. Hanna Petschauer hat russisch-jüdische Zuwanderer aus drei Generation nach der Beurteilung ihrer Lebenssituation und Perspektive in der Stadt Leipzig befragt. Sie traf auf sehr verschiedene Eigenreflexionen, Zukunftsvorstellungen und Beschreibungen der neuen Umgebung. Auf der Grundlage einer umfassenden empirischen Studie hat Alphons Silbermann den Stand der Integration russisch-jüdischer Zuwanderer in der Synagogen-Gemeinde Köln kritisch geprüft. Der Vorteil seiner Untersuchung ist, daß nicht nur die Zuwanderer, sondern auch die Altmitglieder nach ihren Erfahrungen befragt wurden. In einem Interview mit Michael Szentei-Heise, dem Geschäftsführer der Jüdischen Gemeinde Düsseldorf werden vor allem die generationsspezifischen Schwerpunkte der Integrations-„Politik“ erläutert. Harald Petzold hat das Problem der bürokratischen

Willkür bei der Anerkennung von Schul-, Hochschul- und Berufsabschlüssen im Fall der russisch-jüdischen Zuwanderer ebenfalls aus regionaler Sicht untersucht. Er stellt dar, in welcher Weise die brandenburgische Bildungspolitik sich um eine verbesserte schulische und berufliche Integration der jüdischen Kontingentflüchtlinge bemüht. Insbesondere was die sprachliche Förderung der jungen Einwanderer betrifft, zieht er Vergleiche zu den defizitären Verhältnissen auf Bundesebene. Daneben geht der langjährige Landtagsabgeordnete auf Projekte und bildungspolitische Initiativen ein, die in dem von vielen rechtsextremen Übergriffen erschütterten Land ein integrationsfreundlicheres Klima schaffen sollen. Chancen und Hindernisse für einen beruflichen Neubeginn, wie sie für russische Ingenieure und Naturwissenschaftler in Nordrhein-Westfalen wie auch im gesamtdeutschen Raum existieren, beschreibt Sabine Gruber. Die von ihr mitgeleitete Forschungsgruppe der Universität Dortmund hat in differenzierter Weise Ausbildungsprogramme und Studienordnungen für die genannten Berufsgruppen in Osteuropa und in der Bundesrepublik verglichen und jeweilige Vor- und Nachteile im Hinblick auf den deutschen Arbeitsmarkt analysiert. Persönliche Befragungen ergänzen das Bild einer komplizierten Beschäftigungslage und wenig optimistischer Perspektiven. Olaf Glöckner, Mitarbeiter des MMZ in Potsdam, beleuchtet Vergleichsaspekte der sozialen, wirtschaftlichen und kulturellen Eingliederung russisch-jüdischer Einwanderer in Israel, wo ihre Zahl in absehbarer Zeit die Millionengrenze erreichen wird. Glöckner geht auf die langjährigen Erfahrungen des jüdischen Staates bei der Integration von Flüchtlingen ein und zeigt an ausgewählten Beispielen die vergleichsweise erfolgreiche Sprachförderung und Einbindung der Masse der Zuwanderer in den israelischen Arbeitsmarkt, die Modellcharakter für andere Einwanderungsländer – wie Deutschland und die USA – besitzen könnten.

Für die methodische Kontinuität der vorliegenden Langzeitstudie war mitentscheidend, daß die wissenschaftliche Leitung der interdisziplinären Untersuchungsgruppe und das Herausgebergremium seit 1994 in gleicher Zusammensetzung arbeiten konnten. Für ihre hilfreiche Kooperationsbereitschaft möchten wir dem Zentralrat der Juden in Deutschland, der Zentralwohlfahrtsstelle der Juden in Deutschland und den beteiligten Jüdischen Gemeinden danken. Besonderer Dank gilt vor allem der ZEIT-Stiftung (Hamburg) und der Bundesanstalt für Arbeit, ohne deren finanzielle die Untersuchung hätte nicht durchgeführt werden können.

Die Herausgeber Juli 1999

Julius H. Schoeps/Willi Jasper/Bernhard Vogt

„Jüdische Zuwanderer aus der GUS – zur Problematik von sozio-kultureller und generationsspezifischer Integration." Eine empirische Studie des Moses Mendelssohn Zentrums 1997–1999

1. „Einwanderungsland" Deutschland

Obwohl in der Öffentlichkeit meist bestritten oder verdrängt, ist die Bundesrepublik Deutschland seit dem Ende des Zweiten Weltkrieges de facto zu einem Einwanderungsland geworden. Ethnisch und politisch verfolgte Menschen, Asylbewerber, langjährig hier beschäftigte Ausländer, deutschstämmige Aussiedler und Migranten verschiedener Kontinente – sie alle fanden hier in der Mitte Europas einen neuen Lebensort.

Schon bis Anfang der 50er Jahre waren rund 8 Millionen deutschstämmige Zwangsumgesiedelte aus Osteuropa und den ehemaligen deutschen Ostgebieten aufgenommen worden, und von 1951 bis 1988 immigrierten weitere 1,6 Millionen in die Bundesrepublik – nunmehr unter der Bezeichnung „Aussiedler". Während der ersten Hälfte der 80er Jahre lag der jährliche Zuzug dieser Gruppe bei 47.000, doch mit der Öffnung des östlichen Staatensystems Ende der 80er Jahre stieg die Zahl der aus diesem Kreis Hinzukommenden noch einmal sprunghaft an. Die neun Jahre von 1988 bis 1996 brachten weitere 2,3 Millionen Aussiedler beziehungsweise Spätaussiedler nach Deutschland, die mit der Aufnahme nach § 116 Grundgesetz die deutsche Staatsbürgerschaft erhielten. Bis zu Beginn der 80er Jahre war die Integration dieser Gruppe aufgrund großer Anpassungsbereitschaft sowohl in der westdeutschen Gesellschaft als auch bei den Aussiedlern vergleichsweise reibungsarm verlaufen. Das stetige wirtschaftliche Wachstum in der Bundesrepublik hatte zumindest bis zur Ölkrise 1973 den Eingliederungsprozeß der Aussiedler auch materiell nahezu problemlos abgesichert. Doch vor dem Hintergrund späterer ökonomischer Stagnation und vor allem der gesteigerten

Zuwanderung seit Ende der 80er Jahre ließen Aufnahmebereitschaft und Akzeptanz in der deutschen Bevölkerung deutlich nach, was in der Konsequenz mit der Neufassung des Bundesvertriebenengesetzes vom Januar 1993 auch zu einer Reduzierung der Eingliederungshilfen führte.[1] Außerdem wurde eine jährliche Einwanderungsbeschränkung von 220.000 für Spätaussiedler eingeführt, die trotzdem weltweit die höchste Einwanderungsquote für eine ethnische Gruppe darstellt.[2] Infolge der verschärften Aufnahmebedingungen ging die Zahl der eingereisten Spätaussiedler nach Angaben des Aussiedlerbeauftragten der Bundesregierung vom Februar 1999 auf 103.080 im Jahre 1998 zurück.[3]

1 Vgl. u. a. Rainer Schulze/Doris v. der Brelie-Lewien/Helga Grebing (Hg.), Flüchtlinge und Vertriebene in der westdeutschen Nachkriegsgesellschaft, Hildesheim 1987; Dietrich Thränhardt, Die Bundesrepublik Deutschland – Ein unerklärtes Einwanderungsland. In: Aus Politik und Zeitgeschichte. Beilage zu „Das Parlament", Nr. 24 (1988); Klaus J. Bade, Neue Heimat im Westen. Vertriebene, Flüchtlinge, Aussiedler, Münster 1990; Ders./S. Ilan Troen (Hg.), Zuwanderung und Eingliederung von Deutschen und Juden aus der früheren Sowjetunion in Deutschland und Israel, Bonn 1993; Barbara Dietz/Peter Hilkes, Rußlanddeutsche – Unbekannte im Osten. Geschichte. Situation. Zukunftsperspektiven, München 1993; Sylvia Schraut/Thomas Grosser (Hg.), Die Flüchtlingsfrage in der deutschen Nachkriegsgesellschaft, Mannheim 1996; Barbara Koller, Aussiedler der großen Zuwanderungswellen – was ist aus ihnen geworden? Die Eingliederungssituation von Aussiedlerinnen und Aussiedlern auf dem Arbeitsmarkt in Deutschland. In: Mitteilungen aus der Arbeitsmarkt- und Berufsforschung, 30. Jg., H. 4 (1997), S. 766–789; Steffen Angenendt (Hg.), Migration und Flucht. Aufgaben und Strategien für Deutschland, Europa und die internationale Gemeinschaft (= Schriftenreihe der Bundeszentrale für politische Bildung, Bd. 342), Bonn 1997; Rainer Münz/Wolfgang Seifert/Ralf Ulrich, Zuwanderung nach Deutschland. Strukturen, Wirkungen, Perspektiven, Frankfurt a. M. 1997.

2 Vgl. Paul Anthony Harris, The Politics of Reparation and Return. Soviet Jewish and Ethnic German Immigration to the New Germany, Diss., Auburn University, 1997, S. 9 u. 21; Dietrich Tränhardt, Zuwanderungspolitik im europäischen Vergleich. Vortragsmanuskript aus Anlaß des Internationalen Seminars „Jüdische Migration in Europa" des European Council of Jewish Communities und der Zentralwohlfahrtsstelle der Juden in Deutschland vom 2.–5. Juni 1997, S. 33.

3 Im Jahre 1997 waren es 134.419 Aussiedler (vgl. Info-Dienst Deutsche Aussiedler. Zahlen. Daten. Fakten, Nr. 99 (Sept. 1998), Bonn, hg. v. Beauftragten der Bundesregierung für Aussiedlerfragen, Dr. Horst Waffenschmidt).

Der Wirtschaftsboom während der 50er und 60er Jahre war es gewesen, der bis 1973 zur Anwerbung von sogenannten „Gastarbeitern" aus dem Ausland geführt hatte.[4] Im Jahre 1950 lebten in der Bundesrepublik Deutschland 72.000 ausländische Beschäftigte, 1960 waren es bereits 329.000. Der Bau der Mauer im Jahre 1961, der den Zuzug von Arbeitskräften aus der ehemaligen DDR drastisch verminderte, führte noch zu einer verstärkten Anwerbung aus anderen Staaten: Schon 1964 wurde der einmillionste „Gastarbeiter" feierlich begrüßt. 1973 war die Zahl der Ausländer in der Bundesrepublik dann auf fast 4 Millionen angestiegen.[5] Das Ziel ihrer Anwerbung war die Beseitigung von konjunkturell und demographisch bedingten Arbeitsmarktengpässen gewesen. Herrschte anfangs die Vorstellung vor, die „Gastarbeiter" würden nach einigen Jahren beruflicher Tätigkeit wieder in ihre Heimat zurückkehren und durch neue Arbeitsmigranten ersetzt („Rotation"), zeigte sich spätestens in den 70er Jahren, daß eine wachsende Zahl von ihnen dauerhaft hier bleiben und ihre Familienangehörigen nach Deutschland holen würde.

4 Der Zusammenhang zwischen Wirtschaftswachstum und Einwanderung müßte für die bundesdeutsche Wirtschaftsgeschichte noch grundsätzlich untersucht werden. Dies allein schon deshalb, um dem verbreiteten Vorurteil entgegenzuwirken, daß Zuwanderer Einheimischen zwangsläufig Arbeitsplätze „wegnehmen". Für andere Einwanderungsländer wie beispielsweise Israel ist nachgewiesen, daß das Wirtschaftswachstum mit der Zahl der Einwanderer und dem Kapitalzufluß korreliert. Vgl. hierzu: Yoram Ben-Porath (Hg.), The Israeli Economy. Maturing through Crises, Cambridge (Mass.)/London 1986; Paul Rivlin, The Israeli Economy, Boulder/San Francisco/Oxford 1992; Bernhard Vogt, Bodeneigentum, Siedlung und sozio-ökonomische Entwicklung in Palästina/Israel, 2 Teile. In: Zeitschrift für Sozialökonomie, 34. Jg., Nr. 112 (1997), S. 22–29 u. Nr. 114 (1997), S. 25–33. Mit anderen Worten: Gerade Zuwanderung läßt Arbeitsplätze entstehen, allein um den Grundbedarf der Immigranten an Nahrung, Kleidung und Wohnung zu decken. Ist die Zuwanderung darüber hinaus mit einem günstigen Kapitalzufluß verbunden und werden die Zuwanderer über Qualifizierungsmaßnahmen gut in den Arbeitsmarkt gelenkt, dann ist selbst ein starkes Anwachsen der Bevölkerung wie in Israel während der 90er Jahre nicht nur zu bewältigen, sondern hat positive volkswirtschaftliche Implikationen.

5 Vgl. Münz/Seifert/Ulrich (1997), S. 36f.

Seit den 80er Jahren fanden verstärkt auch Asylbewerber, Kontingent- und De-facto-Flüchtlinge aus Osteuropa, der Türkei und Ländern der Dritten Welt den Weg in die Bundesrepublik und richteten sich zu einem Großteil ebenfalls auf einen dauernden Aufenthalt ein. Das Ergebnis dieser Entwicklung war ein positives Wanderungssaldo[6]: Am 31. Dezember 1998 lebten rund 7,32 Millionen Ausländer in Deutschland – was 8,9 % der Gesamtbevölkerung von rund 82 Millionen ausmachte. Davon stammten rund 600.000 aus Italien, 1,2 Millionen aus dem ehemaligen Jugoslawien, 360.000 aus Griechenland, 2,1 Millionen aus der Türkei und 1,8 Millionen aus anderen EU-Staaten.

Trotz dieses enormen Zuwachses der Wohnbevölkerung der Bundesrepublik stellte sich die Frage der Integration für die zugewanderten „Gastarbeiter" beziehungsweise „Ausländer" zunächst nicht. Die bundesdeutsche Politik differenzierte klar nach Gruppen, ökonomischen und sozialen Interessen – und sie orientierte sich an Vorurteilsstrukturen:

> „Es wurde, institutionell und rechtlich deutlich voneinander getrennt, Vertriebenen-, Gastarbeiter-, Flüchtlings- und Aussiedlerpolitik betrieben. Hierbei wurde zum Teil – wie etwa in der Vertriebenen- und Aussiedlerpolitik – eine sehr erfolgreiche Integrationspolitik verfolgt, die durchaus als Muster für andere Wanderungsformen gelten könnte. Eine Übertragung solch positiver Erfahrungen auf andere Zuwanderungsformen erfolgte bisher aber nicht, weil Vertriebene und Aus-

6 Im Jahr 1990 lebten 5,7 Millionen Ausländer (sowie eine Million Flüchtlinge und 0,5 Million Asylbewerber) in der Bundesrepublik Deutschland, auf die das positive Wanderungssaldo und die Geburtenüberschüsse weitgehend zurückzuführen sind: Zwischen 1954 und 1995 wanderten insgesamt rund 22,7 Millionen Ausländer zu und rund 16,2 Millionen ab. Der Wanderungsgewinn betrug somit 6,5 Millionen. Es existieren allerdings charakteristische Unterschiede nach Herkunftsländern: So blieben die türkischen Zuwanderer überwiegend in Deutschland, während die aus Italien und Jugoslawien (bis Anfang der 90er Jahre) zum Großteil in ihre Herkunftsländer zurückkehrten. Vgl. hierzu: Ministerium für Arbeit, Gesundheit und Soziales des Landes Nordrhein-Westfalen (Hg.), Ausländer, Aussiedler und Einheimische als Nachbarn, Wuppertal 1992, S. 9ff.; Klaus J. Bade, Ausländer–Aussiedler–Asyl: eine Bestandsaufnahme, München 1994, S. 34ff.; Münz/Seifert/Ulrich (1997), S. 45 u. 52ff.

siedler nicht als Migranten wahrgenommen wurden. Solche begrifflichen Blockierungen, die selbstverständlich nicht im politisch luftleeren Raum existieren, sondern ihr Beharrungsvermögen aus einer Verankerung im politisch-parlamentarischen Geschehen schöpfen, beispielsweise aus dem erfolgreichen Lobbyismus der Vertriebenenverbände, verhindern bis heute, daß eine umfassende Migrationspolitik entwickelt werden kann. Mögliche Gestaltungsspielräume wurden von den Regierungen immer wieder mit dem Argument blokkiert, Deutschland sei kein Einwanderungsland."[7]

In der deutschen Öffentlichkeit besteht erhebliche Verunsicherung im Umgang mit Zuwanderern. Dies läßt sich unter anderem daran ablesen, daß der Begriff der „Integration" – der in Deutschland zumeist einseitig als Anpassung, Angleichung oder „Assimilation" verstanden wird, das heißt die Übernahme der Normen, Verhaltensweisen und Kultur der Mehrheit durch die (zugewanderte) ethnische Minderheit impliziert – sowohl in der Migrationsforschung als auch in der politischen Öffentlichkeit umstritten geblieben ist. Erst seit Ende der 60er Jahre erschienen Untersuchungen zur „Integration", davor beschränkte man sich auf den Aspekt der Kriminalität von „Gastarbeitern" oder deren ökonomischer „Nutzen". Die Erforschung der „Integration" von Aussiedlern erreichte erst Mitte der 80er Jahre einen breiteren Umfang. Bis dahin dominierten Arbeiten „von Betroffenen für Betroffene".[8] Dies reflektierte deutlich die Folgen der nach

7 Steffen Angenendt, Perspektiven einer deutschen Migrationspolitik. In: Ders. (Hg.), Migration und Flucht. Aufgaben und Strategien für Deutschland, Europa und die internationale Gemeinschaft (= Schriftenreihe der Bundeszentrale für politische Bildung, Bd. 342), Bonn 1997, S. 275–293, hier S. 275; vgl. auch Klaus J. Bade (1994), S. 53ff.

8 Vgl. u. a. Hanns-Joachim Rüstow/Dieter Hiß/Egon Tuchfeldt/Hans Schmidt, Gastarbeiter – Gewinn oder Belastung für unsere Volkswirtschaft? Hamburg 1965; Eberhard Nann, Kriminalität der italienischen Gastarbeiter im Spiegel der Ausländerkriminalität, Hamburg 1967; Guenther Graeff, Die Kriminalität der Gastarbeiter im Landgerichtsbezirk München 1 in den Jahren 1960–1963, Diss., Saarbrücken 1967. Zu den ersten Arbeiten über „Integration" von „Gastarbeitern" zählten u. a.: Peter Cronenberg, Die Integration der Kölner Gastarbeiter. Im Auftrag der Sozialverwaltung der Stadt Köln und der Deutschen Gesellschaft Sozialanalytische Forschung Köln, hg.

Gruppen differenzierten Migrantenpolitik, denn „Gastarbeiter", Flüchtlinge und Asylanten „müssen sich integrieren", so die lange dominierende Meinung, während Aussiedler „integriert werden".[9] Implizit wurde von der ersten Gruppe eine höhere Integrationsleistung verlangt, während bei den Aussiedlern (wohl in Verlängerung des Gedankens des „jus sanguinis", „Recht des Blutes") Vorkenntnisse über die deutsche Gesellschaft, eine hohe Eingliederungsbereitschaft und damit günstige Integrationsvoraussetzungen als von vornherein gegeben betrachtet wurden. Tatsächlich erlangten Aussiedler bis Ende der 80er Jahre leichter und schneller Arbeit und Wohnung als andere Immigranten in Deutschland. Doch wäre es verfehlt, allein daran schon eine erfolgreiche Eingliederung festzumachen. Der bekannte Migrationsforscher Shmuel Eisenstadt ging schon in den 50er Jahren davon aus, daß Integration alle gesellschaftlichen Bereiche umfassen müsse, das heißt personale, institutionelle, kulturelle und sozio-ökonomische Dimensionen in mehr oder weniger gleichwertiger Weise.[10] Inwieweit bei den Aussiedlern in Deutschland, speziell bei jenen, die seit Ende der 80er Jahre kamen, tatsächlich von einer umfassenden, erfolgreichen Integration ausgegangen werden kann, ist eine offene Frage geblieben, die in jüngster Zeit wieder verstärkt diskutiert wird.[11]

v. Karl Bingemer/Edeltraut Meistermann-Seeger/Edgar Neubert, Köln 1969; Karl Bingemer (Hg.), Leben als Gastarbeiter. Geglückte und mißglückte Integration, Köln 1970; Wolfgang Fietkau, Sogenannte Gastarbeiter. Report und Kritik, Wuppertal 1972; Helga Neubeck-Fischer, Gastarbeiter – eine neue gesellschaftliche Minderheit. Zur sozio-ökonomischen und politischen Situation der Gastarbeiter in der Bundesrepublik Deutschland, Diss., München 1972. Zum Forschungsstand vgl. Ursula Mehrländer, Ausländerforschung 1965 bis 1980. Fragestellungen, theoretische Ansätze, empirische Ergebnisse, Bonn 1987; Schraut/Grosser (1996).

9 Vgl. Ministerium für Arbeit, Gesundheit und Soziales des Landes Nordrhein-Westfalen (1992), S. 25.

10 Vgl. Shmuel Eisenstadt, The Absorption of Immigrants, London 1954.

11 Vgl. u. a. Barbara Dietz, Anpassung oder Ausgrenzung. Deutsche in der vormaligen Sowjetunion und rußlanddeutsche Aussiedler in der Bundesrepublik Deutschland. In: Schraut/Grosser (1996), S. 75–92; Barbara Koller (1997); Ulrich Mammey/Rolf Schiener, Zur Eingliederung der Aussiedler in die Gesellschaft der Bundesrepublik Deutschland. Ergebnisse einer Panelstudie des Bundesinstituts für Bevölkerungsforschung, Opladen 1998.

Bei den übrigen Immigrantengruppen zeigte sich weitaus früher, daß – wenn überhaupt – nur mit einer langfristig erfolgreichen Integration gerechnet werden konnte. Dazu schien ihre Zahl und „Fremdartigkeit" zu groß. Die Immigranten brachten sichtbar andere Kulturen und Lebensweisen, andere religiöse Überzeugungen und politische Loyalitäten mit, verstanden und praktizierten Familien- und Verwandtschaftsbeziehungen, das Wirtschaften und den Umgang miteinander anders. Sie etablierten zum Teil – und das gilt insbesondere, aber nicht nur für die große Gruppe der Zuwanderer aus der Türkei – ein eigenständiges gesellschaftliches Dasein. Ihre Konzentration und Segregation in bestimmten Stadtteilen und die bei Einwanderern üblichen Alltagsprobleme interpretierten viele Deutsche – beeinflußt von einer tendenziösen öffentlichen Diskussion, die vor allem um Probleme der inneren Sicherheit und des Arbeitsmarktes kreiste – zunehmend als „Bedrohung" und immer weniger als „Bereicherung". Überfremdungsängste und Vorurteile radikalisierten sich parallel zur wachsenden Wirtschaftskrise und Arbeitslosigkeit. Gehäufte soziale Spannungen führten in den 80er Jahren schließlich zu einer Aktualisierung latent vorhandener fremdenfeindlicher Stereotypen – wie etwa „das Boot ist voll". Als politische und publizistische Gegenreaktion deutete sich vorübergehend noch ein Perspektivenwechsel an. Mit dem Konzept der „multikulturellen Gesellschaft" bot sich ein alternativer Rahmen für die bisherige Eingliederungspolitik an, der anstelle von fortschreitender Akkulturation ein Minoritätenparadigma setzte. Dessen Verfechter argumentierten, daß „Multikulturalität" kein neues Merkmal moderner Gesellschaften sei, sondern lediglich durch den „Mythos der kulturellen Homogenität" verdeckt gewesen sei. So wurden Normen für die Gestaltung einer multikulturellen Gesellschaft formuliert – wie Gleichberechtigung, Toleranz oder wechselseitiges Verständnis.[12] Kritiker

12 Vgl. D. Kiesel, Vorläufige Überlegungen zu einer Ethik multikulturellen Zusammenlebens. In: Wolfgang Lenz (Hg.), Politische Bildung und politische Kultur. Herausforderungen, Konzepte, Erfahrungen, Bad Boll 1988, S. 232–238; A. Frischkopf, Multikulturelle Gesellschaft – eine politische Zauberformel. Oder: das Leugnen der Konflikte schadet der Utopie. In: Landesinstitut für Schule und Weiterbildung (Hg.), Von der Utopie der

wandten gegen das multikulturelle Konzept unter anderem ein, daß es kulturelle Faktoren im Zusammenleben ethnischer Gruppen über- und sozio-ökonomische sowie politische unterbewerte. Außerdem erhebe dieses Konzept die real vorhandene ethnische Segmentation zum gesellschaftlichen Leitbild. Ethnische Schichtung werde als romantischer Traum dargestellt: Integration ohne Assimilation, Eingliederung ohne Aufgabe der kulturellen Eigenart oder Verlust der Bindungen zum Herkunftsland. Das multikulturelle Leitbild, so die Kritiker, vernachlässige die Tatsache, daß ethnische Schichtung immer auch Abdrängung beziehungsweise Marginalisierung von Minderheiten bedeute.[13] In der Praxis bedinge das Konzept einer „multikulturellen Gesellschaft" sogar eine dauerhafte staatliche Krisenintervention, um klar abgegrenzte, ethnische Gruppen vor Übergriffen zu schützen.

Die nunmehr heftig geführten Debatten mündeten in die Auseinandersetzung um die Einschränkung des Asylrechts, welche wiederum von einer Welle von Straf- und Gewalttaten gegen Ausländer Anfang der 90er Jahre begleitet war. Eine repräsentative Umfrage, die Emnid im Jahre 1993 aus Anlaß der fremdenfeindlichen Anschläge in Rostock, Solingen, Mölln und Hoyerswerda unter der deutschen Bevölkerung durchführte, ermittelte, daß diese Anschläge und Ausschreitungen vorwiegend rassistisch motiviert waren: Sie richteten sich nicht etwa gegen Westeuropäer und weiße Amerikaner, sondern vorwiegend gegen Asylbewerber, aber auch gegen „deutschstämmige" Aussiedler sowie zugewanderte Juden und andere Minderheiten, aus deren Kreis zahlreiche Personen die deutsche Staatsbürgerschaft anstreben. Die Autoren konstatierten bei 14,7 % der deutschen Bevölkerung eine stark ausgeprägte Fremdenfeindlichkeit,

multikulturellen Gesellschaft und Schwierigkeiten ihrer Verwirklichung, Soest 1990; A. Schulte, Multikulturelle Gesellschaft – Chance, Ideologie oder Bedrohung? In: Aus Politik und Zeitgeschichte. Beilage zu „Das Parlament", Bd. 23–24 (1990), S. 3–15.

13 Vgl. Ministerium für Arbeit, Gesundheit und Soziales des Landes Nordrhein-Westfalen (1992), S. 28–36; Hartmut Esser, Ist das Konzept der Integration gescheitert? Vortragsmanuskript aus Anlaß der Eröffnung des Landeszentrums für Zuwanderung NRW am 8. Januar 1998, Universität Mannheim, Mannheimer Zentrum für Europäische Sozialforschung, S. 14.

wobei in dieser Gruppe teilweise mit einer erheblichen Gewaltbereitschaft gerechnet werden müsse. Immerhin rund ein Prozent gab offen zu, selbst Gewalt gegenüber Ausländern anwenden zu wollen, und weitere 3 % brachten dieser aggressiven Haltung Verständnis entgegen. Der Verbreitungsgrad der Fremdenfeindlichkeit war quer durch alle gesellschaftlichen Gruppen gleichbleibend hoch, sogar 16 % aller Hochschulabsolventen fielen unter diese Kategorie. Die Umfrage stellte zudem für 15 % der Deutschen eine überaus starke und bei weiteren 21 % eine noch deutlich ethnozentristisch-nationalistische Grundhaltung fest – Deutschland sei anderen Ländern „überlegen". Der landläufigen Meinung, fremdenfeindliche Vorurteile würden mit der Zahl der in Deutschland lebenden Ausländern ansteigen, begegnete die Studie nicht nur mit dem Verweis, daß persönliche Begegnungen mit Menschen anderer Herkunft in zahlreichen Fällen Vorurteile abbauen oder in der Entstehung verhindern können. Die Autoren zeigten auch, daß in Ostdeutschland die Fremdenfeindlichkeit stärker ausgeprägt war, obwohl hier der Anteil ausländischer Minderheiten an der Gesamtbevölkerung wesentlich geringer ist als in Westdeutschland.[14]

2. Fremdbilder und Statistiken

Juden in der Bundesrepublik sind nicht erst seit der deutschen Wiedervereinigung 1990 mit Fremdenfeindlichkeit und Antisemitismus konfrontiert. Das Verhältnis zu den Deutschen war nach der Jahrhundertkatastrophe des Holocaust nie unproblematisch und konnte es auch nicht sein. Unmittelbar nach Kriegsende herrschte die Vorstellung vor, daß Deutschland für lange Zeit ein „gebanntes Land" ohne jüdische Einwohner sein würde. Der Journalist und Mitgründer des Leo Baeck Institutes, Robert Weltsch, formulierte dieses Verdikt stellvertretend für viele 1949:

14 Vgl. Alphons Silbermann/Francis Hüsers, Der „normale" Haß auf die Fremden. Eine sozialwissenschaftliche Studie zu Ausmaß und Hintergründen von Fremdenfeindlichkeit in Deutschland, München 1995.

„Wir können nicht annehmen, daß es Juden gibt, die sich nach Deutschland hingezogen fühlen. Hier riecht es nach Leichen, nach Gaskammern und nach Folterzellen [...] Deutschland ist kein Boden für Juden."[15]

Die meisten jüdischen und zionistischen Organisationen sprachen sich scharf gegen eine Rückkehr oder Neuansiedlung von Juden im „Land der Täter" aus. Von den deutschen Juden, die nicht geflohen waren, hatten etwa 15.000 den Holocaust überlebt – die meisten infolge eines nichtjüdischen Ehepartners, eines erfolgreichen Untertauchens in die Illegalität oder der noch rechtzeitigen Befreiung aus den KZ's und Vernichtungslagern durch die Alliierten. Zwischen 1945 und 1952 hielten sich allerdings bis zu 200.000 jüdische „Displaced Persons" (DP's) vornehmlich aus Osteuropa – Flüchtlinge, KZ-Überlebende und ehemalige Zwangsarbeiter – in den westlichen Besatzungszonen auf, die größtenteils auf ihre Weiterwanderung in die USA und nach Israel warteten. Der überwiegende Teil von ihnen hatte das Land bis 1952 verlassen. Eine Minderheit entschloß sich hingegen, in der Bundesrepublik zu bleiben. Hinzu kamen Remigranten, die aus politischen oder kulturellen Gründen zurückkehrten.

Schon 1945 waren einige jüdische Gemeinden neu gegründet worden, die größten in Berlin, Frankfurt am Main und München. Im Gründungsjahr des Zentralrats der Juden in Deutschland – 1950 – zählten die Jüdischen Gemeinden in der Bundesrepublik etwa 15.000 Mitglieder, die sich auf etwa 50 bis 70 Orte verteilten. Zur Erinnerung: 1933 hatte es in Deutschland 1.600 Gemeinden gegeben. Auch auf dem Gebiet der späteren DDR kam es nach Kriegsende zu Neugründungen, so in Leipzig, Ost-Berlin, Dresden und Chemnitz. Im Unterschied zum Westen waren hier mehrheitlich Remigranten beteiligt. Für das Jahr 1949 wird die Zahl der jüdischen Einwohner in der DDR auf 8.000 geschätzt. Allerdings führten politische Restriktionen, insbesondere der massive Antizionismus des SED-Regimes, bald zu einer raschen

15 Zit. nach: Monika Richarz, Juden in der Bundesrepublik Deutschland und in der Deutschen Demokratischen Republik seit 1945. In: Micha Brumlik/Doron Kiesel/Cilly Kugelmann/Julius H. Schoeps (Hg.), Jüdisches Leben in Deutschland seit 1945, Frankfurt a. M. 1986, S. 13–30, hier S. 14.

Abwanderung: Die Zahl der in den zunehmend überalterten Gemeinden noch registrierten Juden in der DDR schrumpfte bis zum Bau der Mauer 1961 auf etwa 1.500 und reduzierte sich bis Ende der 80er Jahre weiter auf nur noch rund 350 Mitglieder.[16]

Die rückläufige demographische Entwicklung in der DDR entsprach in gewisser Weise dem, was die jüdische Weltöffentlichkeit für das gesamte Nachkriegsdeutschland prophezeit und erwartet hatte. In der alten Bundesrepublik kam es jedoch zu unerwarteten Wendungen. Sie entwickelte sich mit den Jahren zu einem Rückwanderungs-, ja teilweise sogar Einwanderungsland für Juden. Das „Luxemburger Abkommen" von 1952 war ein erster Schritt, Vertrauen in die Gewandeltheit und Stabilität der deutschen Nachkriegsgesellschaft herzustellen. Bedingt durch die jüdische Remigration in den 50er und 60er Jahren und vor allem die Zuwanderung aus Osteuropa nahm die Zahl der Gemeindemitglieder bis Ende der 60er Jahre kontinuierlich zu und lag von da ab bis Ende der 80er Jahre konstant zwischen 27.000 und 28.000. Doch da ein beträchtlicher Teil der jüdischen Einwanderer nicht den Gemeinden beitrat, konnte die Gesamtzahl der Juden in Deutschland 1989 auf 50.000 geschätzt werden. Hinter diesen Kontinuität suggerierenden Zahlen verbarg sich allerdings eine starke Fluktuation. Aufgrund des hohen Altersdurchschnitts, der zwischen 45 und 50 schwankte, starben etwa siebenmal soviel Juden wie geboren wurden. Die hohe Sterblichkeitsrate wurde jedoch regelmäßig durch einen entsprechenden Wanderungsüberschuß ausgeglichen. Zwischen 1955 und 1985 kamen etwa 40.000 neue jüdische Einwanderer: 1956 aus Ungarn, in den 60er Jahren aus Polen, der Tschechoslowakei, Rumänien, Anfang der 70er Jahre aus der Sowjetunion. Selbst aus Israel und Amerika siedelten einige jüdische Migranten über.[17] Die je nach

16 Vgl. Richarz (1986), S. 15–22; Erica Burgauer, Zwischen Erinnerung und Verdrängung – Juden in Deutschland nach 1945, Reinbek bei Hamburg 1993, S. 22–30 u. 153ff.; Lothar Mertens, Davidstern unter Hammer und Zirkel. Die Jüdischen Gemeinden in der SBZ/DDR und ihre Behandlung durch Partei und Staat 1945–1990, Hildesheim 1997.

17 Vgl. ebd. u.: Judith Kessler, Jüdische Migration aus der ehemaligen Sowjetunion seit 1990. Beispiel Berlin, Magisterarbeit an der FU Hagen, 1996, S. 94ff.

Nation oft wechselnde Zusammensetzung der Zuwanderergruppen gestaltete den jüdischen Bevölkerungsanteil wie auch die Gemeinden in der Bundesrepublik zunehmend „bunter". Öffentlich wurde dieses Phänomen von Neuzuwanderung und Neukonstituierung zunächst kaum wahrgenommen. Jahrzehntelang wurden die Gemeinden lediglich als provisorische Gebilde betrachtet, deren Jugend ohnehin auszuwandern gedachte und deren übriger Mitgliederbestand „auszusterben" drohte.

Der starke Zustrom von Juden aus den Nachfolgestaaten der Sowjetunion während der 90er Jahre hat demgegenüber eine grundlegend neue Situation für die Jüdischen Gemeinden geschaffen. Mit der steilen Zunahme an Neumitgliedern könnte tatsächlich eine langfristige demographische wie auch kulturelle Stabilisierung einhergehen.

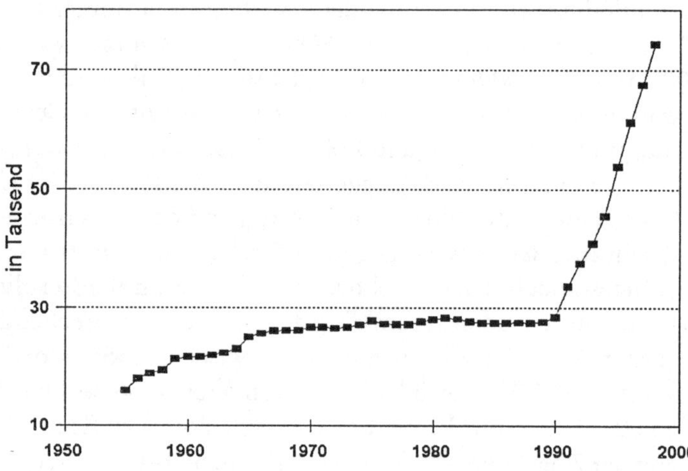

Grafik 1: Mitgliederzahlen der Jüdischen Gemeinden seit 1955

Von der so gesehen fundamentalen Bedeutung der „russischen" Einwanderungswelle für das künftige jüdische Leben in der Bundesrepublik hat ein Teil der hiesigen Gesellschaft allerdings wenig verstanden – oder ablehnend darauf reagiert.

Das bekannteste Beispiel der jüngsten Zeit für die Ausgrenzung der jüdischen Zuwanderer waren die Vorkommnisse in dem brandenburgischen Ort Gollwitz, wo im Herbst 1997 der Gemeinderat die Aufnahme von 60 Flüchtlingen in mehreren Beschlüssen ablehnte und – was weniger bekannt ist – eine Kriminalisierungskampagne gegen die Betroffenen eingeleitet wurde. Die dabei in öffentlicher Diskussion erfolgten Diffamierungen, die teilweise an die historische Stigmatisierung der Ostjuden zu Beginn unseres Jahrhunderts erinnert haben, sind bis heute nicht zurückgenommen worden. Es wäre eine schönfärberische Illusion, Gollwitz als „brandenburgisch-provinziellen Sonderfall" abzutun. Vielmehr spricht der Vorfall dafür, daß ausländerfeindliche Grundhaltungen ein fester Bestandteil des Alltags im vereinten Deutschland geworden sind. In der Politik scheint die Grauzone zwischen Rechtsextremismus und traditionellem Rechtskonservativismus fließend geworden zu sein, und die Radikalen artikulieren nur das, was an den Stammtischen schon lange dumpf die Runde macht. Nach einer repräsentativen Umfrage unter 3.186 Befragten des Berliner Wahl- und Parteienforschers Richard Stöss vom Juli 1998, die im Auftrag der Deutschen Paul Lazarsfeld Gesellschaft und der Freien Universität Berlin durchgeführt wurde, ist die Verdrossenheit mit dem politischen System vor allem in Ostdeutschland besonders hoch: Weit mehr als die Hälfte der Bürger sind dort mit dem System unzufrieden. 17 % besitzen in den neuen Ländern ein dezidiert rechtsextremes Weltbild, aber auch im Westen gehören 12 % zu dieser ermittelten Kategorie.[18]

Typisch für Diskussionen in Deutschland ist daneben jenes „klassische" Verdrängungssyndrom, das in Äußerungen zum Ausdruck kommt wie: „Wir haben ja keine Juden gekannt". Die Kehrseite dieses Syndroms war und ist eine wilde Zahlenspekulation über die Anzahl der im Nachkriegsdeutschland lebenden Juden. Als Jahre vor der Einheit – die Zahl der jüdischen Gemeindemitglieder in der Bundesrepublik bewegte sich noch

18 Vgl. hierzu: Fremdenfeindlich, nationalistisch, autoritär. In: Die Welt, 10.7.1998. Fernerhin: Ein Drittel der Wähler kritisiert Demokratie. In: Berliner Morgenpost, 11.7.1998.

immer konstant in der Größenordnung zwischen 27.000 und 28.000 – eine Soziologengruppe um Alphons Silbermann sich um Erkenntnisse über jüdische Eigen- und Fremdbilder bemühte, stieß sie nicht nur auf das alte Vorurteil von der jüdischen Hegemonie in Wirtschaft und Kultur, sondern auch auf Vermutungen, daß heute in Deutschland mehr Juden leben als vor 1933. Die Schätzungen gingen bis zu einer Million, im Durchschnitt lagen sie bei 268.000.[19] Daß aktuelle Meldungen über eine verstärkte Zuwanderung von Juden aus der ehemaligen Sowjetunion diese kruden Phantasien und entsprechende Überfremdungsängste nicht abgebaut haben, ist mehr als wahrscheinlich.

Werfen wir deshalb einen Blick auf die offizielle Statistik des Bundesverwaltungsamtes in Köln mit den Zahlen der jüdischen Zuwanderer aus der ehemaligen Sowjetunion vom Juli 1999: Danach sind zur Zeit insgesamt 175.054 Anträge auf Einreise aktenkundig und 130.395 Aufnahmezusagen der Bundesländer. Tatsächlich eingereist waren bis dato 109.936 Personen (einschließlich der zum Teil nichtjüdischen Familienangehörigen). Aufschlußreich ist dabei die langfristige Entwicklung der Antragszahlen. Der monatliche Zuwachs hat 1998 zu stagnieren begonnen, und insgesamt wurden im Vorjahr nur rund 10.000 neue Aufnahmeanträge gezählt. Allerdings ist die länger inoffiziell als oberste Grenze gehandelte Zahl von 100.000 russisch-jüdischen Einwanderern mittlerweile überschritten. Doch schließen sich keineswegs alle Einwanderer den Jüdischen Gemeinden an. Gehen wir also von einer vielleicht demnächst erreichten Gesamtzahl von 100.000 jüdischen Gemeindemitgliedern (also Altmitglieder und Zuwanderer) aus, dann ist das im Verhältnis zu den über 80 Millionen Deutschen und 7,32 Millionen Ausländern nach wie vor eine verschwindend kleine Minderheit, die real und soziologisch gesehen für die Gesamtgesellschaft kaum ein bedrohliches „Fremdbild“ ergeben kann. Daran ändert auch die als „Sensation“ gehandelte Vermutung nichts, daß Berlin zur

19 Vgl. Alphons Silbermann, Sind wir Antisemiten? Ausmaß und Wirkung eines sozialen Vorurteils in der Bundesrepublik Deutschland, Köln 1982, S. 29ff.

Zeit die am schnellsten anwachsende jüdische Gemeinde der Welt sei – was ohnehin nicht den Tatsachen entspricht, denn im relativen Wachstum wird Berlin von zahlreichen anderen jüdischen Gemeinden in Deutschland übertroffen.

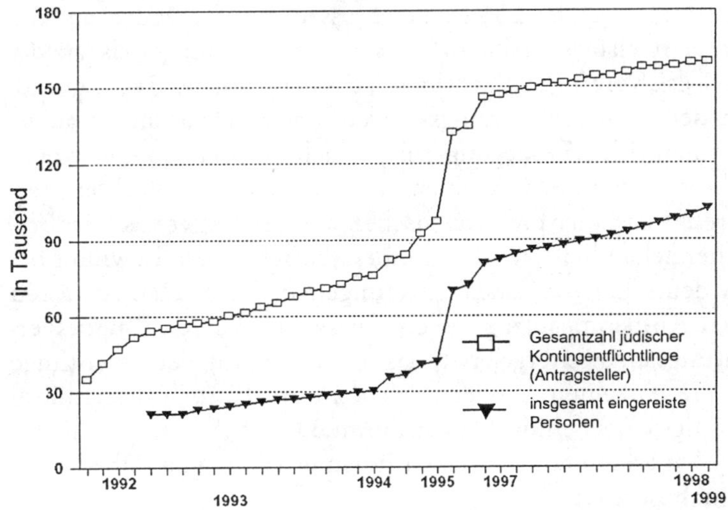

Grafik 2: Jüdische Kontingentflüchtlinge aus der ehem. Sowjetunion: Antragsteller und eingereiste Personen

Für den jüdischen „Exodus" aus der ehemaligen Sowjetunion und den GUS-Nachfolgestaaten ist Israel mit Abstand das wichtigste Zielland geblieben. Allein zwischen 1989 und 1993 gingen etwa 475.000 Emigranten dorthin, inzwischen sind es rund 800.000 geworden. Aber auch der Zustrom russischer Juden in die USA ist um ein mehrfaches größer als der nach Deutschland. So wählten im selben Zeitraum knapp 200.000 die Vereinigten Staaten als Einwanderungsland.[20] Daß dennoch eine vergleichs-

20 Vgl. Ari M. Paltiel/Eitan F. Sabatello/Dorith Tal, Immigrants from the Former USSR in Israel in the 1990s: Demographic Characteristics and Socio-Economic Absorption. In: Noah Lewin-Epstein/Yaacov Ro'i/Paul Ritterband (Hg.), Russian Jews on Three Continents. Migration and Resettlement, London 1997, S. 284–321, hier S. 288.

weise große Zahl von russisch-jüdischen Emigranten den Weg nach Deutschland wählt, erklärt sich vornehmlich daraus, daß das einstige „Land der Täter" Vereinbarungen und Regelungen mit den GUS-Staaten getroffen hat, die das Antrags- und Einreiseverfahren relativ unkompliziert und vor allem zügiger gestalten als anderswo. Seit Anfang 1991, so haben es die Ministerpräsidenten der Länder beschlossen, werden Juden aus der (damals noch existierenden) Sowjetunion beziehungsweise aus der GUS als „Kontingentflüchtlinge", das heißt auf der Rechtsgrundlage der Genfer Flüchtlingskonvention, in Deutschland aufgenommen. Eine Festlegung auf jährliche Einreisequoten wurde nicht vorgenommen. In einem ursprünglich vereinfachten Verfahren – das allerdings inzwischen auch schon etwas bürokratischer gehandhabt wird –, können jüdische Ausreisewillige bei den deutschen Auslandsvertretungen in ihren Heimatstaaten einen Aufnahmeantrag stellen. Dieser wird an das Bundesverwaltungsamt weitergeleitet, das die Verteilung der Flüchtlinge auf die einzelnen Länder nach dem Asylverteilungsschlüssel („Königsteiner Schlüssel") vornimmt. Die als „Kontingentflüchtlinge" anerkannten russischen Juden erhalten eine unbefristete Aufnahmezusage.[21]

Daß in der breiten Öffentlichkeit über Umstände, Bedingungen und Verlauf der russisch-jüdischen Einwanderung in die Bundesrepublik bisher so wenig bekanntgeworden ist, scheint zumindest teilweise der offiziellen Informationspolitik geschuldet. Stereotype Fremdbilder werden nicht nur von den rechtsextremen Medien transportiert, sondern tauchen bisweilen auch in Berichten der öffentlich-rechtlichen Sender und der seriöseren Zeitungen und Zeitschriften auf. Nachdem zu Anfang der 90er Jahre das Problem der russisch-jüdischen Kontingentflüchtlinge eher verschwiegen und tabuisiert wurde, entdeckte man später den folkloristischen Aspekt. Man verortete Juden quasi als

21 Damit verbunden sind eine unbefristete Arbeitserlaubnis, der Anspruch auf Sozialhilfe und andere staatliche Zuwendungen wie Wohn- und Kindergeld, Bafög etc. Außerdem wird ein sechsmonatiger Sprachkurs finanziert, währenddessen Eingliederungshilfen nach dem Arbeitsförderungsgesetz gewährt werden. Der Abschluß eines Sprachkurses stellt die Voraussetzung für weitere Fördermaßnahmen durch die Arbeitsämter dar.

„Farbtupfer“ auf der multikulturellen Palette. Das Veranstaltungs- und Kulturmagazin „Marabo“ bebilderte zum Beispiel einen Artikel vom April 1995, der über das Wachstum der jüdischen Gemeinden im Ruhrgebiet berichtete, mit Fotos von Jugendlichen unter der israelischen Staatsfahne und von Synagogenbesuchern mit Gebetsschal und Torarollen – obwohl im Text breit ausgeführt wurde, daß die Zuwanderer keine oder nur eine geringe Beziehung zum Judentum aufwiesen.[22] Ähnlich „gestrickte“ Reportagen finden sich immer wieder in Fernseh- und Magazinbeiträgen, was für Differenzierungen und Nuancierungen kaum Raum läßt. Auch die gutgemeinte Absicht gerät da leicht zur Karikatur, etwa wenn der „Tagesspiegel“ einen Beitrag vom 1. August 1998 mit „Wenn Rabbi Presmann in die Puppenstube greift“ betitelt und den Rabbiner der brandenburgischen Landesgemeinde vorführt, wie er lernwilligen Zuwanderern jüdische Riten in spielerischer Form mit Hilfe eines Marionettentheaters erläutert.[23] Das Motiv dieser einseitigen Medienaufbereitung einer jüdischen Folklorerenaissance, die übrigens auch das US-amerikanische Nachrichtenmagazin „Newsweek“ im Sommer 1998 dazu verleitete, eine „neue Liebe zwischen Deutschen und Juden“ in der Titelgeschichte zu konstatieren, bleibt undurchsichtig. Man kann sich nicht des Eindrucks erwehren, daß es oft nur um den Beweis der „Wiedergutwerdung der Deutschen“ (Eike Geisel) geht. Im Jargon der „Bild-Zeitung“ heißt das: „Deutsche und Juden finden wieder zueinander“.[24]

Zweifellos wird mit diesem Stil der Berichterstattung auch das Bedürfnis nach einer „Normalisierung“ des deutsch-jüdischen Verhältnisses 50 Jahre nach Kriegsende einerseits und des jüdischen Lebens in Deutschland durch die Zuwanderung aus der GUS andererseits bedient. Das Janusgesicht dieses neuen „Normalitätsbewußtseins“ zeigt sich erst in der altvertrauten Häme über die Probleme der Gemeinden mit den „Ostjuden“. Mit Vorliebe

22 Vgl. Stefan Laurin/Thomas Range, Der lange Weg zur Normalität. In: Marabo. Magazin fürs Ruhrgebiet, Nr. 4, April 1995, S. 30–34.

23 Vgl. Claus-Dieter Steyer, Wenn Rabbi Presmann in die Puppenstube greift. In: Der Tagesspiegel, 1.8.1998.

24 Vgl. Sylke Tempel, Wird jetzt alles gut? In: Die Woche, 12.6.1998, S. 37.

werden Skandale – wie Fälle von Veruntreuung 1997 in Halle – aufgebauscht oder innerjüdische Auseinandersetzungen über die Zukunft der Einheitsgemeinde in den Mittelpunkt gerückt. Die eigentlichen Probleme der Integration der Zuwanderer in die Gemeinden werden häufig nur tendenziös gewertet, und der „Focus“ schrieb im Juni 1998 fast triumphierend vom „Niedergang jüdischen Gemeindelebens in Deutschland.“[25] Selbst die seriöse „Süddeutsche Zeitung“ meinte in ihrem Bericht über eine Gemeindeversammlung in Berlin, nicht ohne das „Russenklischee“ auskommen zu können. Unter der Überschrift „Die Last der fremden Brüder“ hieß es am 16. Februar 1998:

> „Man wollte den Dialog fördern. Ein frommer Wunsch, denn es waren nur die Neuen gekommen. Frauen mit grellen Flokativwesten und blond gefärbten Haaren, Männer mit verhornten Händen und USA-Sweatshirts. Ein Polizeibeamter nuschelte seinem Kollegen zu: ‚Is ja wie in Moskau, ey‘. Vor ihnen, auf dem Podium, sitzen die deutschen Repräsentanten der Gemeinde, ein symbolisches Bild: Alle tragen Kopfhörer. Die Diskussion muß simultan übersetzt werden, weil der Vorstand die meisten Gemeindemitglieder nicht versteht. Trotz der guten Übersetzung redet man aneinander vorbei [...]“[26]

Die öffentliche Wahrnehmung von Juden in Deutschland wird also nach wie vor stark von realitätsfernen Fremdbildern beeinflußt, unabhängig davon, ob diese mit Vorliebe problematisieren oder „folkloristisch“ geprägt sind.

25 Vgl. H.-P. Canibol/N. Robers, Als Servicecenter mißbraucht – Der Soziologe Alphons Silbermann fürchtet den Niedergang jüdischen Gemeindelebens in Deutschland. In: „Focus“, Nr. 26 (1998), S. 36–38; Horst Seferens, Aus einem Machtkampf wurde ein Skandal. In: Der Tagesspiegel, 12.6.1998; Kerstin Decker, Zum Beispiel Halle. In: Der Tagesspiegel, 8.7.1998; Elisabeth Binder, Kunst und Kitsch, Nieten und Nutten, Juden und Jugend. In: Der Tagesspiegel, 13.7.1998.

26 Vgl. Thorsten Schmitz, Die Last der fremden Brüder. In: Die Süddeutsche Zeitung„ 16.2.1998, S. 3.

3. Problemstellung und Untersuchungskonzeption

In Deutschland den Status von „Musterjuden" einzunehmen – auch wenn man diesen Begriff nicht so sarkastisch definiert wie der Schriftsteller Rafael Seligmann in seinem gleichnamigen Roman –, ist für die aus Rußland, der Ukraine oder anderen GUS-Ländern nach Deutschland eingewanderten sogenannten „Kontingentflüchtlinge" nicht so einfach. *Integration* – mangels eines besseren bleiben wir bei diesem Begriff[27] – sowie *Selbstbehauptung* stellen sich für die „russischen Juden" – ebenfalls eine verkürzte Sammelzuordnung – als doppeltes Problem dar: einmal im Hinblick auf die deutsche Gesellschaft und zum anderen bezüglich der Jüdischen Gemeinde.

27 Wir lehnen uns hier an die Definition Hartmut Essers an, der zwei Dimensionen der Eingliederung oder Integration definiert: „Integration heißt zunächst einmal nur, daß die verschiedenen Teile eines Ganzen zusammenhängen und jeder Teil einen ‚integralen' Beitrag zum Funktionieren des Ganzen leistet. Es besteht, wie der Fachausdruck dazu lautet, eine gewisse Interdependenz der Teile untereinander. Jedes Teil ist auf das andere angewiesen [...] Das Gegenteil der Integration ist die Segmentation. Jedes Teil kann für sich leben [...] Eine besondere, eine verschärfte Form der Segmentation ist der Konflikt: Der Kampf um die Verbreiterung des jeweils eigenen ‚Segmentes' zu Lasten der anderen. Dieser Gedanke läßt sich leicht auf das Verhältnis von ethnischen Gruppen zueinander übertragen: Ethnische Segmentation und ethnische Konflikte sind die markantesten Hinweise auf eine Gefährdung der Integration einer Gesellschaft. Die zweite Dimension, die zu beachten ist, ist die sogenannte ‚Assimilation'. Damit ist die Angleichung der Teile aneinander gemeint, bezogen auf ethnische Gruppen die Angleichung an die verschiedenen Eigenschaften der Gruppenmitglieder. Die wichtigsten Eigenschaften der Angleichung sind das Wissen und die Werte, die Sprache und die sozialen Kontakte, der gesellschaftliche Status, die kulturellen Gewohnheiten und die gefühlsmäßige Identifikation mit der Gesellschaft. Eine vollständige Assimilation läge vor, wenn alle Gruppen gleiche Verteilungen in allen diesen Eigenschaften haben, eine vollständige Dissimilation, wenn jede Gruppe eine eigene Verteilung darauf aufwiese [...] Integration ist damit nicht gleich Assimilation. Im Gegenteil: Beide Dimensionen können unabhängig voneinander variieren, und das tun sie empirisch auch." Vgl. Esser (1998), S. 4f.; außerdem: Ders., Aspekte der Wanderungssoziologie. Assimilation und Integration von Wanderern, ethnischen Gruppen und Minderheiten. Eine handlungstheoretische Analyse, Darmstadt/Neuwied 1980, S. 20–25.

Der großen Mehrheit der Neuzuwanderer bleibt ihr Judentum teilweise auch nach längerem Aufenthalt in Deutschland noch unvertraut und weitgehend fremd. Dies hat gewichtige sozialgeschichtliche Gründe: Die demographische Struktur der jüdischen Bevölkerung in der ehemaligen Sowjetunion war durch einen extrem hohen Urbanisierungsgrad (98 % lebten in Städten), ein überdurchschnittlich hohes Alter, einen hohen Anteil von binationalen Ehen und eine im Vergleich zur Gesamtbevölkerung atypische, überwiegend akademische Berufsstruktur gekennzeichnet. Mindestens ein Drittel aller Juden lebte bereits in den 70er Jahren in Ehen mit nichtjüdischen Partnern, und die meisten beherrschten kein Hebräisch oder Jiddisch mehr. Die Beantwortung der Frage „Wer ist Jude?" ließ und läßt sich allerdings nicht soziologisch beantworten. In der Sowjetunion galt Judentum als „Nationalität", die auf Antrag gewechselt werden konnte. Bei Volkszählungen wurde ausschließlich der Eintrag in der Identitätskarte registriert. So entstand ein widersprüchliches Verhältnis von verschiedenen Definitionen des Judentums: „Paßjude" – und damit zumindest für Kinder änderbar, wenn die Eltern verschiedenen Nationalitäten entstammten – oder Jude nach dem Religionsgesetz („Halacha"). Doch jüdisches Leben im orthodoxen Sinne war in der Sowjetunion ohnehin nicht oder nur in sehr eingeschränktem Maße möglich. Vielmehr hatte sich die jüdische Bevölkerung im Laufe der Jahrzehnte immer stärker akkulturiert.[28] Die Familien der von uns

28 Vgl. u. a. David Aptekman, Jewish Emigration from the USSR, 1990–1992. Trends and Motivation. In: Jews in Eastern Europe, 1 (1993), S. 15–33; Daniela Bland-Spitz, Die Lage der Juden und die jüdische Opposition in der Sowjetunion 1967–77, Diss., Diessenhofen 1980; Yoel Florsheim, Soviet Jewish Immigration to Israel in 1990 – A Demographic Profile. In: Soviet Jewish Affairs, Jg. 21, Nr. 2, 1991; Zvi Gitelman, A Century of Ambivalence. The Jews of Russia and the Soviet Union. 1881 to the Present, New York 1988; Lothar Mertens, Alija. Die Emigration der sowjetischen Juden, Bochum (2) 1993; Irene Runge, Vom Kommen und Bleiben. Osteuropäische jüdische Einwanderer in Berlin, hg. v. der Ausländerbeauftragten des Senats von Berlin, Barbara John, Berlin 1992; Dies., „Ich bin kein Russe". Jüdische Zuwanderer zwischen 1989 und 1994, Berlin 1995; Claudia Waldhans-Nys, „Nationalität – Ja!" Manifestationen eines neuen jüdischen Lebens in Rußland. In: Julius H. Schoeps/Willi Jasper/Bernhard Vogt (Hg.), Russische

befragten Emigranten hatten in den meisten Fällen seit mindestens zwei Generationen praktisch keinen Zugang mehr zur jüdischen Religion. Sie besitzen daher keine oder nur geringe Kenntnisse der Tradition und Lebensweise und verfügen nur über ein rudimentäres Wissen aus der jüdischen Geschichte. Nur etwa ein Achtel aller Zuwanderer nimmt für sich eine eindeutig jüdisch-religiöse Identität in Anspruch, doch definieren sich die allermeisten „ex negationem" durch die gemeinsame Erfahrung der antisemitischen Ausgrenzung und Verfolgung in der ehemaligen Sowjetunion als Juden, was zumindest die Gruppe der älteren Einwanderer auch nach der Einreise in Deutschland zusammenhält.[29]

Als wir Anfang 1996 unsere erste Studie „Russische Juden in Deutschland. Integration und Selbstbehauptung in einem fremden Land" der Öffentlichkeit vorstellten, taten wir dies in der Absicht, deren „Ergebnisse als Planungsgrundlage für Integrationshilfen von Städten und Jüdischen Gemeinden sowie Organisationen zur Verfügung zu stellen."[30] Bis zu diesem Zeitpunkt gab es keine genauen Daten, die geeignet gewesen wären, Aufschluß über die Integrationsproblematik der jüdischen Zuwanderer zu geben. Im Mittelpunkt des Interesses stand damals die Frage: Warum kommen Juden aus der ehemaligen Sowjetunion nach Deutschland, ins „Land der Täter"? Wir ermittelten eine Mischung von politisch-existentiellen und ökonomischen Ausreisemotiven. An oberster Stelle stand die Erwartung einer größeren Lebenssicherheit, resultierend aus der Erfahrung von antisemitischen Übergriffen und Nationalitätenkonflikten im Herkunftsland. Außerdem erhoffte sich eine Mehrheit der Befragten der ersten Ausreisewelle in Deutschland bessere Zukunftsperspektiven für die Kinder. Inzwischen ist davon auszugehen, daß der Antisemitismus als Ausreisegrund an Bedeutung ab-, während ökonomi-

Juden in Deutschland. Integration und Selbstbehauptung in einem fremden Land, Weinheim 1996, S. 208–268.

29 Vgl. Julius H. Schoeps/Willi Jasper/Bernhard Vogt, Jüdische Emigranten aus der ehemaligen Sowjetunion in Deutschland. Probleme der sozialen Integration und kulturell-religiösen Selbstbehauptung. In: Dies. (1996), S. 24–207, hier S. 75 u. 123.

30 Vgl. ebd., S. 9f.

sche Aspekte und der Wunsch nach Familienzusammenführung zugenommen haben.[31] Allerdings ergeben neuere Einschätzungen kein klares Bild des aktuellen antisemitischen Bedrohungspotentials in der GUS und den baltischen Staaten. So sind sich die meisten Expertisen zwar einig, daß der Antisemitismus in seinen allgemeinen Erscheinungsformen Mitte der 90er Jahre vorübergehend abgeklungen war, infolge der anhaltenden Wirtschaftskrise seit 1998 aber wieder an Virulenz und Aggressivität hinzugewinnt.[32]

Viele Juden in der ehemaligen Sowjetunion fühlten sich dazu gedrängt, ihre Unzufriedenheit im Herkunftsland in eine klare Entscheidung zur Ausreise umzusetzen und dafür auch den Verlust von „Heimat" in Kauf zu nehmen. Speziell für die älteren Migranten dürfte dies aber persönlich nicht so einfach sein, da sie langjährige Beziehungen zu Verwandten und Freunden lösen und oft auch Statusverluste wegen der Aufgabe einer hohen beruflichen Stellung hinnehmen müssen. In Deutschland stehen sie dann unter starkem Erfolgsdruck, ihrer Familie beweisen zu müssen, daß sich die gehegten Erwartungen bestätigen und der Preis der Emigration nicht zu hoch war. Wie wir in

31 Ebd., S. 46ff.

32 Vgl. u. a. Yaacov Ro'i (Hg.), Jews and Jewish Life in Russia and the Soviet Union (Cummings Center Series), Ilford (Essex, England)/Portland (Oregon) 1995; Rozalina Ryvkina, Juden im postsowjetischen Rußland. Umfrage unter der jüdischen Bevölkerung in Moskau, Rostow am Don, Ekaterinburg (Swerdlowsk) und Chabarowsk, Moskau 1996 (in russischer Sprache); Josef Zissels (Präsident des Zentralrats der Juden in der Ukraine), Die Situation der Juden in der Ukraine. Vortragsmanuskript aus Anlaß des Internationalen Seminars „Jüdische Migration in Europa" des European Council of Jewish Communities und der Zentralwohlfahrtsstelle der Juden in Deutschland vom 2.–5. Juni 1997, S. 3; Eva Reichmann, Wer spricht das letzte Kaddisch? In der Ukraine wird es schon bald keine Juden mehr geben. In: Allgemeine Jüdische Wochenzeitung, 8.1.1998; Eugenia Gurin-Loov, Judentum in Estland. In: Blätter aus dem Max-Samuel-Haus, Rostock, April 1998; Stefan Scholl, SS-Uniformen sind so erotisch. Eine Welle rechtsradikaler Gewalt schwappt durch Rußland. In: Die Woche, 12.6.1998; Michael Thumann, Judenhaß nach Kosakenart. In: Die Zeit, 22.12.1998; Elke Windisch, Aus Russen werden Arier. In: Der Tagesspiegel, 2.1.1999; Dies., Droht Rußlands KP ein Verbot? In: Der Tagesspiegel, 17.2.1999.

unserer Umfrage 1993/94 festgestellt hatten, gestaltete sich das Deutschlandbild der Gruppe in der ersten Phase nach der Ankunft überwiegend positiv, obwohl sich speziell in der Charakterisierung der deutschen Bevölkerung schon negative Attribute abzeichneten – wie beispielsweise Neigung zu Fremdenfeindlichkeit, Antisemitismus, mangelnder Toleranz und fehlender Weltoffenheit. Dementsprechend gelang es nur einem kleinen Teil der Zuwanderer, rasch und problemlos enge und dauerhafte Beziehungen mit Deutschen aufbauen. Für die meisten Neuzuwanderer kam der Integrationsprozeß in die deutsche Umgebung nicht linear zur Aufenthaltsdauer voran, sondern stagnierte auf einem niedrigen, oberflächlichen Niveau.

Die erste Phase der Eingliederung ist für die jüdischen Einwanderer – wie für alle Migranten – gleichbedeutend mit Überleben in der Fremde. Die elementare Existenzsicherung, die Erkundung staatlicher Eingliederungshilfen, die Suche nach Arbeit und Wohnung stehen zwangsläufig im Vordergrund. Für die Auseinandersetzung mit der alten und neuen Kultur sowie die Pflege von sozialen Kontakten bleibt in den ersten Jahren nur wenig Raum. Und die kompensatorische Fixierung auf die materielle Ebene wird durch eine entsprechende Disposition aus dem Herkunftsland verstärkt: Viele Migranten setzen „Freiheit" mit dem Wegfall von Versorgungsschwierigkeiten gleich, die den Alltag in der ehemaligen Sowjetunion ja in einer zermürbenden Weise prägten. Tatsächlich aber erleben die meisten Zuwanderer nach der kurzen, anfänglichen Euphorie in Deutschland eine ihnen fremde Untätigkeit und Perspektivlosigkeit. Als ein markantes Problem erkannt wurde inzwischen die „kopflastige" Berufsstruktur der Neuzuwanderer: Über 70 % verfügen über einen Hochschulabschluß, und die große Mehrheit – sowohl Männer als auch Frauen – war im Herkunftsland viele Jahre und Jahrzehnte vollbeschäftigt. Doch anders als in Israel[33] wird in

33 In Israel passen sich die Zuwanderer aus der ehemaligen Sowjetunion relativ rasch in den Arbeitsmarkt ein. Die Quote der Erwerbstätigen liegt bei den Zuwanderern der 90er Jahre sogar über dem israelischen Durchschnitt, die Arbeitslosigkeit ging dementsprechend rasch zurück und näherte sich bereits nach drei Jahren Aufenthaltsdauer dem Landesmittel an. Lediglich bei den Zuwanderinnen blieb die Arbeitslosenquote etwas

Deutschland dieses intellektuelle Potential nicht ausgeschöpft. Waren schon im Jahre 1994 in der Bundesrepublik 27,6 % der eingereisten russisch-jüdischen Zuwanderer arbeitslos[34], so ist diese Quote mittlerweile auf 35,3 % gestiegen.[35] Im Vergleich dazu betrug 1992/93 die durchschnittliche Arbeitslosenrate aller Migranten in Deutschland 12,2 %, eine Zahl, die ohnehin immer über der Quote der deutschen Arbeitnehmer lag.[36]

Unsere erste Studie vermochte nur, erste Tendenzen im Integrationsverlauf der jüdischen Kontingentflüchtlinge in Deutschland zu beschreiben. Inzwischen veränderte sich des Gesamtbild nicht nur quantitativ, sondern auch qualitativ erheblich. Im neuen Untersuchungszeitraum hielten sich etwa dreimal so viele Juden aus der GUS in der Bundesrepublik auf wie zum Zeitpunkt unserer ersten Umfrage. Für die jüdischen Zuwanderer bedeutete diese Steigerung in vielerlei Hinsicht auch eine Veränderung ihrer Lebensbedingungen: Innerhalb der eigenen Einwanderungsgruppe können nun viele der alltäglichen Dienstleistungen, Freizeit- und Kulturaktivitäten selbständig organisiert und gestaltet werden. Familien sind nun in vielen Fällen komplett, alte Bekannt- oder Freundschaften aus dem Herkunftsland können wiederbelebt und fortgesetzt werden. Sozio-ökonomisch und sozio-kulturell ist die Eingliederung der Zuwanderer in die deutsche Gesellschaft und die Jüdischen Gemeinden aber noch keineswegs bewältigt.

höher. Ihre Stellung in der neuen Berufstätigkeit liegt in Israel – insbesondere bei Frauen mit akademischer Ausbildung – deutlich unter dem Niveau im Herkunftsland. Auch in der Beschäftigungsstruktur und im Einkommensniveau bestehen deutliche Unterschiede zwischen Israelis und Zuwanderern, so bildete sich eine eigene Infrastruktur mit „russischen" Geschäften und Betrieben mit gering qualifizierten und bezahlten Arbeitsplätzen heraus. Doch verläuft die berufliche Integration in den israelischen Arbeitsmarkt, insgesamt gesehen, zweifellos erfolgreich. Vgl. hierzu: Paltiel/Sabatello/Tal (1997), S. 297–301 u. 308ff., und den Beitrag von Olaf Glöckner in diesem Band.

34 Vgl. Schoeps/Jasper/Vogt (1996), S. 90.

35 Die genannten Quoten zur Arbeitslosigkeit beziehen sich auf eine unbereinigte Statistik, das heißt innerhalb der betrachteten Gesamtgruppe sind Auszubildende, Umschüler, Sprachkursabsolventen, Rentner und Hausfrauen/-männer noch inbegriffen.

36 Vgl. Schoeps/Jasper/Vogt (1996), S. 81ff.

Vor allem die Integration in den Arbeitsmarkt gestaltet sich für die jüdischen Zuwanderer noch erheblich schwieriger, als während unserer ersten Studie angenommen. Es wäre zu einfach, wollte man dafür allein das hohe Durchschnittsalter, die Sprachbarrieren oder die für hiesige Verhältnisse ungünstige Berufsstruktur der Betroffenen verantwortlich machen.[37] Eine wesentliche Mitursache liegt ganz sicher in dem mangelnden Angebot an beruflichen Integrations- und Qualifizierungsmaßnahmen. Inzwischen erschienene regionale Studien unter anderem im Umfeld der Jüdischen Gemeinden von Berlin, Leipzig und Köln machen deutlich, daß die Einbeziehung und Partizipation der Zuwanderer in die Gesellschaft wie auch in die Gemeinden nach wie vor auch durch sprachliche, kulturelle und weltanschauliche Barrieren stark erschwert wird.[38]

Zur Überprüfung dieser Hypothese schien uns das Instrument einer Umfrage unter den jüdischen Zuwanderern für sich genommen nicht ausreichend. So ließe sich zwar die Akzeptanz, Kritik und Ablehnung der Zuwanderer an den verschiedenen Angeboten der staatlichen Stellen, der Jüdischen Gemeinden und der Zentralwohlfahrtsstelle ermitteln, die eigentliche Angebotsstruktur und die übrigen personellen und administrativen Bemühungen zur Integration der neuen Mitglieder blieben indes aber ausgeblendet. Wir entschieden uns deshalb ergänzend zu einer Expertenbefragung unter solchen Sozialarbeitern und Betreuern, die für die Zuwanderer in den Gemeinden tätig sind. Dabei führten wir zunächst narrative Interviews durch und entwickelten daraus einen Fragebogen, der überwiegend aus

37 Vgl. Kessler (1996), S. 14–35, u. Schoeps/Jasper/Vogt (1996), S. 89–99.

38 Vgl. Paul Anthony Harris, Jüdische Einwanderung nach Deutschland. Politische Debatte und administrative Umsetzung. In: Zeitschrift für Migration und soziale Arbeit, Nr. 1 (1997); Kessler (1996); Hanna Petschauer, Migrationserwartungen und ihre Modifizierung im Integrationsprozeß am Beispiel jüdischer Zuwanderer aus der ehemaligen Sowjetunion in der Stadt Leipzig seit 1990, Diplomarbeit, Universität Leipzig 1990; Yvonne Schütze, Warum Deutschland und nicht Israel? Begründungen russischer Juden für die Migration nach Deutschland. In: BIOS, 10. Jg., H. 2 (1997), S. 186–208; fernerhin: Susanne Spülbeck, Ordnung und Angst. Russische Juden aus der Sicht eines ostdeutschen Dorfes nach der Wende, Frankfurt a. M./New York 1997.

offenen Fragen bestand. An der Befragung, die wir 1997 durchführten, nahmen insgesamt 34 MitarbeiterInnen von 15 Gemeinden teil, unter anderen aus Berlin, Düsseldorf, Erfurt, Frankfurt am Main, Köln, Mülheim/Duisburg/Oberhausen, München, Stuttgart und Weiden (Bayern).

Die Ergebnisse der Expertenbefragung flossen dann direkt in die Konzeption unserer allgemeinen Umfrage unter den jüdischen Zuwanderern ein. Die Konzeption des entsprechenden Fragebogens folgte allgemein dem Prinzip, dort standardisierte Fragen zu verwenden, wo Forschungsergebnisse beziehungsweise Vorwissen vorlag. Offene Fragen wurden in der Regel dort eingesetzt, wo ein Problembereich nicht strukturiert werden konnte oder sollte. Neben verschiedenen Pretests wurden Mitglieder der Untersuchungsgruppe bewußt in die Auswahl und Formulierung der Fragen einbezogen. Aus pragmatischen Gründen führten wir die Umfrage mit einem deutsch- und einem russischsprachigen Fragebogen durch, wobei die Entscheidung, welcher Bogen ausgefüllt wurde, den Probanden überlassen blieb. Die Verteilung zwischen deutscher und russischer Sprache diente in der Auswertung als ein Kriterium für die Sprachkenntnisse der Zuwanderer.

Das primäre Ziel unserer neuen Untersuchung war, den Integrationsverlauf beziehungsweise die Probleme der jüdischen Zuwanderer bei längerem Aufenthalt in Deutschland zu ermitteln, um letztlich noch konkretere Verbesserungsvorschläge zu entwickeln. Die Erhebung galt zunächst der Ermittlung von Basisdaten wie Alter, Bildungsstand, Beruf und Anwesenheitsdauer sowie spezifischen Auswanderungsmotiven, um tiefergehende Veränderungen in der Sozialstruktur der Zuwanderer zu erkennen beziehungsweise in ihren Auswirkungen auf den Integrationsprozeß zu untersuchen. Aus der Sicht der russisch-jüdischen Immigranten gelten allgemein die Erlangung einer eigenen Wohnung und eines Arbeitsplatzes als die wichtigsten Voraussetzungen für eine erfolgreiche Integration. Wir erhoben daher die Größe des Wohnorts, die Zahl der Umzüge, die Wohnungsverhältnisse sowie deren subjektive Einschätzung, wobei wir hier im Vergleich zu unserer Voruntersuchung eine deutliche Entspannung erwarteten. In den Mittelpunkt stellten wir aber die Frage nach der beruflichen Situation der Neuzuwanderer. Wir vermuteten aufgrund unserer Recherchen im Vorfeld der Erhebung, daß seit 1994 nur sehr wenige Förderprogramme mit geringer Teilnehmerzahl speziell für die jüdischen Zuwanderer aufgelegt worden waren, die die Gesamtsituation der Gruppe wohl kaum verbessern konnten. Besonders wichtig erschien uns, die Qualität der Sprachkurse näher zu beleuchten, da immer wieder die mangelnden deutschen Sprachkenntnisse als Haupthindernis für eine erfolgreiche berufliche und soziale Integration der jüdischen Zuwanderer benannt werden. Da für die Sprachförderung die Unterstützung durch staatliche Stellen, Stiftungen und Hilfsorganisationen von eminenter Bedeutung ist, fragten wir die Zuwanderer nach ihren diesbezüglichen Erfahrungen besonders detailliert.

Die Beziehungen zur deutschen Bevölkerung untersuchten wir auf mehreren Ebenen. So fragten wir nach der Teilnahme der Zuwanderer am kulturellen Leben, ihren Kontakten im jeweiligen sozialen Umfeld sowie ihrer subjektiven Einschätzung und Häufigkeit dieser Kontakte. Bedeutsam erschienen uns auch die Binnenbeziehungen der Zuwanderer sowie deren Interaktion in den Jüdischen Gemeinden und mit Aussiedlern. Außerdem untersuchten wir angesichts des wachsenden Rechtsextremismus in der Bundesrepublik, inwieweit die Neuzuwanderer mit Fremdenfeindlichkeit und Antisemitismus konfrontiert oder von subtilen Formen der Stigmatisierung betroffen sind.

Es konnte aufgrund der sozialen und ökonomischen Probleme nicht erwartet werden, daß sich das Deutschlandbild der Zuwanderer weiterhin so positiv gestaltet wie bei unserer ersten Untersuchung, wobei auch mögliche Veränderungen in den Auswanderungsmotiven seit 1994 zu berücksichtigen waren. Insgesamt war aus den genannten Gründen davon auszugehen, daß die Situation im Osten sich noch schwieriger gestaltet als im Westen Deutschlands.[39] Wir werteten unsere Umfrage deshalb

39 Vgl. insbesondere Spülbeck (1997), die in ihrer Feldstudie erhebliche Widerstände und Vorurteile der Bewohner des beschriebenen ostdeutschen Dorfes gegenüber den jüdischen Zuwanderern feststellte.

getrennt nach neuen und alten Bundesländern sowie differenziert nach der jeweiligen Aufenthaltsdauer aus.

Die Durchführung der Hauptumfrage setzte eine Auswahl unter den jüdischen Zuwanderern aus der ehemaligen Sowjetunion voraus. Eine erneute Befragung der Probanden unseres ersten Samples aus den Jahren 1993/94 war nicht zweckdienlich, da deren Zahl nicht mehr ausreichte und die erwarteten Veränderungen in der Sozialstruktur der Zuwanderer nicht überprüft werden konnten. Die Ermittlung eines repräsentativen Samples konnte nicht vollständig zufallsgesteuert sein, da die Adressen der Probanden nach wie vor aus datenschutzrechtlichen Gründen nicht zugänglich waren und sich andere Erhebungsmethoden wie etwa Gruppenbefragungen – etwa bei Versammlungen oder Gemeindeveranstaltungen – als unzulänglich erwiesen. Deshalb wurde diese Erhebung, ebenso wie unsere erste Umfrage, als Briefumfrage konzipiert und die Fragebögen überwiegend über zentrale Anlaufstellen wie Gemeinden, Wohlfahrtsverbände, Wohnheime oder Selbsthilfeeinrichtungen verteilt. Dieses partiell selektive Verfahren lieferte in der Gesamtheit dennoch eine Auswahl, die mit 1,1 % der Grundgesamtheit Repräsentativität beanspruchen kann.[40] Bestätigt wurde das bei der statistischen Auswertung unter anderem durch die Bildung von Kontrollgruppen nach den verschiedenen Verteilerwegen beziehungsweise durch entsprechende Signifikanztests. Die Umfrage wurde bundesweit im Zeitraum von Januar bis Juli 1998 unter den jüdischen Zuwanderern ab 16 Jahren durchgeführt. Das Sample setzte sich aus 968 Personen aus 71 Städten und Gemeinden zusammen. Wir verteilten insgesamt 4.000 Fragebögen, die Rücklaufquote lag bei 24,2 %.

40 Bei Beendigung der Umfrage im Juli 1998 waren nach Angaben des Bundesverwaltungsamtes in Köln 91.662 Personen eingereist. Im statistischen Mittel waren von Januar bis Juli 88.117 jüdische Zuwanderer in Deutschland.

4. Sozialstruktur und Wanderungsmotivation der jüdischen Zuwanderer

Im Vergleich zu 1994 hat sich die Altersstruktur der jüdischen Zuwanderer aus der ehemaligen Sowjetunion deutlich verändert. Ein Hauptgrund liegt darin, daß:

> „sich nicht bestimmte Altersgruppen auf den Weg gemacht [haben], sondern innerhalb kürzester Zeit gesamte Verbände familiär, sozial oder örtlich verbundener Personen mit all ihren Generationsfolgen. Nur in der ersten Phase kamen signifikant mehr jüngere als ältere Menschen [...]",

wie Judith Kessler 1996 für Berlin herausfand.[41] Inzwischen hat sich dieser Trend fortgesetzt. In unserer Befragung, an der Personen im Alter zwischen 16 und 85 Jahren teilnahmen, ermittelten wir folgende Altersstruktur:

Altersgruppe	Anzahl	Prozent
16–30 Jahre	162	16,7 %
31–45 Jahre	248	25,6 %
46–60 Jahre	236	24,4 %
Über 60 Jahre	296	30,6 %
Keine Angabe	26	2,7 %
Insgesamt	968	100,0 %

Tabelle 1: Altersstruktur der Befragten

Die Altersgruppe der über 60jährigen ist im Vergleichszeitraum um über 4 % angewachsen, während insbesondere die jüngeren Jahrgänge unter 31 Jahren einen Rückgang verzeichneten.[42] Die Aufschlüsselung der Altersgruppen nach der Anwesenheitsdauer bestätigte diesen Zusammenhang: Die älteren Jahrgänge reisten

41 Kessler (1996), S. 32. Die Autorin ermittelte für 3.950 zugewanderte Neumitglieder der Jüdischen Gemeinde Berlin ein Durchschnittsalter von 44,3 Jahren und folgende Alterszusammensetzung: unter 18 Jahre: 14,5 %; 18–30 Jahre: 13,3 %; 31–40 Jahre: 16,0 %; 41–50 Jahre: 16,5 %; 51–60 Jahre: 12,6 %; über 60 Jahre: 27 % (vgl. ebd. S. 19f.).

42 Vgl. Schoeps/Jasper/Vogt (1996), S. 31ff.

vermehrt in den letzten drei Jahren ein, während sich diejenigen unter 31 beziehungsweise unter 46 Jahren zum größeren Teil schon länger als 5 Jahre in Deutschland aufhalten. Die Alterszusammensetzung der Zuwanderer folgt insgesamt weitgehend der Altersstruktur der jüdischen Bevölkerung in der ehemaligen Sowjetunion, die aufgrund der niedrigen Geburtenraten von starker Überalterung gekennzeichnet ist. Dies ist im wesentlichen auf die Kriegsfolgen, den hohen Urbanisierungsgrad und die Folgen der jahrzehntelangen Auswanderung der jüngeren Jahrgänge vor allem nach Israel und in die USA zurückzuführen. Die jüdische Bevölkerung in der ehemaligen Sowjetunion wird faktisch als „sterbende Population" beschrieben. Die Fertilitätsrate ist seit langem negativ: 1993 standen in Rußland 27 Todesfällen nur sechs Geburten pro 1.000 Juden gegenüber, und schon im Jahre 1970 waren nur noch 15 % der jüdischen Bevölkerung in der Sowjetunion jünger als 20 Jahre, aber 26,5 % über 60 Jahre.[43] Ende der 80er Jahre befand sich sogar die Hälfte aller Juden in der Sowjetunion in einem Alter von über 52 Jahren. Die jüdischen Zuwanderer in Deutschland sind im Durchschnitt wesentlich älter als diejenigen in Israel, wo 1990 der Anteil der über 60jährigen Zuwanderer aus der Sowjetunion nur 17,7 % betrug, sich aber 29,6 % in einem Alter unter 20 Jahren befanden.[44] In Deutschland bilden Personen im arbeitsfähigen Alter die große Mehrheit der Zuwanderer, wobei die 31–45jährigen die größte Gruppe darstellen, dicht gefolgt von den 46–60jährigen. Die jüdischen Zuwanderer in Deutschland weisen auch im Verhältnis zu vergleichbaren anderen Migrantengruppen eine atypische Altersstruktur auf. So ist die Alterspyramide bei den Aussiedlern aus der GUS genau umkehrt: 37 % waren 1996 unter

43 Vgl. Bland-Spitz (1980), S. 47; Mertens (1993), S. 43; fernerhin: Uziel O. Schmelz u. a. (Hg.), Studies in Jewish Demography. Survey for 1972–1980, New York 1983, S. 100.

44 Florsheim (1991), S. 4; Paltiel/Sabatello/Tal (1997), S.289–291, sowie: Mark Tolts, The Interrelationship between Emigration and the Socio-Demographic Profile of Russian Jewry. In: Lewin-Epstein/Ro'i/Ritterband (1997), S. 147–176.

20 Jahre alt, 41 % 20–45 Jahre, 11,4 % 45–60 Jahre und nur 9,7 % älter als 60 Jahre.[45]

Die ursprüngliche Erwartung der Gemeinden, die Altersstruktur der Juden in Deutschland würde sich durch die Zuwanderung stark verjüngen, konnte sich bisher also nur zum Teil erfüllen (vgl. Tabelle 2).

Im Hinblick auf das Geschlecht war die Verteilung nahezu ausgeglichen: 50,4 % aller Befragten waren Frauen und 49,6 % Männer. Auch hier ist eine Veränderung zum Jahre 1994 aufgetreten: Damals waren 54 % unseres Samples Männer, was wahrscheinlich darauf zurückzuführen ist, daß in der ersten Immigrationsphase vorwiegend jüngere Männer einreisten.[46] Deren zahlenmäßiger Vorsprung wurde später durch die Zuwanderung von überwiegend älteren Frauen ausgeglichen. So dominieren Männer in der Altersgruppe der 31–45jährigen mit 52,4 zu 47,6 %, während das Verhältnis bei den über 60jährigen mit 58,1 % Frauen zu 41,9 % Männern umgekehrt ist.

Mitglieder	1989		1997	
bis 17 Jahre	3.868	14,0 %	9.822	14,6 %
17–30 Jahre	3.921	14,2 %	9.733	14,4 %
31–40 Jahre	4.335	15,6 %	8.830	13,1 %
41–50 Jahre	3.588	12,9 %	11.080	16,4 %
51–60 Jahre	3.108	11,2 %	8.978	13,3 %
über 60 Jahre	8.891	32,1 %	19.028	28,2 %
Gesamt	27.711	100,0 %	67.471	100,0 %

Tabelle 2: Altersstruktur der jüdischen Gemeinden[47]

Nahezu unverändert hoch zeigte sich das Bildungsniveau der jüdischen Zuwanderer: 72,7 % der Befragten verfügten über einen (Fach-)Hochschulabschluß, den sie in der ehemaligen

45 Vgl. Koller (1997), S. 768; Info-Dienst Deutsche Aussiedler (1998), S. 23.

46 Vgl. Schoeps/Jasper/Vogt (1996), S. 29f.; Kessler (1996), S. 21.

47 Erstellt nach Zahlen der Zentralwohlfahrtsstelle der Juden in Deutschland vom 1.1.1990 und 1.1.1998. Von den 67.471 Gemeindemitgliedern in 1997 waren etwa 45.000 jüdische Zuwanderer aus der ehemaligen Sowjetunion.

Sowjetunion erwarben (vgl. Tabelle 3). Dabei ergaben sich keine signifikanten Unterschiede nach Geschlecht. Die Frauen verfügen im Allgemeinen über ein gleich hohes Bildungsniveau wie die Männer - was die jüdischen Zuwanderinnen, auch die der älteren Jahrgänge, deutlich von anderen Migrantinnen oder deutschen Frauen unterscheidet. Schlüsselt man den Bildungsabschluß nach Alter auf, so ist der Anteil der 16–30jährigen mit (Fach-)Hochschulabschluß mit 46,9 % niedriger, was sich biographisch erklären läßt. Außerdem ergab unsere Umfrage unter den SozialarbeiterInnen, daß der Akademikeranteil unter den Neuangekommenen signifikant kleiner ist als bei Zuwanderern, die schon länger als drei Jahre in Deutschland leben[48], wie zum Beispiel die Aussage eines Sozialarbeiters aus der Düsseldorfer Gemeinde illustriert: „In den letzten Monaten erfolgte eine verstärkte Zuwanderung von alten und sehr alten und kranken Menschen. Die berufliche Ausbildung ist auf einem niedrigeren Stand als zu Anfang der Immigration.“

Schultyp	Anzahl	Prozent
Mittelschule	52	5,4 %
Fachschule	134	13,8 %
(Fach-)Hochschule	704	72,7 %
Sonstige	24	2,5 %
Keinen	14	1,4 %
Keine Angabe	40	4,1 %
Insgesamt	968	100,0 %

Tabelle 3: Bildungsabschluß in der ehemaligen Sowjetunion[49]

48 Vgl. Paltiel/Sabatello/Tal (1997), S. 293ff.; Bei den Immigranten in Israel wurde ein ähnlicher Effekt beobachtet: Auch hier zeigte sich das Bildungsniveau bzw. die berufliche Qualifikation der später Eingereisten rückläufig, das heißt der Anteil von Personen ohne Abschluß, einfachen Arbeitern und Handwerkern stieg seit 1992 kontinuierlich an. Allerdings lassen sich diese Ergebnisse wegen der erwähnten unterschiedlichen Altersstruktur der Immigranten in Deutschland und Israel nicht ganz vergleichen, weil viele der israelischen Zuwanderer zu jung sind, um bereits über einen höheren Abschluß zu verfügen.

Ingenieure und Informatiker sind nach wie vor die am stärksten vertretene Berufsgruppe unter den jüdischen Zuwanderern in Deutschland. Es folgen Techniker und Handwerker, Ärzte, ökonomische Berufe, „Kulturschaffende" und Journalisten sowie Pädagogen (vgl. Tabelle 4). Der hohe Anteil von (natur-)wissenschaftlichen und technischen Berufen resultiert zumindest bei älteren Gruppen aus der sowjetischen Ausbildungs- und Beschäftigungspolitik, deren erklärtes Ziel die Industrialisierung und eine homogene Sozialstruktur der sowjetischen Gesellschaft war. Darüber hinaus existierten Zulassungsbeschränkungen und Diskriminierungen für Juden und andere Nationalitäten, an die sich ein betroffener Wissenschaftler aus Usbekistan folgendermaßen erinnerte: „Die Sowjetunion ist eine reine Kastengesellschaft. In dieser Kastengesellschaft weiß jede Nation ganz genau, welcher Platz ihr darin vorbehalten ist und welchen Platz sie nie wird einnehmen können. Das ist für Juden etwa der gesamte Verwaltungsbereich. Das kleinste jüdische Kind hat bereits vollkommen verinnerlicht, daß ein Verwaltungsberuf nicht in Frage kommt. Ich selber habe nie die Illusion gehabt, jemals einen höheren Posten in der Sphäre der Wissenschaft zu bekommen [...] Und für Juden in Usbekistan bleibt im Grunde nur die Wissenschaft, denn der Handel, einer der traditionellen jüdischen Wirkungsbereiche, ist ihm hier verschlossen, den Russen übrigens auch. Bis vor zehn Jahren war es den Juden unmöglich, an irgendeine Universität zu kommen. Übrig blieben die Institute, das sind Fachhochschulen [...] Praktisch unmöglich war die Zulassung für Prestigefächer wie Philosophie. Nur Bereiche, die bei den Usbeken nicht so beliebt waren, Geographie oder Ingenieurwesen, blieben übrig [...] Und was den Beruf des Ingenieurs angeht, so ist er ein wenig prestigeträchtiger,

49 Das Bildungssystem in der ehemaligen Sowjetunion war mit dem deutschen nur schwer vergleichbar, was in noch stärkerem Umfang für die Nachfolgestaaten gilt. In der Sowjetunion war der Besuch der Grund- und Mittelschule mit je vier Jahren Pflicht. Danach war ein sogenannter „unvollständiger Mittelschulabschluß" möglich, der zum Besuch von berufsqualifizierenden Fachschulen berechtigte. Die erfolgreiche Absolvierung von zwei weiteren Jahren in der Mittelschule („vollständiger Mittelschulabschluß") berechtigte nach Aufnahmeprüfungen zum Studium an Fachhochschulen und Hochschulen oder technischen Lehranstalten. Wir fragten nach dem erzielten höchsten Bildungsabschluß.

eher mittelmäßiger Beruf, der sehr schnell zur Assimilation führt. Man nimmt keine exponierte Position ein, die in irgendeiner Weise das Selbstwert- und damit eventuell auch das Nationalgefühl stärken könnte. Im Prinzip leben hier Praktiken aus zaristischer Zeit in leicht veränderter Form weiter."[50] Ungeachtet dessen kam es zu einer Entwicklung in der UdSSR, bei der die Juden mit einem Anteil an der Gesamtbevölkerung von 0,7 % in den 70er Jahren erstaunliche 10,8 % aller Wissenschaftler und sogar 14,7 % der Ärzte stellten.[51] Der relativ hohe Prozentsatz von Künstlern, Musikern, Schriftstellern und Journalisten unter den von uns Befragten, der sich allerdings im Vergleich zur Voruntersuchung rückläufig zeigt, läßt sich wahrscheinlich darauf zurückführen, daß in diesem Bereich die Freiräume für ethnische Minderheiten in der ehemaligen Sowjetunion ebenfalls etwas größer waren.

Beruf	Anzahl	Prozent
Ingenieure/Informatiker	276	28,5 %
Naturwissenschaftler	44	4,5 %
Techniker/Handwerker	92	9,5 %
Ärzte	78	8,1 %
Sonstige med./pharmaz. Berufe	40	4,1 %
Pädagogen	68	7,0 %
Ökonomische Berufe	76	7,9 %
„Kulturschaffende"/Journalisten	72	7,4 %
Sozial- und Geisteswissenschaftler	32	3,3 %
Sonstige	10	1,0 %
Keine Angabe	180	18,6 %
Insgesamt	968	100,0 %

Tabelle 4: Berufe der Befragten nach Tätigkeitsbereichen[52]

50 Zit. nach: Mertens (1993), S. 40.
51 Vgl. Bland-Spitz (1980), S. 57.
52 Die genannten Berufe beruhen auf der Selbsteinstufung der Befragten und sind nicht unbedingt objektivierbar, d. h. nicht jeder zugewanderte Ingenieur, der sich als solcher bezeichnet, verfügt über eine Ausbildung oder Kenntnisse, die deutschen Anforderungen bzw. Standards entsprechen.

Im übrigen zeigte die Befragung, daß der vielzitierte „Dozent für Marxismus-Leninismus“ unter Pädagogen und Sozialwissenschaftlern eine seltene Erscheinung blieb. Insofern ist diese bisweilen angeführte „Erklärung“ für die katastrophale Beschäftigungssituation – die vermeintliche Unvermittelbarkeit aufgrund von unbrauchbaren Qualifikationen aus kommunistischer Zeit – eher in den Bereich der Legenden zu verweisen. Die Untersuchung der Geschlechterverteilung auf die einzelnen Berufsgruppen ergab ihrerseits folgende Unterschiede: Männer dominierten bei Ingenieuren und Informatikern mit 67,4 % sowie bei Technikern und Handwerkern mit 63,0 %. Frauen stellten hingegen bei Ärzten (56,4 %), „Kulturschaffenden“ (52,8 %), Sozialwissenschaftlern (68,8 %), Pädagogen (84,1 %) sowie in den medizinischen und ökonomischen Berufen (70,0 bzw. 73,7 %) die Mehrheit der Befragten. Die Aufschlüsselung der Berufsgruppen nach Alter bestätigte die bereits erwähnte Tendenz, daß gegenüber den Akademikern niedriger qualifizierte Personen – etwa Handwerker oder Techniker – in den letzten drei Jahren verstärkt zugewandert sind. Allerdings geschieht dies nicht in einem Umfang, der die Berufs- und Bildungsstruktur der jüdischen Zuwanderer grundsätzlich verändern könnte.

Die große Mehrheit der Befragten ging im Herkunftsland einer angestellten Berufstätigkeit nach. Nur 1,4 % waren vor der Ausreise arbeitslos. 16,7 % waren Hausfrau oder Rentner, und 7,9 % absolvierten eine Ausbildung oder ein Studium. 56 % arbeiteten in der ehemaligen Sowjetunion ganztags in ihrem erlernten Beruf. Nur 9,1 % gingen hingegen einer Vollzeit-Tätigkeit in einem fremden Beruf nach, und jeweils nur 3,9 % waren Teilzeit-Beschäftigte oder Selbständige. Größere geschlechterspezifische Unterschiede zeigten sich hier nicht. So hatten zwar mehr Frauen als Männer in der ehemaligen Sowjetunion eine Teilzeitarbeit, aber Männer waren stärker unter den Selbständigen vertreten und hatten außerdem häufiger eine Anstellung in einem fremden Beruf. Das Alter der Befragten hatte die typischen Effekte auf das Tätigkeitsprofil im Herkunftsland: Jüngere Personen unter 46 Jahren zeigten sich mit einem signifikant hohen Anteil an Teilzeitarbeit, selbständiger Tätigkeit beziehungsweise

Beschäftigung außerhalb des erlernten Berufs flexibler. Die Älteren dominierten bei Vollzeit-Beschäftigung adäquat zu ihrer früheren Ausbildung.

Die regionale Herkunft der jüdischen Zuwanderer bildet ein wichtiges Kriterium sowohl für die Auswanderungsmotivation und die Wahl des Ziellandes als auch für deren Sozialstruktur. Fast alle Befragten kamen aus Städten, wobei russische und ukrainische Großstädte wie Moskau, St. Petersburg, Kiew, Dnepropetrowsk, Odessa, Charkow oder Tschernowitz, aus anderen Republiken Baku (Aserbaidschan), Taschkent (Usbekistan), Tallinn (Estland), Kischinjow (Moldawien) oder Riga (Lettland) dominierten. Wie wir bereits in unserer Voruntersuchung feststellten[53], stimmt die Verteilung der territorialen Herkunft der jüdischen Emigranten in Deutschland mit derjenigen in den USA näherungsweise überein, wenngleich der Anteil der Zuwanderer aus Rußland und der Ukraine in Deutschland mit rund 80 % (in den USA 85 %) etwas zurückging (vgl. Tabelle 5). Zwi Gitelman wies in den 70er und 80er Jahren die Bedeutung des geographischen Ursprungs für die Wahl des Aufnahmelandes nach. Seiner Ansicht nach sind die Emigranten aus den slawischen Republiken sehr viel stärker akkulturiert als diejenigen aus den Randstaaten der ehemaligen Sowjetunion, die eine stärkere Bindung an die jüdische Religion und Tradition besitzen und zumindest bis in die 80er Jahre die Mehrheit der israelischen Olim stellten.[54] In den letzten fünf Jahren hat sich der Anteil der Zuwanderer aus den kaukasischen und mittelasiatischen Staaten in Deutschland kontinuierlich erhöht, was sicherlich auf die dortige politische und soziale Instabilität zurückzuführen ist. Erklärungsbedürftig ist der überproportionale Anteil von Emigranten aus den baltischen Staaten, der im Vergleich zu 1994 unverändert hoch geblieben ist. Mitentscheidend dürfte sein, daß in diesen Republiken Nicht-Balten die Staatsbürgerschaft immer

53 Vgl. Schoeps/Jasper/Vogt (1996), S. 30f.

54 Vgl. Zvi Gitelmann, Soviet Jewish Emigrants: Why Are They Chosing America? In: Soviet Jewish Affairs, 1 (1977), S. 31–46; Ders., Becoming Israelis. Political Resocialization of Soviet and American Immigrants, New York 1982, S. 74.

noch verweigert oder deren Erlangung zumindest sehr erschwert wird. In der Gesamttendenz nähert sich die Zusammensetzung der jüdischen Zuwanderergruppe in Deutschland aber der regionalen Verteilung der jüdischen Bevölkerung in der ehemaligen Sowjetunion an.

Region	Befragte	Juden in der SU
Rußland	37,6 %	38,0 %
Ukraine	41,9 %	33,6 %
Baltikum	6,2 %	2,8 %
Belorußland	2,5 %	7,7 %
Moldawien	4,5 %	4,5 %
Mittelasien	3,7 %	9,5 %
Kaukasus	3,3 %	3,9 %
Keine Angabe	0,2 %	–
Insgesamt	100,0 %	100,0 %

Tabelle 5: Regionale Herkunft der jüdischen Zuwanderer in Deutschland im Vergleich zur jüdischen Bevölkerung in der ehem. Sowjetunion[55]

Hinsichtlich der Emigrationsmotive ist eine deutliche Veränderung im Vergleich zu 1994 eingetreten. Die Angst vor Antisemitismus und Bürgerkrieg ist – ebenso wie die Sorge um die Sicherheit der Familie – in ihrer Bedeutung für die Ausreiseentscheidung nach Deutschland in den meisten Regionen beziehungsweise Republiken zurückgegangen. In den Mittelpunkt traten neben persönlichen Motiven vor allem das Bedürfnis, der desolaten wirtschaftlichen Lage und der materiellen Not in der GUS und im Baltikum zu entfliehen (vgl. Tabelle 6). Dabei ergeben sich große Unterschiede, wenn man die regionale Herkunft der Befragten in die Betrachtung einbezieht. Bei den jüdischen Zuwanderern aus den Randstaaten der ehemaligen Sowjetunion

55 Von 968 Befragten antworteten 966 auf diese Frage. Die Angaben zur jüdischen Bevölkerung in der ehemaligen Sowjetunion beruhen auf dem letzten Census im Jahre 1989, der insgesamt 1.449.167 Juden ermittelte. Zit. nach: Mertens (1993), S. 31.

stehen wirtschaftliche Motive im Vordergrund: 10,7 % von allen Personen, für die ökonomische Gründe entscheidend waren, stammten aus dem Baltikum (proportional 6,2 %), weitere 5,8 % kamen aus Belorußland (proportional 2,5 %), 9,1 % aus Mittelasien (proportional 3,8 %) und 5,8 % aus dem Kaukasus (proportional 3,1 %). Bei den jüdischen Zuwanderern aus Rußland stand

Motive	Anzahl	Prozent
Persönliche Gründe	180	18,6 %
Familiäre Gründe	92	9,5 %
Wirtschaftliche Gründe	242	25,0 %
Angst vor Bürgerkrieg	42	4,3 %
Antisemitismus	146	15,1 %
Allgemeiner Emigrationswunsch	78	8,1 %
Sonstige	150	15,5 %
Weiß nicht/keine Angabe	38	3,9 %
Insgesamt	968	100,0 %

Tabelle 6: Emigrationsmotive der Befragten[56]

im Gegensatz dazu weiter eindeutig die Angst vor Antisemitismus im Vordergrund: 56,2 % von allen, die diesen Grund angaben, stammten aus Rußland (proportional 37,7 %). Auch die Sorge um die Sicherheit der eigenen Familie und die Angst vor Bürgerkrieg wurden bei den russischen Juden signifikant häufiger genannt, während persönliche und wirtschaftliche Gründe als unwichtiger angegeben wurden. Bei Personen aus der Ukraine dominierten insgesamt persönliche und familiäre Motive, wobei die Familienzusammenführung letztendlich eine größere Rolle spielte, weil sie im Vergleich zu den übrigen Herkunfts-

56 Eine Umfrage von Robert J. Brym unter 1.000 Juden in Moskau, Kiew und Minsk zwischen Februar und April 1995 ermittelte für das Fünftel, das zu einer Ausreise in westliche Staaten (also nicht nach Israel) entschlossen war, ähnliche Motive: 29 % nannten ökonomische Gründe für die Ausreiseentscheidung, weitere 14 % machten politische, 26 % familiäre und persönliche sowie 31 % ethnische Motive geltend. Vgl.: Robert J. Brym, Jewish Emigration from the Former USSR: Who? Why? How Many? In: Lewin-Epstein/Ro'i/Ritterband (1997), S. 177–193.

ländern auch mehr Familienangehörige in Deutschland aufwiesen. Die Zuwanderer aus den baltischen Staaten, Mittelasien, Moldawien und dem Kaukasus wiesen signifikant mehr Verwandte in Israel und weniger in den USA sowie Deutschland auf und entschieden sich in ihrem Fall doch gegen das „traditionelle" Ausreiseziel.

Die Aufschlüsselung der Emigrationsmotive entsprechend der Anwesenheitsdauer der Befragten in Deutschland bestätigte den Trend einer insgesamt abnehmenden Bedeutung von politischen Motiven. Diejenigen, die länger als fünf Jahre in Deutschland leben, gaben die Kombination von Antisemitismus, Bürgerkrieg und Sicherheit signifikant häufiger an als ihr proportionaler Anteil (22,2 %) in der Ursprungsverteilung der Kreuztabelle: 28,3 % nannten familiäre Auswanderungsmotive, 42,9 % gaben die Angst vor Bürgerkriegen und 32,9 % antisemitische Erfahrungen an. Zum Vergleich: Nur 8,5 % dieser Gruppe nannten wirtschaftliche Motive. Ökonomische und persönliche Gründe waren vor allem für diejenigen Zuwanderer ausschlaggebend, die in den letzten drei Jahren nach Deutschland einreisten. Die größere Bedeutung von materiellen Aspekten ist natürlich nicht nur Ausdruck der ökonomischen Disparität zwischen Deutschland und den Herkunftsländern der Zuwanderer, zumal aus materieller Sicht die USA im Moment deutlich attraktiver erscheinen. Vielmehr treten eine Reihe weiterer Faktoren hinzu. Deutschland hat zum einen, wie oben erläutert, „privilegierte" Migrationsbeziehungen zu Osteuropa, das heißt es stellt seit Ende des letzten Jahrhunderts ein bevorzugtes Auswanderungsziel für Osteuropäer dar.[57] Und mit der Zusage, in Deutschland Sozialleistungen zu erhalten, verbinden vor allem die Betagteren unter ihnen die Aussicht auf ein menschenwürdigeres Leben. Die USA scheiden für diese Altersgruppe wegen des weitgehend fehlenden Sozialsystems aus, soweit keine Familienangehörigen vorhanden sind, die die Versorgung übernehmen können. Auch Israel erfordert eine weitaus größere Eingliederungsanstrengung als das „europäische" Deutschland mit seiner geographischen Nähe zu Rußland. Mit der Realität, die die Zuwanderer in Deutschland

57 Vgl. Münz/Seifert/Ulrich (1997), S. 16ff.

erwartet, haben ihre Hoffnungen und Erwartungen freilich nur bedingt zu tun.

Bei den älteren Befragten werden damit neben der traditionellen Angst vor Antisemitismus auch soziale Beweggründe deutlich. Bei den mittleren Jahrgängen (31–60jährige) mischen sich ökonomische, persönliche und familiäre Ausreisemotive. Die jüngeren Emigranten (17–30jährige) besitzen die größte Risikobereitschaft und verzichten für die Einwanderung nach Deutschland teilweise auch auf Familienbeziehungen, denn diese Gruppe weist überdurchschnittlich mehr Verwandte in Israel (68,4 %) und den USA (65,8 %) als in Deutschland (31,6 %) auf (vgl. auch Tabelle 7). Im Vergleich zur proportionalen Verteilung der Kreuztabelle[58] weisen die Gruppen der 46–60jährigen und der über 60jährigen signifikant mehr Verwandte in Deutschland auf, nämlich 42,7 % (46–60jährige) und 41,4 % (über 60 Jahre). Das Motiv, im Alter bei den Kindern beziehungsweise gemeinsam mit der Kernfamilie leben zu wollen, ist für diese Altersgruppen das bestimmende.

Land	Nennungen	Prozent[59]
In Israel	518	60,7 %
In den USA	466	54,6 %
In Deutschland	316	37,0 %
In anderen Ländern	116	13,6 %
Weiß nicht	88	10,3 %
Insgesamt	1.504	176,1 %

Tabelle 7: Familienangehörige in anderen Ländern vor der Ausreise

58 Die Ursprungsverteilung der Kreuztabelle Familienangehörige nach Alter war folgendermaßen: Angehörige in Israel haben 60,5 % aller Befragten (836 Fälle); in den USA: 54,1 %; in Deutschland: 37,8 %.

59 Von 968 Befragten antworteten 854 auf diese Frage, die höhere Zahl von Nennungen resultiert aus Mehrfachnennungen, die möglich waren. Die Prozentangaben beziehen sich auf den Anteil der jeweiligen Kategorie an der Gesamtzahl der Fälle (854).

Die von uns ermittelten Erwartungen der jüdischen Zuwanderer an Deutschland vor der Einreise (vgl. Grafik 3) spiegelten weitgehend deren Sozialstruktur und die genannten Auswanderungsmotive wieder. Gemäß dem hohen Durchschnittsalter der Probanden erreichte die Hoffnung auf eine bessere Ausbildung und Zukunftsperspektive der nächsten Generation den höchsten Wert. In ähnlicher Weise lassen sich die hohen Werte für eine

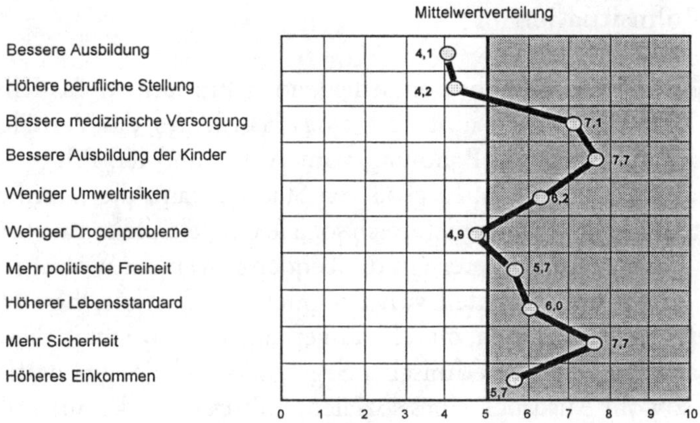

Grafik 3: Erwartungen an Deutschland vor der Einreise

erwünschte „bessere medizinische Versorgung" erklären. Die Erwartung, in Deutschland weniger Umweltrisiken ausgesetzt zu sein, wurde unabhängig vom Alter vor allem von Emigranten aus der Ukraine geäußert, wo die Folgen der Reaktorkatastrophe von Tschernobyl noch immer nicht überwunden sind. Der im Vergleich zur Voruntersuchung nach wie vor bedeutsame Stellenwert des Sicherheitsaspekts zeigt, daß die soziale Situation der jüdischen Zuwanderer in der ehemaligen Sowjetunion insgesamt von Unsicherheit und Instabilität gekennzeichnet sowie die Angst vor (zukünftigen) Diskriminierungen groß geblieben ist. Das relativiert auch die zuvor erläuterte Bedeutung ökonomischer Ausreisemotive. Die Hoffnungen konzentrieren sich nun vorrangig darauf, der existentiellen Not in der alten Heimat zu entfliehen und für die nächste Generation eine bessere Zukunftsperspektive zu schaffen.

Um eine tatsächlich stabilere Situation für sich selbst und die mitgereisten Angehörigen zu schaffen, ist es für die russisch-jüdischen Zuwanderer von großer Bedeutung, in einem überschaubaren zeitlichen Rahmen zu einer eigenen Wohnung und einem akzeptablen Beschäftigungsverhältnis in Deutschland zu gelangen.

5. Wohnsituation

Wohnverhältnisse haben entscheidenden Einfluß auf das Klima des Zusammenlebens innerhalb eines Haushaltes, das Verhältnis zu den Kindern, die Erholung vom Alltag und die Pflege von sozialen Beziehungen. In größeren Städten kann die räumliche Verteilung auf Wohngebiete auch soziale Ungleichheiten ausdrükken. Bei Neueinwanderern ist die Tendenz, in einem Wohngebiet mit einem hohen Anteil von Personen aus dem gleichen Herkunftsland zu wohnen, oft sehr ausgeprägt. Man spricht in diesem Zusammenhang von ethnischer Segregation oder Segmentation, was sowohl Ausdruck eines sozialen, kulturellen oder auch ökonomischen (Eigen-)Interesses der betreffenden ethnischen Gruppe als auch Folge der Ausgrenzung durch die Mehrheitsgesellschaft sein kann.

Die jüdischen Zuwanderer aus den GUS-Staaten werden nach dem „Königsteiner Schlüssel" proportional zur deutschen Bevölkerung auf die einzelnen Bundesländer verteilt. Nach der Einreise werden sie in der Regel zunächst von den zentralen Aufnahmestellen der Bundesländer in Empfang genommen und dann nach einem landesinternen Schlüssel in Städten und Regionen untergebracht, in denen möglichst schon Jüdische Gemeinden bestehen. Trotzdem geschieht es noch häufig – wie eben im Falle des brandenburgischen Gollwitz –, daß die Zuwanderer in Kleinstädte oder Dörfer gelenkt werden, in denen sie keinerlei Anbindung an eine Gemeinde oder eine städtische Infrastruktur haben und weitgehend isoliert in Kleingruppen leben müssen. Die Verteilung der eingereisten Zuwanderer auf die Bundesländer ergab im Untersuchungszeitraum das in Tabelle 8 ersichtliche Bild.

Bundesland	Altfälle	Eingereist	Gesamt	Prozent
Baden-Württemberg	192	7.475	7.667	7,8
Bayern	258	12.820	13.078	13,3
Berlin	4.006	521	4.527	4,6
Brandenburg	437	3.375	3.812	3,9
Bremen	124	967	1.091	1,1
Hamburg	86	2.488	2.574	2,6
Hessen	245	7.825	8.070	8,2
Mecklenburg-Vorpommern	112	2.499	2.611	2,7
Niedersachsen	619	8.874	9.493	9,7
Nordrhein-Westfalen	1.810	22.684	24.494	24,9
Rheinland-Pfalz	29	5.524	5.553	5,6
Saarland	9	1.597	1.606	1,6
Sachsen	177	4.042	4.219	4,3
Sachsen-Anhalt	368	2.402	2.770	2,8
Schleswig-Holstein	22	3.490	3.512	3,6
Thüringen	41	3.187	3.228	3,3
Westdeutschland	3.394	73.744	77.138	78,5
Ostdeutschland	5.141	16.026	21.167	21,5
Gesamt	8.535	89.770	98.305	100

Tabelle 8: Eingereiste Zuwanderer nach Bundesländern[60]

60 Nach Angaben des Bundesverwaltungsamtes in Köln vom 01.11.1998. Die Spalte „Altfälle" führt die Personen, die vor Januar 1991 außerhalb des geregelten Verfahrens einreisten.

Die Verteilung auf die jeweiligen Bundesländer ist für die jüdischen Kontingentflüchtlinge mit der Berechtigung zum dortigen Bezug von Sozialleistungen und Eingliederungshilfen verbunden, weshalb Umzüge innerhalb des Bundesgebiets bis zur Aufnahme einer Erwerbstätigkeit zustimmungspflichtig bleiben. Bisher kommt es zu einem sogenannten Quotenaustausch zwischen den einzelnen Bundesländern, um beispielsweise soziale Härtefälle auszugleichen oder Familienzusammenführungen zu ermöglichen. Andernfalls führte das dazu, daß den Personen, die ohne Genehmigung den Wohnort wechselten, von den Sozialbehörden die Zahlung von Unterstützung verweigert wurde, was mit dem Bundessozialhilfegesetz (§ 120, Abs. 5) begründet wurde: Wer Flüchtlinge mit der „unbeschränkten Aufenthaltserlaubnis" anerkannte beziehungsweise ausstattete – im Falle der jüdischen Kontingentflüchtlinge die Bundesländer mit der jeweiligen Aufnahmezusage –, sollte auch für deren Lebensunterhalt aufkommen. Allerdings stößt diese Auslegung und Verwaltungspraxis zunehmend auf rechtliche Bedenken, weil sie durchaus individuelle Benachteiligungen und soziale Ungerechtigkeiten zementieren kann.

In Reaktion auf die bisherige Praxis sind „ungeregelte Umzüge" – wie es im Amtsdeutsch heißt – keine Seltenheit, wenngleich ihre Häufigkeit bisher nicht exakt beziffert werden konnte. Nach Berlin waren von Juni 1994 bis Juni 1995 über 70 % aller neuen Mitglieder der Jüdischen Gemeinde „ungeregelt" (überwiegend aus Brandenburg und den anderen östlichen Bundesländern) gekommen. Ende 1995 waren in der Hauptstadt 4.500 jüdische Zuwanderer offiziell vom Bundesverwaltungsamt registriert, real hatten sich dort aber etwa 7.500 niedergelassen.[61] Bis Ende 1998 war die Gesamtzahl der Gemeindemitglieder in Berlin – unabhängig von der mehrere Hundert Personen umfassenden „Adass Jisroel"-Gemeinde – auf über 11.000 angewachsen.[62]

61 Vgl. Kessler (1996), S. 9 u. 46.

62 Vgl. Andreas Nachama, Ost und West. Die jüdische Gemeinde in Berlin 1945 bis 1988. In: Tribüne. Zeitschrift zum Verständnis des Judentums, 38. Jg., Nr. 149, 1/1999, S. 173–185, hier S. 184. Fernerhin: Kessler (1996), S. 98f.

In unserer Umfrage kamen 64,7 % der Befragten aus Westdeutschland, 11,8 % aus Berlin und 23,3 % aus Ostdeutschland, wobei die letztere Gruppe vielleicht aufgrund der schwierigeren Gesamtsituation in den neuen Bundesländern und eines dementsprechend ausgeprägteren Problembewußtseins überrepräsentiert war. Bei denjenigen, deren aktueller Wohnsitz sich in einem Flächenstaat wie Bayern, Brandenburg oder Schleswig-Holstein befand, war in fast allen Fällen dieser auch das zugewiesene Bundesland bei der Einreise gewesen. Ein anderes Bild ergab sich bei den Stadtstaaten Berlin, Hamburg, Bremen und den städtischen Ballungsgebieten in Nordrhein-Westfalen. Diese Großstädte üben auf die jüdischen Zuwanderer eine große Anziehungskraft aus, was wenig überraschend ist, wenn man deren urbane Herkunft bedenkt. Wir stellten fest, daß in den genannten Gebieten ein enormer Zuzug aus anderen Bundesländern zu verzeichnen ist. In Hamburg waren 13,3 %, in Bremen 33,3 % – vor allem aus Schleswig-Holstein und Niedersachsen – zugezogen. Doch Berlin ist für die Zuwanderer offensichtlich besonders attraktiv: Hier kamen sogar 48 % aller Befragten aus anderen Bundesländern, vor allem aus Brandenburg und den anderen östlichen Ländern. Seine Sonderstellung verdankt die Hauptstadt sicherlich der großen Jüdischen Gemeinde und der großen russischen respektive osteuropäischen Kommune – die über eine eigene Infrastruktur mit Geschäften, sozialen und kulturellen Einrichtungen verfügt – aber auch der geographischen Nähe zur GUS. Mehr als anderswo besteht in Berlin auch die Aussicht, mit Verwandten, Freunden und Bekannten zusammenzutreffen und bestehende Informations- und Beziehungsnetze auf intensive Weise ausbauen zu können.[63]

Auch Nordrhein-Westfalen stellt einen Sonderfall dar: Hier verfolgte die Landesregierung bisher konsequent die Strategie, die Zuwanderer in Städten unterzubringen, wo Jüdische Gemeinden vorhanden sind.[64] In der Konsequenz führte das zu

63 Vgl. Kessler (1996), S. 46ff.

64 Angaben des leitenden Ministerialrats im Ministerium für Arbeit, Soziales und Stadtentwicklung, Kultur und Sport, Johannes Baumann, im Interview mit Bernhard Vogt am 9. Februar 1998.

einer Konzentration der Zuwanderer in den Ballungszentren und Großstädten des Ruhrgebietes. So leben allein in Dortmund, Köln und Düsseldorf zusammen weit mehr als die Hälfte aller jüdischen Zuwanderer dieses Bundeslandes. Nordrhein-Westfalen bildet nicht nur aufgrund seines Bevölkerungsreichtums den Siedlungsschwerpunkt der jüdischen Zuwanderer in der Bundesrepublik Deutschland. Es wurde von diesen im Vergleich zu den anderen Flächenstaaten auch deutlich bevorzugt, denn mit 8 % war ihr Zuzug aus anderen Bundesländern bisher überproportional.

Doch Ausnahmen und Sonderfälle bilden eben nicht die Regel. Insgesamt betrachtet, scheint die gegenwärtige Verteilungspolitik innerhalb der Bundesländer aus Sicht der Zuwanderer wenig tauglich, ihren Integrationsbedürfnissen tatsächlich gerecht zu werden. Ein 59jähriger Zuwanderer, der in Sachsen lebt, äußerte dazu: *„Ich möchte das Recht und die Möglichkeit besitzen, in jedes beliebige Bundesland und jede Stadt Deutschlands umziehen zu können. Das heißt, ich möchte nicht an einen bestimmten Wohnort gebunden sein."* Die Unterbringung in Dörfern und Kleinstädten, in denen Arbeitsplätze, Wohnungen, soziale Einrichtungen und Hilfsangebote selbst für die einheimische Bevölkerung „Mangelware" sind, ausländerfeindliche Übergriffe – vor allem in den neuen Bundesländern – sich dagegen häufen, scheint äußerst problematisch. Auch hier gibt es zwar Ausnahmen, beispielsweise wenn eine gut funktionierende Gemeinde am Ort vorhanden ist – wie etwa in Weiden (Bayern) –, doch lassen sich solche Fälle nicht verallgemeinern. Die meisten jüdischen Zuwanderer, die es in kleine Ortschaften verschlägt, setzen alles daran, so schnell wie möglich in Städte respektive Bundesländer mit für sie günstigeren Lebensbedingungen umzuziehen, wie zahlreiche Aussagen der Betroffenen illustrieren: *„Ich möchte in einer größeren Stadt wohnen. Wer weiß – vielleicht könnte ich da eine befriedigendere Arbeit finden?"* (57 Jahre, männlich, Saarland) – *„Ja, ich möchte näher an einem Ort wohnen, wo ich vermutlich eine Arbeit finden könnte und wo meine Kinder studieren könnten, wo es Theater, Bibliotheken usw. gibt. In einer Kleinstadt aber gibt es keine Arbeit für die Flücht-*

linge, und es kann sie nicht geben." (39 Jahre, männlich, Bayern) – *„Ich möchte in eine Großstadt ziehen und mit meiner Frau zusammen in einer eigenen Wohnung wohnen.*" (22 Jahre, männlich, Hessen) – *„Ich möchte aus der Kreisstadt nach Hamburg umziehen, und in einem ‚besseren' Stadtbezirk wohnen. Ich wohne jetzt in einem schönen Neubauhaus, es wäre aber schön, die Mehrheit der Nachbarn zu tauschen.*" (43 Jahre, weiblich, Schleswig-Holstein).

Einige der Befragten (14) verbanden den Wunsch, in einer größeren Stadt zu wohnen, mit dem ausgeprägten Bedürfnis, dort am jüdischen Leben teilnehmen zu können: *„Unsere Wohnsituation ist sehr gut. Aber in unserer Stadt gibt es keine Synagoge, wir haben keine Möglichkeit, Konzerte zu geben. Wir gehen ganz selten in die Synagoge, weil die Fahrkarten hin und zurück für 2 Personen 30 DM kosten, und das ist nicht wenig für uns.*" (68 Jahre, männlich, Saarland) – *„Ich bin ein tiefgläubiger Mensch, aber eine Synagoge gibt es nur in der Stadt. Es ist für mich sehr schwierig, eine Synagoge besuchen zu können. Eine Regionalkarte von 65 DM monatlich kann ich mir nicht leisten, da ich nur Sozialhilfe bekomme.*" (75 Jahre, weiblich, Baden-Württemberg).

Die Mehrheit der befragten Zuwanderer hat ihr Ziel, in einer Großstadt unterzukommen, allerdings schon erreicht, und der Trend ist eindeutig: Je länger die Zuwanderer in Deutschland leben, desto häufiger verlagern sie ihren Wohnsitz in eine Metropole. Rund drei Viertel leben in Städten mit mehr als 100.000 Einwohnern und davon mehr als die Hälfte in Großstädten, die über eine halbe Million Einwohner zählen (vgl. Tabelle 9). Die übrigen wünschen sich in der Mehrheit den Umzug in eine Großstadt. Nur 14 Befragte möchten dagegen aufs Land ziehen. Unter diesen Umständen erscheint die bisherige Verwaltungspraxis der proportionalen Verteilung auf Städte und Kommunen dringend korrekturbedürftig – nicht nur um den Bedürfnissen der Zuwanderer besser gerecht zu werden, sondern auch um den fehlgeleiteten Mitteleinsatz für dezentrale Unterbringungs- und Hilfseinrichtungen sowie dort zusätzlich benötigtes Betreuungspersonal zu stoppen. Die Mittel wären sinnvoller in den städtischen Zentren zu konzentrieren, wo eher gewährleistet ist, daß sie den Betroffenen längerfristig und effektiv zugute kommen.

Größe des Wohnorts	Anzahl	Prozent
Weniger als 5.000 Einwohner	12	1,2 %
5.–10.000 Einwohner	14	1,5 %
10.–50.000 Einwohner	108	11,1 %
50.–100.000 Einwohner	56	5,8 %
100.–500.000 Einwohner	344	35,6 %
Über 500.000 Einwohner	408	42,1 %
Keine Angabe	26	2,7 %
Insgesamt	968	100,0 %

Tabelle 9: Größe des Wohnorts der Befragten

Im Vergleich zu 1994 hat sich die Wohnsituation insgesamt deutlich entspannt.[65] Die Mehrheit der Befragten (65,9 %) lebt jetzt für sich in eigenen Mietwohnungen, nur ein kleiner Teil (18 %) noch im Wohnheim (vgl. Tabelle 10). Die Vermittlungsbemühungen seitens der Jüdischen Gemeinden und kommunalen Wohnungsämter sowie vor allem die allgemeine Entspannung auf dem Wohnungsmarkt, die in der Zwischenzeit eintrat, trugen dazu maßgeblich bei. Außerdem besitzen die Zuwanderer inzwischen mehr Erfahrungen und Beziehungen auf dem Wohnungsmarkt und sind sogar in der Lage, Neuankömmlinge bei der Wohnraumbeschaffung zu unterstützen.

Zwar werden noch immer rund 76 % aller Neuzuwanderer zuerst in Wohnheimen untergebracht, doch verbleiben sie dort nicht mehr solange wie zu Beginn der Einwanderungswelle (vgl. Tabelle 11). Der Anteil der Heimbewohner geht mit zunehmender Aufenthaltsdauer deutlich zurück: Nach Ablauf von zwei Jahren sind praktisch alle jüdischen Zuwanderer ausgezogen. Aufschlußreich ist auch, daß in der Übergangszeit von

65 Dies gilt auch im Vergleich zu anderen Migrantengruppen, wie den (Spät-) Aussiedlern, die im Durchschnitt deutlich länger – nämlich zwei bis vier Jahre – in Wohnheimen leben, was wahrscheinlich vor allem damit zu erklären ist, daß die jüdischen Zuwanderer geringere Familiengrößen aufweisen als die Aussiedler und eher bereit sind, Trennungen des Familienverbandes hinzunehmen. Vgl. hierzu: Kessler (1996), S. 49; Christel Bals, Zur Wohnraumversorgung von Aussiedlern in der Bundesrepublik. In: Bade/Troen (1993), S. 76–80.

einem bis fünf Jahren Aufenthalt rund ein Fünftel der Befragten zur Untermiete wohnen. Nach fünf Jahren leben rund 90 % der Zuwanderer in Mietwohnungen und die übrigen weiter zur Untermiete. Große Probleme mit der Wohnraumbeschaffung haben hauptsächlich Familien mit vier und mehr Personen, die im Durchschnitt deutlich länger in den Wohnheimen leben müssen. Diese – insgesamt gesehen – kleine Gruppe hat vorwiegend damit zu kämpfen, bezahlbare Wohnungen in ausreichender Größe zu finden, wobei sie die wenig ausländer- und kinderfreundliche Einstellung vieler Makler und Vermieter besonders trifft.

Art der Wohnung	Anzahl	Prozent
Asylantenheim	140	14,5 %
Wohnheim einer Jüdischen Gemeinde	34	3,5 %
Untermiete	138	14,3 %
Mietwohnung	638	65,9 %
Keine Angabe	18	1,9 %
Insgesamt	968	100,0 %

Tabelle 10: Derzeitige Wohnung der Befragten[66]

Auch der Auszug aus dem Wohnheim bedeutet für die Zuwanderer nicht automatisch eine zufriedenstellende Lösung. Judith Kessler weist in ihrer Fallstudie über die Wohnsituation in Berlin darauf hin, daß bei der Mehrzahl der jüdischen Neueinwanderer noch eine relativ große Zahl von Umzügen innerhalb des Stadtgebietes zu beobachten war.[67]

In unserer bundesweiten Studie konnten wir die residentielle Mobilität beziehungsweise die Segregation innerhalb von Städten selbstredend nicht erheben. Zur Erhebung der Wohnqualität fragten wir nach der subjektiven Einschätzung der jeweiligen Wohnsituation. Auch hierbei zeigte sich eine deutliche Entspannung im Vergleich zu 1994. 10,7 % der Befragten betrachteten

66 Die Abweichung zu 100 % resultiert aus Rundungsfehlern.

67 Vgl. Kessler (1996), S. 49f., und den Beitrag derselben Autorin in diesem Band.

ihre Wohnsituation als „sehr gut", 47,3 % als „gut" und 32,9 % als „zufriedenstellend". Lediglich 8,1 % stuften ihre Wohnverhältnisse als „unzureichend oder mangelhaft" ein. Diese Einschätzung richtete sich nach der Größe des Wohnortes sowie der Art der Wohnung. Die Bewohner von Dörfern und Kleinstädten sowie Wohnheimbewohner waren signifikant unzufriedener mit ihren Wohnverhältnissen. Die Unzufriedenheit der Wohnheimbewohner war übrigens nicht vom Betreiber abhängig, die städtischen Wohnheime schnitten ebenso schlecht ab wie die der Jüdischen Gemeinden. Drei Beispiele: „*Wir wohnen schon ein Jahr in einem Wohnheim-Container. Wir sind zu zweit, meine 85jährige Mutter und ich. Jetzt wohnen auch Bosnier hier, zu denen wir unterschiedliche Auffassungen in der Wohnart haben. Ich möchte gern in einer richtigen Wohnung wohnen, aber ohne Geld ist es in Düsseldorf sehr schwer, eine Wohnung zu finden.*" (56 Jahre, weiblich, NRW)

Wohndauer	Anzahl	Prozent
Weniger als 6 Monate	272	28,1 %
6–12 Monate	400	41,3 %
1–2 Jahre	212	21,9 %
Keine Angabe	56	5,8 %
Insgesamt	968	100,0 %

Tabelle 11: Wohndauer der Befragten im Wohnheim[68]

„*Ich möchte schnell in eine richtige Wohnung einziehen, aber das Wohnungsamt hat mir sehr schlechte Angebote unterbreitet: Kalt, klein, dunkel und sehr weit entfernt vom Gymnasium, in dem mein Sohn lernt. Wir haben die Angebote abgelehnt und wurden aus der (Warte-)Reihe genommen. Jetzt weiß ich nicht mehr, was ich weiter machen kann. In privaten Häusern wollen die Besitzer nur selten Emigranten. Ich hoffe auf mehr Kooperation.*" (43 Jahre, männlich, NRW)

„*Ich möchte mein Zimmer im Wohncontainer wechseln. Mein Zimmer grenzt an Räumlichkeiten einer Wäscherei. Dort zu woh-*

68 Die Abweichung zu 100 % resultiert aus Rundungsfehlern.

nen ist unerträglich. Täglich von 7 bis 21 Uhr gibt es starke Vibrationen. Manchmal geht Geschirr kaputt, es erzeugt Kopfschmerzen, macht einfach krank." (45 Jahre, weiblich, NRW).

Für die Mehrheit der jüdischen Zuwanderer, die über eine eigene Mietwohnung verfügen, geht es im wesentlichen „nur" noch um qualitative Verbesserungen. So strebten 28,6 % jener Befragten, die Änderungen in ihrem Wohnumfeld wünschten (insgesamt 434), eine größere oder besser ausgestattete Wohnung an. Problematischer ist dagegen der Befund, daß 25,3 % sich eine andere Nachbarschaft wünschten, um auftretenden sozialen Spannungen oder Diskriminierungen zu entkommen: *„Ich würde gern aus einer Sozialwohnung ausziehen und in einer besseren Wohngegend wohnen, wo die Nachbarn hoffentlich ein höheres Bildungsniveau haben würden.*" (29 Jahre, männlich, NRW)

„Es gibt nur wenige Nachbarn, mit denen ich mich auf Russisch austauschen kann. Ich habe zwar eine Nachbarin aus Leningrad, aber sie ist schon 68 Jahre alt und hat eine andere Kultur und Mentalität als ich mit meinen 59 Jahren. Wir haben keine gemeinsamen Themen." (59 Jahre, männlich, Hamburg)

„Ich wohne im Haus, wo viele Leute aus Rußland wohnen und so viele aus Deutschland. Deutsche Familien sind unfreundlich und ungebildet." (35 Jahre, weiblich, NRW)

„Es wäre schön, deutsche und nichtdeutsche Nachbarn zu haben, die sich auf einer höheren sozialen Ebene befinden und eine bessere Ausbildung haben." (47 Jahre, männlich, Schleswig-Holstein)

„Ich würde gern die Nachbarschaft und den Stadtbezirk wechseln. Ich würde gern in einer ‚europäischen' Gegend wohnen. Das Zusammenleben mit den ‚Orientalen', ihre lauten Gespräche, keine Rücksicht auf die Nachbarn, Musik zu jeder Tages- und Nachtzeit machen mich nervös." (58 Jahre, männlich, Hamburg)

Die Wohnsituation in den ostdeutschen Flächenstaaten gestaltet sich insgesamt deutlich schlechter. Hier lebt ein großer Teil der Zuwanderer (im Durchschnitt 38,1 %) deutlich länger in Wohnheimen (48,6 % länger als ein Jahr). Dies ist wahrscheinlich auch auf die zögerliche Haltung der Zuwanderer zurückzuführen, sich hier zu etablieren, was aufgrund der besonders desolaten Arbeitsmarktsituation und der gehäuften fremdenfeindlichen Übergriffe in den neuen Ländern nur verständlich erscheint. Berücksichtigt man weiterhin die besonders im Süden der ehemaligen DDR übliche Unterbringungspraxis in Dörfern und Kleinstädten – wo es ohnehin schwieriger ist, adäquate Mietwohnungen zu erlangen, und die meisten der dort ansässigen Zuwanderer in Wohnheimen leben –, dann verwundert es nicht, daß die Zuwanderer offensichtlich nur die Gelegenheit abwarten, nach Berlin oder in eine andere Großstadt überzusiedeln, wie folgende Aussage einer 50jährigen Krankenschwester illustriert:

> „Wir haben eine Odyssee hinter uns. Vom ersten Tag an wollten wir nach Berlin. Die Zusage haben wir aber für Sachsen-Anhalt bekommen. Wir waren erst in einem Wohnheim auf dem Land, dann wurden wir umgesiedelt. Das zweite Wohnheim wurde geschlossen und wir haben 20 Kilometer entfernt eine Wohnung auf dem Dorf bekommen. Das gehörte schon zu Niedersachsen. Die Leute waren sehr nett, eine hat sogar geweint, als wir weggezogen sind. Aber was sollten wir da. 140 Kilometer bis Hannover, da war die nächste [jüdische] Gemeinde, keine Arbeit, keine Kultur, kein Theater. Wir sind doch aus Leningrad. Die Bekannten haben am meisten gefehlt. Wir hatten doch kaum Kontakte. Nach drei Jahren haben wir es endlich geschafft, nach Berlin. Ich hab' schon geglaubt, ich werde sterben in diesem Dorf. Arbeit werden wir wohl nicht mehr finden in unserem Alter, aber wenigstens sind alle Freunde in der Nähe."[69]

6. Arbeit und Beruf

Die zufriedenstellende Gestaltung der persönlichen Wohnverhältnisse ist nur der erste Schritt zur Integration in die deutsche Gesellschaft. Hauptproblem der jüdischen Zuwanderer in Deutschland ist nach wie vor die Eingliederung in den Arbeitsmarkt. Entgegen ersten Prognosen, die angesichts des hohen Ausbildungsniveaus der Zuwanderer von einer relativ unproble-

69 Zit. nach: Kessler (1996), S. 47.

matischen Integration ausgegangen waren, weil deren Zahl und Durchschnittsalter zu Beginn der Zuwanderung vergleichsweise niedrig war und die Jüdischen Gemeinden anfangs noch „Jobs" vermitteln konnten, nahm die Beschäftigungssituation ab 1994 eine immer problematischere Entwicklung. Inzwischen hat sich die Lage dramatisch verschärft.

Art der Tätigkeit	Anzahl	Prozent
Arbeitslos	342	35,3 %
Erwerbstätig	172	17,8 %
Ausbildung/Umschulung	64	6,6 %
Sprachkurs	66	6,8 %
Hausfrau/-mann	68	7,0 %
„Rentner/in"	242	25,0 %
Keine Angabe	14	1,4 %
Insgesamt	968	100,0 %

Tabelle 12: Aktuelle Tätigkeit der Befragten[70]

Noch alarmierender ist die Beschäftigungssituation, wenn man eine bereinigte Statistik zugrunde legt, die nur Personen in erwerbsfähigem Alter berücksichtigt.[71] Dann betrug die Arbeits-

70 Die Abweichung zu 100 % resultiert aus Rundungsfehlern. Die Angaben zur aktuellen Tätigkeit beruhen auf der Selbsteinschätzung der Befragten. Insofern sind die „Rentner/innen" Personen, die aufgrund ihres Alters sich als solche bezeichnen. „Rente" beziehen die wenigsten, weil die jüdischen Zuwanderer kaum Ansprüche aufgrund ihrer früheren Tätigkeit in der ehemaligen Sowjetunion in Deutschland geltend machen können. Dazu ist der Nachweis der Zugehörigkeit zum „deutschen Sprach- und Kulturkreis" (!) notwendig, um nach dem Fremdrentengesetz Ansprüche erheben zu können. In diesem Fall ist es der Verwaltung überlassen, die Zuwanderer den Aussiedlern gleichzustellen, die ihrerseits Rentenansprüche in Deutschland anmelden können. Wenn überhaupt spezifische Versorgungsansprüche bei den jüdischen Zuwanderern realisiert werden, dann zumeist in Form der Entschädigung für Kriegsopfer respektive Holocaustüberlebende. Doch fast alle der „Rentner/innen" sind Sozialhilfeempfänger.

71 Die Erwerbsquote für die jüdischen Zuwanderer in Deutschland ist derzeit nur näherungsweise zu ermitteln: Geht man von rund 15 % unter 18jährigen und rund 30 % über 60jährigen aus, so sind 55 % im erwerbsfähigen Alter.

losenquote der jüdischen Zuwanderer in Deutschland 1998 über 48 %. Berücksichtigt man weiterhin die sogenannte „stille Reserve“, also diejenigen, die aktuell eine Umschulung oder einen Sprachkurs absolvierten sowie einen Teil der Hausfrauen/-männer, die für sich mangels bezahlter Beschäftigung notgedrungen diesen Status deklarieren, so wäre die realistische Arbeitslosenquote sogar auf 60 bis 70 % zu schätzen. Hinzukommt, daß von den tatsächlich erwerbstätigen Zuwanderern lediglich ein Drittel mit der eigenen beruflichen Situation zufrieden ist.[72] Zwei Drittel fühlten sich in ihrer gegenwärtigen Tätigkeit unterfordert oder benachteiligt, weil sie ihre erworbenen Qualifikationen nicht nutzen konnten beziehungsweise niedriger qualifizierte Tätigkeiten ausüben mußten. Ein kleinerer Teil der Befragten bemängelte prinzipiell fehlende Aufstiegschancen oder fühlte sich als „Ausländer“ diskriminiert.

Allerdings muß man berücksichtigen, daß der überwiegende Teil der besser qualifizierten Zuwanderer oft ein unrealistisches Anspruchsniveau besitzt. Gerade Akademiker konnten ihrer aktuellen, im Vergleich zum Herkunftsland oft niedriger qualifizierten Tätigkeit keine Zukunftsperspektive abgewinnen, was mit erheblichen sozialpsychologischen Problemen einhergeht: Der Verlust von Status und Perspektive führt nicht selten zu resignativem Rückzug oder ernsthaften psychischen Störungen.

Die Erwerbsquote ergibt sich, wenn man weiterhin berücksichtigt, daß rund 1 % aller Zuwanderer erwerbstätige Personen über 60 Jahre sowie rund 6 % Hausfrauen/-männer unter 60 Jahre sind. Die *Erwerbsquote* liegt somit wahrscheinlich etwas über *50 %*. Dies entspricht der durchschnittlichen Erwerbsquote der ausländischen Bevölkerung in Deutschland mit 51,4 %. Die Erwerbsquote der deutschen Bevölkerung liegt bei 48,9 %. Vgl. hierzu: Statistisches Bundesamt (Hg.), Strukturdaten über die ausländische Bevölkerung, Stuttgart 1997, S. 45. Die Erwerbsquote der (Spät-)Aussiedler liegt im Durchschnitt zwischen 52 und 53 %. Vgl. hierzu: Koller (1997), S. 768. Fernerhin: Info-Dienst Deutsche Aussiedler (1998), S. 29.

72 Die Erwerbstätigen verteilten sich im Untersuchungszeitraum auf folgende Beschäftigungsbereiche: 22,4 % arbeiteten im Gesundheitswesen, 13,2 % in der Industrie, 9,2 % im Handel, 7,9 % im wissenschaftlichen Bereich, jeweils 6,6 % im Bildungs- und Kulturbereich sowie im öffentlichen Dienst, 3,9 % im Dienstleistungssektor, 2,6 % im Handwerk, 1,3 % im Medienbereich und die übrigen in sonstigen Bereichen.

Kaum weniger dramatisch wird dieser Befund, wenn man als Vergleichsmaßstab nicht die Arbeitslosenquote der deutschen, sondern der ausländischen Erwerbspersonen heranzieht, die im Untersuchungszeitraum nach Angaben des Statistischen Bundesamtes in Wiesbaden bei etwa 19 % lag. Auch im Verhältnis zu der Arbeitslosenquote bei (Spät-)Aussiedlern ist die Beschäftigungssituation der jüdischen Zuwanderer desolat, eine empirische Langzeituntersuchung ermittelte folgende Ergebnisse: 65 % aller befragten Aussiedler hatten zwei Jahre nach dem Deutschkurs eine bezahlte Beschäftigung; 29,3 % der Aussiedlerinnen und 14,5 % der Aussiedler waren noch ohne Arbeit.[73] Auf neu einreisende jüdische Zuwanderer hätten vergleichbare Zahlen sicher ermutigend gewirkt, doch ihre Beschäftigungssituation verbesserte sich mit zunehmender Aufenthaltsdauer in Deutschland[74] weder so schnell noch so grundlegend wie bei den Aussiedlern: 49,1 % der Zuwanderer im erwerbsfähigen Alter sind bereits im ersten Jahr arbeitslos gemeldet, die übrigen werden im wesentlichen durch Sprachkurse aufgefangen oder befinden sich noch in der Orientierungsphase. Die Situation im zweiten und dritten Jahr ist besonders schwierig: 61 % sind ohne Arbeit. Im vierten und fünften Aufenthaltsjahr verringert sich die Arbeitslosenquote geringfügig auf 50,6 %. Erst nach vollen fünf (!) Jahren kann von einer Verbesserung gesprochen werden, doch sind noch immer 23,8 % ohne Beschäftigung. 16,2 % finden zwischen dem ersten und dritten Jahr eine Stelle, 29,1 % im vierten oder fünften Jahr. 48,8 % sind nach fünf Jahren beruflich integriert, wobei einige bei „russischen“ Arbeitgebern im Dienstleistungsbereich – wie Spielhallen, Einzelhandelsgeschäfte, Reisebüros oder Reinigungsfirmen – Anstellung finden, weil hier Deutschkenntnisse nur eine untergeordnete Rolle spielen. Einige Zuwanderer pendeln auch permanent zwischen Deutschland und der GUS und beteiligen sich an Export-Import-Geschäften.

73 Koller (1997), S. 774.

74 Von den 968 Befragten waren 17,4 % weniger als 1 Jahr in Deutschland, 38,2 % 1–3 Jahre, 22,1 % 3–5 Jahre und 22,1 % länger als fünf Jahre. Zwei Personen machten zu dieser Frage keine Angabe.

Die allgemein deprimierende Beschäftigungslage hat offenbar dazu geführt, daß rund ein Viertel der jüdischen Zuwanderer nach fünf Jahren die beruflichen Etablierungsversuche mangels Perspektive aufgibt und sich resigniert ins Privatleben zurückzieht. Für einen größeren Teil erweist sich der erste Arbeitsmarkt auf Dauer verschlossen, womit nur die Möglichkeit besteht, sich über den zweiten Arbeitsmarkt – etwa über das Förderprogramm „Arbeit statt Sozialhilfe" – zu integrieren oder sich durch Schwarzarbeit ein Zusatzeinkommen zu verschaffen, das einen durchschnittlichen Lebensstil gewährleistet. Zwischen 75 und 80 % der Haushalte der jüdischen Zuwanderer sind ausschließlich auf die Sozialhilfe oder Lohnersatzleistungen angewiesen.[75] Viele Betroffene sehen sich außerdem in einer „Armutsfalle": Nehmen sie einfache und niedrig bezahlte Tätigkeiten an, die weit unter ihrer Qualifikation liegen, verlieren sie ihren Anspruch auf Sozialleistungen, wodurch das Haushaltseinkommen nicht ansteigt. Ihre Bereitschaft, trotz der hohen eigenen Bildung und Qualifikation die Ansprüche an eine hiesige Tätigkeit nach unten zu korrigieren, wird dabei verständlicherweise nicht größer.

Die Beschäftigungssituation in den ostdeutschen Bundesländern und Berlin erweist sich als besonders kritisch. Hier leben mehr als die Hälfte aller von uns ermittelten Arbeitslosen, obwohl die Region zusammengenommen nur ein Drittel aller Befragten stellt. Äquivalent steht die Lage bei der Erwerbstätigkeit: Drei Viertel der erwerbstätigen Personen leben im Westen, nur ein Viertel im Osten. Und dies, obwohl das Durchschnittsalter der Befragten im Osten sogar noch niedriger war als im Westen, was sonst eine höhere Beschäftigungsquote bedingt. Die überproportional hohe Arbeitslosenquote in Ostdeutschland (66,3 %) und

75 Nach unseren Erkenntnissen setzt sich das Haushaltseinkommen der Befragten wie folgt zusammen: 8,7 % beziehen Arbeitslosengeld/-hilfe, 71,6 % Sozialhilfe, 2,3 % „Rente", 16,4 % Lohn/Gehalt, 2,5 % selbständiges und 6,2 % „sonstiges" Einkommen. Die Abweichung zu 100 % resultiert aus Mehrfachnennungen. Die illegale Tätigkeit der Zuwanderer auf dem „grauen" oder „schwarzen" Arbeitsmarkt wird des öfteren auch von Mitarbeitern der Jüdischen Gemeinden beobachtet, ist aber nicht näher zu quantifizieren.

Berlin (60 %) erklärt sich nicht hinreichend aus den allgemein schlechten Arbeitsmarktbedingungen. Hier wurde beispielsweise auch das Behördenverhalten (noch) negativer eingeschätzt: 63,9 % beurteilten das Verhalten der Arbeitsämter und 73,8 % das der Wohlfahrtsorganisationen als „nicht hilfsbereit".

Ungeachtet der aufgezählten Schwierigkeiten sind die Vermittlungschancen für die einzelnen Berufsgruppen sehr unterschiedlich. Noch vergleichsweise positiv gestaltet sich die Situation für „Kulturschaffende", Journalisten und Sozialwissenschaftler, die zum Teil über kurzfristige Engagements zumindest den Einstieg in eine freiberufliche Tätigkeit erreichen können. Allerdings ist dieses Ergebnis aufgrund der geringen Fallzahlen in unserem Sample nur mit Vorsicht zu verallgemeinern. Die besten Vermittlungschancen bestehen eindeutig bei mittleren und niedrigeren medizinischen und sozialen Berufsqualifikationen wie Kranken- und Altenpfleger/in oder Hauswirtschaftspflegerin, wo über Teilzeitverträge und Schichtarbeit eine relativ rasche Perspektive entstehen kann. Relativ schlechte Aussichten, der Arbeitslosigkeit zu entgehen, haben hingegen Ingenieure und Naturwissenschaftler, deren Spezialkenntnisse in Deutschland oft nicht gefragt sind.[76] Handwerker und Techniker besitzen kaum bessere Ausgangspositionen. Dies ist insofern überraschend, als bei niedriger qualifizierten Berufen im Allgemeinen von geringeren Eingliederungsschwierigkeiten ausgegangen wird. Eine mögliche Erklärung ist, daß bei der Anerkennung von Zeugnissen oder Qualifikationsnachweisen, die bei den Industrie- und Handelskammern oder den Handwerkskammern beantragt werden muß, Schwierigkeiten auftreten. Außerdem halten sich die zugewanderten Handwerker und Techniker im Durchschnitt noch nicht so lange in Deutschland auf, weshalb eine abschließende Bewertung sicher verfrüht wäre.

Ausgesprochen schlechte Perspektiven haben dagegen Pädagogen und Fachärzte, weshalb eine resignative Grundhaltung hier auch besonders häufig anzutreffen ist. In beiden Berufsgruppen lag der Anteil der Befragten, die ihre aktuelle Tätigkeit als „Hausfrau/-mann" angaben, doppelt so hoch wie im Durch-

76 Vgl. hierzu insbesondere den Beitrag von Sabine Gruber in diesem Band.

schnitt. Gerade im medizinischen und im pädagogischen Bereich ist der Weg des beruflichen Anerkennungsverfahrens hochkompliziert. Die Ärzte benötigen beispielsweise neben der Arbeits- noch eine Berufserlaubnis. Die Approbation wird von den Ärztekammern erst nach einem langwierigen Verfahren erteilt, wobei der Nachweis von mehrjährigen Berufspraktika in Deutschland verlangt wird, welche oft nur gering oder gar nicht bezahlt werden. Die Approbation berechtigt zur Arbeitsaufnahme in Krankenhäusern oder in niedergelassenen Praxen. Eine selbständige Niederlassung ist in der Regel nur dann möglich, wenn der Arzt die deutsche Staatsbürgerschaft besitzt. In Ausnahmefällen kann die Kassenärztliche Vereinigung bei nachgewiesenem Bedarf auch nichtdeutschen Ärzten eine befristete Niederlassungserlaubnis erteilen. Von den jüdischen Ärzten aus der ehemaligen Sowjetunion hat bisher nur ein verschwindend kleiner Teil die Approbation in Deutschland erlangt, obwohl viele von ihnen im Herkunftsland als Ober- oder Chefärzte leitend tätig waren.[77] Ein zugewanderter Arzt fragte daher: *„Wieso stellt Deutschland die Aufenthaltserlaubnis für uns aus, wenn wir ohne Staatsbürgerschaft sowieso keine Arbeit, keine Probezeit in den Krankenhäusern bekommen können?"*

Probleme mit der beruflichen Anerkennung kennen zugewanderte Ärzte, Pädagogen und Ingenieure nicht allein. Auf unsere Frage, ob ihre Berufsabschlüsse in Deutschland anerkannt sind, antworteten 36 % der Zuwanderer mit „Ja", 20,9 % mit „Nein" – und für weitere 23,8 % war das noch unklar (die übrigen machten keine Angabe). Allgemein verbindliche Kriterien zur Anerkennung von Berufsabschlüssen existieren in vielen Fällen nicht. Zumeist gibt es Richtlinien von Berufsverbänden oder Kammern, die aber oft interessengesteuert sind, um

77 Vgl. u.a. Irene Runge/Igor Chalmiev, Was ich von und in Deutschland wissen sollte. Kleine Integrationshilfe für russischsprachige jüdische Zuwanderer, hg. v. Verein für Gesellschaftsanalyse und Politische Bildung (Berlin) in Zusammenarbeit mit der Ausländerbeauftragten des Landes Brandenburg, Berlin 1997; Kessler (1996), S. 37f.; Marion Flottau, Die Eingliederung der jüdischen Kontingentflüchtlinge aus der ehemaligen Sowjetunion/den GUS-Staaten, Diplomarbeit, Ruhr-Universität Bochum 1999, S. 58f.

die „unliebsame auswärtige Konkurrenz“ fernzuhalten. Hier wäre eine größere Offenheit und Flexibilität sowie der Abbau von bürokratischen und ständischen Hindernissen wünschenswert. Ein praktikabler Weg könnten Kommissionen sowohl mit Vertretern der Berufsverbände als auch der Zuwanderer sein, die gemeinsam Richtlinien ausarbeiten. Dies wäre zugleich für eine geeignete Strukturierung beruflicher Qualifizierungsmaßnahmen hilfreich.

Im Hinblick auf die Beschäftigung der jüdischen Zuwanderinnen[78] ergeben sich nur graduelle Unterschiede zu den Männern. Auffällig ist allerdings, daß der Frauenanteil unter den Teilzeitbeschäftigten signifikant höher liegt. Ansonsten konnten keine geschlechtsspezifischen Unterschiede etwa hinsichtlich der Bereitschaft festgestellt werden, die Ansprüche an die gewünschte Arbeitsstelle zu reduzieren und Stellen (weit) unter dem Ausbildungsniveau anzunehmen. Solche Entscheidungen zeigten sich vielmehr vom Bildungsgrad, dem erlernten Beruf und dem Alter abhängig. Die höhere Teilzeitarbeitsquote unter den weiblichen Befragten läßt also eher Rückschlüsse auf eine „klassische“ familiäre Rollenverteilung zu als auf eine vermeintlich größere Anpassungsfähigkeit der Zuwanderinnen. Dafür spricht auch, daß deutlich mehr Frauen als Männer sich ausschließlich als „Hauskraft“ bezeichneten (von allen Befragten 12,5 gegenüber 1,7 %). Diese traditionelle Rollenverteilung in der Familie war bereits im Herkunftsland markant, wie die Analyse der letzten Tätigkeit in der ehemaligen Sowjetunion nach Geschlecht zeigte. Auch dort arbeiteten Frauen häufiger als Teilzeitbeschäftigte und Hausfrauen. Die Männer waren im Vergleich dazu aber häufiger außerhalb ihres erlernten Berufes (59,1 gegenüber 40,9 %) oder als Selbständige (68,6 gegenüber 31,6 %) tätig, womit von einer nach Geschlecht unterschiedlich ausgeprägten

78 Die jüdischen Zuwanderinnen weisen im Unterschied zu Aussiedlerinnen, anderen Migrantinnen oder deutschen Frauen ein deutlich höheres Ausbildungsniveau und eine höhere Erwerbsquote auf. Die Erwerbsquote der jüdischen Zuwanderinnen liegt bei etwa 45 % gegenüber 55 % bei den Männern.

„Flexibilität“ oder genauer „Inflexibilität“ nicht ausgegangen werden kann.

Die kleine Gruppe der Zuwanderer, die bereits im Herkunftsland „flexibel“, das heißt in einem fremden Beruf, als Teilzeitangestellte/r oder Selbständige/r gearbeitet hat – zusammen rund 17 % –, besitzt in Deutschland die günstigsten Integrationsaussichten. Die Arbeitslosigkeit in dieser Gruppe lag jedenfalls deutlich niedriger, respektive die Erwerbstätigkeit proportional höher als bei der Mehrheit der Zuwanderer.

Charakteristisch ist außerdem, daß die Chancen auf eine Anstellung bei den jüngeren Zuwanderern am höchsten liegen, während beispielsweise bei den 45–60jährigen nur jeder Zehnte erwerbstätig ist. In der mittleren Altersgruppe (31–45 Jahre) ging über ein Drittel der Befragten einer bezahlten Beschäftigung nach, allerdings finden sich dort kaum Teilnehmer an Fortbildungs- oder Umschulungsmaßnahmen (nur 3,2 %).

Die Situation der 16–30jährigen stellt sich insgesamt am günstigsten dar: Immerhin 23,5 % gehen einer Beschäftigung nach, 30,9 % absolvieren eine Ausbildung oder ein Studium und weitere 10 % einen Sprachkurs. Die jüngeren Zuwanderer profitieren außerdem von einer Regelung, die sie mit den „deutschstämmigen“ Aussiedlern gleichstellt, denn nach Besuch eines mehrmonatigen Studienkollegs ist ihnen die Aufnahme eines Studiums in Deutschland erlaubt, wenn sie in der ehemaligen Sowjetunion nach der obligatorischen 10jährigen Schulausbildung bereits zwei Semester an einer Hochschule studiert haben. Schulabgänger ohne diese Voraussetzung müssen in Deutschland jedoch das Abitur nachmachen, wenn sie hier studieren wollen – was dann wiederum eine entsprechend lange Ausbildungszeit nach sich zieht.

Zusammenfassend kann gesagt werden, daß die Haupthindernisse für eine erfolgreiche berufliche Integration der jüdischen Zuwanderer in der „kopflastigen“ Berufsstruktur, den schwierigen und zeitraubenden Anerkennungsverfahren für Berufsabschlüsse und dem hohen Durchschnittsalter der Bewerber liegen. Hinzu kommt, daß zumindest den älteren unter ihnen auch Erfahrungen mit den Anforderungen eines marktwirtschaftlichen

Systems fehlen – das Denken und Handeln in den Kategorien einer dynamischen und oft auch rauhen Marktwirtschaft ist ihnen weitgehend fremd. Die Eingliederung in das westliche Wirtschafts- und Gesellschaftssystem fordert gerade von dieser Altersgruppe eine tiefgreifende Veränderung ihrer Denk- und Verhaltensweisen. Im planwirtschaftlichen System war ein Arbeitsplatz staatlich garantiert, auch wenn er nicht immer den persönlichen Vorstellungen entsprach. Aus dieser sozialistischen Sozialisation resultiert oftmals die Erwartung, der Staat oder gesellschaftliche Organisationen seien für die Bereitstellung respektive „Zuteilung" von Arbeitsplätzen verantwortlich. Die Vorstellung, sich selbständig um einen Arbeitsplatz bemühen zu müssen, ist in solchen Fällen nur schwach ausgeprägt. Außerdem mangelt es bei nicht wenigen Zuwanderern an Erfahrungen bei der Stellensuche und an Kenntnissen über geeignete Bewerbungsstrategien – oft auch an Sekundärqualifikationen wie Eigeninitiative, Durchsetzungsvermögen oder Flexibilität. Gehäufte Bewerbungsabsagen oder plötzliche Kündigungen noch während einer Probezeit können zudem ein immer weiter sinkendes Selbstwertgefühl erzeugen. Zusätzlich überfordert es einen größeren Teil der Zuwanderer, sich einen Überblick über den Arbeitsmarkt, notwendige und geeignete Zusatzqualifikationen sowie Förderprogramme zu verschaffen. Eine weitgehende berufliche Desorientierung der Zuwanderer bestätigten auch die von uns befragten Sozialarbeiter/innen der Jüdischen Gemeinden. Empirisch läßt sich dieser Umstand damit belegen, daß die Zuwanderer derzeit kaum an beruflichen Qualifizierungsmaßnahmen teilnehmen. In Umschulungs- oder Fortbildungskursen waren zum Zeitpunkt der Befragung nur 1 % (!) aller Befragten involviert. Seit Beginn der Einwanderungswelle besuchte von den Befragten insgesamt nur ein Achtel (12,4 %) eine entsprechende Maßnahme, wobei die meisten nur kurzfristige Fortbildungsangebote – wie mehrwöchige Computerkurse oder berufsbezogene Sprachkurse – absolviert hatten. Viele Zuwanderer benötigen außerdem eine ungewöhnlich lange Anlaufphase, bevor die berufliche Integration konsequent angestrebt wird. Nur ein Viertel der bisherigen Teilnehmer hat eine berufliche

Qualifizierungsmaßnahme im zweiten oder dritten Jahr des Aufenthalts begonnen. 43,3 % aller Kursteilnehmer warten sogar länger als fünf (!) Jahre. Letztendlich tragen dazu aber auch fehlende Finanzierungsmöglichkeiten respektive entsprechende Angebote bei. Die Arbeitsämter verweigern häufig eine Fördermaßnahme beziehungsweise Unterhaltsübernahme mit der Begründung, daß entsprechende Qualifikationen bereits vorhanden seien oder mangels Beitragszahlungen kein Anspruch vorliege. Für viele Zuwanderer bedeutet das in der Konsequenz, daß ihnen auch diese Einstiegsmöglichkeit auf dem Arbeitsmarkt verschlossen bleibt. 68,4 % der Befragten haben die vorübergehende berufliche Weiterqualifizierung als alternative Möglichkeit quasi „ad acta gelegt“ und sehen darin keine wirkliche Hilfe. Offensichtlich geht vielen die Motivation, sich um eine Neuorientierung oder Fortbildung zu bemühen, irgendwann im bürokratischen Dickicht verloren.

So mag es nicht überraschen, daß die jüdischen Zuwanderer die deutschen Behörden mittlerweile noch kritischer beurteilen als 1994. Am schlechtesten wurden die Arbeitsämter eingeschätzt: 58,5 % betrachteten deren Verhalten negativ beziehungsweise als „nicht hilfsbereit“, 34,5 % waren unentschlossen, und nur 7 % gaben überwiegend positive Erfahrungen an. Die Einschätzung der übrigen Behörden verhielt sich folgendermaßen: Die Arbeit der Sozialämter wurde von 16,5 % „positiv“, von 54,1 % „teils/teils“ und von 29,3 % „negativ“ bewertet. Die Wohnungsämter erzielten folgende Bewertung: 12,3 % „positiv“, 54,4 % „teils/teils“, 33,3 % „negativ“. Die Ausländerbehörde: 7,7 % „positiv“, 48,1 % „teils/teils“, 44,2 % „negativ“. Überraschenderweise wurden auch die Angebote der Wohlfahrtsorganisationen sehr kritisch bewertet: 45,6 % bezeichneten diese als „nicht hilfsbereit“, 30,9 % waren unentschieden, und nur 23,4 % schätzten sie „positiv“ ein.

Eine weitere beunruhigende Feststellung ist in diesem Zusammenhang, daß als Ort der direkten Konfrontation mit Antisemitismus von den Befragten immer wieder auch Ämter und Behörden genannt wurden. Hierzu einige Antwortbeispiele:

„Als ich die Anmeldeformulare erhielt, verhielt sich eine Beamte uns gegenüber haßerfüllt.“ (44 Jahre, weiblich, Bayern) – *„Ein*

Beamter hat gesagt, daß die Juden an allem schuld seien. Und was Hitler geworden ist – sei er durch die Juden geworden." (52 Jahre, männlich, Thüringen) – *„Ein Angestellter des Arbeitsamtes hat meinem Sohn einen Berufskurs abgesagt mit der Begründung, daß Deutschland sein Geld nicht für neue Immigranten ausgeben muß."* (54 Jahre, männlich, NRW) – *„Als ich auf der Suche nach einer Wohnung war, hat der Beamte auf dem Sozialamt gleich gesagt, daß er nicht versteht, warum wir nach Deutschland gekommen sind und noch Leistungen auf dem Sozialamt erbitten."* (63 Jahre, weiblich, Berlin) – *„Eine Beraterin im Sozialamt wurde von meinen Freunden gebeten, ein Telefonat zu führen bezüglich einer Wohnung (meine Freunde wohnten damals im Heim, und sie suchten eine Wohnung für sich.) Sie hat angerufen und gesagt: ‚Ich habe hier irgendwelche jüdischen Immigranten, sie brauchen eine Wohnung [...] Sie verstehen das doch!' Und natürlich hat es mit der Wohnung nicht geklappt."* (38 Jahre, weiblich, Hessen)

Auch ohne die letztgenannten unerfreulichen Beispiele lassen sich die allgemein vorgenommenen Einschätzungen der Immigranten nur so interpretieren, daß die Anstrengungen von Arbeitsämtern und Wohlfahrtsorganisationen – vor allem im Hinblick auf berufliche Eingliederungshilfen – weder quantitativ noch qualitativ ausreichen. Nach Einschätzung von Betroffenen und Mitarbeitern der Jüdischen Gemeinden wisse außerdem oft die „linke Hand" nicht, was die „rechte" tue. Die wenigen Fortbildungsangebote für die jüdischen Zuwanderer seien schlecht koordiniert, was nicht nur an Strukturschwächen, sondern offenbar auch an mangelndem Kooperationswillen mancher Bearbeiter liege. Die Informationsdefizite der Betroffenen würden so nicht wirklich abgebaut. Die Teilnehmerauswahl für Qualifizierungsmaßnahmen erfolge häufig willkürlich oder gänzlich durch Zufall. Darüber hinaus seien diese Angebote nur selten speziell für die Gruppe der russisch-jüdischen Zuwanderer konzipiert. Offenbar fungierten sie meist nur als „Lückenbüßer" für die sinkende Zahl von Aussiedlern, um die auf diese Gruppe zugeschnittenen Veranstaltungen weiterhin auszulasten. Unberücksichtigt bleibe dabei, daß die Angebote und Schulungsprogramme oft aussiedlerspezifisch konzipiert seien und sich an völlig anderen

Ausbildungs- und Berufsstrukturen orientieren müßten. Und soweit es sich um allgemeine, berufsbildende Maßnahmen handele, so die Kritiker, scheiterten die Zuwanderer häufig an mangelnden Sprachkenntnissen, die es ihnen unmöglich machten, die Lernziele zu erreichen.

7. Sprachbarrieren

Mangelnde Sprachkenntnisse sind nicht nur eine Mitursache für die geringe Beschäftigungsquote der russisch-jüdischen Zuwanderer, sondern erschweren in vielen Fällen auch deren Fortbildung. Fast niemand unter ihnen verfügt bei der Einreise in die Bundesrepublik über Deutschkenntnisse, was sie von den „deutschstämmigen" Aussiedlern klar unterscheidet, die solche bekanntlich bereits im Herkunftsland nachweisen müssen. An Zuwanderer und Aussiedler werden jedoch bei den Deutschkursen der Arbeitsämter, die nach dem geltenden Arbeitsförderungsgesetz für ein halbes Jahr gefördert werden, die gleichen Anforderungen gestellt. Hinzu kommt, daß diese primären Sprachkurse seit Anfang der 90er Jahre von zunächst zwölf auf zehn und inzwischen auf sechs Monate gekürzt worden sind. Die offizielle Begründung lautet, wie so oft, in Zeiten knapper öffentlicher Mittel fehle das Geld. Einige Jüdische Gemeinden und freie Träger wie die Otto-Benecke-Stiftung bemühen sich durch eigene Angebote, die entstehenden Defizite wenigstens teilweise zu mildern.

55,7 % der befragten Zuwanderer haben den obligatorischen Sprachkurs absolviert, der die Voraussetzung für eine weitere Förderung nach dem Arbeitsförderungsgesetz bildet. 27,4 % besuchten im Anschluß noch weitere Sprachkurse, die meisten absolvierten einen oder zwei Kurse bereits im ersten Aufenthaltsjahr in Deutschland. Nur 16,9 % nahmen überhaupt nicht an einer Maßnahme teil, wobei diese Personengruppe fast ausschließlich aus Personen über 60 Jahren bestand, die keinen Anspruch auf einen geförderten Kurs besitzen. Die meisten Teilnehmer frequentierten einen Kurs der Arbeitsämter, 21 % nahmen ein Angebot der Jüdischen Gemeinden wahr, 9,7 % das einer Volkshochschule, 8,1 % das eines Wohlfahrtsverbandes. Die übrigen verteilten sich auf diverse andere Veranstalter. Mehr als die Hälfte der befragten Teilnehmer (55 %) bewertete die Qualität des jeweiligen Sprachkurses als „unzureichend" bis „mangelhaft"[79], und die Bewertung der Kursangebote war für alle Veranstalter fast gleichbleibend schlecht. Offenbar führt die Konkurrenz verschiedener Anbieter nicht zu einer Verbesserung des Niveaus, sondern beläßt eine „nach unten offene Skala", weil es für die Teilnehmer keinerlei wirksame Möglichkeiten gibt, Qualitätsverbesserungen durchzusetzen.

Wir befragten die jüdischen Zuwanderer, wie sie selbst ihre deutschen Sprachkenntnisse einschätzen. Bei der Interpretation der nachfolgenden Ergebnisse ist zu berücksichtigen, daß nur 11,9 % der Befragten einen deutschsprachigen Fragebogen ausfüllten. Diese Ziffer stimmt in etwa mit jener Gruppe überein, die ihr Sprachvermögen als „sehr gut bis gut" einschätzte. Doch schon diejenigen 30,4 %, die sich „ausreichende Sprachkenntnisse" zugestanden, fühlten sich offenbar nicht mehr sicher genug, die in vergleichsweise einfacher Form gehaltenen Fragen in Deutsch zu beantworten. Am deprimierendsten war allerdings, daß mehr als die Hälfte der Betroffenen (50,2 %) ihr deutsches Sprachvermögen als „unzureichend" bis „mangelhaft" betrachtete (vgl. Tabelle 13).

Sprachvermögen	Anzahl	Prozent
Sehr gut/gut	140	14,4 %
Ausreichend	294	30,4 %
Unzureichend/mangelhaft	486	50,2 %
Weiß nicht/keine Angabe	48	5,0 %
Insgesamt	968	100,0 %

Tabelle 13: Selbsteinschätzung der Befragten zum Sprachvermögen in Deutsch

79 Mit „sehr gut" bis „gut" bewerteten nur 9,4 % das jeweilige Kursangebot, 35,7 % waren geteilter Meinung. Insgesamt antworteten auf diese Frage 684 Personen.

Hauptkritikpunkte an den besuchten Sprachkursen waren die Vermittlung von zu wenigen oder unbedeutenden Kenntnissen (37,4 %) sowie die mangelnde technische Ausstattung und ungenügende Didaktik (17,3 %).[80] Besonders negativ wurde die weitverbreitete Unterrichtspraxis gesehen, primär die deutsche Grammatik und zu wenig Wortschatz und Kommunikationsfähigkeit zu trainieren. Außerdem wurde der zu geringe oder gänzlich fehlende Einsatz von modernen Lehrmethoden – wie beispielsweise multimedialen Unterrichtsmitteln und Rollenspielen – sowie die mangelnde Motivation oder der häufige Wechsel von Lehrkräften stark kritisiert, wie folgende Berichte von Betroffenen illustrieren: *„Ich denke, daß die Qualität des Sprachunterrichts höher sein könnte. Sie ließe sich verbessern mit einem zweckmäßigen allgemeinen Programm, mit dem Einsatz eines Computerprogrammes und mit einem Lehrer, der die russische Sprache wirklich gut beherrscht. Das ist besonders wichtig bei Grundkursen."* (26 Jahre, männlich, NRW)

„Programm des Sprachkurses – ausgezeichnet! Methodik des Unterrichtes – niedrig! Ich habe Grundlagen der Sprache vermittelt bekommen, aber nicht genug. Schwache Methodik und zu kompliziertes Lehrbuch für Grammatik und fehlender Textgrund. Schnelles Lerntempo, aber kleiner Effekt." (50 Jahre, weiblich, Brandenburg)

„Die Sprachkurse in der Jüdischen Gemeinde müssen besser werden. Sie sind alle gleich. Nach Absolvierung eines achtmonatigen Anfängerkurses kann man immer noch nicht elementare Zeitungstexte lesen, man spricht schlecht und kann fast nichts von dem verstehen, was im Deutschen Fernsehen gesprochen wird. Keinerlei Einsatz von Medientechnik im Unterricht. Alles sehr ärmlich und primitiv." (40 Jahre, männlich, Berlin)

„Die Qualität der besuchten Kurse war mittelmäßig. Unterrichtsmethodik und Lehrbuch waren nicht zu überblicken (keine Differenzierung nach Alter der Teilnehmer, ihren intellektuellen und sprachlichen Fähigkeiten und ihrer Motivation zum Spracherwerb). Von notwendiger Sprachpraxis habe ich nur ein Minimum mitbekommen." (63 Jahre, weiblich, Bayern)

80 Auf die offene Frage antworteten 422 Personen.

„Das war ein Kurs in Chemnitz. 6 Monate reichen nicht aus. Die Lehrer waren als Profis schlecht, sie haben keine Methodik, die einen intensiven Lernprozeß fördern würde, und das Programm war veraltet und für die heutige Zeit gar nicht geeignet." (22 Jahre, männlich, Hessen)

Neben inhaltlichen und didaktischen Mängeln der Sprachkurse wurde von 20,9 % vor allem eine zu hohe Zahl von Teilnehmern und die ungenügende Differenzierung bei deren Zusammensetzung hinsichtlich der sprachlichen Vorbildung bemängelt. Offenbar in Verbindung mit der zu geringen zeitlichen Dauer der Kurse führte dies dazu, daß 19,3 % der jüdischen Kursteilnehmer angaben, „überfordert" gewesen zu sein. Demgegenüber sahen sich nur 5,2 % von ihnen „unterfordert". In einigen Fällen (9 %) kam es offenbar auch zu direkten Spannungen zwischen russisch-jüdischen Zuwanderern und Aussiedlern. Einige weitere Beispiele mit vorwiegend kritischen Kursbetrachtungen: *„Zu Beginn des Unterrichts wurde kein Differenzierungstest durchgeführt. Das war problematisch, da die Kursteilnehmer nicht nur unterschiedliche Deutschkenntnisse mitbrachten, sondern auch ein sehr unterschiedliches Alter aufwiesen und ihre Motivation differenziert war."* (49 Jahre, männlich, NRW)

„Die Ausbildung, das Alter und die Sprachkenntnisse der Kursteilnehmer waren sehr unterschiedlich. Die Gruppe war viel zu groß – 25 Personen. Der Lehrer hat sich hauptsächlich auf die Aussiedler konzentriert, die schon einigermaßen Deutsch konnten. Im Großen und Ganzen fand ich den Kurs nicht so gut, außerdem reichen 6 Monate nie aus, um eine Sprache zu erlernen." (47 Jahre, männlich, Schleswig-Holstein)

„Ich habe einen sehr guten Deutschkurs in Stuttgart besucht. Ich lerne seit dreieinhalb Monaten. Grammatik und Lernwortschatz gehen ganz gut, aber die Sprachpraxis funktioniert noch wenig. Sechs Monate sind einfach zu wenig. Mit deutschen Spätaussiedlern hatte ich keine Probleme. In meiner Gruppe waren nur Spätaussiedler mit akademischem Abschluß und hoher Kultur. Andere sagen, das ist ein selten glücklicher Fall für einen Sprachkurs." (43 Jahre, weiblich, Baden-Württemberg)

„Negativ empfand ich bei den von mir besuchten offiziellen Kursen die relativ kurze Frist (6 Monate ist wenig!) und das sehr verschiedene Grundwissen der Teilnehmer, was die Arbeit der Lehrerin komplizierter machte und die Möglichkeiten eines besseren Studiums einschränkte.“ (63 Jahre, männlich, Berlin)

„Die Sprachkurse waren orientiert an deutschen Aussiedlern, welche bestimmte Grundkenntnisse in (kommunikativer) deutscher Sprache besitzen mußten. Die Organisatoren haben nicht berücksichtigt, daß 70 % der Teilnehmer keine deutschen Aussiedler waren, und sie begannen die Unterrichtseinheiten trotzdem ohne eine Vermittlung des [deutschen] Alphabets.“ (58 Jahre, männlich, Baden-Württemberg)

„Die Sprachkurse haben mir und meiner Frau kaum einen Zuwachs an Sprachbeherrschung gebracht. Das lag nicht an der Motivation, sondern daran, daß wir zusammen mit Spätaussiedlern aus Kasachstan lernten (keine Grundlage, Grobheit, keine Kultur).“ (27 Jahre, männlich, Hessen)

„Die Sprachlehrer haben zwar gute Deutschkenntnisse, sind aber in der methodischen Ausbildung für Ausländer nicht sehr befähigt. Die Art des Unterrichts ist nicht differenziert genug, immer irgendwie gleich. Es werden zuviele Pausen gemacht. Die Motivation unter den deutschen Aussiedlern ist vergleichsweise gering, und das tut dem Kursverlauf nicht gut.“ (42 Jahre, weiblich, NRW)

„Ich denke, daß Sprachkurse mit einer Anzahl von 25 Teilnehmern nicht effektiv sein können. Die Orientierung der Gruppe an leistungsschwachen und alten Teilnehmern gibt nicht die Möglichkeit, innerhalb einer Kursdauer von 5,5 Monaten die deutsche Sprache zu erlernen.“ (42 Jahre, weiblich, Sachsen)

Eine anschauliche Zusammenfassung der Problematik findet sich im Jahresbericht der Jüdischen Gemeinde Weiden von 1998:

> „Sechs Monate liegen hinter dem Neuankömmling, und er kann kein Deutsch. Die Kursdauer kann einfach nicht genügende Deutschkenntnisse vermitteln. In den Familien wird weiter Russisch gesprochen, wie sonst sollte man auch seine Gefühle ausdrücken. Die Arbeitssuche beginnt, und damit die Zeit der Enttäuschungen. Eigene Abschlüsse sind nicht anerkannt, bei einem eventuellen Bewerbungsgespräch rei-

chen die Deutschkenntnisse nicht aus. Zwar bieten verschiedene Bildungsträger Kurse an, die noch zusätzliche Einblicke in unser Gesellschaftssystem und unsere Arbeitswelt bieten, doch sind die Kurse so breit gefächert und nur einzelne Berufsbilder angesprochen, daß sich viele darin nicht wiederfinden können."[81]

Fazit: Sprachförderprogramme und insbesondere Kursangebote, die die berufliche und sprachliche Qualifizierung sinnvoll kombinieren, sind eine Seltenheit und für die überwältigende Mehrheit der jüdischen Zuwanderer praktisch unerreichbar. Entsprechende Kurse finden sich zwar in Nordrhein-Westfalen, Berlin oder Mecklenburg-Vorpommern, und die Otto-Benecke-Stiftung bietet jungen Akademikern solche Lehrgänge auch gezielt an. Dennoch bewegen sich die Teilnehmerzahlen im „Promillebereich".[82] Dies ist nicht nur aus der Sicht der Betroffenen inakzeptabel.

Es kann auch nicht im Interesse einer weitsichtigen und durchdachten Integrationspolitik liegen, daß erhebliche Mittel auf Dauer für den Unterhalt und die Betreuung von Sozialhilfeempfängern aufgewandt werden, die weitaus kostengünstiger und sinnvoller in die berufliche und sprachliche Qualifizierung der Zuwanderer investiert werden könnten.

8. „Deutsche, Russen und Juden"

Nicht zuletzt infolge der mangelnden Sprachkompetenz der Zuwanderer findet Kommunikation und Interaktion mit der nichtjüdischen Umwelt bisher kaum oder nur eingeschränkt statt. Fast 70 % der Befragten gaben zu Protokoll, überwiegend negative Erfahrungen im Umgang mit Deutschen gesammelt zu haben. Die Hälfte von ihnen (48,8 %) sah dies in einer unzurei-

81 Gabi Brenner, Jahresbericht 1998. Sozialarbeit und Kulturarbeit der Jüdischen Gemeinde Weiden, S. 6.

82 So wurden in Nordrhein-Westfalen 1998 lediglich 40 Plätze in integrierten Qualifizierungsmaßnahmen vom Arbeitsministerium finanziert.

chenden Sprachbeherrschung begründet.[83] Die große Bedeutung des Sprachfaktors verdeutlicht die Aufschlüsselung nach der Aufenthaltsdauer der Befragten: Für 63,2 % bildet die deutsche Sprache im ersten Jahr eine kaum überwindliche Barriere. Dies bleibt auch nach Abschluß des Sprachkurses noch für 53,9 % im zweiten und dritten Jahr und für immer noch 51,3 % im vierten und fünften Aufenthaltsjahr so. Erst nach fünf Jahren, wenn sich die berufliche Situation für etwa die Hälfte verbessert hat, wird die Sprache „nur" noch von 22,2 % als Hemmnis für die sozialen Kontakte mit Deutschen eingestuft. An deren Stelle treten nun verstärkt Gründe, die in der eigenen Haltung (19 %), in Minderwertigkeits- oder Unsicherheitsgefühlen (27 %) sowie vor allem in der Haltung der deutschen Bevölkerung (31,7 %) zu suchen sind.

Nach fünf Jahren ist allerdings auch die anfängliche „Hochstimmung" vieler Neuzuwanderer über ihren Wohnortwechsel in die Bundesrepublik von den sozialen und vor allem ökonomischen Schwierigkeiten des Alltags überlagert. Die Motivation, sich in die deutsche Gesellschaft einzugliedern und einzubringen, geht in Ermangelung von Erfolgserlebnissen in zahlreichen Fällen in eine Haltung über, die zwischen einem pragmatischen „Sich-in-die-widrigen-Umstände-fügen" und einem resignierten Rückzug schwankt. Etwa zwei Drittel entschließen sich, in der Abgeschlossenheit der eigenen Familie und Gruppe zu leben beziehungsweise den Kontakt mit der deutschen Bevölkerung auf das Notwendigste zu beschränken. Ablesbar ist dies daran, daß der Anteil der Personen, die ihre Interaktion mit Deutschen überwiegend positiv einschätzen, nach fünf Jahren nicht ansteigt, sondern im Gegenteil die Gruppe mit einer überwiegend negativen Bewertung überproportional zunimmt.

So lähmen Klischeevorstellungen, Unkenntnis und gegenseitiges Mißtrauen noch immer einen freimütigeren Umgang. Die meisten Einheimischen halten die jüdischen Zuwanderer für „Russen", und letztere geben sich selten als „Juden" zu erkennen.

83 Weitere 15,3 % nannten die eigene Haltung, 16,6 % Minderwertigkeits- oder Unsicherheitsgefühle und 19,3 % die ablehnende Haltung der Deutschen als Ursache.

In den Aussagen der Befragten finden sich immer wieder Formulierungen eingestreut wie: „Ich habe mich nicht als Jude vorgestellt.“ Oder : „Man hielt mich für einen Russen, und ich habe sie in diesem Glauben gelassen“. Wohl auch aufgrund dieser „Verschleierungstaktik“ mußten die Befragten in ihrem engeren deutschen Bekanntenkreis – insofern vorhanden – nur wenige Unannehmlichkeiten ertragen.[84] Daraus ist nicht der Schluß zu ziehen, der Antisemitismus sei als gesellschaftliches Problem passé. Vielmehr zeigte sich immer wieder, wie eingangs beschrieben, daß der Übergang von fremdenfeindlichen und nationalistischen zu antisemitischen Stereotypen je nach „politischer Opportunität“ fließend ist. Die jüdischen Zuwanderer erleben dies in ihrem alltäglichen Leben zur Genüge. Auf unsere Frage, ob sie in Deutschland schon direkt mit antisemitischen Übergriffen oder Parolen konfrontiert wurden, antworteten 11,5 % mit „häufig“, 22,1 % mit „manchmal“ und 46,9 % mit „selten oder nie“.[85] In den ostdeutschen Bundesländern und Berlin war die Betroffenheit von antisemitischen Übergriffen deutlich höher. Allgemein ergab unsere Umfrage, daß es sich bei den diskriminierenden Erfahrungen der Zuwanderer nicht etwa um abstrakte Beobachtungen von antisemitischen Schmierereien, Äußerungen in den Medien oder Pamphlete handelte, sondern in den meisten Fällen um Pöbeleien und Beschimpfungen, manchmal um Handgreiflichkeiten und oft um Benachteiligungen im Alltag, bei Behörden oder bei Veranstaltungen.

Auch bei jüdischen Zuwanderern, die keine unmittelbare Diskriminierung erlebt haben, findet sich oft das Gefühl eines Ausgeschlossenseins von der deutschen Gesellschaft und Kultur – Erfahrungen, die wir bereits in unserer ersten Studie dokumentiert haben.[86] Typische Antworten auf die Frage „Welche Mög-

84 Die Ergebnisse zur Frage, ob Probleme im deutschen Bekanntenkreis der Befragten wegen ihrer jüdischen Herkunft auftraten, im einzelnen (948 Antworten): 5,1 % gaben an, ihnen sei dies „häufig“ geschehen, 4,8 % „manchmal“, 63 % „selten oder nie“, 25 % „weiß nicht“.

85 Insgesamt antworteten 942 Personen auf diese Frage.

86 Vgl. Valeri Biletski, „Deutschland bietet mir keinen Dialog an!“ Zur Situation von Künstlern und Intellektuellen. In: Schoeps/Jasper/Vogt (1996), S. 280–323.

lichkeiten haben Sie als Emigrant, am deutschen Kulturleben teilzunehmen?" waren zum Beispiel:

„Ich denke, daß das Kulturleben in Rußland reichhaltiger ist als hier in Deutschland. Aber dort habe ich auch in einer großen Stadt gewohnt." (55 Jahre, männlich, Baden-Württemberg) – *„Ich fühle mich isoliert von meiner eigentlichen Kultur."* (73 Jahre, weiblich, Schleswig-Holstein) – *„Meine Möglichkeiten sind hier passiv. In der UdSSR habe ich viele Bücher geschrieben und veröffentlicht. Hier versuche ich die Artikel in russischsprachigen Zeitungen zu veröffentlichen."* (48 Jahre, männlich, Brandenburg). Eine Musikerin bilanzierte bitter: *„Die deutsche Gesellschaft nutzt das kulturelle Potential der Emigranten nicht aus. Viele hundert Musikanten und Künstler können hier keine eigene Betätigung finden."* (36 Jahre, weiblich, Hamburg). Auch der „durchschnittliche" Migrant, der nicht der kulturellen Elite im Herkunftsland angehörte, es aber dennoch gewohnt war, intensiv am kulturellen Leben teilzunehmen, sieht seine Interessen wenig befriedigt. Die Zuwanderer beklagen sowohl, daß sie viele Angebote aus Kostengründen überhaupt nicht oder nur sporadisch wahrzunehmen in der Lage sind, wie auch, daß mangelnde Deutschkenntnisse eine intensivere Teilnahme am Kulturleben verhindern: *„Die fehlende Sprachkenntnis begrenzt meine Kontakte. In Riga habe ich die Veranstaltungen der Lettischen Gesellschaft für Jüdische Kultur besucht, verschiedene jüdische Clubs und Konzerte. Hier habe ich schon Kulturveranstaltungen der Jüdischen Gemeinde besucht, aber in der Gemeinde sind keine Deutschen."* (48 Jahre, weiblich, NRW) – *„Die schwache Kenntnis der Sprache gibt mir keine Möglichkeit, mich über das ganze Kulturangebot zu informieren. In der früheren Heimat haben wir mehr Veranstaltungen besucht."* (45 Jahre, weiblich, Sachsen-Anhalt). – *„In Deutschland ist die Kultur sehr teuer. Die Themen der gebotenen Kinofilme sind nicht sehr interessant. In der früheren Sowjetunion konnte ich preiswert Vorträge und Kino besuchen. Realschule und Abendschule konnte ich dort kostenlos absolvieren. Hier kommt als Problem noch die fehlende Kenntnis der deutschen Sprache hinzu."* (52 Jahre, weiblich, Brandenburg) – *„Ich habe wenige Möglichkeiten wegen der noch schwachen Sprachkenntnisse. Die Jüdische Gemeinde und die Regierung müssen mehr*

dafür tun, daß die Immigranten die deutsche Sprache erlernen können." (33, männlich, Berlin)

Nur ein kleiner Teil der Zuwanderer (rund 18 %) besucht regelmäßig Theater, Konzerte, Ausstellungen, Museen oder Kinos. Weitere 15 % nehmen zumindest gelegentlich am Kulturleben teil. Die übrigen beteiligen sich selten oder sporadisch. Etwa ein Drittel nimmt praktisch keine Notiz vom kulturellen Geschehen in Deutschland und zieht zum Beispiel russische den deutschen Fernsehprogrammen vor. Zumindest die letztere Gruppe lebt in einer kulturell marginalisierten Situation, ohne überhaupt je größere Begegnungen mit der deutschen Seite zu erleben. *„Es gibt für uns keine Möglichkeiten. Wir sind Sozialhilfeempfänger, die Eintrittskarten sind zu teuer, und wir fühlen uns fremd.*" (55 Jahre, weiblich, Schleswig-Holstein) – *„Es bieten sich verschiedene Möglichkeiten, am deutschen Kulturleben teilzunehmen. Vor- und Nachteile ergeben sich aus der Nähe zur europäischen Kultur bzw. aus der Entfernung zur russischen Kultur (unüberbrückbar).*" (51 Jahre, männlich, Niedersachsen) – *„Ich denke, es gibt gar keine Möglichkeiten hier. In der früheren Heimat hatte ich viele Möglichkeiten.*" (78 Jahre, männlich, Bremen)

Die notwendige Auseinandersetzung mit der alten und neuen Kultur scheitert demnach in vielen Fällen schon an den unzureichenden materiellen und sprachlichen Voraussetzungen, wird aber zusätzlich noch begleitet von einer tiefgreifenden Verunsicherung hinsichtlich der eigenen Identität. Viele Betroffene ziehen sich in die eigene Familie oder die Migrantengruppe zurück, um den frustrierenden Erfahrungen des deutschen Alltags, der realen oder empfundenen Ausgrenzung, der unfreiwilligen Untätigkeit und Beziehungslosigkeit zu entkommen. Die wichtigsten Bezugspersonen bleiben auch nach längerem Aufenthalt in Deutschland fast ausschließlich Familienmitglieder oder befreundete jüdische Zuwanderer. Lediglich aus der kleinen Gruppe der „Jobbesitzer" gaben 30,5 % an, wichtige Entscheidungen auch mit deutschen Freunden zu besprechen. Insgesamt nur spärlichen Austausch mit der nichtjüdischen Umwelt ermittelten wir auch bei den Freizeitaktivitäten der Zuwanderer: Nur 17,4 % – wieder überwiegend Erwerbstätige – trafen dort mit

Deutschen „oft", weitere 16,1 % „manchmal" und die übrigen rund 70 % „selten oder nie" zusammen.[87] Die große Mehrheit der jüdischen Zuwanderer verbringt ihre Freizeit demnach in der eigenen Familie oder gemeinsam mit anderen Zuwanderern, die man teilweise schon aus dem Heimatland kennt: 53,1 % der Befragten gestalten ihre Freizeit „oft" mit anderen Zuwanderern, 17,8 % „manchmal" und 29,1 % „selten oder nie". Diese Werte haben sich über lange Zeiträume als stabil erwiesen. Nur folgerichtig erscheint es da, daß diejenigen Zuwanderer, die in Deutschland heirateten, ihren Partner nach Aussage der befragten Mitarbeiter/innen der Jüdischen Gemeinden fast ausschließlich innerhalb der eigenen Gruppe fanden. Dies soll allerdings nicht den Eindruck vermitteln, daß die jüdischen Zuwanderer einen homogenen Block bilden würden. Vielmehr existieren sehr unterschiedliche – teils sogar rivalisierende – Grüppchen, die sich etwa nach der regionalen Herkunft, nach der Berufszugehörigkeit oder nach ökonomischen Interessen konstituiert haben. In mehr oder weniger umfangreicher Weise gewährleistet die „ethnische Kolonie" insgesamt aber eine mentale und soziale Absicherung und damit auch die Beibehaltung mitgebrachter kultureller Einstellungen und Verhaltensmuster. Dies spielt aber nicht nur für die Identität der jüdischen Zuwanderer in Deutschland eine zentrale Rolle. Die erhaltenen gemeinschaftlichen Strukturen bieten den Neuzuwanderern bei der Befriedigung ihrer Primärbedürfnisse – wie Arbeit, Wohnung und Freizeit – oft auch ganz praktische Unterstützung. Der soziale Rückhalt ist so groß, daß sie sich bei der allgemeinen Alltagsbewältigung – abgesehen von Behördengängen und Einkäufen – auf relativ wenige Kontakte zur deutschen Bevölkerung beschränken können. Andererseits gewinnt ein erheblicher Teil der jüdischen Zuwanderer damit nur fragmentarisches Wissen über die Strukturen, Lebenswelten und Mentalitäten der Aufnahmegesellschaft. Die beschränkte Teilhabe an den Vorgängen ringsumher, aber auch die Gleichgültigkeit der einheimischen Bevölkerung blockieren gleichermaßen das Entstehen von Interesse, Loyalität und innerer Bindung an die Bundesrepublik.

87 Auf diese Frage antworteten 608 Personen.

In Berlin ist die beschriebene Entwicklung hin zur „russischen Kolonie“ besonders weit fortgeschritten.[88] Ähnliche Tendenzen finden sich aber auch in anderen Ballungsräumen beziehungsweise in jüdischen Gemeinden größerer Städte, deren Mitgliedschaft fast ausschließlich aus jüdischen Zuwanderern besteht. Die zu konstatierende Selbstorganisation beziehungsweise „Nischenökonomie“ ist allerdings kein russisch-jüdisches Spezifikum, sondern läßt sich auch bei anderen Migrantengruppen beobachten.

9. Familie

Die Familien der Zuwanderer erleben sich bei der Ankunft in Deutschland neu und sind harten äußeren Belastungsproben ausgesetzt. Aus dem anfänglichen Miteinander in der neuen Umwelt kann schnell ein Gegeneinander in der Familie werden. Die Bedeutung des Familienlebens für die Integration in die neue Umgebung wurde durch die von uns befragten Expert/innen unterschiedlich beurteilt. Intakte Familien können einerseits die Eingewöhnung in die deutsche Gesellschaft positiv beeinflussen: *„Die Familienstruktur hat eine wichtige Funktion bei der gesellschaftlichen Integration. Stabile Familienstrukturen erleichtern die Identitätsfindung in der neuen Gesellschaft, geben mehr Sicherheit und Energie zum Beispiel bei der Arbeitsplatzsuche.“* (Mitarbeiterin der Jüdischen Gemeinde Düsseldorf) Andererseits kann die Fixierung auf die eigene Familie die Migranten auch davon abhalten, sich um die eigene Eingliederung ernsthaft zu bemühen: *„Große Familienverbände sind hilfreich gegen die Isolation, aber verhindern auch oft die Integration. Die Kinder sind sprachlich gut integriert und helfen ihren Eltern und Großeltern. Den Eltern ist das Freizeitverhalten ihrer Kinder unheimlich. Das führt zu erheblichen Konflikten in den Familien.“* (Mitarbeiterin der Jüdischen Gemeinde Frankfurt) – *„Je größer die Familie ist, desto weniger wird die Notwendigkeit akzeptiert, Sprache und Landesgewohnheiten zu lernen. Die familiäre Bindung zerbricht oft angesichts der Lebensanforderungen, kann aber auch als Stütze und Ersatz für ver-*

88 Vgl. dazu insbesondere den Beitrag von Judith Kessler in diesem Band.

lorene soziale Bindungen dienen." (Mitarbeiterin der Jüdischen Gemeinde Berlin)

Die traditionelle Familienstruktur der jüdischen Zuwanderer wird von den Eingliederungsproblemen oft überbeansprucht, weil die verschiedenen Generationen unterschiedlichen Lebensumständen und Herausforderungen ausgesetzt sind. Die von zu Hause gewohnte Großfamilie, die mehrere Altersgruppen in einem Haushalt vereinte und in der ehemaligen Sowjetunion aufgrund der Wohnraumknappheit selbst in den Städten durchaus üblich war, beginnt sich nach der Ankunft meist rasch aufzulösen: „*Die Familienstrukturen sind oftmals noch über drei Generationen erhalten, aber sie zerfallen zusehends in Deutschland, besonders gefördert durch die Wohnraumsituation. 5- bis 6-Zimmerwohnungen sind nicht zu bekommen. Tendenz zur Kleinfamilie und zum Zerfall der Familienstrukturen.*" (Mitarbeiterin der Jüdischen Gemeinde Stuttgart) Jede Generation gründet einen eigenen Haushalt, da für die Großfamilien ausreichend große Wohnungen zu knapp oder zu teuer sind. Das Verlassen des familiären Verbandes wird aber auch dadurch beschleunigt, daß das deutsche Sozialsystem offenbar weniger die Verpflichtung impliziert, die älteren Familienmitglieder persönlich zu versorgen. Manche Zuwanderer sind ihrerseits objektiv zum Ortswechsel gezwungen, um den gewünschten Studien- oder Ausbildungsplatz in Anspruch nehmen zu können. Bei den Eltern und insbesondere der „Großeltern-Generation" lösen diese Entwicklungen oft Ängste aus, weil sie befürchten, den Kontakt zu den Kindern und Enkeln allmählich zu verlieren und dadurch zu vereinsamen – zumal viele ja gerade „wegen der besseren Zukunft der Kinder" emigriert sind.

Die durchschnittliche Haushaltsgröße ist bei den russisch-jüdischen Zuwanderern stetig gesunken und liegt heute zwischen zwei und drei Personen. In nur 28,7 % der Fälle leben noch unterhaltspflichtige Kinder – und selten mehr als eines – im elterlichen Haushalt. Partnerschaftsprobleme nehmen in der Beratungspraxis der von uns befragten Expert/innen der Jüdischen Gemeinden einen breiten Raum ein, wie ein Bericht aus Weiden zeigt:

„Viele Ehen, die im Herkunftsland nicht krisenfest waren, gehen jetzt endgültig zu Bruch. Nach unseren Erfahrungen glauben viele, ihre Probleme, die drüben schon bestanden, hier besser meistern zu können, da hier augenscheinlich das Leben leichter ist. Dabei sehen sie jedoch nicht die Tatsache, daß mitgebrachte Beziehungsprobleme hier sehr schnell übergroß werden und sie überrollen [...] Hilfen für diese Probleme anzunehmen, fällt vielen aber schwer, denn es fehlen für Beratungsstellen die Sprachkenntnisse.“[89]

Folglich hat sich die statistische Zusammensetzung des Familienstandes mittlerweile verändert[90]: Mit 11,2 % der Befragten ist lediglich die Zahl der Ledigen konstant geblieben. Die Zahl der Verheirateten hat sich auf 68,4 % verringert, während die Zahl der Verwitweten auf 8,3 % und vor allem die der Geschiedenen auf 12,1 % anstieg. Ein Teil der letzteren lebt zwar bereits bei der Einreise in Scheidung, doch mehr als 50 % der betroffenen Ehepartner trennen sich erst in Deutschland. Häufig kommt es aufgrund des langwierigen und kostspieligen Verfahrens dann doch nicht zu einer offiziellen Scheidung. Die Partner leben „getrennt“ weiterhin in einer Wohnung zusammen, auch weil Ängste vor Isolation oder der Stigmatisierung als „Geschiedene(r)“ vorhanden sind.

Der Zusammenhang zwischen Aufenthaltsdauer und wachsender Scheidungsquote war für alle Zuwanderer im Alter zwischen 30 und 60 Jahren signifikant, wobei sich Frauen weitaus früher und häufiger scheiden ließen als die befragten Männer. In den Antworten zu dieser Problematik wurde auch deutlich, daß Frauen offenbar besser mit einer solcherart veränderten Situation umgehen können: *„Mein Mann und ich haben sich scheiden lassen, ich bin jetzt allein mit den Kindern. In finanziellen Angelegenheiten ist es jetzt leichter, moralisch ist es schwerer. Ich habe mich*

89 Brenner (1998), S. 7.

90 Die folgenden Angaben sind nur für die Zuwanderer über 16 Jahren repräsentativ. Für die Gesamtpopulation sind die Zahlen der Ledigen höher bzw. der Verheirateten, Verwitweten oder Geschiedenen entsprechend niedriger. Insgesamt antworteten 962 Personen auf die Frage zum Familienstand. Die Abweichung zu 100 % ergibt sich aus Rundungsfehlern.

an die Anforderungen der hiesigen Gesellschaft gewöhnt, mein Mann nicht." (36 Jahre, weiblich, Berlin) Auch die allgemeine Anpassungsfähigkeit an das neue Leben in der Bundesrepublik wird von den Zuwanderern für Frauen höher eingeschätzt als für die Männer: 34,5 % bewerteten die Frauen als „flexibler", 5,8 % dagegen die Männer. 30,8 % waren der Meinung, das Geschlecht spiele bei der Integration keine Rolle. Die höhere Flexibilität der Frauen wurde darauf zurückgeführt, daß sie die Arbeitslosigkeit weniger belaste und sie die erzwungene Untätigkeit besser durch Kinderbetreuung, Hausarbeit oder Hobbies kompensieren könnten. Außerdem sei die Familie materiell besser abgesichert als in den Herkunftsländern. Die meisten Frauen schätzten ihre Lebenssituation auch vergleichsweise pragmatisch ein, wie folgende Beispiele zeigen: „*Meinem Mann geht es schlechter als mir. Er hat noch keine feste Arbeit gefunden. Meine Tochter hat noch große Probleme, sich zu integrieren, und sie ist außerdem gerade im Übergangsalter.*" (38 Jahre, weiblich, NRW) – „*Meine Weltanschauung hat sich in der BRD stark verändert. Hauptsächlich in puncto der Frauenrolle. Meine Eltern, bekannte Männer kommen damit schlecht zurecht. Ich war fünf Jahre verheiratet (jetzt geschieden). Mein Mann akzeptierte meine neuen Ansichten nicht. Tja, Pech gehabt!*" (30 Jahre, weiblich, Sachsen)

Diejenigen Personen, die keine geschlechterspezifische Erklärung hatten, sahen Flexibilität und Anpassungsfähigkeit eher von Faktoren wie Sprachkompetenz, Alter, Bildungsniveau, Beruf und „individuellem Charakter" (in dieser Reihenfolge) abhängig.

Wir fragten die Zuwanderer auch, wie sie selbst die Veränderung ihrer familiären Situation in Deutschland bewerten. 18 % waren der Ansicht, ihr Familienleben habe sich hier positiv entwickelt. 17,6 % sahen keine Änderung. 23,6 % erlebten eine teilweise und 22,6 % eine vollständige Verschlechterung[91], was auf einen erheblichen Druck von außen schließen läßt. Zwar zeigen die Antworten, daß die Mehrheit der Befragten ihre materielle Lage – insbesondere die Versorgung mit Konsumgütern zur Befriedigung des alltäglichen Bedarfs – besser bewertet als im

91 Insgesamt antworteten 790 Personen auf diese Frage.

Herkunftsland. Doch umgekehrt wird die soziale und psychische – in der Terminologie der Zuwanderer: „moralische" – Befindlichkeit zumeist schlechter eingeschätzt: *„Physisch geht es uns besser, aber moralisch noch schlechter als damals. Es gibt keinen direkten Antisemitismus, aber es gibt auch keine Arbeit. Die Familie richtet sich nach ihrem ‚Haupt', und das ‚Haupt' hat keine Arbeit – es kann nicht mehr respektiert werden. Es gibt keinen Zentralpunkt in der Familie, und es gibt kein ‚Haupt' mehr. Die Familie wird dezentralisiert, das ist schon eine neue Familie, eine ganz andere."* (60 Jahre, männlich, Sachsen-Anhalt) – *„Materiell gesehen, besser – aber moralisch empfindet es unsere Familie in Deutschland kaum erträglich. Es ist schwierig, hier neue Freunde zu finden, und wenn, dann nur unter den jüdischen Immigranten."* (42 Jahre, weiblich, Berlin) – *„Unser Sohn hat sich sehr gut eingelebt und hat kaum Anpassungsprobleme. Sein Leben hat sich zum Besseren verändert. Die Familie hingegen hat Schwierigkeiten mit der Sprache, mit dem sozialen Status, mit den fehlenden Beschäftigungsmöglichkeiten – das gibt schon auch psychologische Probleme (in der Familie)."* (63 Jahre, männlich, NRW) – *„Meine Familie besteht jetzt nur noch aus zwei Personen. Wir können keine Arbeit finden, das ist sehr schwer. Aber meine Kinder können auch keine Beschäftigung in ihrem Berufsfeld finden – das ist auch sehr schwer für sie. Den Kindern geht es insgesamt schlechter als uns."* (52 Jahre, weiblich, Mecklenburg-Vorpommern) – *„In meinem Familienleben gibt es keine Veränderungen. Materiell gesehen, leben wir besser, aber moralisch..."* (40 Jahre, männlich, Baden-Württemberg) – *„Ich will mich scheiden lassen, und ich denke, für meine Tochter ist das schlecht."* (28 Jahre, weiblich, Bayern) – *„Zum schlechten. Den Tag 24 Stunden ohne Arbeit zu verbringen, ist zu schwer. Die Mitglieder meiner Familie haben es auch schwer. Jedermann braucht Arbeit."* (46 Jahre, männlich, Brandenburg)

Fast die Hälfte der Befragten betrachtet die familiäre Situation also zumindest mit Sorge, wenn nicht als kritisch. Da sich die Gruppe mit einer entspannteren Familiensituation vor allem aus jenen zusammensetzte, die gute Deutschkenntnisse besitzen und beruflich schon integriert sind, dürfte die verstärkte Erosion in den anderen Familien wesentlich von der prekären beruflichen und sozialen Situation beeinflußt sein. Die große Mehrheit der jüdischen Zuwanderer findet derzeit zwar noch einen Rückhalt in der eigenen Familie, aber ob dies auf Dauer so bleibt, ist ohne eine grundlegende Verbesserung der Integrationsperspektiven durchaus fraglich, wie die Erfahrungen eines Betroffenen unterstreichen: *„Unsere Familie ist stabil, aber die ersten zwei Jahre waren schlimm für uns: nervös. Die Empfindung von Hilflosigkeit, Nutzlosigkeit, Verlorenheit hatte negativen Einfluß auf mein Familienleben.“* (42 Jahre, männlich, Niedersachsen)

Die Situation jener Neuzuwanderer, die älter als 60 Jahre sind (rund 30 % aller Zuwanderer), ist gerade auch in familiärer Hinsicht problematisch. Sie haben keinen Anspruch auf Leistungen nach dem SGB III, insbesondere keinen Anspruch auf einen Sprachkurs. Kaum überraschend daher, daß 63,2 % dieser Personengruppe mangelnde Sprachkenntnisse als Hauptgrund für den fehlenden Kontakt zu deutschen Einwohnern benannten.[92] Nach dem Auszug aus den Übergangswohnheimen verlieren viele ältere Zuwanderer die familiäre Anbindung und geraten dadurch in wachsende Isolation. Bei manchen alleinstehenden Migranten über 60 Jahren gehört diese Vereinsamung von Anfang an zu ihrem Alltag in Deutschland. Im Vergleich zum durchschnittlichen deutschen Rentner gestaltet sich der Prozeß der altersbedingten Marginalisierung noch sehr viel problematischer. Betagte Zuwanderer erleben oft die plötzliche Entwertung ihres gesamten Lebens:

> „Zu Hause war ihr Rat gefragt, als Kriegsteilnehmer oder vorbildliche Arbeiter waren sie geehrt und privilegiert; sie bringen ihre Orden und Geschichten mit, stoßen mit dem Stolz auf eine zum Teil idealisierte Vergangenheit jedoch auf Unverständnis.“[93]

92 10,5 % der über 60jährigen nannten die eigene Haltung als Grund, 20 % Minderwertigkeits- oder Unsicherheitsgefühle, 6,3 % die Haltung der Deutschen, wobei letzteres indirekt auch damit zu erklären ist, daß praktisch keine Kontakte zustandekommen.

93 Judith Kessler, Jüdische Immigration seit 1990. In: Zeitschrift für Migration und soziale Arbeit, Nr. 1 (1997), S. 40–47, hier S. 42.

Viele Ältere sind aus ihren gewohnten sozialen Beziehungen herausgerissen und kaum in der Lage, neue anzuknüpfen – fehlen ihnen doch die sprachlichen Fähigkeiten und die finanziellen Mittel, die für eine aktive Freizeitgestaltung in Deutschland notwendig wären. Für eine umfangreichere Interaktion mit nichtjüdischen Altersgenossen fehlen aber nicht nur die materiellen Voraussetzungen, sondern auch verbindende Gemeinsamkeiten, um ganz einfach „ins Gespräch zu kommen". In vielen Fällen bleiben der Ehepartner und der sporadische Kontakt mit den Kindern die einzigen sozialen Anhaltspunkte. Ist der Partner verstorben (wie bei 19,9 % der über 60jährigen) und verlieren die Kinder das Interesse, werden die Jüdischen Gemeinden oft zum alleinigen Ansprechpartner. Sie übernehmen dann häufig die Rolle des „Familienersatzes". Doch trotz dieser Kontaktmöglichkeit neigen nach den Erfahrungen der SozialarbeiterInnen in den Jüdischen Gemeinden viele der Betroffenen zu einer resignativen Grundhaltung.

Kaum besser gestaltet sich die Situation der 46–60jährigen. Aus Altersgründen gelten auch sie in Deutschland als weitgehend „unvermittelbar". Für diese „jungen Alten" nahm die Arbeit in ihrem Herkunftsland einen besonderen Stellenwert ein, denn beruflicher Erfolg galt als eine der wenigen Möglichkeiten, als Jude gesellschaftliche Anerkennung zu erlangen. Unter der mangelnden Aussicht auf Beschäftigung leiden sie besonders, und sie haben meist schon große Schwierigkeiten, die deutsche Sprache zu erlernen beziehungsweise mit Deutschen in sozialen Kontakt zu kommen. Soweit es doch gelingt, fühlt sich ein Teil dieser Altersgruppe von der deutschen Bevölkerung offenbar besonders stark diskriminiert oder abgelehnt.[94] Daran gemessen, sind die jüngeren Erwachsenen unter den Zuwanderern weniger belastet, während Kinder und Jugendliche wiederum ganz anderen, kaum weniger beschwerlichen Problemen gegenüberstehen. Diese waren häufig erst kurz vor der Ausreise vom Entschluß

94 56,8 % der 46–60jährigen sahen in fehlenden Sprachkenntnissen den Grund für negative Interaktionserfahrungen, 4,9 % benannten die eigene Haltung, 11,1 % Minderwertigkeits- oder Unsicherheitsgefühle sowie 27,2 % die Haltung der Deutschen.

der Eltern informiert worden und fühlten sich daher oft „verraten". In Deutschland leiden die Mädchen und Jungen anfangs unter dem Verlust von Freunden und vermissen schmerzlich das vertraute Umfeld. Diese Gefühle werden von den Erwachsenen oft übersehen oder verdrängt – ja, häufig werden die Kinder noch mit deren Frustrationen über eigene Integrationsschwierigkeiten belastet. Die Heranwachsenden suchen dann nicht selten bei Gleichaltrigen in der Schule eine Ersatzorientierung, übernehmen deren Einstellungen sowie Konsumwünsche, die wiederum ein Großteil der Eltern nicht verstehen beziehungsweise nicht erfüllen kann – was weitere Probleme in den Familien vorprogrammiert.

Da die Kinder und Jugendlichen die deutsche Sprache am schnellsten von allen erlernen, wird deren Integrationsbereitschaft und -fähigkeit von den übrigen Familienmitgliedern allgemein am höchsten eingeschätzt (83,9 % der Befragten sahen dies so).[95] In dieser Hinsicht wird die sonstige Familienwelt quasi „auf den Kopf gestellt". Heranwachsende, denen ein rascherer Zugang in die neue Umgebung gelingt, erleben ihre Eltern als „Versager", weil diese keine Arbeit finden und oft auch mit der Nachbarschaft nicht klarkommen. Sie müssen dann teilweise in die Rolle eines „Managers" für den Familienalltag schlüpfen, was sie natürlich vollkommen überfordert. Nach außen hin werden die familiären Frustrationen von den Jugendlichen meist verheimlicht, weil sie sich der Situation selbst schämen. Kompensationen für diesen unbefriedigenden Zustand werden teilweise im materiellen Konsum gesucht. Auch der Drogenmißbrauch, der in vielen Zuwandererfamilien als Thema nicht zur Sprache kommt, kann von Jung und Alt leicht unterschätzt werden. In extremen Fällen kommt es zu Leistungsverweigerung und Rück-

95 Diese Frage beantworteten 782 Personen, die Prozentangaben beziehen sich auf die verfügbaren Antworten. Dabei zeigte sich, daß die Integrationsbereitschaft von den Befragten – unabhängig von deren jeweiligem Alter – als proportional abnehmend im Verhältnis zum zunehmenden Alter eingeschätzt wurde. Zum Vergleich die übrigen Ergebnisse: Die Integrationsbereitschaft schätzten als „groß" bei den 16–25jährigen 54,5 %, bei den 25–35jährigen 14,9 %, bei den 35–45jährigen 8,2 %, bei den 45–55jährigen 7,9 % und bei den über 55jährigen 7,6 %.

zug in jugendliche „Cliquen“, die sich sowohl von den eigenen Familien als auch von der deutschen Gesellschaft abgrenzen. Langfristig können diese Verhaltensmuster aber Ängste, Resignation und Perspektivlosigkeit noch verstärken und sich in einer wachsenden Destruktivität und Gewaltbereitschaft bemerkbar machen. Die Familien sind kaum in der Lage, diese Gefahren rechtzeitig zu erkennen und ihnen wirksam zu begegnen.[96]

Mehr als andere Altersgruppen beschäftigt Jugendliche die Frage „Wer bin ich?“ Die heranwachsenden Kinder der Zuwanderer – hin- und hergerissen zwischen Wertevorstellungen und Lebensentwürfen der Herkunftsfamilie und der neuen Umgebung – befinden sich meist auf langer, unruhiger Suche nach neuen Identifikationsmöglichkeiten. Doch statt diesen komplizierten Entwicklungsprozeß zu erkennen, beschränken sich viele Eltern – in unserem Sample vorwiegend im Alter zwischen 30 und 45 Jahren – auf den Erhalt familiärer Hierarchien und Rollenmuster. Sie beruhigen sich nicht zuletzt damit, daß die Kinder und Jugendlichen in Schule und Ausbildung in den allermeisten Fällen ja „gut funktionieren“.

Dennoch gaben 51,3 % der befragten Eltern mit schulpflichtigen Kindern an, daß diese zumindest teilweise schlechte Erfahrungen in der Schule machten.[97]

Eine derartig massive Kritik legt nahe, daß die Elternhäuser eigene familiäre Konfliktsituationen zumindest teilweise auf die pädagogischen Einrichtungen projizieren – jedenfalls wurden für die wenigen Kinder von bereits etablierten Zuwanderern, die bereits über Arbeit und ausreichende Sprachkenntnisse verfügten, deutlich geringere Schulprobleme angeführt. Andererseits ist unstrittig, daß das deutsche Schulsystem nur unzureichend auf die Eingliederungsprobleme und Befindlichkeiten der Zuwandererkinder als einer marginalisierten Minderheit einzugehen versteht. Die geäußerte Kritik an den pädagogischen Einrichtungen bezog sich vor allem auf mangelndes Einfühlungsvermögen der

96 Vgl. auch Brenner (1998), S. 7.

97 Zum Vergleich: Nur 22 % schilderten überwiegend positive Erfahrungen ihrer Kinder in der Schule. Auf diese Frage antworteten 231 Personen, die Prozentangaben beziehen sich auf die verfügbaren Antworten.

Lehrer und distanziertes Verhalten der deutschen Mitschüler. Probleme mit den Lehrinhalten und -methoden hatten dagegen nur eine untergeordnete Bedeutung. Erstaunlicherweise liegen Abiturienten aus den Zuwandererfamilien – trotz der skizzierten Probleme in Elternhaus und Schule – oft über dem Leistungsdurchschnitt ihrer deutschen Klasse. In größeren Städten ist ihre vergleichsweise günstige Entwicklung sicherlich auch als Ergebnis einer erfolgreichen Arbeit jener Kindergärten, Schulen und Jugendzentren zu sehen, die von den Jüdischen Gemeinden selbst getragen werden.

Wie beschrieben, bilden die Gemeinden für Zuwanderer aus allen Altersgruppen in spezifischen Lebenssituationen eine wichtige Anlaufstelle – vor allem dann, wenn ihnen der Weg in die deutsche Gesellschaft sozial und ökonomisch verschlossen bleibt. Welche Auswirkungen der osteuropäische Zuzug auf die Jüdischen Gemeinden ihrerseits hat, wird in den nachfolgenden Ausführungen betrachtet.

10. Jüdische Gemeinden im Wandel

Der andauernde Zustrom aus den GUS-Staaten hat die Jüdischen Gemeinden in Deutschland in eine ungewohnte Situation gebracht und vor enorme soziale, kulturelle und religiöse Herausforderungen gestellt. Vor der Einwanderungswelle standen die Gemeinden oftmals in der Gefahr, von der nichtjüdischen Umwelt – vor allem aber von der Politik – instrumentalisiert zu werden, weil ihre Existenz nach dem Holocaust für die deutsche Gesellschaft als Ausweis neugewonnener Demokratie gelten konnte. Es gab und gibt Schuldgefühle auf beiden Seiten. Die einen litten darunter, was Deutsche begangen hatten. Juden fühlten sich schuldig, weil sie sich trotzdem für ein Leben in Deutschland entschieden hatten. Viele blieben im wahrsten Sinne des Wortes auf „gepackten Koffern“ sitzen, wie der Werdegang von Ignatz Bubis verdeutlichte:

> „Ich selbst bin bereits im November 1945 nach Deutschland zurückgekommen [...] Zunächst einmal war ich in Breslau

gewesen, wo ich zur Welt gekommen war. Aber dort wollte und konnte ich nicht bleiben, weil es ganz einfach nicht mehr der Ort war, den ich verlassen hatte, vor allem die Familie war nicht mehr da. So habe ich mich in Berlin-Schlachtensee zur Auswanderung nach Amerika registrieren lassen. Wenn ich meine eigene Geschichte betrachte, dann habe ich zwischen 1945 und 1956, in elf Jahren, in West-Berlin, in Dresden, in Pforzheim, in Stuttgart und in Frankfurt gelebt, das heißt, ich saß tatsächlich auf diesen Koffern. Ich habe in den ersten Nachkriegsjahren, gleich nach der Gründung des Staates Israel, das Land besucht. Ich ging nach Amerika, ich ging nach Kanada und eigentlich immer mit dem Ziel: ‚Wo willst Du letztendlich hin?' Wenn mich heute jemand fragt, wann ich mich entschlossen habe, in Deutschland zu bleiben, dann weiß ich es nicht. Es war eine Entwicklung [...]"[98]

Die beschriebene Ruhelosigkeit war für viele Juden im Nachkriegsdeutschland alltäglicher Begleiter, und sie lebten in Deutschland nach 1945 in einem gesellschaftlich tabuisierten Schutzraum – mehr in der Vergangenheit denn in der bundesdeutschen Gegenwart. Geteilte Schicksale verbanden mehr als beispielsweise religiöse Übereinstimmungen. Organisatorischer Ausdruck dieser Verbundenheit und Gemeinschaft war die Einheitsgemeinde, die beansprucht, alle religiösen Richtungen unter einer Gemeindeverwaltung nach außen zu vertreten und nach innen zuzulassen.

Das Konzept der Einheitsgemeinde stammt aus der unmittelbaren Nachkriegszeit, als die Meinung vorherrschte, es werde künftig kein nennenswertes jüdisches Leben in Deutschland mehr geben. Doch spätestens mit dem Berliner Gerichtsentscheid von 1997, neben der dortigen traditionellen Gemeinde mit ihren inzwischen wieder über 11.000 Mitgliedern auch die kleine „Adass Jisroel", die „Vereinigung gesetzestreuer Juden", als eigenständige Körperschaft öffentlichen Rechts anzuerkennen, ist die über Jahrzehnte bewährte Einheitsstruktur in Frage

98 Ignatz Bubis, Jüdisches Leben in Deutschland 1945–1995. In: Günther B. Ginzel (Hg.), Der Anfang nach dem Ende. Jüdisches Leben in Deutschland 1945 bis heute, Düsseldorf 1996, S. 37–51, hier S. 41f.

gestellt. Nicht nur Berlin, sondern auch die nächstgrößeren Gemeinden Frankfurt und München sind mittlerweile von Spaltungstendenzen und inneren Zerreißproben zwischen Liberalen und Orthodoxen bedroht. Allerdings wenden sich die Repräsentanten der neuen liberalen Richtung nicht prinzipiell gegen den Status der Einheitsgemeinde. Sie argumentieren, daß die Gemeinden nicht für religiöse Identität zuständig seien, sondern lediglich einen politischen Rahmen beziehungsweise ein organisatorisches Gehäuse darstellen sollten. Doch unabhängig von internen Vermittlungsversuchen hat sich mit der Gründung von liberalen und reformorientierten Gruppierungen, orthodoxen Austrittsgemeinden, der Berufung von konservativen und liberalen RabbinerInnen oder auch der 1997 in München gegründeten Union liberaler Gemeinden ein neuer religiöser Pluralismus zu formen begonnen. Die Emigranten aus der GUS sind sicherlich nur der Katalysator dieser Entwicklung. Salomon Korn, Mitglied des Zentralrats, spricht in diesem Zusammenhang vom Anwachsen einer „kritischen Masse", die die Gemeinden vor eine „Zerreißprobe" stellen könnte:

> „Die Neueinwanderer bilden auch in religiöser Hinsicht eine Art Scheidewasser, denn sie stärken durch den auf die Gemeinden ausgeübten Druck nach rascher Integration liberale und reformerische Bewegungen innerhalb der jüdischen Gemeinschaft. Diese ermöglichen zunächst einen wesentlich einfacheren und bequemeren Zugang zu Judentum und jüdischer Religion, als konservative und orthodoxe Ausrichtungen es zulassen. Dem wird eine verstärkte religiöse Polarisierung innerhalb der jüdischen Gemeinden folgen, denen es zunehmend schwerer fallen dürfte, die auseinanderstrebenden Kräfte zu binden".[99]

Auch wenn sich die absolute Zahl der Gemeindemitglieder ungeachtet des Zustroms aus Osteuropa noch in Grenzen hält – Ende 1998 waren es 74.289, davon 53.559 Zuwanderer[100], – ist

99 Frankfurter Rundschau, 21.4.1998, S. 16.
100 Angaben der Zentralwohlfahrtsstelle der Juden in Deutschland, 1.1.1999.

Deutschland zur Zeit tatsächlich das einzige europäische Land mit einer stark wachsenden jüdischen Gemeinschaft. Vor allem in Ostdeutschland entstanden Gemeinden de jure oder de facto neu. Kleine Gemeinden erleben einen kaum zu bewältigenden Zuwachs, so vervielfachte sich die Mitgliederzahl in der Gemeinde Duisburg-Mülheim-Oberhausen innerhalb weniger Jahre von rund 150 auf 1.375. Selbst die großen Gemeinden wie Düsseldorf, Dortmund und Köln sind an die Grenzen ihrer Leistungsfähigkeit gelangt. Düsseldorf verzeichnete im Mai 1999 mit 5.700 mehr als dreimal so viele Mitglieder wie 1990 und hat quantitativ mittlerweile den Stand von vor 1933 übertroffen. Auch die Mitgliederzusammensetzung nach der Herkunft hat sich massiv verändert: 1990 stammten nur 3,47 % aller Gemeindemitglieder aus der ehemaligen Sowjetunion. Bis 1998 stieg dieser Prozentsatz auf 72,1. Allerdings hat sich, wie bereits eingangs erwähnt, die Hoffnung auf eine grundlegende „Verjüngung" der Altersstruktur bisher noch nicht erfüllt (vgl. Tabelle 2). Das vorhandene Wachstum eröffnet dennoch Perspektiven, die viele als Chance zur Erneuerung jüdischen Lebens in Deutschland sehen. Diese Ansicht wird offenbar nicht von allen Gemeinden gleichermaßen geteilt, denn einige kleinere und mittlere Gemeinden nehmen kaum oder nur sehr restriktiv neue Mitglieder auf. In Bayern zum Beispiel existiert eine Empfehlung, das Wahlrecht in den Gemeinden für die Neuzuwanderer einzuschränken – konkret: eine Warte- oder Probezeit von zwei Jahren einzuführen.

Das relative Wachstum der Jüdischen Gemeinden und Landesverbände fiel in den vergangenen Jahren sehr unterschiedlich aus: So nahm der Landesverband der Jüdischen Gemeinden in Bayern zwischen 1989 und 1998 „nur" um 101,3 % zu, Berlin sogar „nur" um 67,6 % sowie Hessen und Frankfurt „nur" um 52,7 %. Den Spitzenwert in dieser Statistik erreicht Niedersachsen (737,7 %), gefolgt von Sachsen-Anhalt, Sachsen, Mecklenburg-Vorpommern, Hamburg und Bremen (vgl. Tabelle 14).

Offensichtlich schlägt sich die unterschiedliche Aufnahmepraxis im ungleichen Wachstum der einzelnen Jüdischen Gemeinden beziehungsweise Landesverbände nieder. Weniger

Bundesland	Mitglieder 1989	Mitglieder 1997	Differenz 1989–97	Wachstum
Baden-Württemberg	1.936	4.722	2.786	143,9 %
Bayern	5.484	11.042	5.558	101,3 %
Berlin	6.411	10.742	4.331	67,6 %
Brandenburg	–	353	353	–
Bremen	132	767	635	481,1 %
Hamburg	1.344	3.759	2.415	179,7 %
Hessen	6.495	9.920	3.425	52,7 %
Mecklenburg-Vorpommern	–	543	543	–
Niedersachsen	539	4.515	3.976	737,7 %
Nordrhein-Westfalen	4.782	17.710	12.928	270,3 %
Rheinland-Pfalz	352	1.132	780	221,6 %
Saarland	236	759	523	221,6 %
Sachsen	–	529	529	–
Sachsen-Anhalt	–	678	678	–
Schleswig-Holstein	–	–	–	–
Thüringen	–	300	300	–
Westdeutschland	21.300	54.326	33.026	155,1 %
Bundesrepublik (Gesamt)	27.711	67.471	39.760	143,5 %

Tabelle 14: Veränderung der Gemeindemitgliedschaft nach Bundesländern[101]

101 Erstellt nach Angaben der Zentralwohlfahrtsstelle der Juden in Deutschland vom 1.1.1990 und 1.1.1998. Die ostdeutschen Landesverbände existierten im Jahre 1989 noch nicht, und für die wenigen Gemeinden in der DDR lagen keine genauen statistischen Daten vor. Die Zahlen für Baden-Württemberg

deutlich zeigen die Zahlen den Umstand an, daß die Gemeinden in den alten Bundesländern – abgesehen von den genannten Ausnahmen – wesentlich „attraktiver" wirken als die ostdeutschen, die ja fast ausschließlich aus Neuzuwanderern bestehen. Sowohl „Ost" als auch „West" kennen allerdings Problemkonstellationen, wie sie die „Allgemeine Jüdische Wochenzeitung" vom 2. April 1998 zusammenfaßte:

„Kompliziert wird der Sachverhalt noch insofern, als das Verhalten mancher Gemeinden in Deutschland nicht gerade dazu beiträgt, den Integrationsprozeß voranzutreiben. Statt sich stärker dafür einzusetzen, daß Sprachbarrieren abgebaut und die Neuzuwanderer mit entsprechenden Kursen schnell und effektiv an die deutsche Kultur und Gesellschaft herangeführt werden, ist es in manchen Gemeinden – bedingt durch nicht vorhandene Mittel und eine gewisse Hilflosigkeit der Gemeindeverantwortlichen – geradezu zu einem Integrationsprozeß mit umgekehrten Vorzeichen gekommen. Die alteingesessenen Gemeindemitglieder werden gewissermaßen gezwungen, sich den neuen Verhältnissen anzupassen. In der Wahrnehmung der Alteingesessenen sieht das so aus, daß in den Jüdischen Gemeinden neben Deutsch Russisch gewissermaßen die ‚Amtssprache' geworden ist. Das hat zur Folge, daß nicht nur Gemeindebedienstete russisch sprechen, sondern in manchen Gemeinden mittlerweile auch die Gemeindeblätter in deutscher und russischer Sprache erscheinen. In einigen Gemeinden wie zum Beispiel in Potsdam oder Rostock ist Russisch faktisch die alleinige Umgangssprache ge-

fassen die Landesverbände Baden und Württemberg zusammen, die für Bayern die der Landesverbände Bayern und München, die für Hessen die der Landesverbände Hessen und Frankfurt sowie die für Nordrhein-Westfalen die der Landesverbände Köln, Nordrhein und Westfalen. Die dargestellten Veränderungen in den Mitgliederzahlen der Jüdischen Landesverbände sind nicht ausschließlich auf die Zuwanderung aus der ehemaligen Sowjetunion zurückzuführen. So war die Zahl der Neumitglieder aus der GUS Ende 1997 nach Angaben der Zentralwohlfahrtsstelle höher als die hier ausgewiesene Differenz der absoluten Mitgliederzahlen, nämlich 45.260. Die Abweichung resultiert im wesentlichen aus allgemeinen demographischen Effekten (Austritte, Todesfälle etc.).

> worden. Die Alteingessenen beginnen sich zunehmend über diese Entwicklung zu beschweren, von der sie meinen, sie mache sie zu Fremden in der eigenen Gemeinde."[102]

Beide Strategien – bedingungslose oder aber stark beschränkte Neuaufnahme von Zuwanderern – wurzeln letztendlich in der Sorge um das Überleben der Jüdischen Gemeinden in Deutschland. Beschränkungen werden mit den religiösen Ge- und Verboten („Halacha") begründet[103] und sollen eine bestimmte – meist orthodoxe – Interpretation der religiösen Normen und Praxis im Gemeindeleben aufrechterhalten, was häufig diejenigen ignoriert, die eine andere Auffassung vom Judentum besitzen. Doch die umfangreiche Neuaufnahme von GUS-Neuzuwanderern, wie auch immer sie von der Mehrzahl der Gemeinden praktiziert wird, vertagt in jedem Fall die Frage der richtiggehenden Integration ins Gemeindeleben in die Zukunft und definiert zunächst einen anderen Zielkonflikt: Die Intensivierung der Betreuungsarbeit bleibt illusionär, solange das quantitative Wachstum aufgrund der Abhängigkeit der Neuzuwanderer von staatlichen Leistungen wie Sozial- oder Arbeitslosenhilfe nicht mit einer grundlegenden Verbesserung der Einnahmeseite der Gemeinden verbunden ist.

Die Situation in den kleinen Gemeinden, die sich vor allem in Ostdeutschland erst in der Aufbauphase befinden, erweist sich dabei als besonders angespannt. Zur Betreuung und Integration der Neuzuwanderer kann dort kaum auf eigene Infra- und Personalstruktur zurückgegriffen werden, oft fehlt es an Mitarbeitern, Räumen und Sachmitteln, um auch nur eine notdürftige soziale, kulturelle und religiöse Grundversorgung der Zuwanderer zu gewährleisten. Meist ist dies nur durch aufopferungsvollen, ehrenamtlichen Einsatz der gewählten Vorstände und Repräsentanten möglich, wie die Vorsitzende der Jüdischen Gemeinde Weiden anschaulich beschrieb:

> „So kleine [Gemeinden] wie wir sind eigentlich an den Rand ihrer Finanz- und Arbeitskapazitäten gelangt. Die Probleme

102 Allgemeine Jüdische Wochenzeitung, 2.4.1998, S. 3
103 Vgl. hierzu auch das Interview mit Michael Szentei-Heise in diesem Band.

sind bei den kleinen enorm und überfordern die Vorstände, da sie auf keinerlei jüdische Infrastruktur vor Ort zurückgreifen können. Bei uns steht beispielsweise das Problem der Friedhofserweiterung an, das vor der Zuwanderung nie problematisch geworden wäre, denn die paar Leutchen hätten bequem noch Platz gehabt. Hier sind natürlich die Finanzen gefragt, und da verzögert die Kommune natürlich eine endgültige Entscheidung – und die Staatsregierung fühlt sich auch nicht in die Pflicht genommen. Zudem brauchen wir dringend ein neues Gemeindehaus mit Synagoge, denn unser 100 Jahre altes ‚Reihenhäuschen' reicht schon lange nicht mehr mit seinen knapp 70 Plätzen [...] Diese Aufgaben sind so vielfältig geworden und müssen mit kleinstmöglichem Aufwand bewältigt werden. Zudem geht unsere Gemeinde seit zwei Jahren verstärkt in die Öffentlichkeit und setzt auf die ‚offene Tür', Informationsangebote für jedermann zu jüdischen Themen. Die reichen über Vorträge und Musikveranstaltungen bis zu Gedenkfeiern. Das alles leistet der Ministamm der Mitarbeiter. Zwei Sozialarbeiterinnen, bezahlt durch eine drei Viertel-Regierungsstelle und zwei Ehrenamtler. Zudem kommt auch noch das nicht zu unterschätzende psychologische Problem sowohl der Zuwanderer als auch der bestehenden jüdischen Gesellschaft und der nichtjüdischen in einer so kleinen Stadt wie der unseren mit 43.000 Einwohnern. Die alten Gemeindemitglieder haben sich weitgehend zurückgezogen, da ihnen alles zu ‚fremd' wird. Fremde, die vor 50 Jahren, die Gemeinde rekrutierte sich damals fast ausschließlich aus polnischen Juden, selbst fremd waren, haben jetzt wieder ihre Ängste vor den Neuen [...] Ein interessanter Aspekt scheint mir der zu sein, daß sich die Männer aus dem Vorstand zurückgezogen haben, sogar ein deutscher Vorstand, der mit seinen 34 Jahren nicht so alt wäre, um nicht neues zu verkraften. Aber vielleicht ist deshalb alles weiblicher geworden. Die beiden Sozialarbeiter sind nämlich auch Frauen. Da gibt es noch einen Mann, und das ist unser Lehrer und Kantor [...] Alle zwei Wochen gibt es dann Shabbat, und die Feiertage werden selbstverständlich auch begangen mit Rahmenprogramm für ‚unsere Russen'. Die Finanzierung trägt wieder die Minigemeinde mit ihren höchstens 10 Steuerzahlern. Improvisation ist alles. [...]

Die Gemeinde ist aber für die meisten der Zuwanderer zu einer ‚seelischen Heimat' geworden. Viele von ihnen haben das von drüben nicht gekannt und machen hier eine neue Erfahrung [...] Das soziale und kulturelle Leben läuft hier. Einzig was uns Sorge macht, ist die Arbeitslosigkeit. Die Programme des Arbeitsamtes sind unzureichend, die Qualifikation für den hiesigen Raum zu hoch. Die psychische Situation ist unterschiedlich [...] Die meisten ‚packen' es erst nach zwei bis fünf Jahren und das Exilantendasein stellt sich halt ganz anders dar, wenn man in der Fremde ist. Viele, die Weiden ‚durchlaufen' haben und dann irgendwo in Nürnberg oder München Arbeit bekommen haben, gehen schweren Herzens, da sie an der Gemeinde schon hängen, aber die Arbeitsaussichten hier gleich null sind. Männer, die sich weniger schnell einfinden können und mit der Situation umgehen können und alte Leute, gerade alleinstehende, die nun doch dem Vergangenen nachtrauern, sind das eigentliche Hauptproblem. Viele Zuwanderer im Alter zwischen 30 und 45 haben zusätzlich noch eine verschärfte Ehekrise zu durchleben, denn zur Sinn- und Orientierungslosigkeit eines menschlichen Lebens kommt zusätzlich noch der Druck durch das Exilantendasein. Psychologische Hilfe ist schwer möglich, da dies ja hauptsächlich über Sprache geht, und die wird halt nicht so beherrscht, daß man Gefühle ausdrücken kann. Dazu kommen noch die neuen Erziehungsprobleme, denen man längst Rechnung tragen müßte, aber nicht kann. [...]

Eine zusätzliche Unsicherheit ist, daß man nie weiß, wieviele noch kommen. Wir planen und arbeiten hier eigentlich ins Blaue hinein, ganz auf uns gestellt und ohne Unterstützung [...] Aber ich denke, das geht allen ‚kleinen' so. Wir sind eigentlich das Schlußlicht, und jeder ist froh, wenn es so einigermaßen funktioniert, so genau will's eh keiner wissen."[104]

104 Schriftlicher Bericht der Vorsitzenden der Jüdischen Gemeinde Weiden, Gabi Brenner, vom 28.11.1997.

Gleichgültig, auf welche Weise die Gemeinden den Zustrom im sozialen Bereich zu bewältigen suchen – sie müssen sich dem Problem stellen, daß der großen Mehrheit der Zuwanderer teilweise auch nach längerem Aufenthalt in Deutschland das Judentum weitgehend fremd bleibt. Unter Umständen betrachten die Zuwanderer ihre Ansprechpartner in den Jüdischen Gemeinden sogar als noch „exotischer" als die in den deutschen Behörden, denn dem „homo sovieticus" war die Bürokratie zweifellos besser vertraut als die jüdische Religion und Kultur.

Hier könnte eine der Ursachen dafür liegen, daß die Zuwanderer bisher kaum in die Gemeindevertretungen gewählt worden sind, obwohl sie in den meisten schon die Mehrheit der Mitglieder stellen. Die ostdeutschen Gemeinden und wenige im Westen nehmen dabei eine Sonderrolle ein, weil sie fast ausschließlich aus Zuwanderern bestehen. In Berlin, wo inzwischen knapp die Hälfte der Mitglieder Zuwanderer sind, stammten bei den Wahlen zur Repräsentantenversammlung am 1. Juni 1997 auch beinahe 50 % der Kandidaten aus der GUS. Viele von ihnen waren erst in den 90er Jahren eingereist. Gewählt wurde von den Zuwanderern allerdings niemand. Hier wie andernorts verhinderten wohl auch Interessengegensätze oder Mißtrauen unter den Neuzuwanderern selbst, daß die „eigenen Leute" den Sprung in Repräsentantenversammlung und Vorstand schafften. Rund ein Drittel der von uns Befragten (33,7 %) konnten nicht beurteilen, ob ihre Interessen ausreichend in der jeweiligen Gemeinde vertreten sind. Dennoch deutet sich ein stärker werdendes Interesse an der organisatorischen Arbeit in den Gemeinden an. Immerhin empfanden 28,7 % die Neuzuwanderer in den Gremien zu wenig vertreten.[105]

Die Konfliktlagen zwischen alteingesessenen und neuen Mitgliedern sind ein ernstzunehmender Faktor im Leben vieler Gemeinden. 38,9 % der befragten Zuwanderer sahen sich davon

105 Zum Vergleich: 12 % meinten, die Neuzuwanderer seien in Vorstand und Repräsentantenversammlung zu stark vertreten – die Mehrzahl stammte aus ostdeutschen Gemeinden, die objektiv fast ausschließlich aus Neuzuwanderern bestehen –, und 18,6 % waren der Ansicht, diese seien „ausreichend" vertreten. Insgesamt antworteten 900 Personen auf die Frage.

häufig betroffen, 38,3 % selten oder nie. 22,7 % gingen auf die Problematik nicht ein.[106] Die Mehrzahl der Zuwanderer sah als Konfliktursache politische Gegensätze (22,7 %) oder einseitige Interessen der „Alteingesessenen“ (32,5 %). 22 % benannten kulturelle Unterschiede und 14,1 % einen mangelnden Integrationswillen unter den Einwanderern selbst. Weitere 8,9 % verwiesen auf die vorhandenen Probleme bei der sprachlichen Verständigung. Rabbiner Michael Goldberger aus Düsseldorf vermutet hinter den Konflikten auch religiöse Beweggründe. Im Oktober 1997 schrieb er dazu in den „Frankfurter Jüdischen Nachrichten“:

> „Die meisten alteingesessenen Gemeindemitglieder sind in jüdischen Dingen nicht bewandert [...] Nun aber gelangt eine Generation zu uns, die Judentum höchstens noch vom Hörensagen der Großeltern kennt und die ihr Judesein fast ausschließlich als Nachteil erfahren mußte. Dies führt zu merkwürdigen schein(heilig)-religiösen Auseinandersetzungen. Russische Juden werden von den Alteingesessenen als ‚Gojim‘ beschimpft [...].“

Auf diese Weise geraten Neuzuwanderer nicht selten in die Rolle eines „Sündenbockes“ für alle möglichen Mißstände.[107]

Neben kulturell-religiösen Barrieren, allgemeinen Kommunikationsproblemen und resistenten gegenseitigen Vorurteilen fallen aber auch klar konturierte Grundkonflikte auf, zu denen mit an erster Stelle der um die „interkonfessionellen Ehen“ gehört. Offensichtlich fühlen sich jene Neumitglieder stark ausgegrenzt, die mit einem christlichen oder atheistischen Ehepartner zusammenleben – das sind immerhin mehr als ein Drittel der Zuwanderer –, und sie nehmen deshalb deutlich seltener am Gemeindeleben teil. Die Rabbiner in der Bundesrepublik, an

106 Auf diese Frage antworteten 642 Personen, die Prozentangaben beziehen sich auf die verfügbaren Antworten.

107 In diesem Zusammenhang wird oft der Verdacht geäußert, die Zuwanderer seien gar keine Juden, sondern wären mit „gefälschten Papieren“ eingereist. Zum Problem der „Fälschungen“ und der Reaktion der Gemeinden vgl. das Interview mit dem Verwaltungsdirektor der Jüdischen Gemeinde Düsseldorf, Michael Szentei-Heise, in diesem Band.

deren Adresse dieses Problem im Besonderen gerichtet ist, scheinen unterschiedlicher Meinung über ein (möglicherweise vereinfachtes) Konversionsverfahren für diese Gruppe.[108]

Darüber hinaus sind viele Gemeindevorstände uneins über die Unterstützung von Clubs, Interessenzirkeln oder Kulturvereinen der russisch-jüdischen Emigranten. Manche sehen darin den Anfang vom Ende der (Einheits-)Gemeinde, andere einen notwendigen Freiraum, der deren Integration in die Gemeinde erleichtern könnte. Umgekehrt fühlt sich ein Teil der alteingesessenen Mitglieder seit längerem stark vernachlässigt oder benachteiligt, weil – so der Vorwurf – die Gemeinde sich nur noch um die Zuwanderer kümmere, Russisch zur Umgangs- und Amtssprache mache oder die Arbeitsplätze an weniger qualifizierte Migranten vergebe. Den neuen Mitgliedern aus der GUS wird vorgeworfen, sie nähmen nur eine Anspruchshaltung ein und wären nicht zu Eigenleistungen und Opfern bereit. Judith Kessler zitiert in ihrer Berliner Fallstudie einen verbitterten Alteingesessenen:

> „Als wir damals kamen, waren wir noch anspruchslos, weil alle anspruchslos waren, auch die ganze Bevölkerung. Wir sind aus dem KZ rausgekommen und haben bei Null angefangen. Die jetzt kommen, denken, sie kommen zu den Reichen und erwarten Wunder. Sie müssen auch versuchen, Initiative zu zeigen, was zu erreichen, zu machen [...] Das ist, was ich als Rat geben kann – aber die Zuwanderer sind alle so schlau und wissen immer schon alles besser; da zieht man sich manchmal zurück in sein Häuschen."[109]

Auf der anderen Seite werden die Zuwanderer oft aufgrund ihrer Unkenntnis oder Unsicherheit in den religiösen Ge- und Verboten beziehungsweise Traditionen belächelt oder beargwöhnt. Ein 70jähriger Migrant faßte seinerseits negative Erfahrungen so zusammen:

108 Vgl. u. a.: Jüdische Gemeinden im Wandel. Ein Interview mit Rabbiner David Polnauer. In: Schoeps/Jasper/Vogt (1996), S. 269–279, und das Interview mit Michael Szentei-Heise in diesem Band.

109 Zit. nach: Kessler (1996), S. 71.

> „Manche deutschen Juden sind so arrogant. Neulich erzählt mir einer, daß sie ein großes Haus hatten und alle ehrenhaft waren und ehrlich und voller Kultur und bekannte Rabbiner und alles. Hab ich ihm gesagt: ‚Nu was glaubst Du: Ich bin vom Himmel gefallen?' Sie denken sie sind was besseres und müssen uns erst alles beibringen."[110]

Ein Teil der jüdischen Zuwanderer reagiert auf solche enttäuschenden Erfahrungen mit einer verstärkten Selbstorganisation, für die sich die bereits erwähnten Clubs und Vereine geradezu anbieten. Dadurch kann sich soziale Interaktion natürlich noch mehr auf die eigene Gruppe einengen. Am Ende könnte es dabei auch zu „ethnischen" Abspaltungstendenzen und Segmentationen innerhalb der Gemeinden kommen. Das Beispiel Hannover hat gezeigt, daß Gemeindespaltungen tatsächlich nicht auszuschließen sind. Die Reaktionen der Vorstände auf die russisch-jüdischen Eigeninitiativen als Gruppe fallen dementsprechend unterschiedlich und ambivalent aus. Mancherorts wird die Selbstorganisation unterstützt oder zumindest toleriert – entlastet sie doch häufig auch die Gemeindearbeit. Doch hier und da werden auch Mittel oder Räume verweigert – allerdings zumeist unter Angabe von bürokratischen Hindernissen und selten in offener Weise. Die „alteingesessenen" Gemeindemitglieder reagieren auf die Selbstorganisation der Zuwanderer übrigens auch mit „Gegengründungen", dem „russischen" wird zum Beispiel ein „deutscher" Kulturverein gegenübergestellt. Solche Erscheinungen nahm Ignatz Bubis in seiner Jahresbilanz 1997 kritisch in den Blick:

> „Das Phänomen Gollwitz gibt es auch in einigen, wenn auch wenigen jüdischen Gemeinden. Statt die Menschen, die zu uns kommen und unsere Hilfe brauchen, in die jüdische Gemeinde zu integrieren, werden sie mancherorts ausgegrenzt."[111]

110 Ebd., S. 107.

111 Ignatz Bubis, Gute Zeiten, schlechte Zeiten. Die jüdische Gemeinschaft in Deutschland 1997. Eine Bilanz zum Jahresende. In: Allgemeine Jüdische Wochenzeitung, 11.12.1997, S. 1.

In den meisten Gemeinden ist aber inzwischen erkannt worden, daß es keine Alternative zur aktiven Einbindung der Neueinwanderer gibt, und es wird sich dazu bekannt:

> „Doch Heimat braucht jeder Mensch, und Heimat ist da, wo er sich wohl fühlt. Auf dieser Basis können sich diese Menschen dann auch als engagierte Mitbürger und Mitträger unseres gesellschaftlichen Systems einbringen. Dazu ist aber erst einmal die bestehende Gesellschaft gefordert, denn im Annehmen liegt auch der Schlüssel für eine gemeinsame Zukunft [...] Wir verstehen uns als Mittler, die aber die Unterstützung von Politik und Gesellschaft brauchen. Soll Integration gelingen, sind wir alle gefragt, und sie muß gelingen, wollen wir in der Verantwortung vor unserer nachfolgenden Generation bestehen."[112]

11. Partizipation am Gemeindeleben und Religiosität der Zuwanderer

Auch wenn bis Ende 1998 nur etwas mehr als die Hälfte aller eingereisten Kontingentflüchtlinge Mitglieder einer Jüdischen Gemeinde geworden sind[113], bleibt das grundsätzliche Problem der Integration der Mehrheit durch die Minderheit.

Die Motive der Juden aus der ehemaligen Sowjetunion, Gemeindemitglieder zu werden, fallen sehr unterschiedlich aus. Für einen kleineren Teil hat diese Entscheidung große Bedeutung, weil sie in den Gemeinden erstmals die Möglichkeit haben, einen Zugang zur jüdischen Religion und Kultur zu erlangen. Für die Mehrheit sind die Gemeinden aber in erster Linie soziale Kontaktstellen.

112 Brenner (1998), S. 9.

113 Unter den von uns befragten Personen betrug der Anteil derer, die Gemeindemitglieder geworden waren, allerdings 80 %, wobei hier ein Rückgang um 3,7 % gegenüber der Umfrage im Jahre 1994 zu verzeichnen ist. Die vergleichsweise hohen Anteile ergeben sich unter anderem daraus, daß ein Großteil der von uns Befragten direkt über die Jüdischen Gemeinden angesprochen worden war.

Grundsätzlich erklärten 28,9 % der Befragten, die Gemeindemitgliedschaft sei ihnen „(sehr) wichtig". 19,4 % hatten keine klare Meinung zu deren Bedeutung, und 13,6 % erklärten, die Mitgliedschaft sei ihnen „(vollkommen) unwichtig".[114] Als Begründung für eine positive Einschätzung erklärte nur rund ein Viertel, die Gemeindemitgliedschaft sei fester Bestandteil ihrer jüdischen Identität. Nur ein Achtel nannte ausschließlich religiöse Gründe, während die übrigen ihre positive Einschätzung eher auf soziale und formal-rechtliche Vorteile zurückführten. Demnach sehen die Zuwanderer in den Jüdischen Gemeinden vorrangig einen geeigneten Treffpunkt unter ihresgleichen, vor allem aber eine hilfreiche Institution zur Information und Beratung, zur sozialen und moralischen Unterstützung. Die Grenzen zwischen sozialen Dienstleistungen und kulturell-religiösen Funktionen sind jedoch fließend, wie folgende Auswahl an exemplarischen Antworten verdeutlicht: *„Ich besuche die Synagoge nur, wenn ich dort an einem Deutsch-Kurs teilnehme oder Informationen brauche."* (52 Jahre, männlich, NRW) – *„Für die neuen Immigranten ist die Mitgliedschaft in der Jüdischen Gemeinde sehr wichtig, besonders das Zusammentreffen mit Menschen, die den schweren Weg der Integration schon geschafft haben. Mein Kind hat den Religionsunterricht in der Jüdischen Gemeinde besucht."* (31 Jahre, weiblich, Saarland) – *„Meine Verankerung in der Jüdischen Gemeinde und ihre moralische Unterstützung gibt mir die Sicherheit, selbst zu handeln. Aber die Jüdische Gemeinde ist zur Zeit sehr träge, ihre Arbeitsergebnisse sind nicht zu sehen."* (64 Jahre, männlich, Bayern) – *„Mir gefällt das Leben in der Jüdischen Gemeinde, alle ihre Veranstaltungen und Hilfsmaßnahmen für uns Immigranten. Aber nicht immer haben die Angestellten der Gemeinde ein Ohr für unsere Privatprobleme. Aber wir Rentner und unsere Kinder haben viele persönliche Probleme. In diesen Fragen wollen sie nicht beraten, und sie haben sogar einen Termin abgesagt."* (73 Jahre, weiblich, Baden-Württemberg) – *„Ich war 37 Jahre alt, als ich nach Deutschland gekommen bin. Ich habe keine religiöse Erziehung genossen, aber ab und zu besuche ich Gottesdienst in der Synagoge.*

114 7,9 % hatten keine Meinung, und 31,2 % der 968 Befragten machten keine Angabe.

Komischerweise gibt mir dies das Gefühl der Geborgenheit, obwohl ich draußen keine Angst habe." (41 Jahre, männlich, Berlin) – „*Die Mitgliedschaft in der Jüdischen Gemeinde gibt mir die Möglichkeit, Kontakt aufzunehmen zu jüdischen Immigranten, die in früheren Zeiten aus der Sowjetunion gekommen sind. Es gibt außerdem unbegrenzte Möglichkeiten, verschiedenste Informationen zu erhalten.*" (53 Jahre, weiblich, Bremen) – „*Das ist wichtig für meine Seele. Die Jüdische Gemeinde ist für mich keine Kuh, die gemolken wird – sondern ein Platz, wo sich Menschen zusammenfinden.*" (59 Jahre, männlich, Bayern) – „*Vom ersten Tag des Aufenthaltes in Deutschland ist die Gemeindemitgliedschaft für mich eine gute moralische Hilfe und auch gute Integrationshilfe gewesen.*" (50 Jahre, männlich, Mecklenburg-Vorpommern) – „*Ich erkläre mich einverstanden mit der Devise von ‚Joint': ‚Alle Juden sind füreinander verantwortlich.' Und ich bin bereit, das zu tun, wie den Gemeindebeitrag zu entrichten. Aber daß die Jüdische Gemeinde sich nur mit religiösen Dingen befaßt, das, finde ich, ist zu wenig.*" (49 Jahre, männlich, Berlin) – „*Die Gemeinde ist für mich so etwas wie ein Bund Gleichgesinnter. Es gibt die Möglichkeit zu Kontakten. Es ist für mich nicht schön, wenn es in der Gemeinde Zwietracht und Zwist gibt.*" (51 Jahre, weiblich, Berlin)

Die Personen, die ein problematisches oder negatives Verhältnis zu ihrer Mitgliedschaft empfanden, fühlten sich zu knapp 50 % von ihrer Gemeinde „vernachlässigt" oder glaubten zu jeweils rund einem Viertel, ihre Gemeinde ignoriere die Interessen der Zuwanderer oder grenze die neuen Mitglieder aus: „*Die hiesige Jüdische Gemeinde ist nur eine pro forma Gemeinde. Ein wichtiges Indiz dafür waren die letzten Vorstandswahlen: Daran nahmen nur 30 % der Mitglieder teil. Der Oberrabbiner beschäftigt sich nur mit religiösen Fragen.*" (39 Jahre, männlich, NRW) – „*Die Gemeinde hilft uns Immigranten, uns nicht allein zu fühlen. Aber ich denke, daß die Hilfestellungen bei der Integration und Adaption umfangreicher sein könnten.*" (44 Jahre, weiblich, Schleswig-Holstein) – „*Ich denke, daß die Jüdische Gemeinde, wo ich wohne, sehr schlecht beziehungsweise überhaupt nicht ihren Funktionen nachkommt. Deswegen lehne ich eine Mitgliedschaft in der Gemeinde prinzipiell ab.*" (30 Jahre, männlich, Sachsen-Anhalt) – „*Mein Verhältnis zur*

Gemeinde hat sich verändert zur schlechten Seite hin. Dafür gibt es eine Ursache: Die schlechte Unterstützung von Immigrantenfamilien (besonders von alten Menschen). " (71 Jahre, männlich, Sachsen) – *„Alle sollten Mitglieder der Gemeinde werden, damit sie sich nicht von ihrem Volk isolieren und sich nicht in die deutsche Gesellschaft assimilieren. Das Gemeindeleben hat sich verändert, weil zu viele neue Leute mit sowjetischer Mentalität kommen. Ich möchte das nicht.* " (58 Jahre, weiblich, Baden-Württemberg) – *„Ja, die Einstellung zum Gemeindeleben hat sich geändert – in negativer Hinsicht. Im Laufe meines ersten Aufenthaltsjahres in Deutschland habe ich regelmäßig die Gemeinde besucht und nach Kräften teilgenommen. Aber die ungesunde Haltung der Gemeinde zu den Leuten hat mich abgestoßen.* " (60 Jahre, männlich, Niedersachsen) – *„Die Jüdische Gemeinde, das ist hier leider nur ein religiöser Verein. Andere Probleme, die nicht die Religion tangieren, werden nicht behandelt.* " (40 Jahre, weiblich, Hessen) – *„Leider hat sich meine Einstellung zum Gemeindeleben in den dreieinhalb Jahren Deutschlandaufenthalt negativ verändert. Ich verstehe nicht, wie die Arbeit der Gemeinde strukturiert ist. Ich weiß nicht, wer die Leute im Vorstand sind – mit Ausnahme von zwei Personen – und was der Vorstand wirklich macht. In meinen dreieinhalb Jahren Aufenthalt hier hat mich niemand gefragt nach meinem Leben und meinen Problemen. Die kulturellen Angebote in russischer Sprache sind auch schwach. Ich denke, so bekomme ich auch kein Interesse an der Gemeinde.* " (48 Jahre, männlich, Thüringen)

Ob aus enttäuschten Erwartungen oder wegen anderer Gründe – nicht zu übersehen ist, daß nach dem Gemeindeeintritt und der ersten Orientierungsphase die Beteiligung der Zuwanderer am Gemeindeleben deutlich abnimmt: Zwar sind kulturell-religiöse Veranstaltungen an Feiertagen stellenweise gut besucht, doch gelingt es kaum, die Zuwanderer zu einer kontinuierlichen und engagierten Mitwirkung zu gewinnen. Anders als noch zu Anfang der 90er Jahre, als rund ein Drittel der Zuwanderer partizipierten[115], tritt auch in religiöser Hinsicht immer stärkere Ernüchterung ein. Alphons Silbermann stellte in seiner empirischen Studie über die Kölner Synagogengemeinde im Jahre 1997

115 Vgl. Schoeps/Jasper/Vogt (1996), S. 127ff.

fest, daß dort rund ein Drittel der Zuwanderer sich überhaupt nicht und knapp die Hälfte nur an Feiertagen am religiösen Leben beteiligt.[116] In unserer bundesweiten Untersuchung stellten wir den gleichen Trend fest:

Beteiligung am Gottesdienst	Anzahl	Prozent
Regelmäßig	202	20,9 %
Gelegentlich an Feiertagen	362	37,4 %
Nie	360	37,2 %
Weiß nicht/keine Angabe	44	4,5 %
Insgesamt	968	100,0 %

Tabelle 15: Selbsteinschätzung der Befragten zur Teilnahme am synagogalen Gottesdienst

Die Teilnahme am synagogalen Dienst bedeutet jedoch noch nicht, daß die Mehrheit der Zuwanderer das Geschehen auch wirklich versteht. Wir fragten daher, ob sie dem Gottesdienst in hebräischer Sprache folgen könnten: Dazu waren nur 5,6 % aller Befragten in der Lage. 20 % gaben an, das Geschehen zumindest „etwas“ nachvollziehen zu können, doch die große Mehrheit, nämlich 62,6 % gab an, gar nichts zu verstehen.[117] Ähnliche Ergebnisse zeigten sich bei den detaillierten Fragen nach der Art der hebräischen Sprachfertigkeiten. Hebräisch lesen und schreiben konnten nach eigenen Angaben nur 2,9 % aller Befragten. In der Lage, Hebräisch zu sprechen, waren ebenfalls nur 5,8 %. 7 % hatten marginale Schriftkenntnisse, und 17,6 % geringe Kommunikationsfähigkeiten im Hebräischen.[118]

Von einer grundlegenden religiösen Neuorientierung der jüdischen Zuwanderer nach ihrer Ankunft in Deutschland – wie es noch in der Einschätzung unserer letzten Studie zum Ausdruck kam – kann also nur in Ausnahmefällen ausgegangen

116 Vgl. Silbermann u. a. (1998) und die Kurzfassung der Studie Silbermanns in diesem Band.

117 Auf die Frage antworteten 854 Personen.

118 Auf die Frage nach Hebräischkenntnissen im Lesen und Schreiben antworteten 776 Personen und auf die nach Kommunikationsfähigkeiten 800 Personen.

werden. Das sehen die Zuwanderer übrigens selbst genauso. 47,3 % konstatierten, ihr religiöses Bewußtsein habe sich in Deutschland nicht verändert. Nur 23,3 % hatten nach eigener Aussage eine Annäherung an das Judentum vollzogen. In dieser Gruppe überwog die ältere Generation, was sich deutlich in den Antworten widerspiegelte: *„Ja, es hat sich verändert. Jetzt im Alter vestehe ich, daß in der Welt Gott existiert. Und Gott hilft mir, mich aus einem freudlosen Leben zu lösen. Jetzt habe ich den Wunsch, mehr zu wissen von der jüdischen Geschichte, Kultur und Tradition.“* (69 Jahre, männlich, Baden-Württemberg) – *„Bestimmt. Ich bemerke es einerseits mit dem Älterwerden, und zweitens durch das Selbststudium der jüdischen Religion.“* (65 Jahre, weiblich, Berlin)

Ähnlich indifferent wie in der Beschreibung des religiösen Bewußtseins waren die Antworten auf Fragen zur jüdischen Identität. Auch in diesem Kontext stellten wir fest, daß entweder keine Neuorientierung stattfindet oder diese noch nicht abgeschlossen ist. So konnten 59,7 % aller Befragten sich keiner religiösen Richtung innerhalb des Judentums zuordnen.[119] Gefragt, was es für sie bedeutet, Jude oder Jüdin zu sein, entschieden sich nur 11,8 % für das Kriterium der Halacha, nämlich eine jüdische Mutter zu haben.[120] Eingehendes Interesse an jüdischer Religion und Kultur ließ sich nur in der Altersgruppe über 60 feststellen. Bei den mittleren Jahrgängen (zwischen 25 und 60 Jahren) kann von einer Annäherung an das Judentum praktisch nicht ausgegangen werden. Bei Kindern und bei Jugendlichen sind gelegentlich Annäherungstendenzen zu konstatieren, die sich etwa in der Teilnahme am Religionsunterricht ausdrücken.

Das insgesamt schwach ausgeprägte religiöse Bewußtsein und indifferente jüdische Selbstverständnis läßt darauf schließen, daß

119 Die übrigen Ergebnisse: 5,4 % bezeichneten sich als „orthodox“, 22,1 % als „liberal/reformorientiert“, 1,9 % als „konservativ“, 3,5 % nannten „andere“. 7,4 % der 968 Befragten machten hier keine Angabe.

120 Die übrigen Ergebnisse auf die Frage, was es bedeutet, Jude/Jüdin zu sein: Die „Herkunft aus einer jüdischen Familie“ nannten 39,5 %, „Charakter/Verhalten“: 7,4 %, „Erziehung/Tradition“: 13,8 %, „Bewahrung der jüdischen Geschichte“: 11,2 %, „Teilnahme am Gemeindeleben“: 7,0 %, „Sonstiges“: 1,2 %, „Weiß nicht“: 6,6 %. 1,4 % der 968 Befragten machten keine Angabe.

bei der Mehrheit der Zuwanderer tiefergehende Bindungen an die Gemeinden, die über ihre Funktion als sozialer Treffpunkt und Hilfseinrichtung hinausgehen, fehlen. Ein Zuwanderer meinte selbst: „*Die Bedeutung der Mitgliedschaft ist sehr hoch in den ersten Jahren in Deutschland, läßt aber stark nach mit zunehmender Integration in die Gesellschaft.*" (54 Jahre, männlich, Saarland)

Allgemeine Verbesserungsvorschläge zur Integration in das Gemeindeleben, nach denen die Zuwanderer direkt gefragt wurden, unterbreiteten von allen Befragten lediglich 24,3 %. Besonders auffällig ist, daß dabei auch die exponierte Forderung, bei der Neuaufnahme von Mitgliedern auf die Auslegung nach der Halacha zu verzichten, als allgemeiner „Verbesserungsvorschlag" gesehen wird. So zum Beispiel in der Äußerung: „*Ich denke, daß zuerst einmal alle Neuankömmlinge mit dem Status des Kontingentflüchtlings in die Gemeinde aufgenommen werden sollten. Und nicht [nur] die, die eine jüdische Mutter besitzen.*" (38 Jahre, weiblich, Saarland) Und noch deutlicher: „*Die Gemeinde muß säkularer werden und sich all jenen öffnen, die den Wunsch haben, Mitglied zu werden. Ich denke, daß derjenige, der sich selbst als Jude empfindet – Jude ist. Hier in Deutschland scheinen die Gemeinden sehr arm zu sein, so daß anzunehmen ist, daß die wenigsten aus materiellen Interessen eintreten wollen. Ich denke, daß es eine schmähliche Praxis ist, wenn die Aufnahme in die Gemeinde verweigert wird, weil man nicht von einer jüdischen Mutter abstammt.*" (41 Jahre, männlich, Brandenburg)

Konkret gehaltene Vorschläge kamen jeweils nur von wenigen Befragten (zwischen 4 und 8 %) und unterschieden sich in vielen Fällen nur unwesentlich von den allgemeinen Erwartungshaltungen an die (nichtjüdische) deutsche Aufnahmegesellschaft.[121] Ein Teil der Zuwanderer nahm die Frage zum Anlaß, auch allgemeine

121 8,8 % plädierten für russischsprachige und altersspezifische Dienstleistungen, für Veranstaltungen zur jüdischen Bildung 5,9 %, für Treffpunkte zwischen „alten" und neuen Mitgliedern 6,2 % und für Immigrantentreffs ebenfalls 6,2 %. Eine verbesserte Sozial- und Rechtsberatung bzw. Behördenhilfe forderten 8 %. Effizientere deutsche Sprachkurse durch die Gemeinden schlugen 7,5 %, einen Wohnungsvermittlungsservice 4,4 %, spezifische Dienste zur Arbeitsvermittlung bzw. berufliche Qualifizierungsmaßnahmen 7,2 % vor. Auf die Frage antworteten 548 Personen.

Wunschvorstellungen über die zukünftigen Strukturen der Jüdischen Gemeinde und den Status der Neumitglieder zu formulieren: *„Das Gemeindeleben sollte durch und durch demokratisch organisiert sein – es muß höchst gerecht und völlig offen zugehen."* (32 Jahre, weiblich, NRW) – *„Ich wünsche mir eine stärkere Vertretung der neuen Immigranten im Vorstand."* (47 Jahre, weiblich, Berlin) – *„Meiner Meinung nach macht es keinen Sinn, zwei Jahre Kandidatenschaft vor eine reguläre Mitgliedschaft zu schalten."* (50 Jahre, männlich, Bayern)

Nach wie vor findet sich bei den Neuzuwanderern auch der Anspruch, Gemeindeveranstaltungen und -dienstleistungen sowie allgemeine Informationen – wie beispielsweise zu Rechtsfragen – noch stärker als bisher in Russisch angeboten zu bekommen. In einzelnen Fällen wurde auch nach Rabbinern verlangt, die der russischen Sprache mächtig sind.

Die Gemeinden reagieren auf diese Bedürfnisentwicklung schon länger mit einer Angebotsstruktur, die zwar mehr Informationsveranstaltungen und -materialien, Kurse und Seminare zu kulturell-religiösen, sozialen und berufsorientierten Themen für die Zuwanderer enthält – in vielerlei Hinsicht aber immer noch einen improvisierten Charakter trägt.[122] Trotz zahlreicher engagierter Integrationsversuche muß nüchtern konstatiert werden, daß unterschiedliche Erwartungshaltungen den Erfolg dieser Bemühungen, die in den frühen 90er Jahren zum Teil von Euphorie und Enthusiasmus getragen waren, gedämpft haben.

Der Prozeß einer gegenseitigen Annäherung von Altmitgliedern und Neuzuwanderern wird aus heutiger Perspektive noch viel Zeit benötigen, und er wird das traditionelle Selbstverständnis der Jüdischen Gemeinden in Deutschland vermutlich ändern – zumindest wenn die Prognose einer Zuwanderin eintrifft: *„Die Gemeinde muß ihre eigene Situation realistisch bewerten: Die neuen Immigranten bringen keinen religiösen Zuwachs, sondern eher kulturelle und ethnische Verstärkung. Sie verwandelt sich so eher in ein kulturell-ethnisches Zentrum. Für die Erneuerung der religiösen Gemeinde wäre eine sehr umfangreiche, anstrengende Arbeit nötig."* (41 Jahre, weiblich, NRW)

122 Vgl. dazu auch Flottau (1999), S. 81ff.

12. Zusammenfassung

Unsere 1996 erschienene Studie mit den Umfrageergebnissen von 1994 vermochte neben der Erhebung sozialer Basisdaten nur erste Tendenzen über Ausreisemotivation und Verlauf der Integration jüdischer Zuwanderer aus der ehemaligen Sowjetunion in Deutschland zu beschreiben. Inzwischen hat sich die Gesamtsituation in quantitativer und qualitativer Hinsicht erheblich verändert. Bereits im Jahre 1998 wurde die Zahl von 100.000 Zuwanderern überschritten – das waren mehr als dreimal soviel wie zum Zeitpunkt unserer ersten Umfrage. Neben der Vertiefung der Informationen über soziale Basisdaten, Ausreisemotivation und Integrationsproblematik ging es in der neuen – 1997 begonnen und im Juli 1999 abgeschlossenen – Untersuchung auch um eine Analyse der Problematik auf folgenden Wahrnehmungsebenen: als Eigenbilder der Einwanderer, als Fremdbilder der nichtjüdischen Öffentlichkeit und aus der Sicht der sich wandelnden jüdischen Gemeinden.

Ausreisemotive

Hinsichtlich der Emigrationsmotive ist eine deutliche Veränderung im Vergleich zu 1994 eingetreten. Die Angst vor Antisemitismus und Bürgerkrieg ist – ebenso wie die Sorge um die Sicherheit der Familie – in ihrer Bedeutung für die Ausreiseentscheidung nach Deutschland in den meisten Regionen beziehungsweise Republiken zurückgegangen. In den Mittelpunkt trat neben „persönlichen Motiven" vor allem das Bedürfnis, der desolaten wirtschaftlichen Lage und der materiellen Not in der GUS und im Baltikum zu entfliehen. Insgesamt gaben 25 % der Befragten als Ausreisemotiv „wirtschaftliche Gründe" an. 18,6 % nannten „persönliche Gründe", 15,1 % „Antisemitismus" und 9,5 % „familiäre Gründe". Dabei ergeben sich allerdings große Unterschiede, wenn man die regionale Herkunft der Befragten in die Betrachtung einbezieht. Während bei den Antworten der jüdischen Zuwanderer aus den Randstaaten der ehemaligen Sowjetunion wirtschaftliche Motive ganz eindeutig im Vordergrund standen und somit die Statistik dominierten, betonte die

Mehrheit der Zuwanderer aus Rußland (56,2 %) nach wie vor als Motiv ihrer Ausreise die Angst vor Antisemitismus. Insgesamt aber war auffällig, daß eine politisch begründete Ausreisemotivation (Furcht vor Antisemitismus und Bürgerkrieg, Sicherheitsbedürfnis) bei denjenigen, die schon länger als 5 Jahre in Deutschland leben, eine überproportional große Bedeutung besitzt. Ökonomische und persönliche Gründe waren vor allem für diejenigen Zuwanderer ausschlaggebend, die in den letzten 3 Jahren nach Deutschland eingereist sind.

Ost-West-Gefälle in der Wohnsituation

Je länger die Zuwanderer in Deutschland leben, desto häufiger verlagern sie ihren Wohnsitz in eine Großstadt. Rund drei Viertel leben in Städten mit mehr als 100.000 Einwohnern und davon mehr als die Hälfte in Großstädten, die über eine halbe Million Einwohner zählen. Die Mehrheit der befragten Zuwanderer hat ihr Ziel, in einer Großstadt unterzukommen, bereits erreicht, und der Trend ist eindeutig. Im Vergleich dazu möchten nur 1,2 % der Befragten aufs Land ziehen. Dies zeigt deutlich, daß die bisherige Verwaltungspraxis der proportionalen Verteilung auf Städte und Kommunen dringend korrekturbedürftig ist. Im Vergleich zu 1994 hat sich die allgemeine Wohnsituation sichtbar entspannt – allerdings mit einem deutlichen Ost-West-Gefälle. In den ostdeutschen Ländern bzw. Flächenstaaten) leben die Zuwanderer deutlich länger in Wohnheimen (48,6 % länger als ein Jahr) und sind an ihren Aufenthaltsorten in der Regel auch stärker mit sozialstrukturellen Problemen und ausländerfeindlichen Erscheinungen konfrontiert.

Dramatische Arbeitslosigkeit

Hauptproblem der jüdischen Zuwanderer in Deutschland ist nach wie vor die Eingliederung in den Arbeitsmarkt. Stellte sich bereits in unserer Untersuchung von 1994 die Beschäftigungssituation als sehr problematisch dar, hat sich die Lage inzwischen noch weiter verschärft. Wenn man eine bereinigte Statistik zugrunde legt, die nur Personen in erwerbsfähigem Alter berücksichtigt, dann betrug die Arbeitslosenquote der jüdischen Zuwanderer in Deutschland 1998 über 48 %. Berücksichtigt man weiterhin die sogenannte „stille Reserve", also diejenigen, die aktuell eine Umschulung oder einen Sprachkurs absolvieren sowie einen Teil der Hausfrauen/-männer, die für sich mangels bezahlter Beschäftigung notgedrungen diesen Status deklarieren, so wäre die tatsächliche Arbeitslosenquote sogar auf 60 bis 70 % zu schätzen. Hinzu kommt, daß von den erwerbstätigen Zuwanderern auch nur ein Drittel mit ihrer beruflichen Situation zufrieden sind. Zwei Drittel fühlen sich in ihrer gegenwärtigen Tätigkeit unterfordert oder benachteiligt, weil sie ihre erworbenen Qualifikationen nicht nutzen können beziehungsweise niedrig qualifizierte Tätigkeiten ausüben müssen. Ein kleinerer Teil der Befragten bemängelte fehlende Aufstiegschancen oder fühlte sich als „Ausländer" diskriminiert. Allerdings muß man berücksichtigen, daß ein überwiegender Teil der besser qualifizierten Zuwanderer oft ein unrealistisches Anspruchsniveau besitzt. Gerade Akademiker konnten ihrer aktuellen, niedrig qualifizierten Tätigkeit keine Zukunftsperspektiven abgewinnen, was mit erheblichen sozialpsychologischen Problemen verbunden ist: Der Verlust von Status und Perspektive führt oft zu Resignation oder gar psychischen Störungen. Daß das Ausmaß der Arbeitslosigkeit bei den jüdischen Zuwanderern eine besonders dramatische Dimension einnimmt, zeigt sich im Vergleich mit anderen Einwanderergruppen. Nach Angaben des Statistischen Bundesamtes Wiesbaden beträgt die Arbeitslosenquote für den Durchschnitt sämtlicher ausländischer Erwerbspersonen in Deutschland 19 %. Auch die Beschäftigungssituation der aus dem GUS-Bereich zugezogenen deutschstämmigen „Aussiedler" ist vergleichsweise erheblich günstiger. Einer empirischen Langzeituntersuchung zufolge hatten 65 % aller befragten Aussiedler zwei Jahre nach dem Deutschkurs eine bezahlte Beschäftigung; 29,3 % der Aussiedlerinnen und 14,5 % der Aussiedler waren noch ohne Arbeit. Bei den jüdischen Einwanderern hingegen beträgt die Arbeitslosenquote auch im vierten und fünften Aufenthaltsjahr noch über 50 %.

Anerkennung von Berufs- und Ausbildungsabschlüssen

Die Probleme setzen allerdings nicht erst mit der Stellenbewerbung ein. Ein maßgebliches Hindernis für eine erfolgreiche Integration in den Arbeitsmarkt ist schon das Problem der Anerkennung von Schul-, Hochschul- und Berufsabschlüssen der zumeist hochqualifizierten Zuwanderer. Das gilt vor allem für Pädagogen, Ärzte, Ingenieure, Techniker und Handwerker.

Auf unsere Frage, ob ihre Berufsabschlüsse in Deutschland anerkannt sind, antworteten 36 % der Zuwanderer mit „Ja", 20,9 % mit „Nein" – und für weitere 23,8 % war das noch unklar (die übrigen machten keine Angabe). Nur rund ein Drittel aller russisch-jüdischen Einwanderer erlangt die offizielle Anerkennung in den ersten drei Jahren ihres Deutschlandaufenthalts. Über ein Viertel erreicht sie überhaupt nicht. Wenn auch einige Ausnahmen und Abweichungen existieren, so gelten diese Relationen im Allgemeinen doch für die meisten Berufsgruppen. Allgemein verbindliche Kriterien zur Anerkennung von Berufsabschlüssen existieren in vielen Fällen nicht.

Kritik an Behörden und Sozialeinrichtungen

Bei dieser Entwicklung vermag es kaum zu überraschen, daß die jüdischen Zuwanderer die deutschen Behörden mittlerweile noch kritischer beurteilen, als das in unserer ersten Studie zum Ausdruck kam. Am schlechtesten wurden die Arbeitsämter eingeschätzt: 58,5 % betrachteten deren Verhalten negativ beziehungsweise als „nicht hilfsbereit", 34,5 % waren unentschlossen, und nur 7 % gaben überwiegend positive Erfahrungen an. Die Einschätzung der übrigen Behörden war folgendermaßen: Die Arbeit der Sozialämter wurde von 29,3 % „negativ" bewertet – und nur von 16,5 % als „positiv". Die Wohnungsämter erzielten folgende Bewertung: 33,3 % „negativ" und 12,3 % „positiv". Die Ausländerbehörde: 44,2 % „negativ" und 7,7 % „positiv". Geringe Wertschätzung wurde auch der Arbeit der Wohlfahrtsorganisationen entgegengebracht: 45,6 % bezeichneten diese als „nicht hilfsbereit", und nur 23,4 % waren damit zufrieden. Eine beunruhigende Feststellung ist in diesem Zusammenhang, daß von den Befragten auch immer wieder Ämter und Behörden als

Ort der direkten Konfrontation mit Antisemitismus genannt wurden.

Sprachbarrieren

Infolge der mangelnden Sprachkompetenz der Zuwanderer findet Kommunikation und Interaktion mit der nichtjüdischen Umwelt bisher kaum oder nur eingeschränkt statt. Fast 70 % der Befragten gaben zu Protokoll, überwiegend negative Erfahrungen im Umgang mit Deutschen gemacht zu haben. Knapp die Hälfte davon (48,8 %) sah dies in unzureichenden sprachlichen Verständigungsmöglichkeiten begründet. In diesem Zusammenhang gibt es massive Kritik an der Qualität der angebotenen Sprachkurse. 55 % der Befragten stuften diese als unzureichend bis mangelhaft ein.

Wachsende Isolation älterer Zuwanderer

Auch bei jüdischen Zuwanderern, die keine unmittelbare Diskriminierung erlebt haben, findet sich oft die Äußerung eines Gefühls der Fremdheit, ein Unbehagen an der deutschen Kultur – Erfahrungen, die wir bereits in unserer ersten Studie dokumentiert haben. In gehäufter Form ist dieses Problem bei älteren russisch-jüdischen Migranten anzutreffen, deren Anteil zunimmt, die aber oft nicht einmal Anspruch auf einen Deutschkurs besitzen. Die Altersgruppe der über 60jährigen ist inzwischen auf eine Quote von 30,6 % angewachsen, der Anteil der 16–30jährigen dagegen auf 16,7 % zurückgegangen. Die Situation von Neuzuwanderern in einem Alter von über 60 Jahren scheint auch in familiärer Hinsicht sehr problematisch. Nach dem Auszug aus den Übergangswohnheimen verlieren viele ältere Zuwanderer die familiäre Anbindung und geraten in eine wachsende Isolation.

Wandel der Jüdischen Gemeinden

In Deutschland trafen und treffen die Zuwanderer auf Jüdische Gemeinden, deren Selbstverständnis sich erst durch den Migrationsdruck zu klären beginnt. Die Dimension des Wandels der Gemeinden und Landesverbände erkennt man nicht nur an den

Neugründungen von ostdeutschen Gemeinden mit Mitgliedern, die fast ausschließlich Zuwanderer sind, sondern auch an der Dynamik des Wachstums der westdeutschen „Altgemeinden". So wuchs die jüdische Gemeindemitgliedschaft von 1989–1997 zum Beispiel in Niedersachsen um 737,7 %, in Bremen um 481 % und in Nordrhein-Westfalen um 270,3 %. In einzelnen Gemeinden wird sogar ein achtfacher Zuwachs verzeichnet. Unabhängig davon, auf welche Weise die Gemeinden den Zustrom zu bewältigen suchen – sie müssen sich dem Problem stellen, daß der großen Mehrheit der Zuwanderer ihr Judentum weitgehend fremd ist.

Die Motive der Juden aus der ehemaligen Sowjetunion, Gemeindemitglieder zu werden, sind sehr unterschiedlich. Für einen kleineren Teil hat die Mitgliedschaft große Bedeutung, weil sie in den Gemeinden erstmals die Möglichkeit finden, sich einen umfassenden Zugang zur jüdischen Religion und Kultur zu erschließen. Für die Mehrheit sind die Gemeinden aber in erster Linie die wichtigsten sozialen Beratungs- und Kontaktstellen. Grundsätzlich erklärten 28,9 % der Befragten, die Gemeindemitgliedschaft sei ihnen „(sehr) wichtig". 19,4 % hatten keine eindeutige Meinung zur Bedeutung ihrer Gemeindemitgliedschaft - und für 13,6 % erschien diese „(vollkommen) unwichtig".

Von einer grundlegenden religiösen Neuorientierung der jüdischen Zuwanderer nach ihrer Ankunft in Deutschland – wie es noch in der Einschätzung unserer letzten Studie zum Ausdruck kam – kann also kaum ausgegangen werden. Das entspricht auch einer Selbsterkenntnis der Zuwanderer: 47,3 % konstatierten, ihr religiöses Bewußtsein habe sich in Deutschland nicht verändert. Nur 23,3 % hatten nach eigener Aussage eine Annäherung an das Judentum vollzogen. In dieser Gruppe überwog die ältere Generation.

Die Situation in den kleinen Gemeinden, die besonders in Ostdeutschland de jure oder de facto Neugründungen darstellen, erweist sich als besonders angespannt. Zur Betreuung und Integration der Neuzuwanderer kann kaum auf eigene Infra- und Personalstruktur zurückgegriffen werden, oft fehlt es an Mitarbeitern, Räumen und Sachmitteln, um auch nur eine notdürftige soziale, kulturelle und religiöse Grundversorgung der Zuwanderer zu gewährleisten. Meist ist dies nur durch starkes ehrenamtliches Engagement von Mitgliedern, Repräsentanten und Vorständen möglich.

Identität, Ethnizität und Staatsbürgerschaft

Die bilanzierten Untersuchungsergebnisse zeigen, daß es für die jüdischen Zuwanderer neben der Bewältigung der beruflichen und sozialen Eingliederung vor allem um die Identitätsfrage geht. Diese Frage läßt sich nicht eindimensional und rein statistisch beantworten. Sie impliziert die Auseinandersetzung sowohl mit jüdischer Kultur und Religion als auch mit der deutschen und europäischen Gesamtgesellschaft und bedeutet mehr als die nur juristische Erörterung des Verhältnisses von Ethnizität und Staatsbürgerschaft. Dennoch haben wir die Zuwanderer im Hinblick auf die Reform des deutschen Staatsangehörigkeitsrechts nach ihrer Präferenz befragt: 54,9 % bevorzugten eine doppelte Staatsbürgerschaft, 31,9 % erachteten eine „europäische" für erstrebenswert – und lediglich 9,2 % votierten für die alleinige deutsche Staatsbürgerschaft. Generell herrschte eine große Verunsicherung über die Auseinandersetzungen zur bundesdeutschen Reform des Staatsbürgerrechts, die inzwischen ja beschlossenes Gesetz ist. Ob im Rahmen der dort verankerten Möglichkeiten einer „Anspruchseinbürgerung" tatsächlich Verbesserungen für die Gruppe der jüdischen Kontingentflüchtlinge erzielt wurden, läßt sich zur Zeit noch nicht absehen. Notwendig erscheint auf jeden Fall ein offenes und öffentliches Bekenntnis zum „Einwanderungsland Deutschland" in der Perspektive eines vereinten Europa.

Ausblick

Selbstverständlich ist die Integration der jüdischen Zuwanderer aus der ehemaligen Sowjetunion kein internes Problem der Jüdischen Gemeinden. Für die deutsche Gesamtgesellschaft ergibt sich insgesamt eine soziale und historisch-moralische Verpflichtung, sich der Herausforderung einer Erneuerung jüdischen

Lebens in diesem Land zu stellen. Ohne den koordinierten Auf- und Ausbau von Hilfsmaßnahmen droht die Integration zumindest für einen Teil der jüdischen Zuwanderer zu scheitern: 57 % der Befragten meinten, ihre Hauptprobleme seien noch nicht bewältigt. 23 % haben bereits resigniert und erachteten ihre Schwierigkeiten in Deutschland als „unüberwindlich". Nur ein Fünftel betrachtete die eigene Eingliederung als überwiegend oder teilweise erfolgreich abgeschlossen. In Anbetracht dieser Situation wäre es wünschenswert, daß Politik und Öffentlichkeit, Behörden und soziale Institutionen ein ähnliches Engagement und vergleichbare Effizienz für die Integrationsproblematik von 100.000 jüdischen Zuwanderern aufbringen, wie sie in der Vergangenheit für die Aufnahme und Eingliederung von Millionen deutschstämmiger „Aussiedler" zu verzeichnen war. In erster Linie gehört dazu eine unbürokratische und schnelle Einbürgerungspraxis. Im Hinblick auf eine sinnvolle und effiziente Integration hochqualifizierter Zuwanderer in den Arbeitsmarkt ist es dringend erforderlich, verbindliche Kriterien zur Anerkennung von Berufsabschlüssen und Richtlinienkompetenzen durch Berufsverbände und Kammern festzulegen. Hier wäre eine größere Flexibilität beziehungsweise der Abbau von bürokratischen und ständischen Hindernissen angebracht. Ein Schlüssel für die gleichberechtigte Behandlung der jüdischen Einwanderer im Verhältnis zu den „Aussiedlern" wäre die strategische Konzeption einer bundeseinheitlichen Bildungspolitik. Auch die Qualitätsverbesserung der kritisierten Sprachkurse müßte in einem Kontext mit gezielten Fördermaßnahmen berufsspezifischer Fortbildung erfolgen. Ohne komplette Modelle „kopieren" zu können, sollten gerade in diesen Bereichen die jüngsten Erfahrungen der israelischen Integrationspolitik gegenüber den russischen Juden – wie fragmentarisch in diesem Band dokumentiert – als konzeptionelle Hilfen herangezogen werden.

Grundsätzlich bleibt auch die bereits in unserer ersten Studie konstatierte Dringlichkeit einer verbesserten Kooperation zwischen Jüdischen Gemeinden, Behörden und Wohlfahrtsverbänden von aktueller Bedeutung. Die Jüdischen Gemeinden werden auch in Zukunft die wichtigste „Anlaufstelle" für die Zuwanderer sein. Es ist notwendig, die Gemeinden von einem übermäßigen „sozialen Druck" zu befreien, denn dieser Druck führt zu einem Zielkonflikt: Intensivierung der Betreuungsarbeit wird immer schwieriger, weil das quantitative Wachstum der Gemeinden aufgrund der Abhängigkeit der Zuwanderer von staatlichen Sozialleistungen nicht mit einer grundlegenden Verbesserung der Einnahmeseite der Gemeinden einhergeht. Vielerorts müssen jüdische Kindergärten, Schulen und Altenheime neu gegründet oder ausgebaut werden. Der defizitäre Haushalt vieler Gemeinden erlaubt dagegen – wenn überhaupt – nur geringe Spielräume für Investitionen im Personalsektor, was wiederum im Widerspruch zu den gewachsenen Betreuungsaufgaben und den langfristigen Integrationszielen steht.

Verbesserungsvorschläge zur Integration in das Gemeindeleben, nach denen die Zuwanderer gezielt gefragt wurden, unterbreitete nur eine Minderheit der Befragten (24,3 %). Dieser Passivität entspricht in der Regel auch eine geringe Repräsentanz in den Gemeindevertretungen. Ein Teil der Zuwanderer reagiert auf negative Erfahrungen mit einer verstärkten „Selbstorganisation", was wiederum die Gefahr von Spaltungen in der Gemeinde vergrößern kann. Feststeht, daß der Prozeß der gegenseitigen Annäherung von Altmitgliedern und Neuzuwanderern in den Gemeinden noch viel Zeit benötigen wird – und von beiden Seiten Bewußtseinsänderungen verlangt. Nicht nur das traditionelle Selbstverständnis der Jüdischen Gemeinden in Deutschland ist dabei in Frage gestellt, sondern ebenso die pragmatische Auffassung der Zuwanderer, sich nur als „kulturelle und ethnische Verstärkung" zu begreifen.

13. Anhang

a) Verzeichnis der graphischen Abbildungen und Tabellen

Grafiken

1. (S. 24) Mitgliederzahlen der Jüdischen Gemeinden seit 1955
2. (S. 27) Jüdische Kontingentflüchtlinge aus der ehemaligen Sowjetunion: Antragsteller und eingereiste Personen
3. (S. 53) Erwartungen an Deutschland vor der Einreise

Tabellen

1. (S. 41) Altersstruktur der Befragten
2. (S. 43) Altersstruktur der Jüdischen Gemeinden
3. (S. 44) Bildungsabschluß in der ehemaligen Sowjetunion
4. (S. 46) Berufe der Befragten nach Tätigkeitsbereichen
5. (S. 49) Regionale Herkunft der jüdischen Zuwanderer in Deutschland im Vergleich zur jüdischen Bevölkerung in der ehemaligen Sowjetunion
6. (S. 50) Emigrationsmotive der Befragten
7. (S. 52) Familienangehörige in anderen Ländern vor der Ausreise
8. (S. 55) Eingereiste Zuwanderer nach Bundesländern
9. (S. 60) Größe des Wohnorts der Befragten
10. (S. 61) Derzeitige Wohnung der Befragten
11. (S. 62) Wohndauer der Befragten im Wohnheim
12. (S. 65) Aktuelle Tätigkeit der Befragten
13. (S. 77) Selbsteinschätzung der Befragten: Sprachvermögen
14. (S. 100) Veränderung der Gemeindemitgliedschaft nach Bundesländern
15. (S. 113) Selbsteinschätzung der Befragten: Teilnahme am synagogalen Gottesdienst

b) Dokumentation des Fragebogens

Zu aktuellen Problemen der Integration jüdischer Emigranten aus der ehemaligen Sowjetunion in Deutschland

Zu Beginn finden Sie einige Fragen zu Ihrer Situation in Deutschland und Ihren Erfahrungen, die Sie seit Ihrer Einreise gemacht haben. Wir bitten Sie, sich etwas Zeit zu nehmen und die Fragen möglichst sorgfältig sowie ausführlich zu beantworten.

1. Seit wann sind Sie in Deutschland?

Bitte kreuzen Sie die zutreffende Antwort an.

Weniger als 1 Jahr .... ☐
Zwischen 1 und 3 Jahren .... ☐
Zwischen 3 und 5 Jahren .... ☐
Länger als 5 Jahre .... ☐

2. Sind Sie als Kontingentflüchtling anerkannt?

Bitte kreuzen Sie die zutreffende Antwort an.

Ja .... ☐
Nein .... ☐
Schwebendes Verfahren .... ☐

3. In welchem Bundesland wurde Ihnen bei der Einreise die Aufenthaltserlaubnis erteilt?

Bitte kreuzen Sie die zutreffende Antwort an.

Bayern .... ☐	Baden-Württemberg .... ☐	Berlin .... ☐
Brandenburg .... ☐	Bremen .... ☐	Hamburg .... ☐
Hessen .... ☐	Mecklenburg-Vorpommern . ☐	Niedersachsen .... ☐
Nordrhein-Westfalen . ☐	Rheinland-Pfalz .... ☐	Saarland .... ☐
Sachsen .... ☐	Sachsen-Anhalt .... ☐	Schleswig-Holstein .. ☐

4. In welchem Bundesland leben Sie zur Zeit?

Bitte kreuzen Sie die zutreffende Antwort an.

Bayern .... ☐	Baden-Württemberg .... ☐	Berlin .... ☐
Brandenburg .... ☐	Bremen .... ☐	Hamburg .... ☐
Hessen .... ☐	Mecklenburg-Vorpommern . ☐	Niedersachsen .... ☐
Nordrhein-Westfalen . ☐	Rheinland-Pfalz .... ☐	Saarland .... ☐
Sachsen .... ☐	Sachsen-Anhalt .... ☐	Schleswig-Holstein .. ☐

5. Wieviel Einwohner hat Ihr jetziger Wohnort etwa?

Bitte kreuzen Sie die zutreffende Antwort an.

Weniger als 5.000 Einwohner .... ☐
Zwischen 5.000 und 10.000 Einwohner .... ☐
Zwischen 10.000 und 20.000 Einwohner .... ☐
Zwischen 20.000 und 50.000 Einwohner .... ☐
Zwischen 50.000 und 100.000 Einwohner .... ☐
Zwischen 100.000 und 200.000 Einwohner .... ☐
Zwischen 200.000 und 500.000 Einwohner .... ☐
Über 500.000 Einwohner .... ☐

6. **a) Welcher Tätigkeit gehen Sie zur Zeit nach?**
Bitte kreuzen Sie die zutreffende Antwort an.

Arbeitslos .... ☐
Vollzeitarbeit im erlernten Beruf ...... ☐
Vollzeitarbeit in einem Fremdberuf ... ☐
Teilzeitarbeit .... ☐
Aushilfe .... ☐
Selbständig .... ☐
Umschulung/Fortbildung .... ☐
Schulausbildung .... ☐
Berufsausbildung .... ☐
Studium .... ☐
Sprachkurs .... ☐
Rentner/In .... ☐
Hausfrau/-mann .... ☐

b) Wenn Sie zur Zeit einer beruflichen Tätigkeit nachgehen, in welchem Wirtschaftsbereich arbeiten Sie?
Bitte kreuzen Sie die zutreffende Antwort an.

Handel .... ☐
Handwerk ...... ☐
Industrie .... ☐
Gesundheitswesen ☐
Schulen/Bildungseinrichtungen .. ☐
Kultur/Kunst/Musik .... ☐
Journalismus/Medien .... ☐
Naturwissenschaften .... ☐
Sonstige Wissenschaften ☐
Öffentlicher Dienst ... ☐
Sonstige Dienstleistungen ☐
Sonstiges .... ☐

c) Fühlen Sie sich bei Ihrer gegenwärtigen Tätigkeit unterfordert? Wenn ja, welcher der genannten Gründe trifft für Sie zu? Sie fühlen sich unterfordert, weil ...
Bitte kreuzen Sie die zutreffende Antwort an.

Sie außerhalb Ihres erlernten Berufs arbeiten müssen .... ☐
Sie Ihre erworbenen Qualifikationen nicht nutzen können .... ☐
Sie auf Grund Ihrer Herkunft (Ausländer/Jude) keine Aufstiegsmöglichkeiten erhalten . ☐
Ihre Kollegen Sie benachteiligen .... ☐
Ihnen für die Gründung einer selbständigen Berufsexistenz die Mittel fehlen .... ☐
Sonstige Gründe .... ☐
Kann ich nicht sagen .... ☐

7. **a) Nehmen Sie derzeit oder nahmen Sie bereits früher an einem deutschen Sprachkurs teil?**
Bitte kreuzen Sie die zutreffende Antwort an.

Ja, einmal .... ☐
Ja, mehrmals .... ☐
Nein .... ☐

b) Wenn Sie einen oder mehrere Sprachkurse absolviert haben, bitte nennen Sie die Organisation, die den Kurs durchgeführt hat:
Mehrere Antworten sind möglich.

Arbeitsamt .... ☐
Jüdische Gemeinde .... ☐
Wohlfahrtsorganisation .... ☐
Volkshochschule .... ☐
Abendschule .... ☐
Sonstige Einrichtung .... ☐

c) Wie schätzen Sie die Qualität des von Ihnen besuchten Sprachkurses ein? Haben Sie den Eindruck, ausreichende deutsche Sprachkenntnisse erlangt zu haben? Oder hatten Sie Probleme zum Beispiel wegen „deutschstämmigen" Aussiedlern, die auch am Sprachkurs teilnahmen? Bitte schildern Sie Ihre Erfahrungen.

....
....
....

d) Wie beurteilen Sie selbst Ihre heutige Beherrschung der deutschen Sprache? Erachten Sie diese als ...

Bitte kreuzen Sie die zutreffende Antwort an.

Sehr gut .... ☐
Gut .... ☐
Ausreichend .... ☐
Unzureichend .... ☐
Mangelhaft .... ☐
Kann ich nicht sagen .... ☐

8. a) Wenn Sie eine Berufsausbildung in ihrem Herkunftsland abgeschlossen haben, wird diese in Deutschland anerkannt?

Bitte kreuzen Sie die zutreffende Antwort an.

Ja .... ☐
Nein .... ☐
Noch unklar .... ☐

b) Haben Sie in Deutschland an einer beruflichen Umschulungs- oder Fortbildungsmaßnahme teilgenommen?

Bitte kreuzen Sie die zutreffende Antwort an.

Ja .... ☐
Nein .... ☐
Geplant .... ☐

9. Die Arbeitsplatzsuche gestaltet sich für viele jüdische Emigranten schwierig und langwierig. Fühlen Sie sich bei der Arbeitsplatzsuche benachteiligt? Wenn ja, fühlen Sie sich benachteiligt, weil ...

Bitte kreuzen Sie nur ein Kästchen an.

Sie Ausländer/Jude sind .... ☐
Sie mangelnde Sprachkenntnisse haben .... ☐
Sie für den deutschen Arbeitsmarkt zu alt sind .... ☐
Sie in einem Ort mit einer ungünstigen Wirtschaftsstruktur leben .... ☐
Sie für den deutschen Arbeitsmarkt unzureichend ausgebildet sind .... ☐
Sie zu wenig Initiative entwickeln .... ☐
Sonstige Gründe .... ☐
Kann ich nicht sagen .... ☐

10. a) Wo wohnen Sie zur Zeit?

Bitte kreuzen Sie die zutreffende Antwort an.

Flüchtlings-/Asylantenunterkunft .... ☐
Wohnheim einer Jüdischen Gemeinde .... ☐
Zur Untermiete .... ☐
Mietwohnung .... ☐

b) Geben Sie bitte an, wie lange Sie in einer Flüchtlings-/Asylantenunterkunft (bzw. einem Wohnheim) leben bzw. gelebt haben:

Bitte kreuzen Sie die zutreffende Antwort an.

Weniger als 6 Monate .... ☐
Zwischen 6 Monaten und 1 Jahr .... ☐
Zwischen 1 und 2 Jahren .... ☐
Länger als 2 Jahre .... ☐

c) **Mit welchen Personen leben Sie derzeit in einer abgeschlossenen Wohnung zusammen?**
Mehrere Antworten sind möglich.

Mit niemandem	☐	Mit den Eltern	☐
Mit dem/r (Ehe-)Partner/in	☐	Mit anderen Verwandten	☐
Mit den Kindern	☐	Mit einer Wohngemeinschaft	☐

11. a) **Wie schätzen Sie Ihre Wohnsituation ein? Empfinden Sie diese als ...**
Bitte kreuzen Sie nur ein Kästchen an.

Sehr gut	☐	Unzureichend	☐
Gut	☐	Mangelhaft	☐
Zufriedenstellend	☐	Kann ich nicht sagen	☐

b) **Was sollte sich in Ihrem Wohnumfeld unbedingt ändern? Möchten Sie zum Beispiel vom Land in die Stadt ziehen oder Ihre Nachbarschaft wechseln?**

....
....
....
....
....

12. **Wie bewerten Sie das Verhalten der deutschen Behörden und Hilfsorganisationen Ihnen gegenüber? Bezeichnen Sie es überwiegend als ...**
Bitte machen Sie in jede Zeile ein Kreuz.

	sehr hilfsbereit	zufriedenstellend	bürokratisch	abweisend	verwirrend
Arbeitsamt	☐	☐	☐	☐	☐
Sozialamt	☐	☐	☐	☐	☐
Wohnungsamt	☐	☐	☐	☐	☐
Ausländerbehörde	☐	☐	☐	☐	☐
Wohlfahrtsorganisationen	☐	☐	☐	☐	☐

13. a) **Welche Möglichkeiten haben Sie als Emigrant am deutschen Kulturleben teilzunehmen? Bitte schildern Sie die Vor- und Nachteile im Vergleich zum Kulturleben in Ihrer alten Heimat:**

....
....
....
....
....
....

b) **Wie oft besuchen Sie in Deutschland kulturelle Veranstaltungen?**
Bitte machen Sie in jede Zeile ein Kreuz.

	oft	einmal im Monat	selten	nie
Theater	☐	☐	☐	☐
Konzert	☐	☐	☐	☐
Ausstellung	☐	☐	☐	☐
Museum	☐	☐	☐	☐
Sonstiges (bitte nennen:)	☐	☐	☐	☐

14. **a) Wie würden Sie nach Ihren persönlichen Begegnungen die Deutschen einschätzen? Bezeichnen Sie diese überwiegend als ...**

Bitte kreuzen Sie nur ein Kästchen an.

Freundlich ☐ Oberflächlich ☐
Hilfsbereit ☐ Unfreundlich ☐
Höflich ☐ Ablehnend ☐
Kann ich nicht sagen ☐

b) Wenn Sie Ihre persönlichen Erfahrungen mit Deutschen überwiegend als negativ einschätzen, was ist Ihrer Meinung nach der Hauptgrund hierfür?

Bitte kreuzen Sie nur ein Kästchen an.

Ihre mangelnden Sprachkenntnisse ☐
Ihre distanzierte Haltung gegenüber der deutschen Bevölkerung ☐
Ihre Schüchternheit oder Minderwertigkeitsgefühle ☐
Gleichgültigkeit der deutschen Bevölkerung Ihnen gegenüber ☐
Zu große Unterschiede in Kultur, Tradition und Erziehung ☐
Versteckte oder offene Ausländerfeindlichkeit der Deutschen ☐
Kann ich nicht sagen ☐

15. **a) Im Vergleich mit der Gesamtzahl der nach Deutschland eingewanderten Ausländer und „deutschstämmigen" Aussiedler ist die Zahl der jüdischen Einwanderer aus dem GUS-Bereich relativ klein. Fühlen Sie sich gegenüber diesen Gruppen als ...**

Bitte kreuzen Sie nur ein Kästchen an.

Stark bevorzugt ☐ Etwas benachteiligt ☐
Etwas bevorzugt ☐ Stark benachteiligt ☐
Gleichberechtigt ☐ Kann ich nicht sagen ☐

b) Wie würden Sie nach Ihren persönlichen Begegnungen die „deutschstämmigen" Aussiedler einschätzen? Bezeichnen Sie diese überwiegend als ...

Bitte kreuzen Sie nur ein Kästchen an.

Freundlich ☐ Oberflächlich ☐
Hilfsbereit ☐ Unfreundlich ☐
Höflich ☐ Ablehnend ☐
Kann ich nicht sagen ☐

16. **Sie kennen sicher einige jüdische Zuwanderer, die erst nach Ihnen in Deutschland angekommen sind. Sind Sie der Meinung, daß sich das Verhalten dieser neuen Einwanderer im Vergleich zu Ihnen geändert hat? Bitte begründen Sie Ihre Ansicht:**

....
....
....
....

17. **Glauben Sie, daß Sie persönlich die Hauptprobleme der Eingliederung in Deutschland bereits bewältigt haben – oder stehen Ihnen diese noch bevor? Bitte begründen Sie Ihre Meinung:**

....
....
....

18. **Was würden Sie sagen: Passen sich eher Frauen oder Männer den Anforderungen in Deutschland besser an? Bitte begründen Sie Ihre Meinung:**

....
....
....
....
....

19. **Wie hat sich in Deutschland Ihr Familienleben verändert? Kommen Ihre Familienangehörigen mit dem Leben hier besser oder schlechter als Sie selbst zurecht?**

....
....
....
....
....
....

20. **Wenn Sie schulpflichtige Kinder haben, schildern Sie bitte, welche Erfahrungen sie in deutschen Schulen machen. Gibt es zum Beispiel Probleme mit deutschen Lehrern oder Schülern? Wie bewältigen Ihre Kinder die Lernanforderungen?**

....
....
....
....
....

21. **Wie beurteilen Sie allgemein die Integrationsbereitschaft von jüdischen Zuwanderern aus der ehemaligen Sowjetunion in den unterschiedlichen Altersgruppen?**

Bitte machen Sie in jeder Zeile ein Kreuz.

	groß	mittel	gering
Bei Kindern unter 16 Jahren	☐	☐	☐
Bei Jugendlichen und Heranwachsenden unter 25 Jahren	☐	☐	☐
Bei Erwachsenen zwischen 25 und 35 Jahren	☐	☐	☐
Bei Erwachsenen zwischen 35 und 45 Jahren	☐	☐	☐
Bei Erwachsenen zwischen 45 und 55 Jahren	☐	☐	☐
Bei Erwachsenen über 55 Jahren	☐	☐	☐
Kann ich nicht sagen	☐		

22. **a) Kontingentflüchtlinge haben in Deutschland nach 7 Jahren das Recht, die deutsche Staatsbürgerschaft zu beantragen. Haben Sie von dieser Möglichkeit Gebrauch gemacht oder beabsichtigen Sie es?**

Bitte kreuzen Sie nur ein Kästchen an.

Ja ☐
Nein ☐
Geplant ☐
Kann ich nicht sagen ☐

b) Wie war das Ergebnis, wenn Sie bereits einen Antrag gestellt haben? Wurde der Antrag auf die deutsche Staatsbürgerschaft ...

Gebilligt .... ☐
Vorläufig abgelehnt .... ☐
Endgültig abgelehnt .... ☐
Noch nicht entschieden .... ☐

c) Wenn der Antrag abgelehnt wurde, welche Gründe wurden Ihnen von Seiten des Amtes genannt?

....
....
....
....
....

23. In Deutschland findet seit einiger Zeit eine Diskussion über die Einführung einer doppelten Staatsbürgerschaft statt. Welche Lösung wäre nach Ihrer Meinung die beste?

Bitte kreuzen Sie nur ein Kästchen an.

Die Staatsbürgerschaft eines GUS-Staates (Ukraine, Rußland etc.) .... ☐
Die deutsche Staatsbürgerschaft .... ☐
Eine doppelte Staatsbürgerschaft (z. B. Ukraine/Deutschland) .... ☐
Eine europäische Staatsbürgerschaft für alle Angehörigen der Europäischen Union .... ☐
Kann ich nicht sagen .... ☐

24. a) Die Erteilung der Staatsbürgerschaft wird allgemein als der wichtigste Schritt zur Integration angesehen. Was würden Sie persönlich sagen? Glauben Sie, daß die deutsche Staatsbürgerschaft Ihnen die Eingliederung in Deutschland erleichtern würde?

Bitte kreuzen Sie nur ein Kästchen an.

Ja, ganz sicher .... ☐	Nein, wahrscheinlich nicht .... ☐
Ja, wahrscheinlich .... ☐	Nein, ganz sicher nicht .... ☐
Kommt darauf an .... ☐	Kann ich nicht sagen .... ☐

b) Wenn Sie der Ansicht sind, daß die Staatsbürgerschaft Ihre Integration nicht erleichtern würde, nennen Sie uns bitte die Gründe für diese Ansicht:

....
....
....
....
....

Im folgenden finden Sie einige Fragen zu Ihrem sozialen Umfeld.

25. Mit wem sprechen Sie in der Regel über wichtige Entscheidungen, wenn zum Beispiel ein Umzug bevorsteht oder sich eine neue berufliche Situation ergibt?

Mehrere Antworten sind möglich.

- Mit befreundeten Zuwanderern aus der GUS ☐
- Mit Freunden aus Deutschland ☐
- Mit Nachbarn ☐
- Mit Arbeitskollegen ☐
- Mit dem/r (Ehe-)Partner/in ☐
- Mit den Eltern ☐
- Mit anderen Verwandten ☐
- Mit keinem der genannten ☐
- Mit Niemandem ☐
- Kann ich nicht sagen ☐

26. Mit wem gestalten Sie Ihre Freizeit? Wen laden Sie zum Beispiel zum Essen ein oder besuchen gemeinsam Veranstaltungen?

Bitte machen Sie in jede Zeile ein Kreuz.

	oft	einmal im Monat	selten	nie
Befreundete Zuwanderer aus der GUS	☐	☐	☐	☐
Freunde aus Deutschland	☐	☐	☐	☐
Nachbarn	☐	☐	☐	☐
Arbeitskollegen	☐	☐	☐	☐
(Ehe-)Partner/in	☐	☐	☐	☐
Kinder	☐	☐	☐	☐
Eltern	☐	☐	☐	☐
Andere Verwandte	☐	☐	☐	☐
Mit keinem der genannten	☐	☐	☐	☐
Mit Niemandem	☐	☐	☐	☐

27. Ist es Ihnen in Deutschland schon passiert, daß jemand aus Ihrem Bekanntenkreis den Kontakt mit Ihnen abgebrochen hat, nachdem er erfahren hat, daß Sie Jude/Jüdin sind?

Bitte kreuzen Sie nur ein Kästchen an.

Sehr häufig	☐	Selten	☐
Häufig	☐	Sehr selten	☐
Manchmal	☐	Nie	☐
Kann ich nicht sagen	☐		

28. a) Nach dem Beschluß der Gemeinde Gollwitz (Brandenburg), keine jüdischen Emigranten aufzunehmen, war die Kritik groß. Wurden Sie selbst in Deutschland schon einmal direkt mit Antisemitismus konfrontiert? Wie häufig ist Ihnen das begegnet?

Bitte kreuzen Sie nur ein Kästchen an.

Sehr häufig	☐	Selten	☐
Häufig	☐	Sehr selten	☐
Manchmal	☐	Nie	☐
Kann ich nicht sagen	☐		

b) Wenn ja, bitte schildern Sie die Ereignisse:

....

....

....

....

....

29. a) Sind Sie Mitglied einer Jüdischen Gemeinde?

Bitte kreuzen Sie die zutreffende Antwort an.

Ja .... ☐
Nein .... ☐

b) Waren Sie Mitglied einer Jüdischen Gemeinde in der ehemaligen Sowjetunion?

Bitte kreuzen Sie die zutreffende Antwort an.

Ja .... ☐
Nein .... ☐

30. Wie religiös war Ihr Familienleben in der ehemaligen Sowjetunion, als Sie selbst noch ein Kind waren?

Bitte kreuzen Sie nur ein Kästchen an.

Sehr religiös .... ☐ Gar nicht religiös .... ☐
Ziemlich religiös .... ☐ Kann ich nicht sagen .... ☐
Etwas religiös .... ☐

31. a) Wenn Sie sich an Ihr Leben in der ehemaligen Sowjetunion erinnern, wie häufig haben Sie am Gottesdienst in einer Synagoge teilgenommen?

Bitte kreuzen Sie nur ein Kästchen an.

Mehrmals in der Woche .... ☐ Einmal im Jahr .... ☐
Einmal in der Woche .... ☐ Sehr selten .... ☐
Einmal im Monat .... ☐ Nie .... ☐
Nur an Feiertagen .... ☐ Kann ich nicht sagen .... ☐

b) Wie oft besuchen Sie jetzt in Deutschland den Gottesdienst in der Synagoge?

Bitte kreuzen Sie nur ein Kästchen an.

Mehrmals in der Woche .... ☐ Einmal im Jahr .... ☐
Einmal in der Woche .... ☐ Sehr selten .... ☐
Einmal im Monat .... ☐ Nie .... ☐
Nur an Feiertagen .... ☐ Kann ich nicht sagen .... ☐

c) Viele der jüdischen Zuwanderer haben nie die hebräische Sprache gelernt. Für sie bleiben viele Elemente des Gottesdienstes schwer oder gar nicht verständlich. Wenn Sie die Synagoge besuchen, können Sie dem Gottesdienst folgen?

Bitte machen Sie in jede Zeile ein Kreuz.

	Ja	Etwas	Nein
Schreiben und Lesen Sie hebräisch?	☐	☐	☐
Sprechen Sie hebraisch?	☐	☐	☐
Können Sie dem Gottesdienst folgen?	☐	☐	☐

32. Hat sich Ihr religiöses Bewußtsein gegenüber früheren Jahren verändert? Wenn ja, worauf führen Sie diese Veränderung zurück?

....

....

....

....

....

33. Welcher der folgenden Richtungen des Judentums würden Sie sich zuordnen?

Bitte kreuzen Sie nur ein Kästchen an.

Orthodox	☐	Andere	☐
Liberal/Reformorientiert	☐	Kann ich nicht sagen	☐
Konservativ	☐		

34. Was bedeutet es für Sie persönlich, Jude/Jüdin zu sein?

Bitte kreuzen Sie nur ein Kästchen an.

- Eine jüdische Mutter zu haben .... ☐
- Einer jüdischen Familie zu entstammen .... ☐
- Bestimmte Charaktereigenschaften und Verhaltensweisen zu haben .... ☐
- Mit dem Judentum durch Erziehung und Traditionen verbunden zu sein .... ☐
- Die jüdische Geschichte zu teilen und zu bewahren .... ☐
- Regelmäßig am religiösen und kulturellen Gemeindeleben teilzunehmen .... ☐
- Sonstiges .... ☐
- Kann ich nicht sagen .... ☐

35. Wie würden Sie persönlich die Bedeutung der Mitgliedschaft in einer Jüdischen Gemeinde einschätzen? Hat sich Ihre Einstellung zum Gemeindeleben während Ihres Aufenthalts in Deutschland geändert?

....

....

....

....

....

36. Bestehen in Ihrer Gemeinde Probleme zwischen den zugewanderten neuen Mitgliedern und "Alteingesessenen", zum Beispiel bei religiösen oder sozialen Fragen? Wenn ja, benennen Sie bitte die größten Konfliktpunkte:

....

....

....

....

....

37. Wie sind die Zuwanderer in den Vertretungsorganen und Einrichtungen Ihrer Gemeinde repräsentiert. Sind sie ...

Bitte kreuzen Sie nur ein Kästchen an.

Viel zu stark vertreten	☐	Zu wenig vertreten	☐
Zu stark vertreten	☐	Viel zu wenig vertreten	☐
Ausreichend vertreten	☐	Kann ich nicht sagen	☐

38. Die Jüdischen Gemeinden und die Zentralwohlfahrtsstelle der Juden in Deutschland bieten viele Leistungen für Ihre Mitglieder an. Wie oft haben Sie persönlich bisher die folgenden Angebote in Anspruch genommen?

Bitte machen Sie in jede Zeile ein Kreuz.

	Oft	Gelegentlich	Einmal	Nie
Gemeindezeitung	☐	☐	☐	☐
Informationsmaterial für Zuwanderer	☐	☐	☐	☐
Sprachkurs für Deutsch	☐	☐	☐	☐
Sprachkurs für Hebräisch	☐	☐	☐	☐
Kulturell-religiöse Veranstaltungen (Deutsch/Russisch)	☐	☐	☐	☐
Deutschsprachige kulturell-religiöse Veranstaltungen	☐	☐	☐	☐
Treffpunkte für neue und alteingesessene Mitglieder	☐	☐	☐	☐
Sozial- und Rechtsberatung	☐	☐	☐	☐
Wohnungsvermittlung	☐	☐	☐	☐
Arbeitsvermittlung	☐	☐	☐	☐
Berufsorientierte Integrationsseminare	☐	☐	☐	☐
Kinder- und Jugendferienlager	☐	☐	☐	☐
Jugendkongresse	☐	☐	☐	☐
Familienseminare	☐	☐	☐	☐
Seniorenerholungen/-reisen	☐	☐	☐	☐
Sonstiges	☐	☐	☐	☐

39. Welche Möglichkeiten sehen Sie, die Integration der Zuwanderer in den Gemeinden zu verbessern? Wie sollte dazu das Leben in Ihrer Gemeinde gestaltet werden? Bitte nennen Sie Ihre Vorschläge:

....
....
....
....
....

40. Warum haben Sie die Sowjetunion verlassen?

Bitte kreuzen Sie nur ein Kästchen an.

Das demokratische System kann die aktuellen Probleme langfristig bewältigen, aber ich persönlich sah keine Möglichkeit, Verbesserungen abzuwarten ☐
Ich konnte die Situation meiner Familie nicht mehr verantworten ☐
Die wirtschaftliche Situation wurde unerträglich ☐
Ein Bürgerkrieg erschien unvermeidlich ☐
Der Antisemitismus nahm bedrohliche Ausmaße an ☐
Ich hatte schon immer den Wunsch, in einem anderen Land zu leben ☐
Sonstige Gründe ☐
Kann ich nicht sagen ☐

41. Hatten Sie vor Ihrer Emigration Familienangehörige, die in einem anderen Land lebten? Wenn ja, lebten Ihre Angehörigen...

Mehrere Antworten sind möglich.

In Israel ☐ In Deutschland ☐
In den USA ☐ Andere Länder ☐
Kann ich nicht sagen ☐

42. Welche Erwartungen hatten Sie, als Sie sich zur Emigration nach Deutschland entschlossen haben? Glaubten Sie, daß Sie in Deutschland im Vergleich zur Sowjetunion ...

Bitte ordnen Sie die nachfolgenden Antworten nach ihrer Wichtigkeit mit Ziffern von 10–1. (10 sehr wichtig; 1 unwesentlich). *z.B.*

eine bessere Ausbildung erhalten werden ☐ 1
eine höhere berufliche Stellung erreichen werden ☐ 2
ein höheres Einkommen erzielen werden ☐ 3
eine bessere medizinische Versorgung erhalten werden ☐ 4
Ihren Kindern bessere Ausbildungs- und Berufschancen bieten können ☐ 5
weniger Umweltrisiken ausgesetzt sein werden ☐ 6
mit weniger Alkohol- und Drogenproblemen in der Gesellschaft konfrontiert sein werden ☐ 7
mehr politische Freiheit genießen werden ☐ 8
besser mit Wohnung und Gütern des täglichen Bedarfs (Lebensmittel, Bekleidung usw.) versorgt sein werden ☐ 9
die Sicherheit Ihrer Familie und Ihres Eigentums besser gewährleisten können ☐ 10

43. Was würden Sie aus Ihrer heutigen Sicht Menschen in der GUS raten, die sich zu einer Ausreise nach Deutschland entschlossen haben?

Bitte kreuzen Sie nur ein Kästchen an

So schnell wie möglich nach Deutschland zu kommen ☐
Sich ihren Entschluß noch einmal zu überlegen, aber dann auszureisen ☐
Vor der endgültigen Ausreise, einen Besuch in Deutschland zu machen ☐
Informationen über Deutschland in den Medien kritisch zu betrachten ☐
Im Land zu bleiben ☐
Ein anderes Land als Ziel für die Emigration auszuwählen ☐
Kann ich nicht sagen ☐

44. Welche Möglichkeiten sehen Sie, die Integration von Flüchtlingen aus der ehemaligen Sowjetunion zu verbessern? Bitte nennen Sie uns Ihre Vorschläge:

....
....
....
....
....

Abschließend finden Sie noch einige Fragen zu Ihrer Person.

45. Welches Geschlecht haben Sie?

Weiblich ☐ Männlich ☐

46. Wie alt sind Sie?

__________ Jahre

47. Welchen Familienstand haben Sie?

Ledig ☐ Nichteheliche Lebensgemeinschaft ☐
Verheiratet ☐ Getrennt lebend ☐
Verwitwet ☐ Geschieden ☐

48. Wieviel Kinder ohne eigenes Einkommen leben in Ihrem Haushalt?

________ Kinder

49. Wie setzt sich Ihr Haushaltseinkommen zusammen? Beziehen Sie ...

Arbeitslosengeld oder -hilfe .... ☐ Lohn oder Gehalt .... ☐
Sozialhilfe/ Wohngeld .... ☐ Einkommen aus selbständiger Tätigkeit . ☐
Rente .... ☐ Sonstiges Einkommen .... ☐

50. Nennen Sie bitte den formal höchsten Bildungsabschluß, den Sie erreicht haben.

In der ehem. SU: In Deutschland:
Mittelschule .... Hauptschule ....
Fachschule .... Weiterbildende Schule ....
Hochschule.......................... Abitur/Studium ....
Sonstige .... Sonstige...........................
Keinen .... Keinen............................

51. Nennen Sie bitte die Bezeichnung des bzw. der erlernten Berufe.

______________________________ (Berufsbezeichnung)

52. Welche Tätigkeit übten Sie in der ehemaligen Sowjetunion zuletzt aus?

Bitte kreuzen Sie die zutreffende Antwort an.

Arbeitslos .... ☐ Schulausbildung .... ☐
Vollzeitarbeit im erlernten Beruf ...... ☐ Berufsausbildung................... ☐
Vollzeitarbeit in einem Fremdberuf ... ☐ Studium........................... ☐
Teilzeitarbeit .... ☐ Rentner/In .... ☐
Aushilfe .... ☐ Hausfrau/-mann .... ☐
Selbständig .... ☐ Sonstiges .... ☐

53. Aus welcher Stadt bzw. aus welchem Land sind Sie nach Deutschland gekommen?

____________________ (Stadt) ____________________ (Land)

Judith Kessler

Identitätssuche und Subkultur. Erfahrungen der Sozialarbeit in der Jüdischen Gemeinde zu Berlin

Fast zehn Jahre sind vergangen, seit die große (post-)sowjetische Zuwanderungswelle in unsere Gemeinden begonnen hat. Inzwischen sind wir, die Alteingesessenen, zur Minorität geworden. Und beide – „Alte" und „Neue" – klagen noch immer über arge Verständigungsprobleme. Ich habe ein paar „Hausnummern" und Beispiele über unser gegenseitiges Verständnis gesammelt. Oder besser gesagt: Mißverständnis. Vieles davon ist nicht recht greifbar, ist „mental", hat mit Verletzungen, Ängsten und unterschiedlichen Codes zu tun, die aus unseren verschiedenen Herkünften und Lebenskontexten resultieren. Wenn wir etwas daran verändern wollen oder bevor wir überhaupt über Lösungsansätze nachdenken können, scheint es sinnvoll, danach zu schauen, wo sich die Voraussetzungen und Erwartungen beider Gruppen unterscheiden, an welchen Stellen die Probleme eigentlich beginnen.

Beginnen wir mit einigen simplen Beispielen zum Stichwort „Identität", denn ich glaube, daß es eine Summe von Kleinigkeiten ist, die uns den Umgang miteinander so schwierig macht. Unter den Neuzuwanderern findet sich der Schneider aus Baku ebenso wie der Bauingenieur aus Dnepropetrowsk. Wenn wir die in einen Topf werfen, haben wir schon das erste Problem. Dasselbe auf der Seite der Alteingesessenen: Viele Osteuropäer, die vor längerer Zeit einmal aus der Sowjetunion oder eben nicht aus der Sowjetunion kamen und die ebenso wenig in ein und denselben Topf geworfen werden können oder wollen. Aber was machen wir? Der kulturspezifische Hintergrund der Neuzuwanderer wird vereinfacht und reduziert, egal, ob die jeweilige Person aus Rußland, Moldawien oder Aserbaidshan kommt. Das primitivste Klischee lautet: „Das sind alles Russen." – eine implizite Beleidigung dieses anderen, der beispielsweise sagt: „Ich war nie Russe. Bitte schön, ich bin aus Usbekistan, meine Mutter ist aus Kiew, mein Vater aus Riga". Die Sowjetunion umfaßte ein Gebiet von der fünffachen Größe des restlichen Europas. Wie wir inzwischen wissen, stammt lediglich ein Drittel der GUS-Zuwanderer aus Rußland – und auch deren Eltern kommen teilweise wieder aus anderen Republiken. Und die bringen bei aller „Russifizierung" oder „Sowjetisierung" alle Besonderheiten ihrer jeweiligen Herkunftskontexte mit. Vielfach scheint das schon Anlaß genug, um sich gegenseitig zu mißtrauen und abzugrenzen – von allen Seiten. Der Migrant unterstellt den Alteingesessenen, sie wären „deutsche Juden", obwohl auch von ihnen, dem „Rest", nur die Hälfte hierzulande geboren oder aufgewachsen ist. Umgekehrt wird gleich a priori behauptet, daß alle Zuwanderer aufgrund ihrer Geschichte und Herkunft geringe jüdische Bezüge hätten – und wir Alteingesessenen natürlich viel mehr. Und der Zuwanderer glaubt tatsächlich erst mal, daß wir den Raschi-Kommentar alle auswendig beherrschen, will heißen, umfassend jüdisch sozialisiert sind.

Wie oberflächlich auch immer geartet: Hier sind zwei grundlegende Mißverständnisse anzutreffen, die – wenn sie im Umgang explizit aktiviert werden – große Probleme schaffen.

Und noch komplizierter wird es durch die unterschiedlichen Systemerfahrungen: Die Zuwanderer kennen „bestens" die institutionalisierte Sozialisation des „homo sovieticus", bei der man an die Hand genommen und zugleich doch fremdbestimmt war, Handlungsspielräume nicht besaß oder einfach nicht nutzen konnte, Verantwortung und Entscheidungskompetenz oftmals außerhalb des eigenen Ichs lagen. Wir Alteingesessenen haben in unserer westlichen „Risikogesellschaft" ein weniger institutionalisiertes System durchlaufen, in dem wir stärker uns selbst überlassen blieben, selbst optieren mußten und müssen. Wenn derart gegensätzliche Erfahrungen aufeinander treffen, fällt es zunächst schwer, in die Haut des anderen zu schlüpfen, nachzuvollziehen, was in dessen Kopf vor sich geht, wenn dieser sagt: „Ich will mich ja integrieren, warum tust *du* nichts?" Andererseits kommt immer auch eine individuelle Dimension ins Spiel – und manchmal ist sie sogar das Bestimmende. Natürlich gibt es ehemalige

Sowjetbürger, die nach zwei Tagen die Füße auf der Erde haben. Nicht die geringste Spur von Berührungsängsten und auch keine Scheu, einfach „loszulaufen“. Mehr noch: Die marschieren viel schneller los, als wir schauen können und als uns selbst vielleicht recht ist. Und dann fragen wir uns auf's Neue: „Wie paßt das denn nun zusammen?“ Für einen schnellen und unproblematischen Eingliederungsprozeß spräche ja vieles: Daß fast alle Neuzuwanderer aus Großstädten kommen, gut ausgebildet und leistungsorientiert sind, und der Sozialismus ihnen zumindest dort eine gute Schule war, wo es um Anpassungs- und Improvisationsfähigkeit ging.

Auffällig ist allerdings auch, daß viele Zuwanderer mit einem verklärten, reichlich schöngefärbten Deutschlandbild und entsprechend überzogenen Erwartungen hier eintreffen – Erwartungen, die sich nicht erfüllen oder zunächst nicht erfüllen lassen.

Wir wissen, daß fast 70 % der Zuwanderer – Männer wie Frauen – Hochschulabschlüsse erworben hatten und dadurch in der Heimat über einen vergleichsweise hohen Sozialstatus verfügten. Aus dieser Sicherheit werden sie nun völlig herausgerissen. Es kommt zu einer Art „Kulturschock“: Fremde Normen, eine fremde Sprache, vor allem aber Arbeitslosigkeit und das plötzliche, ungewohnte Bittsteller-Dasein. Nachdem einer 30 Jahre lang Chefarzt einer Moskauer Klinik war, muß er sich nach einigen Monaten in Deutschland eingestehen: „Ich gehe jetzt betteln. Es ist beschämend für mich, und es ist das allerletzte. Und langsam ahne ich, daß das so bleiben wird“. Ein Einschnitt also, der ganze Lebenszusammenhänge unterbricht, ganze Biographien entwertet und dem Betroffenen nicht einmal die Chance auf wirklichen Trost beläßt. Wir sitzen ihm gegenüber und müssen ihm klarmachen: „Dein Abschluß hilft dir hier nicht wirklich weiter“. Das ist sicher realistisch, es ist objektiv, es ist wahr – aber es kränkt. Der Betreuer übernimmt jetzt ungewollt die Position des „Bösen“. Weil einer es ihm sagen muß, bekommt der Zuwanderer zu hören: „Sorry, aber deine bisherige Lebensgeschichte bringt dir hier nichts“. Da bleibt kaum Raum und Zeit für Sensibilitäten, es ihm vielleicht schonender beizubringen, vielleicht es auch umzukehren und in eine Richtung zu bringen, wo er mit dieser Lebenserfahrung noch irgend etwas anfangen kann. Die ist ja ungeheuer groß. Und trägt Erlebnisse und Potentiale, die uns hier ein ganzes Stück fehlen. Natürlich hat es seinen Wert, eine ganz eigene Lebensgeschichte, eine ganz eigene Biographie im Gepäck zu tragen.

Doch um das zu verstehen und zu nutzen, muß die andere Seite erst einmal sensibilisiert werden, bereit sein zuzuhören und zu akzeptieren. Und das ist offenbar ein langer, steiniger, mitunter aussichtslos erscheinender Weg. Vorurteile, Klischees, Distanzierungen gehen jedenfalls quer durch Gesellschaft und Gemeinden. Wir finden diese bewußten oder unbewußten Abgrenzungsstrategien zwischen „Alten“ und „Neuen“, aber wir finden sie auch zwischen jüdischen und nichtjüdischen Kontingentflüchtlingen und zwischen Zuwanderern aus den früheren Teilrepubliken der UdSSR. Andererseits: Warum eigentlich sollten Leute, die zufällig aus einem Land kommen oder dieselbe Sprache sprechen, denn zwingend gemeinsame Interessen besitzen? Alles das, was wir für uns als selbstverständlich in Anspruch nehmen, stellen wir bei den anderen plötzlich in Frage. Zweifellos werden auch bei unseren Neumitgliedern Beziehungen aufgebaut, wie sie in der alten Heimat üblich waren: Die Jugendlichen aus Leningrad bilden eine eigene Clique in der Schule, der Arbeiter aus Rostow sitzt nicht mit dem Chirurgen aus Wilna bei der Bar-Mitzwa-Feier von „XY“ an einem Tisch – und der, der seit 20 Jahren hier lebt, nicht mit dem, der letztes Jahr eingereist ist. Ganze Hierarchien entwickeln sich von Neuem, und ideelle Differenzen gibt es natürlich auch: Wir haben die Kriegskämpfer, die mit ihren Orden durch die Gegend laufen – aus ihrer persönlichen Lebensgeschichte heraus auch nachvollziehbar. Daneben die jüngere Generation von „Ex-Sowjetniks“, die darüber nur die Köpfe schüttelt. Und wir selbst, wir stehen völlig fassungslos dazwischen, wenn sich die russischen Veteranen auf einmal mit deutschen Wehrmachtssoldaten treffen wollen. Und da schluckt man erst einmal und protestiert laut. Doch dieser alte Soldat kann das überhaupt nicht nachvollziehen: „Ihr versteht mich nicht, ihr honoriert mein Schicksal nicht, ihr wollt mich nicht“.

Ja, wir können diese Sozialisation, die der andere erfahren hat, die ein Teil seines Lebens ist, nicht nacherleben und seine Rolle nicht übernehmen, und wir haben auch nicht seine rosarote Brille auf, mit der er retrospektiv sein vergangenes Leben betrachtet, wenn es ihm hier schlecht geht. Wir fragen uns nur: „Was will der denn? Jetzt läuft er hier mit seinen Kriegsorden herum. Er feiert den 8. Mai, aber zur Gedenkveranstaltung am 9. November kommt er nicht." Dabei stoßen doch ganz verschiedene Geschichten aufeinander, die der sowjetischen Juden und die der deutschen Juden, oder die der brasilianischen von mir aus. Immer zwei oder mehr, die nicht pur verglichen werden dürfen. Wir können diese Lebenswege nicht nachvollziehen, dazu müßten wir in ihnen gelebt haben. Auch im Sozialismus muß man vermutlich gelebt haben, um ihn wirklich nachempfinden zu können: diese Mechanismen von Obrigkeit und Nischen, die Schattenwirtschaft oder die Macht von Stempeln und Unterschriften, die offenbar alle Regeln außer Kraft setzen konnte. Wir verstehen beispielsweise nicht, warum Zuwanderer ständig irgendwelche „Liebesbriefe" von uns verlangen, Befürwortungen für irgendwas, was wir nicht befürworten können, weil es nichts zu befürworten gibt. Wir erklären: „Das bringt nichts, das ist sinnlos, da können wir nicht helfen, weil die Rechtslage es nicht zuläßt." Und der Gegenüber antwortet mit großen Augen: „Ja, aber ich will ja bloß einen Brief von der Gemeinde, warum gibst du mir den jetzt nicht?"

Es gibt also permanente Codierungsfehler, Kommunikationsstörungen. Wir reden über ganz verschiedene Dinge, eben aneinander vorbei. Es lohnt sich, da ein bißchen nachzuhaken, das alles genauer zu hinterfragen, aber diesen Punkt müssen wir erst einmal erreichen. Wir haben meist wenig Zeit, wir haben eine große Gruppe von Zuwanderern, und jede von diesen Personen ist unterschiedlich geartet. Da kommt einer mit seinem Aktenköfferchen an, hat auch die alten Visitenkarten aus Moskau dabei und sagt: „Ich bin Professor Krenischky, Kandidat der Wissenschaften." Er war dort „Wer", aber jetzt steht er hier in der Warteschlange – und da sind noch fünf vor ihm dran. An denen rennt er vorbei, schließlich ist er ja „Professor Soundso,

Kandidat Nauk". Wir antworten: „Na und?" Und schon gibt es eine neue Irritation. Der Mann hat aus seinem Kontext heraus völlig „normal" gehandelt. Aus dem Kontext dessen, der hinter dem Schreibtisch sitzt, natürlich nicht. Der denkt: Na schön, der fünfte „Kandidat Nauk" heute. Aber kaum haben wir uns das durch den Kopf gehen lassen, unterläuft uns vielleicht schon der nächste Irrtum: Denn der Herr Professor hatte vielleicht gar nicht das höchste Sozialprestige, sondern eher die Leiterin der Apotheke Nummer 93 in Derbent, die immer die prima Pillen unterm Ladentisch verkauft hat. Dieses System können wir schwer nachvollziehen. Doch in der Begegnung ist es dann gegenwärtig wie eh und jeh. Die Apothekerin wundert sich nämlich noch mehr, daß wir ihr Image nicht gebührend zu schätzen wissen. Und wir wundern uns, wieso sie da so selbstbewußt hereinspaziert kommen kann: „Ich bin es so gewohnt, ich habe die Beziehungen, Schätzchen" – wieder ein völlig anderes Auftreten als beim „Kandidat Nauk". Soll heißen: Die Sozialhierarchien, die wir hier kennen, sind anders geartet. Die Stellung im Verteilungsnetz war in der Sowjetunion vielfach bedeutender als ein wissenschaftlicher Titel. Das sind lauter Kleinigkeiten, die aber große Schwierigkeiten bereiten können, wenn wir sie ignorieren. Es heißt ja nicht, daß wir sie „inhalieren" sollen, aber wir sollten zumindest mal was davon gehört haben.

Auch wenn wir uns die Stellung und Rolle der alten Menschen ansehen, kommen krasse Veränderungen und Unterschiede zum Vorschein. So eine Oma aus der Ukraine oder Weißrussland, die war nicht Hausfrau, die hat bis zur Ausreise noch gearbeitet. Und was ist sie hier zunächst? Ein Nichts! Früher hatte man einen Familienverband, alle haben zusammen gewohnt – und jetzt wird sie plötzlich von ihrer eigenen Familie benutzt: „Paß mal auf die Enkel auf!" heißt es, oder die Aufnahme in ein Altersheim wird ihr nahegelegt, weil die Kinder jetzt andere Probleme haben und genau das tun, was hier auch Usus ist. Es wäre also absurd zu meinen, nur der Professor erleidet einen Verlust. Kaum eine Frau unter den Zuwanderinnen, die in der Sowjetunion nicht im Beruf gearbeitet hätte.

Die Frauen erfahren just das gleiche Trauma der Arbeitslosigkeit, nur daß sie gelernt haben, damit gelassener umzugehen. Und damit sinkt die Selbstachtung vieler männlicher Zuwanderer mit ihren ausgeprägten Statusvorstellungen noch mehr.

Status- und Identitätsverluste gibt es quer durch die Familien, Geschlechter und Generationen der Zuwanderer. Der alte Mann, dessen Rat früher immer gefragt war – sein „Ich habe Berlin eingenommen" will hierzulande überhaupt keiner hören. Sein ganzes bisheriges Leben wird in Frage gestellt, er sitzt vor dir und sagt: „Hier ist es gut für den Bauch, aber nicht für die Seele. Wozu brauche ich fünfzig Sorten Brot? Ich brauche Gespräche." Oder die Kinder „blicken schneller durch" als ihre Eltern, sprechen schneller Deutsch, haben eher auch deutsche Freunde. Wie muß sich der arbeitslose Vater da vorkommen, der vordem Betriebsdirektor in Kischinjow oder Tallin war?

Prestigeverluste kennen wir Alteingesessenen allerdings auch: Da steigen einige der Migranten so schnell auf, daß wir fast denken, wir sitzen auf der anderen Seite des Schreibtisches. Wir fühlen uns geradewegs selbst in der Klienten-Rolle, weil der andere uns zeigt, „wo es langgeht". Oder vielleicht ist es der Frust, weil der liebe Zuwanderer nicht auf uns hört und nichts gut genug ist, was wir ihm anbieten. Doch darüber wird dann nicht laut gesprochen. Und dann gibt es da noch die Themen, die so gut wie völlig verdrängt und tabuisiert bleiben: Sexualität, Alkohol, Kindesmißhandlung, Suizide, Kriminalität – Probleme, die die Klienten mehr oder weniger ausblenden: „Darüber spricht man nicht." – und basta! Hinzukommt, daß wir – die Sozialarbeiter – auf der „anderen Seite" sitzen, hinterm Schreibtisch. Egal wer du bist, egal ob du vor zwei Jahren eingewandert bist oder schon 20 Jahre hier sitzt: Als Person hinter dem Schreibtisch bist du in irgendeiner Weise der potentielle „Feind". Du brauchst nur einen Tag länger hier zu sein, du kannst sogar mit dem anderen zusammen eingereist sein. Aber jetzt besetzt Du dieses Büro, und schon verkehren sich die Rollen – und schon bist Du „die Gemeinde" auf einer anderen Ebene. Begegnest du demselben Klienten später auf der Straße oder auf einer Feier, verhält er sich völlig anders, eben „privat". Der „homo sovieticus", die strikte Trennung von Individuum und Gesellschaft, läuft den Menschen noch lange hinterher, ohne daß sie das selbst richtig wahrnehmen.

Aber sprechen wir über die großen Erwartungen auf beiden Seiten: Da wandert jemand ein, der hat – ganz allgemein – einen Erfolgszwang. Sein Lebensrhythmus beschleunigt sich, die Migration muß sich lohnen. Nicht unbedingt monetär, aber es muß irgend einen Sinn gemacht haben, daß jemand sein Land verlassen hat, daß er jetzt hier sitzt. Er muß es irgendwie schaffen, sonst war das alles umsonst, und er kann sich selbst nicht in die Augen schauen und auch Tante Lusja in Kiew nicht schreiben, wie gut es ihm hier geht. Er hat einen bestimmten Zwang. Wenn wir das im Hinterkopf behalten, wird ein bißchen klarer, warum viele Klienten überreagieren, wenn sie ihre Ziele nicht sofort erreichen oder wir ihre Erwartungen nicht bedienen. Oft hat der Neuzuwanderer sich paradiesische Verhältnisse ausgemalt, bevor er hierher gekommen ist – den „goldenen Westen" eben. So, und nun kommt er in Berlin an, betritt mit seinem Koffer die Oranienburger Straße und staunt: Eine riesige Synagoge mit goldener Kuppel und ringsherum koschere Restaurants. Was er zu Hause gehört hat, scheint sich erst einmal zu bestätigen, in bezug auf das Land, aber auch auf die Gemeinde. Beeindruckt sagt er sich: „Aha, reiche Gemeinde und so ein Gemeindehaus, und so schicke Sessel, und der Pförtner mit Video, die werden mir doch helfen können". Doch dann kommt erst mal die Stunde Null: das karge Zimmer im Übergangswohnheim am Stadtrand, der ständige Gang auf das Arbeits- und auf das Sozialamt. Und alle bitten um Geduld, die dann Monate, Jahre in Anspruch nehmen kann. Und unser Neuankömmling wird bitter auf die Gemeinde und meint: „Die wollen bloß nicht!" Das erleben wir täglich. Und das wird zusätzlich oft sehr persönlich, weil wir jetzt für ihn nicht Judith Kessler oder Moishe Pischer sind, sondern die „untätige" Gemeinde. Und die will nicht helfen, weil du etwas abgelehnt hast. Dann wird mit Name und Adresse geklagt: „Der andere hat bekommen, obwohl ich doch viel schlimmer dran bin", und „überhaupt, die anderen sind sowieso alle keine echten Juden". Natürlich steckt da oft der soziale Konkurrenz dahinter, die Probe auf's Exempel, was man hier bei sich sieht und was man bei anderen entdeckt. Rückstände und Defizite gilt es dann zu kompensieren. Sozialbeziehungen sind ja nicht das Problem, das Netz von Verwandten, Freunden, Kollegen von einst ist vorhanden. Was bisher fehlt, ist materielle Zufriedenheit. Und Wohnen ist wichtig, Arbeit kommt danach, erst mal eine Nische haben, so wie man sie dort auch hatte. Wieder diese Trennung zwischen Privat und Gesellschaft. Der Zuwanderer wird immer noch „Privatier" sein, weil die neue Gesellschaft zwar nicht repressiv, aber fremd ist. Und er wird natürlich erst einmal zehn Wohnungen ablehnen oder viele Mal umziehen, weil er weiß, das wird jetzt seine Heimat – diese 93 oder 23 Quadratmeter. Unsere Situationsbeurteilung – durch die Brille der Alteingesessenen – scheint diametral entgegengesetzt: „Die kommen doch vom Knast ins Paradies. Die sollen gefälligst dankbar und zufrieden sein, was wir ihnen alles Feines bieten: von der Gemeinschaftswohnung in die schicke Sozialbauwohnung [...]" Ich war in der Ukraine, ich habe gesehen, wie furchtbar das da aussieht. Aber der Arzt hatte trotzdem eine schöne Wohnung im Stadtzentrum. Es ist nicht alles so, wie wir glauben. Aber wir lieben unsere Klischees – beide Seiten. Die eine sagt: „Ihr könntet ja, ihr wollt bloß nicht helfen." Oder: „Ihr wollt uns nicht als Menschen." Die andere Seite will zunächst mal Dankbarkeit sehen nach dem Motto: „Hör mal, der Billigkugelschreiber, den ich dir anbiete, der muß dir doch bitte schön genügen. Was willst du denn noch, da wo du herkommst?" Es sind eigentlich ähnliche Geschichten, nur unter jeweils anderen Vorzeichen. Die Neuzuwanderer nehmen wahr, daß ihre Bedürfnisse nicht bedient werden, und wir sind enttäuscht, daß sich unsere hochgespannten Erwartungen nicht erfüllen. Weil wir dachten, jetzt kriegen wir endlich die blühende „Kehille" und die „Bereicherung", von der alle so geträumt haben. Unsere Vorstellung war schließlich: „Wir erneuern hier das jüdische Leben. Wir haben nicht mehr zu fürchten um den Erhalt der jüdischen Gemeinden. Da kommen auf einmal so viele, prima! Und die sollen jetzt partizipieren, aktiv werden, ihr Judentum ausleben." Zwei völlig verschiedene Sachen – wie wollen wir die zusammenbekommen?

Wir machen einen Kabbalat Schabbat, besorgen transkribierte Texte, Rabbiner, Übersetzer und streiten uns mit dem Restaurant herum, daß die das Essen billiger machen. Und dann erklärt der Rabbiner die Rituale, einer hält eine nette Begrüßungsrede: „Prima, daß ihr da seid, wir wissen, daß es schwer ist, aber wir hoffen, ihr fühlt euch bald zu Hause". Und eine Zuwanderin steht auf und sagt: „Ja, aber die Gemeinde tut nichts für uns." Der Rest nickt bedächtig, und wir sitzen da, vor unserem Festgedeck, und sind wieder mal frustriert. Das ist es, was ich mit unterschiedlichen Erwartungen meine. Wir haben gemeint – und viele, die die Gruppe nur von weitem kennen, pflegen da immer noch romantische Klischees –, da würde jetzt ein Dissident nach dem anderen und ein David Oistrach und Scholem Alejchem nach dem anderen durch die Tür kommen, um uns zu „bereichern". Die gibt es natürlich auch, aber meistens ist es ein Bauingenieur, Otto-Normal-Verbraucher eben, und der will uns nicht „A jiddische Mame" vorsingen, sondern der braucht eine Wohnung oder einen deutschen Führerschein. Der Neue kommt doch zunächst mal, weil er Hilfe braucht und wir ein Bezugspunkt sind. Schließlich sind wir die Jüdische Gemeinde und er ist Jude. Und da sind auch ein paar Leute, die sprechen Russisch, und die sollen ihn jetzt an die Hand nehmen, ihn „integrieren". Das korrespondiert ja grundsätzlich auch mit unseren jüdischen Sozialprinzipien: Zedaka, Dialogprinzip, Anerkennung von Regelungsbedarf, Hilfe zur Selbsthilfe. Wir wollen unbürokratisch helfen, wollen personenzentriert arbeiten. Wir wollen als eine Art Gegen- und Ergänzungspol zur staatlichen Sozialarbeit fungieren, was wir ja auch tun. Wir haben einen Anspruch – „Verflucht sei, wer das Recht des Fremdlings beugt" –, internalisierte Prinzipien, eine soziomoralische Verantwortung, die an einem religiösen Ideal gemessen wird – an einer Gruppenzugehörigkeit und an prägenden geschichtlichen Erfahrungen: Shoah, 2.000 Jahre Exil, Solidarität in der Diaspora. Allerdings passen diese Prinzipien nicht in jede Lebenssituation und Alltagsrealität, und dann kann es passieren, daß wir uns damit selbst im Wege stehen. Denn das läßt sich alles wunderbar gegeneinander ausspielen: „*Ich* bin Jude, *du* mußt mir helfen!" Ergo: „*Er* ist Jude, *ich* muß ihm helfen!". Da geht es nicht um Sinn und Unsinn der Hilfe, sondern um das losgelöste Prinzip: „Ich muß helfen, weil er ist, was er ist". Unklare Grenzen, Gruppendruck, Ideologisierungen, „double binds", Ausnutzung, Überforderung können die quälende Folge sein. Oder es kommt zu Gewissenskonflikten, wenn wir beispielsweise unkorrekte Verhaltensweisen decken oder tolerieren, nur weil ein Klient Gemeindemitglied ist oder verwandt mit „XY".

Zuwandererprobleme sind das eine, und viele Neuankömmlinge fühlen ganz sicher erst mal keinen Boden unter den Füßen. Nicht selten scheint aber auch die „alte" Gemeindebasis überfordert. Wir erleben dabei permanent so eine Art Zwei- oder Dreifrontenkrieg: Mit den Zuwanderern, mit unseren eigenen Vorständen, und mit den Altmitgliedern. Viele der letzteren fühlen sich bedroht, haben Angst, daß ihr Judentum zu „Russentum" wird, kümmern sich aber auch nicht darum, daß die Neuen ihre Umstellung bewältigen, ohne gedemütigt und beschämt zu werden. Vielmehr wird angefragt: „Was ist jetzt mit uns? Wir konnten hier immer herkommen und einfach die Tür aufmachen und drei Stunden quatschen. Und jetzt? Ich komme jetzt überhaupt nicht mehr, weil ich nicht die Ellenbogen habe, mich da vorbeizukämpfen an diesen Leuten. Wir werden vernachlässigt, wir werden benachteiligt, wir werden russifiziert. Ihr kümmert euch nur noch um die Russen. Die Russen bekommen die Jobs, obwohl sie gar nicht Deutsch können, und wir bleiben auf der Straße. Und die fordern nur und wollen sofort alles haben, wofür wir 20 Jahre gebraucht haben – und die bekommen das auch alles." Da überlagern sich Ängste vor Veränderung, vor Konkurrenz auch, vor Majoritätsverlusten, vor einem härteren „Wer-kriegt-die-Ressourcen"-Wettstreit: Wer kriegt die Machaneh, wer kriegt die Wohnung, wer kriegt den besseren Platz auf dem Friedhof? Und bei diesen Dingen bleiben wir dann stecken, über diesen Rahmen hinauszuschauen, fällt den meisten schwer. Uns Sozialarbeitern sowieso, weil wir täglich mit diesen Dingen beschäftigt sind. Die Leute kommen ja nicht zu uns, wenn bei ihnen alles glatt läuft, sondern eben, wenn es nicht funktioniert.

Insgesamt sind wir ja tatsächlich überfordert, strukturell und finanziell. Wir können die vorhandenen Erwartungen gar nicht bedienen, und in manchen Gemeinden will man sie auch nicht bedienen. Wir können keine Gesetze ändern und Jobs aus dem Hut zaubern. Das ist auch nicht die Aufgabe einer Religionsgemeinschaft. Aber wem erzähle ich das! Dennoch dürfen wir und genauso die Zuwanderer nicht übersehen, daß wir unwahrscheinlich viel geschafft haben, daß unser Sozialnetz inzwischen riesig ist, auch dank ihnen. Zugegebenermaßen ist unser Blick natürlich sehr Berlin-zentriert, wo eben auch Hinterland geschaffen worden ist: Wir haben heute Sozialberatungsstellen, Berufsberatungsstellen, Jugendberatungsstellen. Wir haben Klubs für Jugendliche, Klubs für Senioren, für Singles. Wir bieten Kurse an – Computer, Judentum, Deutsch, Tanzen – alles mögliche, Integrationsseminare, Workshops, Reiseprogramme. Es gibt eine Jüdische Galerie, wo fast nur Zuwanderer eine Chance haben auszustellen, und sogar ein Gymnasium. Aber auch das hat wieder zwei Seiten: Einerseits konnte die Oberschule überhaupt nur eröffnet werden, weil es so viele Zuwanderer gibt, andererseits leidet der Unterricht. Die GUS-Kinder haben teilweise große Umstellungsprobleme, die Eltern überlassen der Schule die Verantwortung, haben aber andererseits gänzlich andere Vorstellungen, was Disziplin oder Erziehungsmethoden betrifft. Außerdem, und das, denke ich, ist wieder ein Loyalitätsproblem, werden Kinder aufgenommen, die in anderen Schulen wegen mangelnder Leistungen nicht aufgenommen würden.

Wir haben ein Gemeindehaus, fünf Synagogen, einen Kindergarten, eine Grundschule und eine Volkshochschule, ein Seniorenheim, einen Sportverein, Bibliotheken und die unterschiedlichsten Ausschüsse, die sich mit Zuwanderern befassen. Das ist doch alles gigantisch – bei gerade mal 12.000 Menschen. Das sind die Rahmenbedingungen, die „Hardware“ sozusagen. Mit den Menschen, mit der „Software“, ist es schwieriger. Außer daß wir alle jüdisch sind, kommt gar nicht so furchtbar viel an Gemeinsamkeiten heraus. Und das gewünschte Gemeinsamsein oder -fühlen entsteht nicht im Selbstlauf. Wenn manchen der Zuwanderer die Gemeinde zunächst nur als eine Art psychologischer

Anker dient, dann ist das schon viel. Wir sehen doch auch, daß viele jetzt Brit und Bar-Mizwa machen. Und über das Interesse der Alten können wir uns erst recht nicht beklagen, die kennen das alles noch von früher und nehmen unsere Angebote ja auch dankbar an. Die Kinder, die in die jüdischen Schulen und in die Jugendgruppen gehen, bringen das auch mit nach Hause. Wie oft höre ich, daß die Eltern von ihren Kindern „Judentum lernen". Für den Anfang können wir nicht mehr erwarten. Und die, die kein Interesse haben – na gut, dann eben nicht. Wir sind keine Missionare. Wir haben ganz andere Probleme. Was machen wir zum Beispiel mit den nicht-halachischen Juden, mit denen, die wollen, aber nicht dürfen? Die Kinder von jüdischen Vätern? Darüber muß nachgedacht und gesprochen werden. Zu Hause waren sie „Juden", hier sind sie plötzlich „Goim" oder „Russen". Die glauben, sie sind „im falschen Film". Und unsere Rabbiner halten sich vornehm zurück.

Doch wenn wir schon mal bei Definitionen und Zuordnungen angelangt sind: Es fällt uns selbst doch auch nicht leicht, unser „Jüdisch-Sein" heute irgendwie konkret zu definieren. Wenn die meisten Zuwanderer sagen, daß das für sie eine Nationalität ist und keine Religion, dann müssen wir das erst mal so hinnehmen. Es ist die sowjetische Definition, damit haben sie gelebt, und aus einem Atheisten kurzerhand einen Religiösen machen zu wollen, ist reichlich absurd. Die Menschen sind jüdisch, weil es so in ihrem Paß steht, das war ihre „Identität". Sie sind mit Nichtjuden verheiratet, wissen kaum etwas über unsere Traditionen – trotzdem sind sie Juden. Und wenn wir ehrlich sind: Wie sieht es denn mit unserem eigenen Traditionsbewußtsein aus? Wie viele von uns essen denn koscher, beherrschen Hebräisch und Jiddisch und gehen jede Woche in die Synagoge? Das dürften die wenigsten sein. Aber von den Zuwanderern erwarten wir, daß sie das alles praktizieren und sehr ernst nehmen. Wie oft ist zu hören: „Die sind nicht richtig jüdisch". Über die Gegenreaktionen brauchen wir uns dann nicht zu wundern: „Ihr seid besserwisserisch, arrogant, schlimmer als die Deutschen. Glaubt ihr, wir sind vom Himmel gefallen oder kommen aus dem Wald?" Ich zitiere nur immer, was Leute mir so erzählen. Wir müssen verstehen, wie schwierig es ist, hier irgendeine Position zu finden, ich rede noch gar nicht von Identität. In ihrer früheren Heimat wurden die Zuwanderer einheitlich abgelehnt, das war eindeutig. Hier erleben sie eine Mischung aus Subventionierung und Ablehnung. Sie wurden „eingeladen", hierherzukommen, der Staat bezahlt das tägliche Leben. Wenn sie anfangen, anstatt russischer Romanzen jiddische Lieder zu singen, kommen sogar die Deutschen und klatschen mit. Andererseits kann es sein, daß sie als Juden bald auf Diskriminierung stoßen oder – noch schlimmer – daß sie eben von uns nicht ernstgenommen oder abgelehnt werden. Nun muß der Neuankömmling sich da erst mal durchfinden. Da ist es doch bequemer, sich zurückzuziehen, mit seinem „Jüdisch-Sein" hausieren zu gehen, was ihnen viele der länger ansässigen Juden ja auch vormachen. Oder man klagt bei den ersten Verwaltungs- und Behördenproblemen: „Alles Antisemiten, diese Bürokraten und die ganze Ausländerpolizei". Oder noch zugespitzter gegenüber der Gemeinde: „Wenn ihr mir nicht helft, geh' ich zur Kirche!" – ich zitiere wörtlich. Dieses Gebaren, von einer Tür zur anderen zu rennen, läßt sich sicherlich ein Stück aus dem Herkunfts- und Sozialisationskontext der ehemaligen Sowjetbürger herleiten. Man mußte dort tatsächlich „von Hinz zu Kunz" laufen, um das Nötigste zu beschaffen, und dieses quasi „Erfolgsprinzip" wirkt nach. Hinzu kommt, daß die Zuwanderer die hiesige Rechtsprechung als dehn- und manipulierbar interpretieren, zumal, wenn „à la UdSSR" interveniert wird und das auch noch funktioniert. Wir versuchen zwar unsererseits, die anstehenden Probleme und Wünsche zu institutionalisieren und zu kanalisieren in der Art: „Geh' bitte nur zu dem und dem, weil die für dich und dein Problem zuständig sind". Die Realität sieht anders aus, teilweise auch, weil die Gemeinden interne Fehler begehen, Hilfsangebote nicht klar bündeln und zuordnen. In Berlin haben es einige Repräsentanten beispielsweise besonders gut gemeint. Sie boten neben der Beratungsmöglichkeit durch die Sozialabteilung auch noch eigene Sprechstunden an, richteten ein Integrationsbüro ein, organisierten spezielle Treffs zu Einzelfragen der Eingliederung. Und was ist passiert? Die Leute denken sich, daß ja wohl irgendwas dahinter stecken muß und laufen mit exakt dem gleichen Problem *zu allen*. Und was schlußfolgern die Repräsentanten? Daß ein erheblicher weiterer Handlungsbedarf besteht, weil jede ihrer Sprechstunden ja voll ist. Oder sie wundern sich wie einer unserer Repräsentanten, der seine Zeit „den Problemen der Mitglieder mit der Gemeinde" widmen wollte, letztendlich aber „nur" mit aufenthalts-, arbeits- und sozialrechtlichen Sorgen konfrontiert wurde.

Inhaltliche Aspekte des Gemeindelebens sind bei den Zuwanderern noch kaum von Interesse. Wir haben das auch bei den letzten Gemeindewahlen in Berlin gesehen. Nachdem beim vorherigen Mal noch überhaupt kein Neuzuwanderer kandidiert hat, waren es im letzten Jahr plötzlich sehr viele. Durchgekommen ist zwar keiner dieser Kandidaten. Möglicherweise haben die „eigenen Leute" ihnen den Job nicht oder noch nicht zugetraut. Vielleicht gab aber den Ausschlag, daß mehr „Alte" als „Neue" zur Wahl gegangen sind, ein Teil möglicherweise aus Angst, nach der demographischen auch noch die politische Mehrheit zu verlieren. Was aber viel wesentlicher erscheint, ist, daß es in den Wahlprogrammen der Neuzuwanderer fast nie um Religion, jüdische Positionen in der Gesellschaft oder ein Zusammenwachsen von „Alt" und „Neu" ging, sondern um die vermeintlichen oder tatsächlichen Möglichkeiten der Gemeinde in Bezug auf soziale Aspekte: Aufenthaltserlaubnis, Staatsbürgerschaft, Arbeitsplätze in der Gemeinde und so weiter. Genauso laufen die meisten offiziellen Diskussionsveranstaltungen ab, bei denen sich Alteingesessene und Zuwanderer begegnen. Ich erinnere mich an eine symptomatische Situation, eine Podiumsdiskussion mit Gemeinderepräsentanten, Experten des Arbeitsamtes und russisch-jüdischen Zuwanderern. Da wurde wirklich stundenlang vom Podium herunter erklärt: „Wir können keine Gesetze beschließen. Wir sind auch nicht das Arbeitsamt, wir können nur flankierende Hilfestellungen leisten. Sie müssen trotz Ihrer guten Berufe Ihre unrealistischen Ansprüche herunterschrauben und auch Jobs annehmen, die unter Ihrem Ausbildungsniveau liegen. Lernen Sie so gut wie möglich Deutsch, nur so haben Sie überhaupt eine Chance. Jeder Job ist besser als

Sozialhilfe, auch wenn es bequemer ist, von Sozialhilfe zu leben." Kaum sind die Vorträge beendet, und es wird zur Diskussion aufgerufen, springt ein Zuwanderer auf und ruft in Richtung Podium: „Warum gibt mir die Gemeinde keine Arbeit? Ihr redet nur und tut nichts." Der Mann konnte nicht einmal die Frage nach seinem Namen auf Deutsch verstehen, war Ingenieur für Elektronik, und als solcher wollte er auch Arbeit in der Gemeinde! Ich habe keine Lösung. Ich konstatiere nur, daß wir ab und zu am Verzweifeln sind, weil wir das Gefühl haben, gegen die Wand zu reden oder überhaupt keine Resonanz und Rückmeldung zu bekommen.

Die beschriebene Episode fand eine fast schon absurde Fortsetzung: Nach dieser Podiumsdiskussion hat die Gemeinde eine Jobbörse initiiert. Sie hat es mit viel Aufwand und guten Worten geschafft, jüdische Arbeitgeber in Berlin zu bewegen, Ausbildungsplätze und Jobs zur Verfügung zu stellen. Und dann haben wir tatsächlich eine Reihe von freien Stellen, die werden auch brav in unserer Gemeindezeitung veröffentlicht – und was passiert? Entweder sind die Bewerber nicht einstellbar, weil ihr Deutsch schlecht ist oder ihre Qualifikation nicht ausreicht, oder – und das ist viel schlimmer – es meldet sich niemand für die Stellen! Oder der Job wird nach drei Tagen geschmissen, weil er dem Klienten nicht gefällt. Wir sitzen seit Monaten auf guten Ausbildungsplätzen, und es meldet sich kein Mensch. Das ist unglaublich frustrierend. Wir kennen das alle.

Andererseits müssen wir damit leben, daß es restriktive Berufsanerkennungsbedingungen gibt – wie für all die Fachärzte beispielsweise – und wenige realitätsbezogene Weiterbildungsangebote, daß die Zuwanderer aufgrund ihrer Ausbildung ein hohes Anspruchsniveau haben und daß wir teilweise von falschen Voraussetzungen ausgegangen sind. Wir haben nun mal sehr viele Berufstätige in fortgeschrittenem Alter in die Gemeinden bekommen. Ist es überhaupt realistisch, sie alle in den Arbeitsmarkt integrieren zu können? Wohl kaum, auch wenn die Betroffenen selbst das nicht verstehen können und uns dafür verantwortlich machen, daß sie hier mit Fünfzig zum „alten Eisen" geworfen werden. In Berlin sind schon jetzt mehr als

40 % aller Neuzuwanderer über 50 Jahre alt. Da hilft vermutlich auch keine jüdische Jobbörse und keine ABM mehr. Aber gerade diese Menschen bewältigen die Umstellung auf die neue Umgebung am schwersten und leben hier am stärksten in Isolation. Das bedeutet meines Erachtens nach, daß wir uns auf das konzentrieren sollten, was objektiv Sinn macht: Wir brauchen russischsprachige Psychologen und Altenhelfer, mehr Altenheime und Freizeitprogramme. Allmählich haben das ja auch unsere Vorstände verstanden. In Berlin wird zumindest darüber nachgedacht, den ganzen Senioren-Freizeitbereich nunmehr massiv auszubauen.

Nichtsdestotrotz haben wir die „Einbahnstraße" der Betreuung noch kaum aufbrechen und den „Neuen" – aber auch manchen Alteingesessenen – vermitteln können, was Gemeinde eigentlich bedeutet oder bedeuten soll: daß sie staatliche Verantwortlichkeiten nicht übernehmen kann, daß Mitglieder auch Pflichten haben, und daß die Gemeinde nicht irgendein Abstraktum ist oder eine Kuh, die sich melken läßt, daß die Leute vielmehr selbst die Gemeinde sind und dadurch mitverantwortlich für das, was sich entwickelt und was nicht. Für meine Ehrenamtlichen-Gruppe in Berlin habe ich gerade mal zehn Zuwanderer gefunden, bei 12.000 Mitgliedern, von denen zwei Drittel aus der GUS gekommen sind. Das ist der Status quo. Und über diese Stufe müssen wir hinaus. Es ist letztlich eine Zeitfrage, das hat die Einwanderungswelle in den 70er Jahren gezeigt. Die Menschen brauchen die Zeit. Wir haben ja auch die andere Seite, Zuwanderer, die sich engagieren, und viele, die es bereits geschafft haben, sich einzuleben, die sich sowohl an ihrer Herkunftskultur als auch an der hiesigen Umgebung neuorientieren, die Arbeit gefunden oder ihr Studium abgeschlossen haben. Das sind uns natürlich die Liebsten, die können wir einbinden, mit denen haben wir jetzt kaum noch Probleme. Und warum sollten wir uns bei einer Zehn-Jahres-Bilanz nicht auch das vor Augen halten: Wir sind ein ganzes Stück weitergekommen in den letzten Jahren, viele Zuwanderer haben sich sehr wohl etabliert – und von ihnen kommt auch etwas zurück. Wir müssen sehen, wie wir es mit den anderen schaffen, jenen, bei denen die sozio-ökonomische Integration stockt, und jenen, die vor allem mental nicht klarkommen. Es mag die Ablehnung der alten sozialistischen Ordnung sein, ein neuer Konkurrenzneid, ein theoretischer Begriff von kapitalistischer Freiheit, der dem einstigen „Kollektiven“ entgegengesetzt wird, warum viele Zuwanderer eine Art individualistische Ideologie entwickelt haben. Defizite wollen kompensiert werden, und der Vergleich mit den Langansässigen weckt weitere Bedürfnisse und Ansprüche. Viele Zuwanderer kommen mit Informationslücken und überhöhten Erwartungen an, hatten andererseits in der Heimat einen recht hohen Sozialstatus und stehen jetzt unter Erfolgszwang. Da werden vehement Rechte eingefordert, die nirgendwo geschrieben stehen, oder es wird – wie früher – die leitende, begleitende Hand vermißt. Gleichzeitig lehnen viele der „Neuen“ aber jede hiesige Autorität ab und reagieren auf flankierende Hilfsangebote mit Mißtrauen. Institutionen und ihre Vertreter können es noch so gut meinen: In der Optik vieler Immigranten bilden sie eben das „Andere“, für das der Einzelne keine (Mit-)Verantwortung trägt, das er nicht mitbestimmt, nicht verändern kann – das er höchstens als „Selbstbedienungsladen“ nutzt. Also kämpft jeder für sich und nimmt nur das zur Kenntnis oder akzeptiert nur das, was ihm selber nutzt oder schadet von diesem System. Und wenn er sein Problem gelöst hat, sieht man ihn nie wieder. Wie sollen da Loyalitäten entstehen? Sozialhilfemißbrauch hat auch etwas mit mangelnder Loyalität zu tun, mit der Auffassung: „Warum gerade ich, wenn Staat und Gemeinde außer mir sind? Ich bin nicht Staatsbürger – also was interessiert es mich? Und überhaupt: Ich bin nicht so sicher, ob diese Gesellschaft, diese Gemeinde mich überhaupt wollen, ich durchschaue die Strukturen nicht.“ Andere Zuwanderer möchten durchaus teilhaben, sich einbringen, auch mitbestimmen, stoßen dafür aber an mentale, sprachliche, kulturelle Barrieren.

Ohne ausgiebige Kommunikation, da brauchen wir uns nichts vorzumachen, bleibt Integration immer nur bruchstückhaft. Hier sind wir gefordert, immer wieder auf die Leute zuzugehen, ihnen die Ängste vor Öffentlichkeit und Austausch zu nehmen. Sicherlich kann das nur bis zu einem bestimmten

Punkt funktionieren. Denn wir sehen auch, daß die Lebensgestaltung der Zuwanderer an vielen Punkten von ihnen selbst abhängt. So wie wir Abschottungen seitens der etablierten jüdischen Alteingesessenen zur Genüge kennen, finden wir die auch bei manchen „Neuen“, die unter sich bleiben und eigene Substrukturen – eben ihr „China-Town“ – bilden wollen. Von Region zu Region, Bundesland zu Bundesland mag das verschieden sein. Berlin hat jedenfalls längst seine „russisch-jüdische Subkultur“, bedingt unter anderem durch einen Zuzug in regelrechten Familienverbänden. Die Verwandtschafts-Dichte oder Freundeskreis-Dichte ist hier enorm hoch. Und soziale Gefüge von einst wachsen manchmal wie im Maßstab eins zu eins wieder aus dem Boden: Da kommt jemand nach Berlin, und da ist schon der einstige Nachbar aus der Rostow-Straße, und der vom Moskowski-Prospekt wohnt auch gleich wieder nebenan. Eigentlich hat sich nichts geändert, alles geht in gleicher Weise weiter. Beziehungen werden geknüpft und unterhalten, als wären sie nie unterbrochen gewesen. Die Zuwanderer heiraten fast nur untereinander oder holen sich Partner aus der GUS oder aus Israel. Binnenintegration, wenn man das so nennen will, funktioniert hier in höchster Potenz. Neuzuwanderer haben mir oft genug gesagt: „Was brauche ich denn die Deutschen und die Gemeinde. Na ja, sie hat die Wohnung versorgt, das war eine feine Sache. Aber hör mal. Wenn ich russischen Fisch essen gehen will, gehe ich zu Igor und Natascha. Wenn ich ein Problem habe mit meiner Freundin, dann gehe ich zu Sascha. Wenn ich ein Problem mit der Hausverwaltung habe, komme ich in die Gemeinde. Aber ansonsten, ich brauche das nicht. Ich kann ganz gut Deutsch, aber ich brauche es nie. Ich hab' russisches Fernsehen, meine Gesellschaft, die ich habe, funktioniert.“ Und du stellst dich hin und sagst: „Das verstehe ich nicht, warum hockt ihr zusammen und macht einen auf Verein?“

Dieses Unter-Sich-bleiben können wir erst einmal nicht nachvollziehen. Doch wenn wir die starke Betonung von Zusammenhalt in Gruppen, von „Kollektivität“ – was offenbar schon immer als Vorteil empfunden wurde – in Betracht ziehen, dann erscheint es etwas verständlicher. Personen, die aus der DDR kommen, können sich dunkel an ähnliche kollektive Milieus und Strukturen erinnern. Die Formen des Umgangs brauchen nicht tiefgründiger zu sein – aber sie sind anders als hier, wo man drei Wochen vorher anruft, um einen Besuch zu vereinbaren, wo es aufdringlich wirkt, spontan hier und da vorbeizuschauen. Das sind ganz andere Kulturmuster.

Daß die gruppenzentrierte und heimatverbundene Mentalität von den Zuwanderern so stark beibehalten wird, mag auch Berlin-spezifisch sein. Berlin war und ist nahe an Osteuropa und der GUS gelegen. Hier gab es schon vor dem Mauerfall in beiden Stadtteilen viele russischsprachige Migranten, die sich ihre eigenen Lebenswelten schufen. Die Jüdische Gemeinde in Westberlin war schon vor der Wende respektabel angewachsen, verfügte über eine differenzierte Infrastruktur und ein solides Sozialnetz. In der neuen deutschen Hauptstadt haben sich nun auch andere russischsprachige Gruppen eingelebt, wie etwa Zehntausende Spätaussiedler und ehemalige Angestellte der sowjetischen Administration in Ostdeutschland. Alles in allem zählt die „russische Gemeinde“ heute mehr als 100.000 Seelen, und sie ist optisch gut sichtbar. Charlottenburg wird in mancher Munde wieder „Charlottengrad“ genannt, und dort – in der Gegend um die Kantstraße – konzentriert sich auch das Gros an jüdischen Restaurants und Geschäften. Über die Hälfte der jüdischen Immigranten hat sich in Charlottenburg und den angrenzenden Bezirken Wilmersdorf und Schöneberg niedergelassen. Viele von ihnen nahmen dafür zwei, drei oder auch vier Umzüge in Kauf, was von einer erstaunlichen Mobilität und Beharrlichkeit zeugt.

In den östlichen Bezirken Berlins bleiben langfristig nur sehr wenige der zugewanderten Juden aus der Sowjetunion beziehungsweise GUS wohnen. In der Umgebung der Oranienburger Straße haben allerdings viele von ihnen einen Job angenommen, und das nicht nur als Kellner und Straßenmusikant. Ein beachtlicher Teil der Kulturszene in Mitte und im Prenzlauer Berg hat sich seinerseits stark auf die „russisch-jüdische Szene“ hinbewegt, egal ob in den Hackeschen Höfen, in Cafés, Buchhandlungen oder jüdischen Kulturzentren und -vereinen. Natürlich tut da auch der „Touristenboom“ seine Wirkung, der alles von Klezmer bis „Gefillte Fisch“ mitnehmen will. Dennoch: Wenn die russisch-jüdische, vor allem aber die russische Szene innerhalb weniger Jahre so stark geworden ist in Berlin – heißt das vielleicht, daß wir als Jüdische Gemeinde kulturell zu wenig anbieten, oder daß die Zuwanderer in manchem jetzt schon kreativer und flexibler agieren als wir selbst? Es gibt unzählige russische Klubs quer durch Berlin, Restaurants, Konzerte, russische Radiosendungen, russisches Lokalfernsehen, russische Wochenzeitschriften und einen internen Arbeitsmarkt – eine Art „ethnische Ökonomie“, in der die deutsche Sprache übrigens kaum benötigt wird. Und das Vereinswesen treibt die buntesten Blüten: Die „Gruppe 300“ zählt dazu – jene über Israel gekommenen sowjetischen Juden, die als Flüchtlinge anerkannt werden wollen und die Gemeinde und den Senat mit Petitionen belagern. Daneben die „Jüdischen Kammermusiker“, die „Jüdischen Wissenschaftler“, die „Jüdischen Literaten“, die „Jüdischen Kriegsveteranen“ und wer weiß, was noch. Das vielfältige Vereinsleben bringt dennoch jenen zwiespältigen Effekt mit sich, den auch die Runde der Alteingesessenen in der Gemeinde gut kennt: Man/frau bleibt unter sich. Das ist die Kehrseite der Medaille, die alles mögliche spiegelt, nur nicht Integration als wirkliches Näherkommen von Migranten und Aufnahmegesellschaft. In einer früheren soziologischen Studie habe ich darüber geschrieben: „Die ambivalente Umgebung und begrenzte Teilhabemöglichkeiten in ihr sind Mitursachen dafür, daß sich eine ‚ethnic community‘ herausgebildet hat, die weitgehend selbstorganisiert und unabhängig von außen ist. Die relative Vollständigkeit und Größe der ‚Kolonie‘ ermöglicht einerseits eine mentale und teilweise soziale Absicherung sowie die Aufrechterhaltung subkultureller Präferenzen, ist Machtbasis für Interessenschutz und Voraussetzung für die Eingliederung, behindert sie aber gleichzeitig. Ein erheblicher Teil der Migranten unterhält hier beinahe alle Primärkontakte und die Mehrzahl der Sekundärkontakte. Das Vorhandensein eigener Netzwerke erlaubt nicht nur, Zugang zu bestimmten Bereichen zu erlangen, sondern auch innerhalb der hergebrachten Beziehungslinie zu verbleiben und intensivere Außenkontakte und -orientierungen von sich aus zu umgehen. Für viele

Migranten ist es somit vorläufig ausreichend, funktional unumgängliche Basisorientierungen und -qualifikationen zu erwerben. Denjenigen, die mit dem Versuch, Arbeit, Kontakte, Akzeptanz zu finden, gescheitert sind, wird der Rückzug wiederum erleichtert. In einem Fall bedient, im anderen kompensiert die ‚community' die Bedürfnisse nach Sicherheit und Reorganisation ohne Neuanpassung."

Oder anders formuliert: Wir brauchen uns nicht wundern, daß manche Zuwanderer nach zehn Jahren in Berlin immer noch kein Deutsch sprechen oder stets von Neuem zu uns kommen, damit wir ihre Probleme lösen. Wir müssen aufpassen, daß wir uns kein Eigentor schießen. Damit tun wir uns keinen Gefallen und dem Zuwanderer auch nicht. Der kommt abhängig hierher, und jetzt bedienen wir das auch noch weiter, indem wir ihn in eine „warme Decke" einpacken. Das ist für ihn zunächst mal einfacher so. Für uns aber auch. Wir haben die Fäden in der Hand und bestimmen, wo und wie es langgeht. Aber wenn wir ihn dann loslassen, dann ist er genauso weit wie am Anfang. Bei Integrations-Seminaren in Israel kann beobachtet werden, daß dort schon Strategien entwickelt werden, genau diese Abhängigkeiten und Passivitäten zu verhindern oder abzubauen.

Nicht alles ist vergleich- und übertragbar. Doch sollten wir in Berlin uns von Fall zu Fall, von Anliegen zu Anliegen neu fragen, was wir tatsächlich erreichen wollen. Dient es der Integration, wenn wir die Gemeindezeitungen auf Russisch herausgeben? Dient es ihr wirklich, wenn wir Sozialberatung, Treffpunkte und Kurse immer auch auf Russisch anbieten? Dient es ihr, wenn wir unqualifizierte Leute in der Gemeinde einstellen, nur weil sie Zuwanderer sind? Dient es ihr, wenn wir Zuwanderern jeden Konflikt mit ihrer Umgebung abnehmen? Dies sind viele provokant anmutende Fragen mit noch sehr wenigen Lösungen. Und sie müssen, glaube ich, differenziert beantwortet werden. Wir sollten schon akzeptieren, daß jemand die Wohnung mit Ofenheizung ablehnt, wenn es so etwas in der Sowjetunion gar nicht gab, und wir können von einem 80jährigen nicht erwarten, daß er Goethe in Deutsch rezitiert. Aber wir können zu Recht von einem „normalen" 40jährigen erwarten, daß er nach drei Jahren Berlin das Arbeitsamt selbst anrufen kann. Und hier sollten wir auch aufhören zu jammern, beide Seiten. Wenn es Zuwanderer gibt, die seit zehn Jahren hier heimisch sind und immer noch nicht der deutschen Sprache mächtig, sich nicht in der Gemeinde engagieren oder das Weiterbildungsangebot, das wir ihnen gerade herausgesucht habenm ungelesen abwinken – dann wollen oder brauchen sie das alles vielleicht gar nicht. Integrative Hilfe muß auch ihre Grenzen kennen und sollte nicht zum „Helfersyndrom“ mutieren. Wir organisieren seit acht Jahren jedes Jahr Pessach für Zuwanderer, also einen Seder mit russischer Übersetzung von A bis Z. Die große Einwanderungswelle in Berlin ist aber vorbei, das heißt, die meisten Zuwanderer, die jetzt da hinkommen, sind schon zwischen fünf und neun Jahren im Land. Wie lange soll das eigentlich *in dieser Form* laufen? Das müssen wir uns doch dann auch fragen.

Natürlich sind es nicht nur verschiedene Kultur- und Verhaltensmuster bei „Alt“ und „Neu“, gegenseitige Abgrenzungen und enttäuschte Erwartungshaltungen, welche den Integrationsfortschritt hemmen. Auch die Integrationspolitik auf Bundesebene hat korrekturbedürftige Seiten. Wir sollten uns beispielsweise nicht damit abfinden, daß sinnlose Wohnsitzbeschränkungen im Zuge der Erstverteilung fortbestehen und hochqualifizierte Neuzuwanderer aus Millionenstädten gezwungen sind, in Dörfern fernab der Kultur und Wissenschaft zu „versauern“ oder ihre Energie dafür zu verschwenden, auf halsbrecherischen Umwegen doch noch nach Berlin, Köln oder München zu gelangen.

Hier erwarten die jüdischen Neuankömmlinge zu Recht unsere entschiedene Hilfe.

Hanna Petschauer

Für die Alten ein Zufluchtsort. Eine Befragung unter russisch-jüdischen Zuwanderern in Leipzig

Es gibt verschiedenste Gründe, warum Menschen emigrieren, aber eines scheint sicher: Jeder ist dabei auch auf der Suche nach einem besseren Leben. Die Hoffnung auf Veränderung, die Sehnsucht nach besseren Seins-Bedinungen verlangt trotz ihrer Schemenhaftigkeit nach Einlösung. Vorstellungen über das, was „besser" bedeuten kann, hängen eng mit der Biographie und dem Selbstverständnis der Migranten zusammen. Diese Vorstellungen und ihre Modifizierungen im Integrationsprozeß, wie sie von russisch-jüdischen Zuwanderern in der Stadt Leipzig selbst geäußert werden, bilden den Mittelpunkt des vorliegenden Aufsatzes.

Seit dem politischen Umbruch in Mittel- und Osteuropa Ende der 80er Jahre sind mehr als 100.000 Juden aus der früheren Sowjetunion nach Deutschland eingereist. Damit zählt die Bundesrepublik neben Israel und den USA zu den bevorzugten Einreiseländern dieser Bevölkerungsgruppe. Die Gründe dafür sind vielfältig: neben ökonomischen und politischen Ursachen spielt vor allem der Umfang der Informationen über mögliche Zielländer eine wesentliche Rolle. „Diese Informationen sind nicht immer realistisch; mythische Vorstellungen verbinden sich mit nationalen Klischees und Erfolgsgeschichten der bereits Gewanderten, die sich zum Nachweis ihres Erfolges genötigt sehen."[1]

Auf den ersten Blick erscheint es paradox, daß Juden ausgerechnet nach Deutschland emigrieren. Dieser vermeintliche Widerspruch fordert zu einer näheren Betrachtung heraus und stellt die Frage nach Migrationsabsichten und -erwartungen in besonderer Weise. Gleichzeitig geraten die hiesigen jüdischen Gemeinden in ein völlig neues Blickfeld, denn sie stehen – besonders in Ostdeutschland – vor einer doppelten Herausforde-

1 Annette Treibel, Migration in modernen Gesellschaften. Soziale Folgen von Einwanderung und Gastarbeit, Weinheim/ München 1990, S. 31.

rung: mit vergleichsweise geringen Personalien und materiellen Ressourcen Fremde in die Gemeinde zu integrieren und gleichzeitig die Erneuerung kulturellen und religiösen jüdischen Lebens zu befördern.

Die individuellen Sichtweisen der Neumitglieder, wie sie ihre Umstellung auf das neue jüdische wie nichtjüdische Umfeld erleben, waren für meine Untersuchung besonders interessant. Ausgangspunkt für die geführten Gespräche war dennoch erst einmal ihre ursprüngliche Entscheidung, die Sowjetunion beziehungsweise ihre Nachfolgestaaten zu verlassen und sich ein neues Leben in der Bundesrepublik aufzubauen. Das Verlassen der „alten" und die Eingliederung in die „neue" Gesellschaft wird von Migranten im allgemeinen als mehrschichtiger, komplexer und doch klar zusammenhängender Prozeß verstanden und auch so dargestellt. Diese Verknüpfung verlangt ihrerseits eine spezielle Methode des Interviews.[2]

Grundlage für die Auswertung der von mir geführten Gespräche und Interviews bildeten selbststrukturierte Erzählungen der Zuwanderer. Um die aktuellen Probleme der Eingliederung besser verstehen zu können, ist es notwendig zu erfassen, wie die Erzählenden ihre Situation vor der Ausreise heute – im Abstand einiger Jahre – einschätzen. Denn ihre Lebensgeschichten – einschließlich der Migrationsentscheidung – interpretieren sie aus stark individueller Perspektive, sie bilden keine „objektive Realität" ab. Die rückblickende Bewertung der jeweiligen Migrationsentscheidung, die von den Neuzuwanderern nunmehr vorgenommen wird, bildet gleichsam eine an der gegenwärtigen Zufriedenheit gemessene „Migrationsbilanz".[3]

Interne und externe Faktoren bestimmen den Handlungsspielraum des einzelnen Immigranten sowohl im Herkunftskontext –

2 Die Interviews wurden nach der Methode von Fritz Schütze geführt und ausgewertet. Vgl. F. Schütze, Die Technik des narrativen Interviews in Interaktionsfeldstudien – dargestellt an einem Projekt zur Erforschung von kommunalen Machtstrukturen. Arbeitsbericht der Universität Bielefeld, Bielefeld 1977; Ders., Biographieforschung und narratives Interview. In: Neue Praxis, H. 3 (1983), S. 283–293.

3 Vgl. Martin Kohli (Hg.), Soziologie des Lebenslaufs, Darmstadt/Neuwied 1978.

was nicht vernachlässigt werden darf – als auch in der Zuzugsgesellschaft.[4] Daneben bleiben die Fragen nach allgemeingültigen Tendenzen und Trends, nach häufigen und weniger häufigen Verhaltensmustern und Erwartungshaltungen innerhalb der gesamten Zuwanderergruppe relevant: Wie begründen die meisten jüdischen Zuwanderer ihre Migrationsentscheidung? Was bedeutet für sie jüdische Identität? Welche Informationen und Kriterien waren für die Wahl des Einreiselandes von Bedeutung? Welche Bedingungen in Deutschland fördern beziehungsweise hemmen aus ihrer Sicht die Integrationsbereitschaft? Welchen Stellenwert haben dabei soziale, berufliche und rechtliche Handlungsspielräume? Welche individuellen Folgen ergeben sich daraus für die Zuwanderer, und wie bewältigen sie die neue Situation?

Im Zeitraum von Mitte Oktober 1997 bis Ende Januar 1998 führte ich 21 narrative Interviews mit jüdischen Zuwanderern aus der ehemaligen Sowjetunion durch. Alle Befragten lebten zum Zeitpunkt der Erhebung in der Stadt Leipzig. Das Alter der Interviewpartner lag zwischen 17 und 74 Jahren. Vier der Befragten waren jünger als 23 Jahre und befanden sich zu diesem Zeitpunkt in der Schul- beziehungsweise Berufsausbildung. Der größte Teil der Befragten, elf Zuwanderer, war zwischen 32 und 51 Jahre alt. Sechs Befragte gaben ein Lebensalter von mehr als 60 Jahren an.

Alle Zuwanderer – insgesamt elf Frauen und zehn Männer – sind zwischen 1989 und 1995 in die ehemalige DDR beziehungsweise in das wiedervereinigte Deutschland eingereist. 18 Befragte stammen aus dem europäischen Teil der ehemaligen Sowjetunion und lebten in Großstädten wie Kiew, St. Petersburg, Minsk oder Moskau. Die übrigen kamen aus Usbekistan und Tadschikistan.

16 Befragte hatten in der Sowjetunion eine Hochschule absolviert. Dabei waren Ingenieure und Techniker am stärksten vertreten, gefolgt von Ökonomen, Medizinern und Künstlern.[5]

4 Vgl. Hartmut Esser, Aspekte der Wanderungssoziologie: Assimilation und Integration von Wanderern, ethnischen Gruppen und Minderheiten – eine handlungstheoretische Analyse, Darmstadt/Neuwied 1980.

5 Die Interviewzitate werden jeweils in Klammern zugeordnet: Geschlecht; Geburtsjahr; Interviewnummer; Seite/Zeile bis Seite/Zeile; z.B. (m, Jg. 1966; 14; 4/17–5/3).

Zum Zeitpunkt der Interviews waren neun Befragte arbeitslos, zwei nahmen an Umschulungs- bzw. Weiterbildungsmaßnahmen teil, eine Person wurde im Rahmen einer ABM beschäftigt. Zwei Personen waren Angestellte, eine war selbständig. Eine weitere befand sich im Erziehungsurlaub, vier waren Schüler und eine Person Rentner.

Knapp zwei Dutzend Biographien eröffneten sich mir, die bei aller Individualität und Einzigartigkeit den Einschnitt der Migration nach Deutschland kennen und eine spezifische „Vorgeschichte" beinhalten, in der der Wunsch zur Ausreise aus dem Herkunftsland immer drängender geworden war.

Warum Deutschland? Emigrationsgründe und Handlungsoptionen

Während im Jahre 1986 nur 946 Juden die damalige Sowjetunion verlassen durften, stieg bis 1991 die Zahl der Emigranten explosionsartig auf 123.000 an.[6] Bis Mitte 1995 entschieden sich 795.000 Juden aus der GUS für ein Leben in Israel.[7] Der mit dieser Migrationswelle ausgelöste Bevölkerungsanstieg in Israel zog zunächst viele soziale Probleme nach sich. Besonders die schlechte Versorgung mit Wohnraum, die hohe Arbeitslosigkeit und die grassierenden Mißstände bei der Eingliederung der Neueinwanderer (Olim) hielt weitere potentielle Emigranten von der Einreise nach Israel ab. Manche von ihnen hofften gerade zu Anfang der 90er Jahre auf eine grundlegende wirtschaftliche und politische Reformierung im Heimatland, das positive Konsequenzen auch für den Einzelnen bringen könnte. Israel entfiel zudem als alleinige Ausreiseoption, weil die Vereinigten Staaten weiterhin – wenngleich in beschränkterem Umfang – jüdische Flüchtlinge aufnahmen und auch Deutschland entsprechende Aufnahmemöglichkeiten schuf. Die Bundesrepublik erkannte

6 Vgl. Lothar Mertens, Alija. Die Emigration der Juden aus der UdSSR/GUS, Bochum 1993, S. 2.

7 Vgl. Judith Kessler, Jüdische Migration aus der ehemaligen Sowjetunion seit 1990. Beispiel Berlin. Gekürzte Fassung der Magisterarbeit im Fachbereich Soziologie an der Fernuniversität Hagen, Hagen 1996, S. 6.

vorhandene Benachteiligungen und Gefahrensituationen für die jüdische Minderheit in der UdSSR an.

In der Sowjetunion lebten zahlreiche Nationalitäten, die formal gesehen einen gleichberechtigten Status besaßen.[8] Das Jüdisch-Sein wurde als Nationalität definiert und als solche im Paß ausgewiesen. Die jüdische Kultur und Religion zu pflegen war hingegen aufgrund der atheistischen Prinzipien des sowjetischen Staates nicht oder nur sehr eingeschränkt möglich. Langfristig führte dies dazu, daß sich die Juden fast vollständig in ihre jeweilige Umgebung assimilierten. Ein jüdisches Selbstverständnis konnte sich - wenn überhaupt - nur schwer entwickeln.[9] Bei meinen Interviewpartnern drückte sich das beispielsweise in der vollständigen Übernahme der russischen Sprache und Kultur aus. Keiner von ihnen spricht jiddisch als Muttersprache, und nur die ältesten unter ihnen - die während des Zweiten Weltkrieges oder davor geboren sind - verstehen überhaupt jiddisch. Für den im folgenden zitierten 60jährigen Interviewpartner bedeutet Jude-Sein aber gerade, die jüdische Sprache und Kultur zu pflegen. Das Fehlen dieser Sprache wird mit dem Fehlen einer jüdischen Identität gleichgesetzt.

„Es waren drei Millionen zweihunderttausend Juden in Rußland, und man durfte kein jüdisches Lied auf der Bühne - nicht zu Hause, aber auf der Bühne - singen, kein jüdisches Lied. Chinesische, kirgisische, kasachische - ja. Aber jüdische [...] Ich bin kein Jude, weil: ich spreche kein jiddisch, ich kenne kaum hebräisch.“ (m, Jg. 1938; 4; 8/32–8/39)

Hinzu kam die Angst vor Repressalien, die die Interviewpartner in der Vergangenheit davon abhielt, sich frei in der Öffentlichkeit zum Judentum zu bekennen. Für folgende 65jährige Interviewpartnerin rückt damit die erlebte Sprache und Tradition in die Erinnerung an eine lang vergangene Zeit.

8 Vgl. Uwe Halbach, Das sowjetische Vielvölkerimperium. Nationalitätenpolitik und nationale Frage, Mannheim 1992, S. 9f.

9 Vgl. Ingrid Oswald/Viktor Voronkov, Die jüdische Gemeinde in St. Petersburg. Zwischen Assimilation und neuem Selbstbewußtsein. In: Mariana Hausleitner/Monika Katz (Hg.), Juden und Antisemitismus im östlichen Europa, Berlin/Wiesbaden 1995, S. 105f.

„Dort ist eine Synagoge, in St. Petersburg, eine große, schöne Synagoge, aber sie ist schon kaputt, aber die Leute gehen hin. Aber wir gingen nicht, weil wenn Menschen dort hingehen, dort stehen Polizei mit Fotoapparaten und nachdem sagen sie auf Arbeit, daß dieser und dieser weg soll von Arbeit. Meine Mutter und mein Vater haben jiddisch zu Hause gesprochen, aber nicht viel. Und ich kann das ein wenig. Nun das ist schon lange her, und ich schon denke nicht mehr daran. Aber ich fühle mich trotzdem mehr russisch, weil wir haben nicht viel jiddisch gesprochen, nur solange meine Mutti lebte. Und nach dem wurde nicht mehr gesprochen. Meine Mutti ist gestorben vor 32 Jahren, und es ist viel Zeit vergangen." (w, Jg. 1933; 10; 11/29–12/4)

Die Erfahrung von Strafe mußte nicht selbst durchlebt werden. In vielen Fällen reichte es aus, wenn man die Bestrafung anderer beobachtet hatte beziehungsweise sich eventuelle zukünftige Lebensbeschränkungen vorstellte. Die Folge war dann nicht unbedingt die Aufgabe der jüdischen Tradition, sondern oftmals eine situationsspezifische Anpassung des Verhaltens nach der eigenen Präferenz. Alternativen wurden im privaten Raum gesucht. Im folgenden Fall war es der Rückzug in die eigene Familie. Jüdische Religion und Tradition gestaltete sich nur noch als individuelle Angelegenheit, die nicht ins öffentliche Leben drang.

„Aber die Mutter hat mir die jüdischen Feste erklärt. Wir hatten gefeiert, aber Feier war nicht so wie in Deutschland mit den Feiertagen in Leipzig, und alle haben alles gewußt [...] Nein. Alles war privat, in unserem Zuhause, in unserer Wohnung, in unserer Familie – wie sagt man – hinter geschlossenen Fenstern. Niemand sollte das wissen. Vor der Perestroika war das verboten, vielleicht in der DDR auch? Verboten war es nicht, in die Kirche zu gehen – war es nicht so? Dort ja, offiziell war das nicht. Offiziell können wir gehen in die Synagoge, in die Kirche, in die Christen gehen. Aber wenn die jungen Leute gegangen [...] Dann wurden sie aufgeschrieben vom Komsomol, und die sind dann am nächsten Tag auf Arbeit gegangen und gesagt, daß sie waren in Kirche oder Synagoge. Du hast gehabt Probleme in der Arbeit [...] Deshalb haben wir die jüdischen Feste alle zu Hause gefeiert mit unserer Familie [...] Alte Menschen sind gegangen in die Synagoge zu den Festen. Aber junge

Menschen nicht gegangen, weil sie Angst hatten, daß sie Probleme mit Arbeit haben." (m, Jg. 1951; 2; 16/25–17/12)

Innerhalb der Gruppe der befragten Zuwanderer können deutliche Unterschiede hinsichtlich der früheren und der heutigen Identitätsbildung festgestellt werden. Betrachten wir zunächst die ältesten Interviewpartner zwischen 60 und 74 Jahren, die nicht nur mit dem Sowjetsystem aufgewachsen sind, sondern vor allem kollektive Erfahrungen mit dem Zweiten Weltkrieg machten. In dieser Altersgruppe sind die existentiellen Erfahrungen von Flucht und Vertreibung für ihr Selbstbild als Juden konstituierend, zumal sie meist noch mit der jiddischen Kultur vertraut waren.

Die mittlere Altersgruppe zwischen 32 und 51 Jahren wuchs vollständig in der Sowjetzeit auf, die von hohem Assimilationsdruck und einem von der Partei diktierten Atheismus geprägt war. Der staatlich initiierte Antisemitismus – oft getarnt als Antizionismus – war für viele Interviewte unabänderliche Folge der sowjetischen Innen- und Bildungspolitik. Als solcher wurde er von vielen Juden hingenommen, ohne stark aufzubegehren.

Das weitaus bedrohlichere Phänomen für die mittlere und älteste Gruppe war hingegen der Antisemitismus von „unten", der ihrer Meinung nach erst durch die Perestroika ans Tageslicht trat. Dieser alltägliche Antisemitismus war unausweichlich und unkontrollierbar. Konnte man sich mit bestimmten Diskriminierungen, die zum Beispiel aufgrund der Paßeintragung zu befürchten waren, noch arrangieren, so bedeuteten diese alltäglichen Anfeindungen eine bedrückende Realität und durchaus auch eine Gefahr für Leib und Leben.

„Ja, und es ging um Kinder [...] Diese Umgebung, das war ganz schlimm. Wenn sie draußen waren, da haben sie immer ins Gesicht gekriegt: Eh, du bist Jude! Oder da gab es noch ganz schlechte, also: Zhidowka. [etwa: Drecksjüdin] [...] Ich bekomme gleich Gänsehaut, weil das ist meine Vergangenheit." (w, Jg. 1956; 20; 11/39–12/8)

„Die haben sogar einmal Brandstiftung gemacht. Und meine Mutter, die war zu Hause [...] Hat gebügelt und plötzlich – Rauch [...] Meine Tochter war sehr klein, und die schlief noch." (w, Jg. 1956; 20; 13/3–13/4) – *„Solcher Haß immer noch! Und drei Tage vor unserer Abreise, die haben meinen Sohn so zusammengeschlagen.*" (w, Jg. 1956; 20; 13/16–13/18)

Eine andere Interviewpartnerin unternimmt den Versuch, eine gesellschaftspolitische Erklärung für die populäre Judenfeindschaft nach der Perestroika zu finden: *„Die schwierige Zeit beeinflußte die Beziehungen ein bißchen. Die Situation auf dem Arbeitsmarkt, so wie in Deutschland, so wie in Deutschland. Aber Deutschland für heute hat vielmehr Kräfte als die Ukraine. Wenn diese ehemalige Sowjetunion zerbrochen ist, dann die Situation auf dem Arbeitsmarkt, in der Ökonomie, im sozialen Bereich verschlechterte sich. Ich hatte fast keine Arbeit in meinem Beruf, und ich war immer nervös und die Leute auch immer nervös."* (w, Jg. 1949; 9; 6/21–6/30)

„Ich wollte sagen, daß ich kann nicht in der Ukraine, in Kiew die Situation mit dem Antisemitismus [...] In diesen Jahren hat sich, meiner Meinung nach, nicht vielleicht verschlechtert im allgemeinen, sondern ein bißchen verbessern [...] Aber die Leute, wenn sie nichts zu essen haben, sie sind immer im Ärger, haben sie immer diesen Ärger. Und dieser Ärger soll immer ein Ziel haben – das ist immer wieder so. Es geht um Antisemitismus und nicht nur um Antisemitismus, sondern um Nationalismus und solche Dinge." (w, Jg. 1949; 9; 6/38–7/13)

Der erlebte Antisemitismus wird von der Interviewpartnerin auf die schlechte ökonomische Situation zurückgeführt, womit sie indirekt die jahrhundertealte „Sündenbocktheorie" heranzieht. Auch andere Interviewpartner beziehen erlebte antisemitische Äußerungen und Anfeindungen nicht auf die eigene Person. Der im Aufschwung begriffene postkommunistische Antisemitismus wird insbesondere der Schwäche des heutigen Staates zugeschrieben.

Viel weniger als ihre Eltern und Großeltern machen die vier jüngsten Interviewpartner – sie sind nach 1976 geboren – ihre jüdische Identität an kollektiven Benachteiligungs- oder Bedrohungssituationen fest. Sie identifizierten sich bereits in der Sowjetunion nicht mehr als „Sowjetbürger"[10], sondern bewußt als „russische Juden" oder als „Sepharden", in deren Leben das Jüdisch-Sein eine zunehmende Rolle spielte. Mit der Liberalisie-

10 Vgl. Olga Kalaceva/Oksana Karpenko, Leben im „Zustand der Wahl"? Die Ambivalenz der ethnischen Identitätsbildung bei russischen Juden. In: Ingrid Oswald/Viktor Voronkov, Post-sowjetische Ethnizitäten. Ethnische Gemeinden in St. Petersburg und Berlin/Potsdam, Berlin 1997, S. 43.

rung der Politik während der Perestroika konnten sie noch in ihrer ehemaligen Heimat als junge, hoffnungsvolle Menschen die jüdischen Feste feiern, die Synagoge besuchen und an jüdischen Schulen lernen. So berichtet eine 17jährige Interviewpartnerin: *„Ich ging da in Leningrad in eine jüdische Schule, und ich kannte alle Feste, und wir haben das zu Hause gefeiert. Ich konnte eigentlich alles, was mit Judentum zu tun hatte. Ich habe dort auch hebräisch gelernt und konnte eigentlich sehr gut, aber jetzt ist es ein bißchen aus dem Kopf geflogen, jetzt kann ich eigentlich nicht.“* (w, Jg. 1981; 11; 2/19–2/26)

Ein 22jähriger Interviewpartner aus Tadschikistan, der dem sephardischen Judentum angehört, reflektiert im folgenden Zitat die Selbstverständlichkeit, mit der die jüdischen Feiertage innerhalb seiner Familie und in der Synagoge gefeiert wurden. Dabei spielt die Überlieferung der jüdischen Tradition von Generation zu Generation eine große Rolle. Im Gegensatz zum vorherigen Interviewpartner ist seine gesamte Familie in die Tradition eingebunden und stellt ein Beispiel für die große Bedeutung der intrafamiliären Tradierung dar. Im folgenden schildert er anschaulich den jüdischen Alltag in seiner Stadt: *„Wir hatten eine Synagoge, eine kleine Synagoge. Für unsere große Gemeinde war das eine kleine Synagoge. [...] Und es gab auch kein Schild ‚Synagoge‘ oder so. Das waren also ‚Insider‘ die das wußten.“* (m, Jg. 1976; 15; 9/4–9/10)

„Es war mehr so Beschäftigung für die Rentner, alte Menschen gingen da hin. Frauen konnten unter sich bleiben und miteinander sprechen, und die Männer waren unter sich und haben gebetet und danach noch gesprochen usw. Wir konnten koscheres Fleisch, koscheres Essen bei uns beziehen vom Metzger; die ganze geistige Arbeit wurde von Rabbiner durchgeführt.“ (m, Jg. 1976; 15; 9/15–9/23)

„An Festen haben wir eigentlich alles gefeiert. Wir konnten eigentlich zu jedem Fest kaufen koscheren Wein, zu Pessach Matzen usw. Und meine Eltern wußten von ihrem Elternhaus Bescheid, wie man das feiert, und ich hab das auch von meinem Elternhaus gesagt bekommen, wie man das richtig macht. Also den Kindern hat man alles erklärt warum, wieso und so. Wir haben eigentlich jedes Fest gefeiert, wir hatten da eigentlich keine Probleme damit.“ (m, Jg. 1976; 15; 9/39–10/9)

In diesem Fall muß erwähnt werden, daß in Mittelasien die Ausübung der Religion, sei es Judentum oder Islam, von jeher größere Freiräume und weniger restriktive Einmischung seitens der Sowjetregierung erlebte.

Dennoch war die Diskriminierung durch den staatlich praktizierten Antisemitismus von allen Interviewpartnern wahrgenommen worden. Insbesondere die mittlere Altersgruppe empfand den Vermerk „Jude" als Nationalitätsbezeichnung im Paß als am stärksten benachteiligend für Berufszugang und Karriere. Sie reagierten darauf mit sehr verschiedenen Strategien. Zwei Beispiele sollen dies verdeutlichen: wenn den Betroffenen bestimmte Studienrichtungen wie Medizin, Jura und Sozialwissenschaften unzugänglich waren, wichen manche von ihnen auf technische Studiengänge und Berufe aus. Bei binationalen Ehen ließen sie die „unverfänglichere" Nationalität in den Paß der Kinder eintragen, um diesen eine Diskriminierung zu ersparen.

„Wenn du deinem Sohn was Gutes tun willst, dann geh und ändere. Und ich habe meiner Frau zwei Flaschen Kognak gegeben und sie hat alles gemacht bei Polizei und Paß [...] Er wurde Russe und deshalb konnte er in Armee kommen." (m, Jg. 1938; 4; 15/15–15/22)

Die Kluft zwischen angestrebter Karriere und realen Möglichkeiten wurde von den Angehörigen der einzelnen Altersgruppen unterschiedlich überbrückt. Die älteste Gruppe erreichte ihre Ziele – nach kriegsbedingter Verzögerung – meist über den zweiten Bildungsweg, so zum Beispiel mittels eines Fernstudiums oder einer Abendschule.

Aufgrund von Evakuierung, Krieg und Deportation war es dem ältesten Interviewpartner nie möglich gewesen, ein Direktstudium zu absolvieren. Das lag zum einen an den erschwerten Rückkehr- und Zuzugsmöglichkeiten im Krieg Deportierter in große Städte und zum anderen an den Zugangsbarrieren für die Hochschulen. Die Ausweichstrategie bestand im vorliegenden Fall in der Nutzung des zweiten Bildungsweges.

Der 74jährige Interviewpartner lebte bis 1939 im Memelgebiet und floh nach der deutschen Besetzung nach Litauen. Dort wurde er im Juni 1941 von den Russen als deutscher „Spion", wie er sagt, verhaftet und ins Komigebiet deportiert. Unter extremsten klimatischen Bedingungen arbeitete er dort bis 1944.

Mit einer beeindruckenden Genauigkeit erinnerte sich der von mir Befragte an diese harte Zeit.

„Am 22. März wurde das Memelgebiet von den Nazis besetzt, und wir sind am 21. März nach Litauen geflüchtet [...] In Litauen haben wir zwei Jahre gewohnt bis zum 14. Juni '41. Damals wurden wir von den Sowjeten höchstwahrscheinlich als deutsche – das war lächerlich – aber doch waren wir als deutsche Spione verhaftet, und man hat uns nach Komi ASSR gebracht. Das ist 1.300 Kilometer nordöstlich von Moskau [...] Dort habe ich drei Jahre als Flößer gearbeitet [...] Schwere Arbeit [...] Winter. Wir waren schlecht bekleidet, das war 1944. Da gab es Frost bis ungefähr 40, 45 Grad Frost. Im Sommer waren da Mücken. Wir haben in Baracken gelebt, waren sehr schrecklichen Bedingungen, und außerdem war es noch ein Hunger.“ (m, Jg. 1924; 21; 1/24–2/3)

Für ihn war diese Zeit geprägt von Hunger und Schwerstarbeit. Er erzählt weiter: *„Ich habe dort auf dem Floß gearbeitet. Ich war ein Arbeiter, wir haben gearbeitet 12 Stunden ohne Urlaub, ohne Feiertage – jeden Tag 12 Stunden. Es war Krieg, und es war eine Zeit [...] Und mit Lebensmitteln war es denkbar sehr, sehr schlimm. Wir haben gearbeitet und für hundert Gramm Brot haben wir alles getan, was man nur tun konnte [...] Ich war damals [...] siebzehn Jahre, als wir deportiert wurden, mein Bruder zwölf Jahre.“* (m, Jg. 1924; 21; 4/23–4/35)

Über den zweiten Bildungsweg, durch Teilnahme an einem Fernstudium, versuchte er nach dem Krieg, seine relativen Bildungsdefizite auszugleichen. Er nutzte Handlungsalternativen und schuf sich gleichzeitig durch die höhere Qualifikation neue Handlungsoptionen, um flexibel auf zukünftige Anforderungen reagieren zu können. Über seine Schwierigkeiten in Bezug auf die Beschränkungen der Wohnortwahl, die für Deportierte galt, und seine spätere berufliche Laufbahn erzählt er: *„Bis Anfang 1958 mußte ich zwei, oder am Anfang viermal monatlich uns melden, daß wir überhaupt leben, daß wir kommen, daß wir da sind. Und 1958, als wir von der Aufsicht befreit wurden, hatten wir kein Recht, in Moskau zu leben, in Leningrad, in den großen Hauptstädten der Republik. Da waren unsere Bewegungen ganz bestellt [...] Festgelegt vom Innenministerium.“* (m, Jg. 1924; 21; 4/38–5/8)

„Nun, das war 1944 hab ich angefangen in einer Fachschule zu lernen, als Buchhalter gelernt, in drei Jahren hab ich gelernt und habe die Fachschule absolviert mit Auszeichnung [...] Nach sechs Jahren bin ich nach [unverständlich] gefahren. Dort hab ich angefangen, in einem Verkehrsbetrieb zu arbeiten [...] Insgesamt habe ich in diesem Betrieb in der Verwaltung 39 Jahre gearbeitet. Nach der Fachschule habe ich eine Fernhochschule in Moskau besucht, die auch absolviert habe mit Auszeichnung und wurde Ökonom." (m, Jg. 1924; 21; 2/3–2/17)

Die Mitglieder der mittleren Altersgruppe hatten dagegen dem Anschein nach eine lineare Berufskarriere durchlaufen: erst auf gezieltes Nachfragen meinerseits zeigte sich, daß viele von ihnen ihre ursprünglichen Berufswünsche aufgegeben, vorgegebene Grenzen erkannt und akzeptiert hatten. Die Gespräche reflektierten nun vor allem ihre seinerzeit beschränkten Zugangsbedingungen zu den gewünschten Studiengängen. Hatten sie sich bis dahin als Russe oder Ukrainer gefühlt, so erlebten die Betroffenen spätestens bei der ersten Bewerbung die Zulassungsbarriere aufgrund ihrer Nationalität. Damit ergab sich die Notwendigkeit, sich schon im unmittelbaren Vorfeld der Ausbildung umzuorientieren. In den Interviews wurde jedoch nicht von Anfang an und direkt auf derartige Handlungseinschränkungen eingegangen. Erst allmählich zeigte sich, daß der erlernte Beruf nicht mit dem ursprünglichen Berufswunsch übereinstimmte. Eine 42jährige Interviewpartnerin erzählte beispielsweise:

„Na ja, so viele Möglichkeiten hatten wir nicht gehabt eben. Die Juden haben nicht so viele Möglichkeiten. Bestimmte Hochschulen, die wurden nicht zugelassen [...] Ich wollte Dolmetscherin werden für deutsch [...] Ich wußte genau, daß es nicht klappt, und meine Lehrerin, meine Deutschlehrerin von der Schule, die hat versucht zuzureden, daß ich nicht aufhören muß, mit diesem Gedanken. Aber das hab ich nicht gemacht, und in der achte Klasse bin ich gegangen [...] Ich habe dann angefangen zu lernen bei finanzökonomischen Fachschule [...] Dann hab ich angefangen zu arbeiten nach vier Jahren nach dem Lernen und dann Abendstudium gemacht an der Hochschule für Volkswirtschaft." (w, Jg. 1956; 20; 29/37–30/19)

Die Behinderungen in der beruflichen Karriere werden unabhängig von der Distanz zum Herkunftskontext in den Interviews unterschiedlich reflektiert. Diese Unterschiede beruhen darauf, wie zufrieden die jeweiligen Interviewpartner mit ihrer damaligen beruflichen Stellung und ihrem damaligen sozialen Status waren. Diejenigen, die sich immer wieder in ihren Aufstiegschancen eingeschränkt fühlten, die eine Kluft zwischen eigener Kompetenz und tatsächlicher Tätigkeit spürten, reflektieren auch heute noch - zum Teil aus einer sehr großen zeitlichen Distanz - die erlebte und interpretierte Unrechtssituation. Und bei diesen Interviewpartnern manifestierten sich die Unrechtserfahrungen auch stärker in dem Wunsch zur baldigen Ausreise.

Die berufliche Diskriminierung konfrontierte einen Großteil der Befragten härter mit ihrem Jüdisch-Sein als in anderen Lebenssituationen während der Sowjetzeit. Ein Teil der mittleren und älteren Altersgruppe hatte das Judentum noch bruchstückhaft in Form der jüdischen und jiddischen Kultur kennengelernt, was sich wesentlich aus Erinnerungen und Erfahrungen im Hause der Eltern und Großeltern speiste. Die übrigen von mir befragten Personen verstanden sich in der Regel kaum noch als Juden, sondern als Russen oder Angehörige des jeweiligen Herkunftslandes.

Die jüngeren Interviewpartner betrachten ihre Nationalität „Jude" heute aber als wertvolle Ressource, und zwar in zweierlei Hinsicht: erstens haben sie keine existentiellen negativen Erfahrungen mit Diskriminierung gemacht. Sie sind stolz, jüdisch zu sein, und es fällt ihnen schwer, die ältere Generation in ihrer Ängstlichkeit zu verstehen, zumal ihnen heute in Deutschland eine solche Art von staatlichem Antisemitismus unvorstellbar erscheint.[11] Und zweitens öffnet diese Eintragung im Paß die Tore aus der alten Heimat. Jetzt sind sie die Privilegierten, die das Land verlassen dürfen.[12] Eine der jüngsten Interviewpartnerinnen meint dazu: „*Weil wie schon gesagt, die Großeltern meiner Mutter, die wollten auch nicht, daß ich jüdischen Familienname habe. Und deswegen gab es auch einen Streit und deswegen kann ich jetzt mit meinen Großeltern [...] Nicht mehr auskommen. Ich will es einfach nicht akzeptieren. Ich weiß zwar, daß sie das für mein Wohl*

11 Dieser fundamentale Unterschied im jüdischen Selbstverständnis kann durchaus als Generationskonflikt interpretiert werden.

12 Kalaceva/Karpenko sprechen in diesem Zusammenhang von einer „ethnischen Ressource". Vgl. Kalaceva/Karpenko (1997), S. 44.

gemacht haben wollen, machen wollten, aber ich hätte nicht meiner Mutter verziehen, wenn ich jetzt l. heißen würde. Aber ich wäre ja aber sowieso Jüdin. Es gibt auch so ein Sprichwort: man schlägt nicht den Paß, sondern die Nase. Auch mit Familie l. sehe ich wie Jüdin aus. Es ist egal, wer guckt in meinen Paß? Ich will das auch nicht, ich bin russische Jüdin." (w, Jg. 1980; 17; 19/28–20/6)

Konstituierung des Ausreisewunsches

Während der Interviews haben die befragten Zuwanderer ihre Emigrationsentscheidung von einst eingehend reflektiert. Doch auch wenn sich ein enger Zusammenhang zwischen den geschilderten Ausreisemotiven und der jeweiligen Situationswahrnehmung in der Sowjetunion der 80er Jahre aufzudrängen scheint, ist doch Vorsicht geboten, die Schilderungen als unmittelbar authentisch zu bewerten. Denn nach einer Zeitspanne von mehreren Jahren ist der damalige Ausreisewunsch durch die gegenwärtige Befindlichkeit und das Vergessen bestimmter Aspekte überlagert, gebrochen, teilweise auch verzerrt. Während unserer Gespräche wurde immer wieder auf die mangelnde persönliche Sicherheit und die schlechte sozioökonomische Situation in der zerfallenden Sowjetunion verwiesen, was sich durch politische Instabilität, Bürgerkriegsgefahr, Mangelversorgung und fortschreitende Umweltzerstörung manifestierte und den Wunsch, die Sowjetunion beziehungsweise die GUS zu verlassen, verstärkte. Allerdings sind Rangfolgen spezifischer Motive erkennbar, die den Auswanderungswunsch der konkreten Einzelperson insgesamt geformt haben. Die Möglichkeit, das Land zu verlassen, bedeutete zunächst einmal, sich den Lebensverhältnissen der ehemaligen Sowjetunion entziehen zu können. Diese Loslösung wird nun vor dem Hintergrund der gegenwärtigen Lebensverhältnisse in Deutschland betrachtet und bewertet.

Die gegenwärtige Befindlichkeit und der Anspruch eines konsonanten Selbstbildes der Interviewpartner erschweren die Rekonstruktion ihrer eigentlichen Ausreisemotive. Diejenigen, die in der Gegenwart mit ihrer Lebenssituation zufrieden sind, schildern ihre Entscheidung für den „Lebensort Deutschland" als Wahl erster Ordnung. Einige Interviewte jedoch machen den Zufall dafür verantwortlich, daß sie heute in Deutschland leben. Dies ist um so brisanter, da bereits die Antragstellung bei den deutschen Botschaften im Herkunftsland als Entscheidung gelten kann – eine sehr folgenreiche Entscheidung, die das Leben der Ausreisewilligen von Grund auf verändert.

„Es war ein lustiges Leben. Unser Schicksal wurde von dieser Genehmigung geprägt und wir haben uns darauf eingestellt, daß wir nach Deutschland ausreisen. Wir haben uns keine Gedanken gemacht. Unser Schicksal wurde eben geprägt. Es war ein gewisse Bestimmtheit. Wenn die anderen ausreisen, sie wissen schon, wohin sie reisen und was sie dort erwartet und wie sie dort leben werden. Bevor ich diese Genehmigung bekam, wußte ich nicht, wie mein Schicksal in der Zukunft aussehen wird, und nicht nur meines, sondern auch das meiner Kinder." (m, Jg. 1937; 7; 9/25–9/36)

Dieses Zitat eines jüdischen Migranten aus Tadschikistan zeigt, daß er sich zwar persönlich für Deutschland entschieden hatte, aber dennoch das Schicksal für sein zukünftiges Leben verantwortlich macht. Die Genehmigung zur Ausreise nach Deutschland entscheidet über die Zukunft, und die Option, nach Israel weiterzureisen, bleibt ja grundsätzlich erhalten. Wenn der Interviewpartner von den „anderen" spricht und damit vielleicht die deutschen Spätaussiedler, die nach Deutschland, und die Juden, die nach Israel ausreisen, meint, so unterstellt er ihnen Planung, die er seinem eigenen Handeln nicht zuschreibt.

Angesichts der immensen Konsequenzen wird die Verantwortung für die Ausreise von der Person, welche die Entscheidung getroffen hat, abstrahiert und „äußeren" Instanzen zugeschoben. Die folgende Interviewpartnerin führt gar den Zufall ins Feld.

„Wir haben uns nicht für diese Reise entschieden. Und wir haben die Papiere bekommen, wo kein Datum steht, bis dann sollen wir nach Deutschland ziehen [...] Das war für uns ganz zufällig, wegen meiner Bekannten, ganz zufällig." (w, Jg. 1949; 9; 2/3–2/10)

Eigene Absichten treten hier automatisch in den Hintergrund und müssen demnach nicht mehr begründet werden. Es liegt nahe, eine solche Konstruktion in Frage zu stellen und zu prüfen, inwieweit mit dem Begriff des Zufalls[13] eine grundsätzliche Revidierbarkeit der Migrationsentscheidung offengehalten wird. Eine solche Begründung kann auch als Hinweis auf die gegenwärtige Zufriedenheit oder Unzufriedenheit gedeutet werden.

Ausreise aus dem Heimatland ist meist alles andere als eine kurzfristige Entscheidung, vielmehr setzt sie eine längere Planung und Vorbereitung voraus. Vor der Auswanderung müssen wichtige Vorbereitungen getroffen werden, die die eigentliche Herauslösung aus der bisherigen Lebenswelt bewirken. Arbeitsverhältnisse müssen gekündigt, Eigentum, das nicht mitgenommen werden kann, muß verkauft werden. All diese Handlungen signalisieren dem Migranten deutlich seine Loslösung von der Heimat und seine risikobehaftete Hinwendung zu einer neuen Gesellschaft und Umgebung. Die späte schicksalhafte Deutung der damaligen Ausreise kann ursprüngliche Bedingungen, Wünsche und Ziele natürlich stark verklären.

Welche tatsächlichen Erwartungen Migranten mit ihrem Zielland verknüpfen, hängt unter anderem davon ab, welche Informationen über zukünftige Einreiseländer ihnen zur Verfügung stehen.[14] Bereits im Vorfeld ist entscheidend, welche Handlungsalternativen erkannt werden. Über die daraus entwickelten Vorstellungen und Erwartungen kann der Ausreisewillige eine zielgerichtete Entscheidung treffen, in welches Land er einreisen möchte. Ihre hauptsächlichsten Informationen über die Bundesrepublik hatte ein Teil meiner Interviewpartner über direkte Kontakte zu Verwandten und Freunden erhalten, die bereits längere Zeit hier lebten. Etwa die Hälfte der Befragten sah neben Deutschland auch die USA und Israel als alternative Einreiseländer. Um eine optimale Entscheidung fällen zu können, wogen sie die vermuteten Vor- und Nachteile des jeweiligen Staates ab, wobei sich feststellen ließ, daß ihre Vorstellungen oft nur diffus und stereotyp waren.

Eine 48jährige Interviewpartnerin aus der Ukraine zählte Gründe auf, weshalb sie nicht nach Israel oder in die USA ausge-

13 Zum Zufallsargument vgl. auch: Yvonne Schütze, Warum Deutschland und nicht Israel. Begründungen russischer Juden für die Migration nach Deutschland. In: BIOS, 10. Jg., H. 2 (1997), S. 186–208, hier S. 195ff.

14 Vgl. Treibel (1990), S. 31.

wandert ist: *„Dort [in Israel] ist so viel Nationalismus. Warum sollen Juden in Israel leben [...] Auch in Deutschland ist es gut für Juden. Wir haben damit kein Problem [...] In Israel ist man für Juden russisch, in Deutschland auch, aber [...] Für meine Eltern ist das ganz anders, aber sie wollten nicht allein bleiben in der Ukraine, und sie sind mit uns gekommen [...] Ganz allein dort, nein das geht nicht, ohne Hilfe, das geht nicht. Wenn meine Mutter alleine wäre, sie wäre gestorben [...] Sie ist krank [...] Und Krankenschwester kommt mehrmals am Tag und gibt ihr Insulinspritzen, sie ist Diabetikerin. Und alles bezahlt das Sozialamt [...] Meine Kollegin in Amerika muß die Operation an den Gallensteinen selbst bezahlen, 80.000 Dollar, die Familie muß bezahlen. Meine Freunde, sie sind beide Ingenieur und finden keinen Arbeitsplatz dort. Wer aber lernen dort will, muß auch arbeiten, man muß das ja bezahlen. Bezahlen, lernen, bezahlen, lernen [...] Sozialhilfe ist dort nur sechs Monate, danach ist Schluß, man muß selbst verdienen, man muß Arbeit suchen."* (w, Jg. 1950; 3; 13/2–13/37)

In dieser Erzählung wird deutlich, nach welchen Kriterien die Interviewpartnerin ihre Entscheidung trifft, und wie sie ihre Argumente schichtet. Für sie ist der Familienzusammenhalt, die Sorge für die kranken Eltern das Primäre. Die grundsätzliche Entscheidung für die Ausreise war bereits getroffen, allein das Zielland war noch offen. In Israel ist es ihr zu nationalistisch, zu religiös. Im Laufe des Interviews weist sie auch auf das heiße Klima in Israel hin, das nicht gut für die Gesundheit ihrer Eltern sei. Amerika wäre zwar auch ein Land, das in die engere Wahl käme, wären da nicht die Absicherungsprobleme im sozialen Bereich. Sie schätzt das Sozialsystem in Deutschland, die Weiterbildungsmöglichkeiten, die medizinische Versorgung. Diese Wertschätzung ist aus der Darstellung der nachteiligen Situation in Amerika herauszulesen. Und genau diese soziale Absicherung ist es, die sie in ihrer gegenwärtigen Situation schätzen gelernt hat. Sie und ihr Mann waren zum Zeitpunkt des Interviews arbeitslos.

Ein 32jähriger Ukrainer formulierte seine Entscheidung so: *„Ich könnte auch nach Amerika fliegen. Aber hier ist eine soziale [...] Wie kann ich sagen [...] Ich habe also gefragt, was ich machen muß, um Sozialhilfe zu erhalten und nicht unterzugehen. Und in Amerika gibt's nur drei Monate Sozialhilfe oder so, und dann* *weiter, wie du willst. Aber erstens war mir das zu weit, und dann ist das auch schwierig mit dem Visa. Man kann zumindest nicht einfach nach Amerika fliegen. Oder du kannst schon, aber für das Leben dort mußt du zu viel Geld haben oder Bekannte oder Verwandte oder so jemand muß dort sein, dann kannst du fahren. [...] Aber nach Deutschland kann ich allein fahren, ohne Verwandte, ich muß nur meinen Paß zeigen, ob ich Jude bin, und das war's."* (m, Jg. 1966; 14; 7/29–8/5)

Die Vorstellungen dieses jungen Migranten über Amerika sind zwar unkonkret, aber sie reichen für ihn aus, um sich für die andere Variante zu entscheiden. Seine Präferenz liegt in der angestrebten Unabhängigkeit seiner Handlungen.

Integrationsalltag in Deutschland

Integration wird hier verstanden als die Aufnahme von Zuwanderern in die Sozialstruktur eines bestehenden gesellschaftlichen Systems.[15] Mit diesem Verständnis von Integration soll im Folgenden die Frage geprüft werden, „in welchem Maße Zuwanderer im Vergleich zu Einheimischen an gesellschaftlichen Gütern teilhaben können"[16] und wie diese Teilhabe sich auf der Einzelfallebene zeigt.

Die Integration von Zuwanderern umfaßt grundsätzlich alle Bereiche des gesellschaftlichen Lebens. Gestalten sich Ankunft in Deutschland und erste Orientierung noch relativ unproblematisch, so bedeutet die zunehmende Selbstverantwortlichkeit im deutschen Alltag, im Besonderen aber der schwierige berufliche Eingliederungsprozeß, für die meisten Interviewpartner einen Kampf unter erschwerten Bedingungen. Tatsächliche Handlungsmöglichkeiten und Barrieren auf dem bundesdeutschen Arbeitsmarkt bilden wesentliche Parameter für eine gelingende oder scheiternde sozio-ökonomische Integration.

15 Vgl. Barbara Dietz, Zwischen Anpassung und Autonomie: Rußlanddeutsche in der vormaligen Sowjetunion und in der Bundesrepublik Deutschland, Berlin 1995, S. 114. Zur Diskussion und Abgrenzung der Begriffe „Integration" und „Assimilation" vgl. Treibel (1990), S. 103ff.

16 Ebd., S. 114.

Die Mitglieder der mittleren und ein Teil der ältesten Gruppe waren gezwungen, zur Versorgung der Familie in ungewohnter Umgebung neue Arbeitsmöglichkeiten zu finden, ohne bereits alle dafür erforderlichen Kompetenzen erworben zu haben. Dabei sind sie an zahlreiche externe und interne Barrieren gestoßen.

Zu den externen Barrieren gehören vor allem die kritische Arbeitsmarktsituation in der Bundesrepublik und die Tatsache, daß die in der Sowjetunion erworbenen Berufsqualifikationen – und das betrifft insbesondere Pädagogen und Mediziner – in Deutschland nicht automatisch anerkannt werden. Letzteres stellt aber die größte Ressource der Eingereisten dar. Oft genug werden sowjetische Abschlüsse und Diplome in den jeweiligen deutschen Arbeitsbereichen als wertlos erachtet. Dieser formale Verlust an höherer fachlicher Kompetenz und Zuständigkeit zwingt zur Revidierung ursprünglicher beruflicher Pläne und damit auch zur Neuorientierung.[17]

Andererseits existieren aber auch interne Barrieren. Nicht nur der Wechsel in ein anderes Land mit einer differenten Geschichte und Kultur erzeugt biographische Brüche, auch die frühere Sozialisation und Lebensgestaltung reibt sich an den neuen Verhältnissen. Alter und gesundheitliche Verfassung, individuelle Status- und Wertevorstellungen, Sprach- und Kommunikationsfähigkeiten können förderlich wie hinderlich bei der Arbeitsaufnahme in Deutschland sein. Sprachkompetenz spielt im Integrationsprozeß ganz offensichtlich eine Schlüsselrolle: wird sie nicht erlernt oder verbessert, bleiben beispielsweise Möglichkeiten der Weiterbildung, aber auch der Alltagskommunikation auf lange Sicht versperrt. In der Regel bietet das Arbeitsamt aber älteren Zuwanderern keine Sprach-, Umschulungs- bzw. Weiterbildungskurse

17 Wenn man mit Bourdieu die beruflichen Fertigkeiten als „inkorporiertes Kulturkapital" versteht, läßt sich der Bedeutungsverlust der Berufsausbildung des Zuwanderers in der Aufnahmegesellschaft durchaus als ein „Wertverfall" darstellen, der aufgrund der fundamental anderen Anforderungen schlagartig mit dem Eintritt in die neue Umgebung einsetzt. Vgl. hierzu: Pierre Bourdieu, Ökonomisches Kapital, kulturelles Kapital, soziales Kapital. In: Reinhard Kreckel (Hg.), Soziale Ungleichheit. Soziale Welt, Sonderband 2, Göttingen 1983, S. 186f.

an. Ein Teil meiner Interviewpartner war von daher gezwungen, die deutsche Sprache autodidaktisch zu erlernen oder ganz gezielt nach Hilfsangeboten in der Jüdischen Gemeinde zu schauen, die dafür allerdings nur sehr begrenzte Kapazitäten besitzt.[18]

Die besonders schwierige Lage auf dem deutschen Arbeitsmarkt ist von allen befragten Personen erkannt worden, aber sie haben mit sehr unterschiedlichen Strategien auf diese Herausforderung reagiert. Während einige Migranten im Interview ihre Lage allein externen Determinanten zuschrieben, wiederholt auf ihre hohe Qualifikation hinwiesen und sich resigniert zurückzogen, zeigten andere, daß sie ihre Ansprüche an die Realität angepaßt haben und nicht mehr auf einer ausbildungsadäquaten Arbeit bestehen. Diese anpassungsbereiten Migranten entstammen hauptsächlich der mittleren Altersgruppe, die noch einen großen Teil des Berufslebens vor sich hat.

Einigen Interviewpartnern der mittleren Altersgruppe hatte das Arbeitsamt Weiterbildungs- beziehungsweise Umschulungskurse angeboten, um ihnen einen rascheren Zugang zum deutschen Arbeitsmarkt zu gewährleisten. Auch auf diese Angebote wurde unterschiedlich reagiert. Bei gebotener Vorsicht lassen sich dabei zwei Strategien mit „typischen" Bewältigungsmustern konstruieren.

Nutzung beruflicher Weiterbildungsmöglichkeiten

Die erste Strategie besteht darin, sich gezielt um eine Umschulungs- bzw. Weiterbildungsmaßnahme zu bemühen, in der Hoffnung, dadurch den eigenen „Arbeitsmarktwert" zu erhöhen. Dem liegt die Einsicht zugrunde, daß man im erlernten Beruf bei weiterbestehendem Qualifikationsgefälle gegenüber deutschen Kollegen chancenlos bleibt. Die Erweiterung des Handlungsspielraums erfolgt hier durch eine Verbesserung der Qualifikation und der berufsspezifischen Fertigkeiten.

Die im folgenden zitierte 49jährige Informatikerin stieg in einen Weiterbildungskurs für Computeranwendungen ein, der ihr eine doppelte Chance offeriert: erstens vergrößert sie durch

18 Nach der Aussage eines Vorstandsmitgliedes werden deutsche Sprachkurse in der Leipziger Jüdischen Gemeinde zweimal monatlich angeboten.

die Weiterbildung ihre Handlungsoptionen auf dem Arbeitsmarkt, und zweitens steht sie in ständigem Kontakt mit deutschen Teilnehmern, verbessert und trainiert somit auch ihre Deutschkenntnisse. Sie gleicht ihr Wissen dem deutschen Anforderungsniveau an und ist den Einheimischen später gleichgestellt. Bei der Bewältigung des Kurses ist sie aber durch die Sprachdefizite gegenüber den deutschen Teilnehmern benachteiligt – sie muß weitaus mehr leisten. Diese Situation reflektiert sie sehr genau und bewertet sie als belastend: *„Jetzt mache ich eine Weiterbildung in meinem Beruf als Netzwerkadministratorin [...] Das ist 15monatliche Weiterbildung, das ist interessant, das ist absolut verständlich. Ich kann [...] Das Problem ist, daß ich versteh fast alles, und ich kann nicht wie die Leute das aufsagen, so wie ich wollte. Wissen Sie, da gibt's verschiedene Möglichkeiten, Kleinigkeiten und [...] Das ist so einfach in meiner Muttersprache, und das ist so schwer auf deutsch. Und deshalb ist mir das immer ein bißchen peinlich mit den ausgebildeten Leuten zu sprechen. Naja, die Leute sollten warten, bis ich meine Gedanken fertig aussagen könnte. [sie spricht sehr gedehnt, um zu zeigen, wie langsam sie ist. – H.P.] Das ist langweilig für die Leute. Ich kann mir das einfach nicht leisten, solche [...] Dinge, die andere nervt.“* (w, Jg. 1949; 9; 4/18–4/34)

Diese Interviewpartnerin sieht ihr Hauptdefizit in der ungenügenden Beherrschung der deutschen Sprache. Ihr Selbstwertgefühl leidet darunter. Mehr noch: sie positioniert sich über die Sprache in die unterste soziale Schicht: *„Ich versuche, eine Arbeit zu finden, mich zu adaptieren und die Sprache zu lernen, das ist nicht einfach. Wir sind hier ein bißchen mehr als zwei Jahre, aber sie hören das selbst, das ist nicht gut für richtige Arbeit, für die Unterhaltung mit Deutschen.“* (w, Jg. 1949; 9; 3/5–3/10)

„Für mich ist das nicht so einfach, weil meine Tochter ist hier, die andere dort [in der Ukraine – H.P.], Und beide brauchen meine Hilfe, und ich will auch ein bißchen. Es gibt solche Dinge, wissen sie, immer bekommt man für die Unterhaltung solche Schichten, denen man entspricht. Die erste Position ist immer die Sprache, die man spricht. Und ich sage immer: meine Schicht ist hier in Deutschland – wenn ich immer so sprechen würde wie jetzt – zwischen den Putzfrauen [...] Aber wenn ich Arbeit finden könnte, würde ich mich wie ein ganz normaler Mensch fühlen, ganz normal, ganz – ich

würde sagen – komfortabel fühlen. Ich habe das ganze Leben gearbeitet und [...] Wie gesagt, in Deutschland [...] Zu Hause war ich eine von den Führungskräften, und ich kann nicht ohne Arbeit, ohne Kopf leben. Ich soll meinen Kopf trainieren." (w, Jg. 1949; 9; 3/28–4/11)

Über die Bilanzierung ihres Berufslebens definiert sie Erwartungen und Forderungen an sich selbst. Sie versucht die wahrgenommene Statusdifferenz zwischen ihrer früheren Tätigkeit und ihrer gegenwärtigen Situation zu überwinden, indem sie sich trotz der familiären Belastungen der harten Konkurrenz stellt. Sie versucht, ihren Handlungsspielraum so zu vergrößern, daß sie später wieder eine ähnliche Tätigkeit findet.

Eine 42jährige gelernte Ökonomin, die Ende 1990 mit ihrer Familie nach Leipzig kam, nahm die Einladung ihrer Schwester, die bereits einige Jahre in Leipzig wohnte, zum Anlaß, die ehemalige Sowjetunion für immer zu verlassen. Nachdem sie den Sprachkurs absolviert hatte, meldete sie sich für eine Umschulung zur Betriebswirtin an: schon in der Sowjetunion hatte sie als diplomierte Ökonomin gearbeitet. Die Entscheidung für die Weiterbildung, die sie nicht zuletzt wegen des langwierigen und komplizierten Anerkennungsverfahrens für ihre in der Sowjetunion abgelegten Berufsabschlüsse traf, schildert sie in ihrem Interview folgendermaßen: „*Und als ich fertig war, naja, mit einer Arbeitsstelle konnte ich nicht rechnen, das war damals so schwer. Aber mit der Sprache vielleicht, dachte ich mir, nicht so ganz gut, und also ich habe angefangen einen Kurs. Das war als einen Betriebswirt, Umschulung. Also ich habe in [Stadtname] Hochschule absolviert, und ich bin dann später [...] Von staatlichem Ministerium habe ich Anerkennung gekriegt, also Diplom bekommen. Das war Diplomökonom, also, das hat einfach lange gedauert. Ich habe alle erforderlichen Unterlagen eingereicht, zusätzliche Anforderungen, und eineinhalb Jahre hat das gedauert [...] Ja, mit Betriebswirtlehrgang habe ich Pech gehabt. Ich habe dort fünf Monate gelernt, und dann Staatsministerium hat das Niveau von dem Kurs nicht anerkannt und wurde abgebrochen [...] Da mußten alle was anderes suchen. Ich wollte nicht lange lernen, ich wollte versuchen, Arbeitsstelle zu suchen, zu finden, und deswegen hat nicht lange gedauert, daß ich so ohne Beschäftigung war. Und da habe ich eine*

Fortbildung gefunden als Bilanzbuchhalter [...] Und das war so wie Fortbildung oder Weiterbildung [...] So, 13 Monate hat gedauert bis zum Abschluß, aber Abschluß habe ich nicht geschafft. Wir waren zu zehnt, ich war die einzige Ausländerin. Und keiner hat geschafft, die Forderungen waren zu hoch gestellt, das war wie dreijähriges Studium, also nicht für dreizehnmonatige Zeit. Das war unmöglich zu bestehen." (w, Jg. 1956; 20; 4/6–5/3)

Dieses Zitat zeigt die verstärkten Anstrengungen der Interviewpartnerin bei Zusatzqualifikation und Arbeitsplatzsuche. Sie nahm die schwierige Arbeitsmarktsituation wahr und bemühte sich trotz der Entmutigung durch den Abbruch des ersten Kurses um eine fortgesetzte Weiterbildung. Sie legt im Interview ihr Bestreben offen, diese Kurse zur Sprachverbesserung zu nutzen, um damit das Spektrum ihrer Handlungsoptionen zu vergrößern. Eine feste Anstellung ist ihr Wunsch, und um dieses Ziel zu verwirklichen, wählt sie den Weg der Weiterbildung. Sie vergleicht ihre Fähigkeiten mit denen ihrer deutschen Mitschüler.

„*[...] Nicht alle hatten solche Voraussetzungen gehabt für die Prüfung. Ich habe gehabt sehr gute, ich habe alle Fächer mit Note Eins abgeschlossen. Aber Prüfung habe ich nicht geschafft, und das war so: [...] Aber zum Glück habe ich von Staatsministerium die Anerkennung bekommen als Diplomökonom, das ist höhere Stufe als Bilanzbuchhalter – Hochschulausbildung, und deswegen ich brauchte das nicht machen [...] Das war wirklich zu hoch. Aber ich habe alle Prüfungen durch, und darauf war ich stolz, daß ich nicht so aufgegeben habe – immer versucht. Und meine Mitschülerinnen, eine nach der andern sind nach der ersten Prüfung nicht mehr erschienen, und wir haben fünf oder sechs Prüfungen gehabt [...] Aber ich habe alle Prüfungen – na bis auf – ja leider nicht geschafft. Das war für mich, weil ich bin ziemlich ehrgeizig, für mich sehr große Enttäuschung. Und dann ich habe Anerkennung gekriegt, und vielleicht das war Glück im Unglück [...] Also im Juni 1993 war ich fertig.*" (w, Jg. 1956; 20; 5/5–5/34)

Im weiteren Verlauf ihrer Darstellung betont sie sogar ihre Überqualifikation, mit der sie gute Voraussetzungen für die Weiterbildung mitbrachte. Sie läßt sich auf eine niedrigere Stufe –

die diese Weiterbildung im Vergleich zu ihrem Hochschulstudium zweifellos darstellt – ein und kann so dem Vergleich mit deutschen Mitschülern standhalten. Der Hinweis auf ihr ständiges Bemühen um einen Arbeitsplatz zeigt ihren Ehrgeiz, ihre Leistungsbereitschaft und ihre hohe Frustrationsschwelle bei Rückschlägen und Enttäuschungen. Nachdem sie nach mehreren mißglückten Versuchen eine Anstellung gefunden hat, beschreibt sie ihre jetzige Situation nicht ohne Stolz.

„Und dann mein Chef hat mir anvertraut, also ich habe große Anforderung gekriegt, und jetzt kontrolliere ich Arbeit meiner Kolleginnen. Also ich rechne nach, alles, was sie machen, und dann meine Arbeit geht schon direkt zum Chef. Also, das ist wirklich sehr angenehm, daß er mir hat so anvertraut, mein Chef. Und außerdem ich beschäftige mich mit Übersetzungen von Dienstbriefen [...] Also von ehemaligen Sowjetunion, aus Ukraine." (w, Jg. 1956; 20; 7/11–7/21)

Die Übertragung von Verantwortung durch ihren Chef ist für sie ein Beweis der Anerkennung ihrer Fähigkeiten und zeigt ihren sozialen Aufstieg. Ihre russischen Sprachkenntnisse dienen ihr neben ihrer Qualifikation als zusätzliche Ressource. Durch den Einsatz aller ihrer Ressourcen kann sie sich unabhängig von ihrer Nationalität auf dem deutschen Arbeitsmarkt behaupten.

Tätigkeiten unterhalb des Qualifikationsniveaus

Die zweite Strategie, auf die Bedingungen des deutschen Arbeitsmarktes zu reagieren, ignoriert Umschulungs- und Weiterbildungsmaßnahmen und akzeptiert eine Arbeit, deren Qualifikationsniveau deutlich unter dem des erlernten Berufes liegt. Ziel ist es, schnell irgendeine Arbeit zu finden, um die Versorgung der Familie zu gewährleisten. Die Erweiterung des Handlungsspielraums erfolgt hier durch eine *Reduzierung* des eigenen Anspruchs an das Qualifikationsniveau der zukünftigen Tätigkeit. Im Folgenden wird an drei Interviewpartnern deutlich, welche Ausprägungen diese Strategie findet.

Mit der Erwartung, in Deutschland gebraucht zu werden, versuchte ein heute 60jähriger Interviewpartner – nachdem er den Sprachkurs absolviert hatte – seine Approbation zu bekommen und als Arzt über die Vermittlung des Arbeitsamtes eine Stelle zu finden. Aber die Vermittlung des Arbeitsamtes schlug fehl: *„Zwei Jahre habe ich als Vermessungshelfer gearbeitet in einer Baufirma. Das war ein Zufall, weil mein Vermittler im Arbeitsamt hat nicht nur nichts gemacht, er hat mir falsch eingewiesen, verstehen Sie? Und nach zwei Jahren habe ich verstanden, ich bekam Eingliederungsgeld, daß ich meine Zeit umsonst verloren. Und ich habe ihm gesagt: entweder ich finde jetzt beliebige Arbeit oder morgen kehren wir die Straße zusammen [...]"* (m, Jg. 1938; 4; 6/6–6/16)

Er interpretiert die Zeit der Fehlvermittlung durch das Arbeitsamt als verlorene Zeit. Aber er erkennt auch die Realität, die Lage auf dem Arbeitsmarkt – und ist in der Lage, seine Erwartungen zu reduzieren und damit seine Präferenzen und Entscheidungen der Realität anzupassen. Um einen weiteren Fehlschlag zu vermeiden, begibt er sich nun selbst auf die Suche nach Arbeit. In seiner Erzählung beschreibt er dies folgendermaßen: *„Dann, ich habe mich beworben in dieser Zeit [in einer Baufirma], und dann bekam ich einen Platz in einem Krankenhaus in Bleicherode. Ich wollte nicht, Arbeitsamt hat mir geschickt, ich habe gesagt, das ist nicht mein Fach [...] nach einem Monat, sie haben es auch gesehen, und ich bin zurückgegangen."* (m, Jg.1938; 4; 6/28–6/33)

„In Plauen war ich Arzt, im Institut für Fusionsmedizin, einfache Arbeit, aber das ist egal. Ich habe im Prinzip keine große Karriere in Deutschland gemacht." (m, Jg. 1938; 4; 7/20–7/23)

Im direkten Vergleich mit seinen deutschen Kollegen erkennt dieser Gesprächspartner, wie groß die Differenz zu seinem früheren Status ist. Er resümiert: *„Ich fühle mich wohl, weil ich verstehe meine Grenzen [...] Ich verstehe und bewerbe mich nur als Assistenzarzt. Und sie wollten, daß ich in diesem Krankenhaus ein Oberarzt werde. Ich habe gesagt: ich passe nicht."* (m, Jg. 1938; 4; 17/29–17/37)

Für ihn ist es wichtig, etwas zu tun, auch wenn es nicht seinem Status entspricht. Er erkennt die realistischen Optionen und reduziert deshalb seine Ansprüche. Dies ist sicher mit Enttäuschungen verbunden. In seiner Darstellung weist er aber immer wieder auf sein autonomes Handeln und Entscheiden hin: er hat sich einmal für die Ausreise entschieden, also obliegt ihm auch die volle Verantwortung für seine Zukunft.

Bei der Auswertung der Interviews deutet sich an, daß diejenigen, die eine technische Berufsausbildung haben, schneller bereit waren, in Deutschland eine weniger qualifizierte Tätigkeit anzunehmen als sich umschulen zu lassen.

Auf den ersten Blick scheint dabei das Ignorieren von Umschulungsangeboten den zukünftigen Handlungsspielraum zu verkleinern. Auf den zweiten Blick allerdings eröffnen sich für den Akteur weitere, vielleicht unerwartete Arbeitsmöglichkeiten, die dann aber unter seiner Qualifikation liegen können.

Für den folgenden Interviewpartner steht die Versorgung der Familie absolut im Vordergrund. Eine Umschulung stellt für ihn keine realistische Handlungsoption dar. Zur Zeit des Interviews war er arbeitslos. Doch trotz mehrerer fehlgeschlagener Bewerbungs- und Vermittlungsversuche verharrt der gelernte Fototechniker in der Hoffnung, in der nächsten Zeit doch bald Arbeit zu finden.

„Als wir gekommen sind nach Leipzig, bekamen wir Sozialhilfe, und ich habe mich im Arbeitsamt angemeldet, mich und meine Frau, aber keine Arbeit bekommen. Nein, einmal sie haben mir Arbeit angeboten, aber das war nicht gleich, wie was ich gelernt [...] Aber von zweiten Beruf als Plastiker, vielleicht finden sie was. Dann habe ich ABM-Stelle bekommen, und dort habe ich dann ein Jahr gearbeitet. Ich habe da als Maler gearbeitet [...] Ein Jahr habe ich da gearbeitet, aber dann war Schluß, der Antrag wurde nicht verlängert [...] Ich denke, daß ich finde in diesem Jahr Arbeit und daß es dann normal wird.“ (m, Jg. 1951; 2; 8/28–10/2)

„So ist das jetzt. Wir werden sehen, vielleicht wird besser dieses Jahr, nach drei, vier Jahren geht es vielleicht besser. Es kann nicht sein, daß immer ist so schlimm mit Arbeit in Deutschland [...] Ich glaube, daß wir noch Arbeit finden, von Beruf oder nicht von Beruf, ist schon egal. Ich arbeiten und verdienen. Wenn es nicht geht, wenn ich sehe, gibt nichts, dann nehme ich Umschulung, weil wenn ich jetzt nehme Umschulung, dann ist schlecht. Weil in meinem Alter, jeder Monat ist wichtig. Zum Beispiel bin ich jetzt 46 Jahre, und wenn ich das jetzt schon dem Arbeitgeber sage, dann sagt er, ich bin nicht jung [...] Und wenn ich komme dann im Alter von 50 Jahren, dann er sagt wieder, ich bin für die Arbeit alter Mann. Jeder Monat ist wichtig. Wenn ich wäre 35 Jahre, dann würde ich

umschulen, und ich hätte Chancen zu bekommen Arbeit. Aber 46 Jahre und dann absolvieren Umschulung [...] Deshalb sage ich, daß ich noch ein Jahr suche Arbeit, wenn es nicht geht [...] Und wenn ich dann 48 Jahre und weiß, daß ich keine Arbeit bekomme, dann werde ich vielleicht umschulen." (m, Jg. 1951; 2; 10/37–11/36)

Im Oktober 1990 reiste einer der Befragten als ausgebildeter Regisseur aus St. Petersburg nach Ostdeutschland ein. Seine Ankunft in Deutschland in einer Zeit des Umbruchs und der allgemeinen Unsicherheit schildert der 51jährige Interviewpartner sehr anschaulich: *„[...] Wir sind nicht in Berlin wohnen geblieben, sondern kamen in ein kleines Dorf in Sachsen-Anhalt. Das war erster Schlag [...] Und es klingt komisch, aber zweiter Schlag war die Wende. Weil alle meine Freunde haben diesen Moment ihre Position verloren. Und ich habe auch Hoffnung verloren, weil ich habe mich sofort fremd gefühlt, und für DDR war nun auch alles fremd. Klingt ein bißchen komisch, aber was bringt uns die neue Macht? Diese Ungewißheit für alle. Da war aber auch Hoffnung. Diese Hoffnung war so rosafarbig [...] Realität war bunter als einfarbig, und das ist auch normal. Ich weiß nicht warum, vielleicht in Rußland ich habe mich nicht so sicher gefühlt als in der Übergangsperiode in der DDR–BRD. Weil ich habe verstanden, daß ich wie alle anderen Leute muß einfach Leben neu anfangen – wie alle anderen, nicht nur ich, alle anderen auch. Das war psychologisch große Hilfe, denn ich war nicht allein. Ganze Land, ich meine DDR, war in meiner Situation [...] Und ich war einer von allen anderen.*" (m, Jg. 1947; 18; 4/13–4/36)

In seiner Darstellung reflektiert er den Schock, den er bei seiner Ankunft darüber empfand, daß die Situation in der ehemaligen DDR überhaupt nicht seinen Hoffnungen entsprach. Die DDR kannte er durch Reisen und seine Tätigkeit als Regisseur, er erhoffte sich über Freunde eine Arbeit am Theater in Berlin. Aber die Geschichte machte ihm einen Strich durch die Rechnung. Der Zusammenbruch der DDR verunsicherte allerdings nicht nur ihn, vielmehr wurde sein Einzelschicksal Teil der kollektiven Erfahrung einer grundlegenden Neuorientierung einer ganzen Gesellschaft. Er sieht sich rückblickend als Teil der riesigen „Schicksalsgemeinschaft DDR".

„Ich habe schon Arbeit gefunden, aber das war andere Arbeit als mein Beruf. Ich war Handelsvertreter von holländischer Brauerei,

und ich habe viele Millionen Liter Bier verkauft für sowjetische Armee, und – Gott sei dank – sowjetische Armee hat immer gut getrunken. Ich habe großen Umsatz gemacht und Geld verdient und für den Anfang war das sehr wichtig. Manche sagen: Du, wie kannst solche Arbeit machen? Ich habe gesagt: ich bin Schauspieler, mir ist egal, welche Rolle ich spiele, ich muß einfach diese Rolle gut spielen. Und dann man kann Erfolg haben, wenn man Rolle, die das Leben ihm gegeben, hat gut spielt." (m, Jg. 1947; 18; 5/37–6/11)

Seine Erwartung, in Deutschland als Regisseur arbeiten zu können, war unrealistisch und wurde enttäuscht. Er veränderte seine Vorstellungen und stieg in eine andere Branche ein. Heute betreibt er ein Café.

„Als ich gekommen bin, ich habe schon von meinem alten Beruf des Regisseurs geträumt, und ich habe ja auch schon gesehen, was mit meinen Freunden passiert, und ohne Sprache ist es sehr schwer, Arbeit zu finden [...] Leipzig ist im Moment eine Ruine, und ich bin im Moment eine Ruine, auch, und ich möchte zusammen mit Leipzig wieder aufstehen. Dies paßt zu meinem eigenen Zustand, weil ich selber Ruine bin. Mit alter Beruf – Schluß! Neuer Beruf – welcher? [...] Ich versuchte immer Optimist zu bleiben, egal, ob meine Frau sagt, daß ich Pessimist bin – ich bin Realist, wahrscheinlich [...] Ich kann sagen, ich fühle mich sicher zu Hause, ich meine nicht zu Hause in Rußland, sondern einfach zu Hause – Leipzig ist meine Stadt geworden [...] Und wenn dieses Gefühl wieder gekommen ist, dann ich habe versucht, auch wieder etwas mit meinem Beruf zu machen. Ich habe kleines Programm gemacht, dieses Chansontheater [...] Und wir haben Pläne fürs kommende Jahr [...] Eine kleine Kneipe [...] Mit Bühne und Essen, aber kein Theater in dem Sinne." (m, Jg. 1947; 18; 10/25–11/29)

„Ich bewege mich irgendwie. Na klar, mein alter Beruf ist nur ein Traum geblieben, das ist klar [...] Das war besondere Zeit, das war besondere Möglichkeit für mich, das war besonderer Erfolg für mich, ich weiß nicht was. Das war einmal, es ist geblieben im Kopf." (m, Jg. 1947; 18; 11/34–12/3)

Selbstredend haben diese beiden Strategien keine Erfolgsgarantie. Der Mißerfolg bleibt als fortdauernde Arbeitslosigkeit beziehungsweise als Verbleiben im Sozialhilfebezug deutlich spürbar. Diese Schwierigkeiten sind aber nicht mehr allein auf die Migration zurückzuführen, denn die Zuwanderer befinden sich in einer ähnlichen Lage wie ihre deutschen Mitbürger. Freilich ist das den Interviewpartnern nicht immer klar. Bei einigen von ihnen besteht eine Tendenz zur Schuldzuschreibung an äußere Instanzen, andere dagegen führen den Mißerfolg als „persönliches Versagen" auf sich selbst als „Ausländer" zurück. Beide Kognitionen bergen die Gefahr der Isolation und dadurch der Manifestierung der Randlage in sich.

Für die Konstituierung der sozialen Randlage ist freilich die materielle Situation genauso ausschlaggebend. Die Bewertung der eigenen Teilhabe an sozialen und materiellen Ressourcen entspringt dabei dem Vergleich mit anderen sozialen Gruppen in Deutschland. Und die Wahrnehmung einer Benachteiligung birgt natürlich die Gefahr der Entmutigung: *„Aber bei uns gibt es keine Möglichkeit für eine Rente [...] Wenn man Ausländer in Deutschland ist, sind die Jahre vom Beruf einfach weg. Ich bin dann gerade ein Jahr tätig gewesen [...] Leute, die schon 50 sind [...] Was bringt ihnen Arbeit? [...] Ich bin noch nicht 50, noch nicht, aber wenn ich 50 wäre – was lohnt sich das alles? Jetzt bekommt unsere Familie zusammen weniger Geld als Sozialhilfe, durch meine ABM-Stelle. Und ich muß jetzt arbeiten, und was bringt mir das Ganze? [...] Sie bringt nichts. Es ist nur scheinbar, alles nur scheinbar, und das stört und belastet uns [...] Wir sind abgestoßen von Gesellschaft [...] Und dieses Gefühl erniedrigt irgendwie. Am Ende hat man das Gefühl von Abfall."* (w, Jg. 1950; 8; 10/12–12/1)

Die eben zitierte 48jährige Ärztin weist im weiteren Verlauf des Interviews auf ihre in der ehemaligen Sowjetunion geleisteten Arbeitsjahre hin, die hier nicht anerkannt werden. Die emigrierten Juden aus der GUS haben als Kontingentflüchtlinge – anders als deutsche Staatsbürger oder deutschstämmige Spätaussiedler – keinen Anspruch auf eine Altersrente. Diese stellt aber eine wichtige Ressource dar. Besonders der Vergleich mit den Spätaussiedlern, die auch zu den Minderheiten in der ehemaligen Sowjetunion zählten, wird in einigen Interviews deutlich angesprochen. Daß das Recht der Bundesrepublik Deutschland die Spätaussiedler automatisch zum Bestandteil der Bevölkerungsmehrheit macht – mit dem großen Vorteil, daß ihre Lebensarbeitszeit bei der Rentenberechnung berücksichtigt wird –, empfinden jüdische Zuwanderer als erneute Ungerechtigkeit, der sie als Minorität, die sie in Rußland waren und in Deutschland bleiben, ausgesetzt sind. Schien die deutsche Sozialhilfe zunächst ein wesentlich besseres Leben zu ermöglichen als in den Herkunftsländern und wurde mit ihr sogar ein sozialer Aufstieg erwartet, so bewirkt jetzt der Niveauvergleich mit den Deutschen, daß sie nunmehr als lediglich zum Erhalt des Existenzminimums ausreichend betrachtet wird. Auch an dieser Stelle wurden die Erwartungen der Migranten enttäuscht.

Hier besteht des weiteren die Gefahr, daß die Betroffenen in einen Mechanismus geraten, der in der Literatur als „Armutsfalle" beschrieben wird.[19] Auf den ersten Blick scheint der Bezug von Sozialhilfe vorteilhafter als die Aufnahme einer gering entlohnten Tätigkeit. Denn mit den wenigen noch möglichen Arbeitsjahren können viele der Zuwanderer auf keinen Fall eine lebenssichernde Rente erarbeiten, das heißt daß die Abhängigkeit von der Sozialhilfe auch in Zukunft bestehen bleibt. Wenn eine Arbeit angenommen wird, entfallen zudem die Sozialhilfe für die Familienangehörigen und weitere damit verbundene soziale Leistungen. Einmal in dieser Lage, gibt es kaum einen Anreiz, sich eine Arbeit zu suchen.

Genauer betrachtet, verfestigt sich in der Folge die gesellschaftliche Randstellung der Zuwanderer. Denn sie verlieren mit der Zeit nicht nur ihre berufliche Qualifikation, sondern auch ihre sozialen Kompetenzen. Der für das Erlernen der deutschen Sprache wichtige Kontakt zu Einheimischen und die damit verbundene Chance auf Integration wird durch die soziale Randständigkeit weiter erschwert. Marginalisierung und Isolation sind die drohenden Folgen.

Aus den Interviews läßt sich außerdem herauslesen, daß diejenigen, die bisher keine Beschäftigung gefunden haben, stärkeren sozialen Rückhalt in der Jüdischen Gemeinde suchen und fester an sie gebunden bleiben, auch wenn religiöse Motive für sie nur eine untergeordnete oder gar keine Rolle spielen. Die

19 Vgl. Winfried Schmähl, Soziale Sicherung und Schattenwirtschaft. In: Helmut Winterstein (Hg.), Sozialpolitik und Beschäftigungskrise, Berlin 1985, S. 170ff; Georg Vobruba, Autonomiegewinne. Sozialstaatsdynamik, Moralfreiheit, Transnationalisierung, Passagen, Wien 1997, S. 50f.

Jüdische Gemeinde in Leipzig ist von diesen Ansprüchen überfordert, zumal umfassende Sozialbetreuung nur einen Teil der Gemeindearbeit ausmachen kann. Dennoch bietet die Jüdische Gemeinde für viele Zuwanderer den einzigen Rückzugsort. Die unterschiedlichen Auffassungen von der Funktion der Jüdischen Gemeinde – als Ort der Religionsausübung oder als Ort des sozialen Rückhalts – führen nicht selten zu latenten internen Spannungen.

Das Verhältnis zur Jüdischen Gemeinde

Vor der Wiedervereinigung zählte die Leipziger Gemeinde ungefähr 30 Mitglieder. In der gesamten DDR gab es Ende der 80er Jahre nur noch etwa 400 Juden, die in den Gemeinden als Mitglieder eingetragen waren.[20] Zum Zeitpunkt der Interviews zählte die Jüdische Gemeinde zu Leipzig bereits wieder rund 200, Ende 1998 schon über 250 Mitglieder. Sie kann damit als ein typisches Beispiel für die meisten ostdeutschen Gemeinden gelten, die mit der Zuwanderung aus der ehemaligen Sowjetunion die Chance auf demographische Stabilisierung und religiös-kulturellen Neuanfang nutzen konnten. Die stark überalterte Leipziger Gemeinde erlebte einen bemerkenswerten Aufschwung.[21]

Ausschlaggebend für das Verhältnis der Jüdischen Gemeinde zu den Neumitgliedern ist erst einmal deren Zugehörigkeit zum Judentum. Ein Vorstandsmitglied der Jüdischen Gemeinde in Leipzig grenzt in diesem Zusammenhang das Aufgabenfeld der Jüdischen Gemeinde wie folgt ein: *„Ansprüche haben die Leute – aber haben verstanden, daß wir nichts machen können. Das haben sie verstanden. Das Einzige, was wir ihnen helfen können, das ist näher zur jüdischen Kultur, zur jüdischen Religion [zu kommen].“* (m, Jg. 1924; 21; 16/17–16/21)

Doch für die Neuzuwanderer aus der früheren Sowjetunion, die in der Regel von einem säkularen Umfeld geprägt worden

20 Vgl. Ignatz Bubis, Wechselwirkungen. Die jüdischen Gemeinden in Deutschland und die Zuwanderung ost- und südosteuropäischer Juden. In: Hausleitner/Katz (1995), S. 21.

21 Zur Geschichte der Israelitischen Religionsgemeinde zu Leipzig vgl. Steffen Held, Zwischen Tradition und Vermächtnis. Die Israelitische Religionsgemeinde zu Leipzig nach 1945, Hamburg 1995.

sind, besitzt die Gemeinde in religiös-kultureller Hinsicht zunächst die geringere Bedeutung. Sie wird eben doch eher als eine Art Anlaufstelle für soziale Fragen, die sich aus Einwanderung und Eingliederung ergeben, betrachtet. Aber diesen Erwartungen kann die Gemeinde – wie bereits festgestellt – aufgrund begrenzter organisatorischer, finanzieller und personeller Ressourcen oft nicht entsprechen. Hinzu kommen Spannungen zwischen „alten" Mitgliedern und Zuwanderern, welche durch ein unterschiedliches Verständnis vom Judentum und durch unterschiedliche Sozialisation verursacht sein können. Der wöchentliche Teeabend ist einer der wenigen sozialen Kontakte der Zuwanderer zu anderen Mitgliedern der Gemeinde. Rasch wird aber auch hier an Grenzen des Miteinanders gestoßen.

In den Interviews wird das „Wir-Sie"-Verhältnis deutlich, das zwischen den „alten" und neuen Mitgliedern der Jüdischen Gemeinde besteht. Eine 48jährige Interviewpartnerin reflektierte dieses Verhältnis in folgender Weise: *„Ich habe hier viele Bekannte [...] Alte Freunde, sind alte Freunde und neue Freunde – das ist was anderes. Und gute Bekannte haben wir, die meisten sind aus Rußland. Ich habe Bekannte aus Deutschland, aber jetzt, da ist das so [...] Jetzt beschäftigen sich alle mit eigenen Problemen, und sie haben so viel, daß sie haben vielleicht nicht so viel Zeit [...] Ich meine Deutsche. Und diejenigen, die keine Arbeit haben, die kann man treffen. Und bei uns trifft man in Gemeinde, und da gibt es Tee und zum Beispiel auch einfach treffen. Wir sprechen nur russisch. Wenn deutsche Juden kommen, dann sprechen wir selbstverständlich auf deutsch, weil sie kein russisch verstehen. Aber sehen Sie, es ist interessant [...] Genau wie bei Ihnen: da gibt es Wessis und Ossis, es gibt Wolga-Deutsche. Und wenn alle zusammen, da kommt es irgendwie zur Reibung. Und genauso bei uns. Man versteht nicht die Probleme der anderen, und man beschäftigt sich mit eigenen Problemen. Und deswegen, wenn man verschiedene Sprachen spricht, ist es noch schlimmer [...] Die schon nach dem Krieg gekommen sind, sie haben schon Rente, sie haben schon alles und wollen sich keine Gedanken machen, was andere betrifft. Es ist ihnen egal – eigentlich nicht egal – es sind andere Probleme."* (w, Jg. 1950; 8; 22/22–23/11)

Interessanterweise stellte die Befragte einen Vergleich zwischen ihrem Verhältnis zu den deutschen Juden und dem Verhältnis der

Ostdeutschen zu den Westdeutschen her. Sie bewertet ihre Situation im Vergleich zu den „anderen". Die „anderen", sie meint damit die „alten" Mitglieder der Gemeinde, unterscheiden sich ausschließlich durch den Zeitpunkt der Einreise von ihr. Die materielle Sicherheit der „anderen" zieht die Grenze zwischen ihr und ihnen. Deren Probleme sind andere, für sie nicht relevante Probleme.

Für einen großen Teil der Interviewpartner bedeutet der Eintritt in die Gemeinde oftmals die erste Berührung mit kulturellem und religiösem Judentum überhaupt. Aus der Sicht des 60jährigen Interviewpartners aus Tadschikistan besteht die Gemeinde zwar mehrheitlich aus Zuwanderern, aber diese haben keinen ihrer Mehrheit entsprechenden Einfluß auf das Gemeindeleben. Es ist die Minderheit der „alten" Mitglieder, die die Zuwanderer an das Judentum heranführt.

„In der Jüdischen Gemeinde in Leipzig sind 85 % russische Juden – das erklärt alles. Ich bin Mitglied der Gemeinde und habe gute Beziehungen. Die Gemeinde hilft uns, die deutsche Sprache zu erlernen. Die Gemeinde macht aus uns echte Juden. Als wir in Tadschikistan gelebt haben, wußten wir nichts über die jüdische Geschichte, über die jüdische Kultur." (m, Jg. 1937; 7; 10/23–10/30)

Die vier jüngsten Interviewpartner nutzen das religiöse und kulturelle Angebot der Gemeinde sehr intensiv. Sie besuchen den Religionsunterricht und fahren regelmäßig in die von der Zentralwohlfahrtsstelle organisierten Ferienlager. Im Gegensatz zur mittleren und ältesten Gruppe reflektieren sie in den Interviews ein natürliches, selbstbewußtes Verhältnis zum Judentum. In zwei Interviews grenzt die Darstellung des eigenen Judentums an tradierte Überzeugungen, was sich beispielsweise in der Ablehnung gemischter Ehen und der Bejahung traditioneller Rollenverteilung der Geschlechter ausdrückt. Besonders wichtig erscheinen Beziehungen zu anderen Zuwanderern. Die Ähnlichkeit der im Herkunftsland gemachten Erfahrungen fungiert dabei als Voraussetzung für gegenseitiges Verstehen. Der 22jährige Interviewpartner stellt das deutlich dar: *„Ich versuche eigentlich verschiedene Menschen kennenzulernen, aber wenn es zum Beispiel um meine Beziehung geht, versuche ich, nur die Menschen kennenzulernen, die mit mir eine Geschichte haben, gemeinsame Ge-*

schichte, gemeinsame Vergangenheit. Weil – es kann auch schön sein mit anderen usw. Und spaßig und lustig, aber wenn es um den Ernst geht, wenn man später denkt Heirat oder so, dann [...] Ich hab mir vorgenommen, nur jüdische Ehe einzugehen." (m, Jg. 1976; 15; 24/23–25/12)

„*Es gibt diese Lager, und es werden immer wieder Parties veranstaltet von den Gemeinden [...] Das Ziel ist – man soll sich kennenlernen und vielleicht eine Beziehung eingehen. Man versucht das, weil wir so zerstreut leben in Deutschland [...] Sonst hat man keine Chance, da muß man Israel.*" (m, Jg. 1976; 15; 25/29–25/39)

Eine 18jährige Interviewpartnerin reflektiert ihre Orientierung auf die jüdischen Werte so: „*Vielleicht werde ich irgendwie jüdischer, wenn das geht [...] jetzt esse ich kein Schweinefleisch mehr, [...] wenn ich das schon sehe, kotzt mich das irgendwie an [...] das hat bestimmt etwas mit Judentum zu tun, vielleicht will mein Organismus das nicht mehr [...] ich habe stärkeres Interesse als Mutti. Meine Mutti ist so erzogen, daß sie fast vergessen hat, daß sie Jüdin ist [...] ich meine, man muß nicht immer alle Feiertage feiern oder so. Man sollte aber die Tradition kennen [...] und die jüdische Gemeinde ist so eine Art Treffpunkt für mich [...] und ich interessiere mich mehr und mehr für Judentum.*" (w, Jg. 1980; 17; 15/18–16/38)

„*Ich weiß noch nicht, ob ich hier bleibe, wahrscheinlich nicht.*" (w, Jg. 1980; 17; 18/30–18/31)

„*[...] Es wäre gut, wenn alle Juden zusammen wären in einem Land [...] In Israel ist man in der Mehrheit, das ist auch so ein Gefühl [...] Da bist du schon in deinem eigenen Land, und da hast du deine Rechte [...]*" (w, Jg. 1980; 17; 26/1–26/10)

Ihre subjektiv wahrgenommene Andersartigkeit nutzt sie als ethnische Ressource. Im Gegensatz zu ihrer Mutter entdeckt sie für sich neue Werte, die sie als Bereicherung und nicht als Last empfindet. Ihre Marginalität läßt sich ihrer Meinung nach dadurch ändern, daß sie nach Israel auswandert. Dort wäre sie nicht mehr Angehörige einer Minderheit, sondern würde zur Mehrheit der Juden gehören, was für sie einen Aufstieg bedeutet.

Auch sie äußert den Wunsch, später einen Juden zu heiraten: „*Aber die Russen, die russischen Juden, vielleicht, weil ich auch selber russische Jüdin bin, gefallen mir zwar nicht besser, aber stehen mir näher, und deswegen möchte ich auch [...] Wegen den Kindern, [...] Also will diese russische Jüdin bleiben. Ich meine, ein jüdischer Partner wäre gut, weil dann versteht er meine Probleme, und ich verstehe seine Probleme.“* (w, Jg. 1980; 17; 19/6–19/14)

Auch diese Gesprächspartnerin setzt Ähnlichkeit mit Verständnis gleich. Dabei geht es ihr weniger um die religiösen Werte des Judentums als um die Identifikation mit einer Gruppe, mit einer Kultur, wenn auch in sehr diffusem Sinn.

Wie weiter: Deutschland oder Israel?

Den meisten Interviewpartnern stellte ich zum Ende des Interviews die Frage, ob sie jemals darüber nachdachten, Deutschland aufgrund der Shoah als Einwanderungsland zu meiden. Alle Befragten reagierten in einer Weise, die deutlich machte, daß die Vergangenheit für ihre Migrationsentscheidung eine untergeordnete Rolle spielte.

Sie vergleichen die alternativen Einwanderungsländer gegenwartsbezogen – mit dem Ergebnis, daß die moralischen Einwände gegen Deutschland angesichts der heutigen sozialen Attraktivität und politischen Sicherheit des Landes an Bedeutung verlieren.

„Ich denke zum Beispiel, daß die jüdischen Emigranten in Deutschland ein besseres Leben führen als die, die in die USA oder nach Israel ausreisten. Es gibt viele unternehmungslustige Juden, die nach Israel ausgereist sind und konnten dort ihre Existenz aufbauen, einen Job finden. Hier ist es schwerer, eine Arbeit zu finden, als in den USA oder Israel. Die soziale Absicherung der jüdischen Emigranten ist hier besser als in Israel oder in den USA.“ (m, Jg. 1937; 7; 11/16–11/25)

„Und jetzt in Rußland Faschismus auch, und jetzt ist man hier gegen den Faschismus und kämpft. In Rußland ist großes Schweigen, was die Faschisten machen. Jelzin schweigt, er sieht nicht. Das ist schlimm, und wir sehen das. Hier reagiert die Regierung gegen den Faschismus, und dort? Selbst auf dem Newsky-Prospekt marschieren die Faschisten [...] Und Regierung verschließt die Augen. Man verkauft antisemitische Zeitungen, antisemitische Bücher [...] Aber hier die Regierung denkt für seine Bürger und dort nicht.“ (w, Jg. 1933; 10; 12/24–12/38)

Auf die erwähnte Frage reagiert die Interviewpartnerin mit einem spontanen Vergleich der gegenwärtigen Verhältnisse in Rußland und Deutschland.

Andere Interviewpartner führen diesen Vergleich auch auf der historischen Ebene. Die Verbrechen der NS-Politik verlieren mit Blick auf die Verfolgungen in Rußland und in der Sowjetunion ihren besonderen, einzigartigen Charakter.

„Ich meine, in Rußland sind so viele schlimme Sachen passiert mit Juden. Natürlich war das nicht in so einem großen Umfang wie in Deutschland. Aber es gab noch solche Fälle, die schrecklich waren, vor der Revolution und so [...] Immer wenn es in einem Land Probleme gibt, dann gibt man die Schuld den Juden." (w, Jg. 1980; 17; 25/19–25/29)

„Das war eben so eine Zeit, so eine Zeitperiode, und der liebe Gott hat uns solche Idioten wie Stalin oder Hitler geschickt. Wir müssen das in Erinnerung halten, und das bedeutet noch lange nicht, daß wir uns einander hassen müssen." (m, Jg. 1937; 7; 11/38–12/3)

Am deutlichsten wird der dominante Gegenwartsbezug beim Vergleich der Einreiseländer: historische Argumente spielen faktisch keine Rolle. Vielmehr wird der historisch und religiös begründeten Forderung, nach Israel zu emigrieren, die gegenwärtige Lebenssituation in Israel gegenübergestellt.

„Ja, natürlich ist das eine Möglichkeit, nach Israel zu gehen, und dann alle Juden dort zusammenzusammeln [...] Aber das ist nicht möglich, weil das Land zu klein ist – die passen gar nicht alle rein, und wenn zum Beispiel noch ein Teil von Israel abgetrennt wird für Palästina, dann weiß ich überhaupt nicht, wie das möglich ist. Die Schwester meiner Mutter wohnt dort, und sie haben sich ganz gut eingewöhnt. Aber was sie sagen, und was wir sehen, da gibt es viele Unterschiede. Sie sagen: bei uns ist alles o.k. Und vorher sagte man im Fernsehen, daß dort ein Bombenanschlag war oder Terrorist hat sich in die Luft gejagt, und dabei sind dreißig Leute umgekommen. Aber die sagen, daß das normal ist, das ist o.k. Sie sagen, wir wohnen damit, das ist Schicksal – aber ich finde das nicht o.k. Israel – zuerst gibt es da das Problem mit den Arabern und dann das Klima [...] Ich sehe, daß in Israel wird das nicht so berichtet, wie das war und ist – also als ob das [Bombenattentate] normal wäre. Sie [eine Verwandte] war voriges Jahr da, als Rabin getötet wurde, und da

war wirklich Trauer – aber wenn ein Bombenanschlag war, dann ist das ganz gewöhnlich. Alles ist komisch normal, wenn man Bomben auf der Straße findet oder die Toten zusammensucht." (m, Jg. 1978; 13; 10/36–11/4)

„*Man sagt, für Juden gibt es nur Israel, na gut. Aber es gibt Abweichung von dieser Sache, und man kann in Israel nicht einfach leben [...] Es ist so: wenn man zufrieden, das ist gut. Es ist egal, wo.*" (w, Jg. 1950; 8; 22/3–22/9)

Bei der mittleren und ältesten Gruppe bildet die eigene Zufriedenheit und die Versorgung der Familie das Hauptkriterium für die Beurteilung der Einreiseländer. Die jüngste Altersgruppe hat diesen Versorgungsgedanken nicht. Sie kann sich deshalb in ihrer Reorientierung auf das Judentum die Option offenhalten, später nach Israel auszuwandern.

„*Naja, Israel ist gut und schön, aber ich war dort noch niemals in Israel. Ich will zwar dahin fahren, mich einfach umsehen, und vielleicht fahre ich dorthin, um dort zu leben, das weiß ich noch nicht. Vielleicht in drei oder vier Jahren, und vielleicht bleibe ich auch da, weil ich finde das eigentlich gut [...] Also, es ist eigentlich auch besser, wenn alle Juden in Israel wohnten, finde ich.*" (w, Jg. 1980; 17; 13/26–13/34)

Resümee

Aus den geführten Interviews läßt sich die Vielschichtigkeit des Migrationsprozesses russisch-jüdischer Zuwanderer in Deutschland unschwer erkennen.

Die Integration dieser Zuwanderer hängt dabei sowohl von den subjektiven Erfahrungen und Erwartungen vor und während der Einreise als auch von den in der Einreisegesellschaft vorgefundenen Bedingungen ab. Allerdings kann die Integration in den dokumentierten Fällen noch nicht als abgeschlossen gelten. Die gegenwärtig zu beobachtende Annäherung der Problemlagen von Einheimischen und Zugewanderten – beispielsweise im Hinblick auf Beschäftigung und Arbeitssuche – zeigt außerdem, daß eine fortgeschrittene Integration noch keineswegs das Ende der Probleme bedeutet.

Die Migranten reflektieren ihre Probleme unterschiedlich. Dabei kann im Extremfall die Einschätzung der Realität selbst Teil der Probleme werden. Die externen und internen Barrieren, Optionen und Alternativen im Einreiseland werden kognitiv repräsentiert. Die Art, wie die Migranten aus den neuen Handlungsspielräumen ihre individuelle Handlungsstrategie formen und welche Lösungen sie aufgrund ihrer eigenen Kompetenz finden, ist sehr unterschiedlich. Etwa die Hälfte der Befragten Zuwanderer pflegt überwiegend *inter*ethnische Kontakte, das soziale Leben der anderen Hälfte beschränkt sich weitgehend auf *intra*ethnische Kontakte. Bei der letzteren Gruppe ist eine Tendenz zu beobachten, sich gegenüber deutschen und integrierten Juden zu verschließen. Der Jüdischen Gemeinde allein gelingt es kaum, diese starren Formen des „Unter-Sich-Bleiben-Wollens" aufzuweichen.

Offensichtlich ist der Bedarf an neuen, langfristigen Lösungen, die weit über eine materielle Anfangsbetreuung hinausgehen. Vor allem die Möglichkeiten des Spracherwerbs gilt es erheblich zu verbessern, denn insbesondere ältere Migranten können aus dem gegenwärtig knapp bemessenen Sprachunterricht kein Gefühl von Kompetenz gewinnen. Es ist wichtig, Räume – im wahrsten Sinne des Wortes – für die sozialen Bedürfnisse der Migranten bereitzustellen. Hier sind Behörden und Wohlfahrtsverbände gefordert, gemeinsam mit Jüdischen Gemeinden verbindende Strukturen zu schaffen. Die Einrichtung eines „Runden Tisches" könnte dazu beitragen, daß die sozialen Bedürfnisse der Migranten besser erkannt, entsprechende Angebote koordiniert und finanzielle Probleme optimaler angegangen werden. Neben der Vereinheitlichung der Einwanderungsgesetzgebung, mit der die rechtliche und soziale Ungleichbehandlung der verschiedenen Zuwanderergruppen zumindest abgemindert werden könnte, bildet die Verbesserung der Integrationsbereitschaft in der deutschen Aufnahmegesellschaft eine wesentliche Bedingung, um jüdische Zuwanderer besser als bisher in den hiesigen Alltag einbeziehen zu können.

Anhang

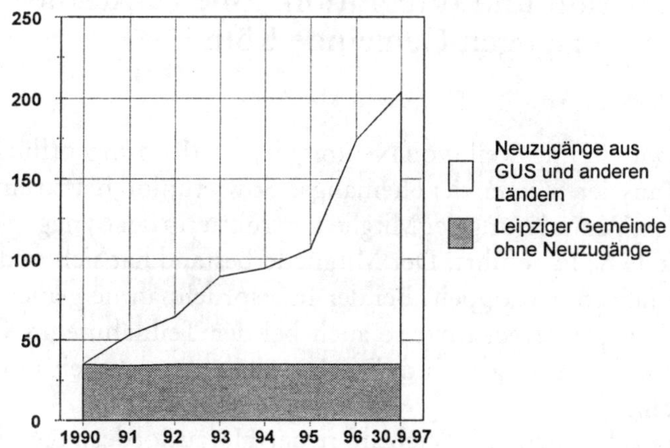

Grafik 1: Mitgliederzuwachs in der Leipziger Jüdischen Gemeinde (Stand 30.9.1997, Angaben der Israelitischen Gemeinde Leipzig)

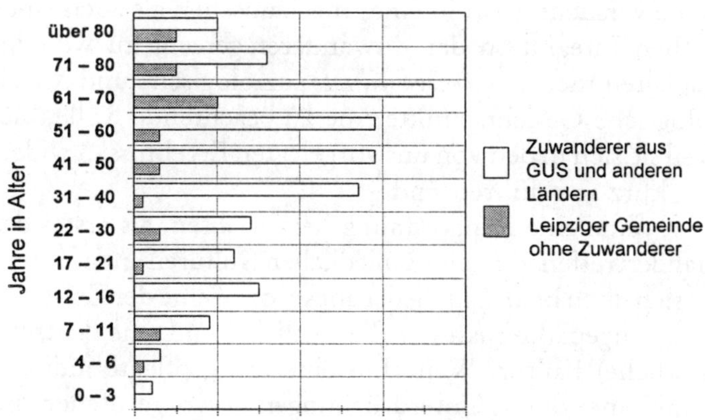

Grafik 2: Alterstruktur der Leipziger Jüdischen Gemeinde (Stand 30.9.1997, Angaben der Israelitischen Gemeinde Leipzig)

Alphons Silbermann

Partizipation und Integration. Eine Fallstudie aus der Synagogen-Gemeinde Köln

Die Zuwanderungswelle von Neumitgliedern (Kontingentflüchtlingen) aus den Staaten der ehemaligen Sowjetunion hat zu einer radikalen Veränderung der Mitgliederstruktur in der Synagogen-Gemeinde Köln geführt. Der Mitgliederbestand hat sich in den letzten Jahren verdoppelt. Bei der Inanspruchnahme gemeindlicher Dienste, streckenweise auch bei der Teilnahme an Gemeindeveranstaltungen sind die Neumitglieder deutlich in der Überzahl.

Daraus hat sich eine Vielzahl neuer Herausforderungen für die Gemeinde ergeben, gar nicht zu sprechen von moralischen Verpflichtungen. Durch die Ausdehnung von bereits bestehenden Dienstleistungs- und Beratungsstellen sowie die Errichtung von neuen, speziell auf die Neumitglieder ausgerichteten, hat die Gemeinde versucht, sowohl einer mechanischen als auch einer organischen Integration der Zuwanderer gerecht zu werden. Dabei spielten mehrere *übergeordnete* soziologische und sozialpsychologische Gesichtspunkte eine zu beachtende Rolle, die, alldieweil sie sich in den von uns vorgelegten Ergebnissen widerspiegeln, kurz anzuführen sind.

Da ist, ohne eine Rangordnung herzurichten, als erstes das Aufeinandertreffen von unterschiedlichen Kulturen anzuführen. Treffen sich doch beim Eingliederungsprozeß eine der Existenzumgebung angepaßte russische (lies östliche) und eine deutsche (lies westliche) Kultur. Weiterhin eine frei gepflegte jüdische Kultur mit einer durch Unterdrückungen hervorgerufenen ungepflegten „jüdischen" Kultur. Hervorgerufen werden hierdurch stark unterschiedliche Verhaltensnormen, die Lage, Lebenssituation, Befindlichkeit und Interpretation in Richtung eines Konsens beeinflussend erschweren.

Ein weiterer beachtenswerter Gesichtspunkt betrifft die Herstellung von Gleichgewichtigkeit zwischen den alten und den neuen Gemeindemitgliedern, zumal, wenn die Zugewanderten zahlenmäßig die Alteingesessenen überragen. Schon allein um den Zusammenhalt in der Gemeinde zu erhalten, darf weder eine Under-Dog-Haltung entstehen, noch ein Zwei-Klassen-System. Auch Fraktionsdenken und Benevolenzattitüden stehen Integrationsbemühungen im Wege. Sollen die Bemühungen um die Einbeziehung der russischen Zuwanderer in das religiöse, soziale und kulturelle Leben der Gemeinde erfolgreich sein, ist vom Schaffen einer Solidarität auszugehen, die der jüdischen Gemeinde – alten wie neuen Mitgliedern – zum Vorteil gereicht. Dies wird zum einen aber nur möglich sein, wenn sich zwischen den beiden Gruppen eine moralische Atmosphäre des gegenseitigen Mögens ausbreitet, zum anderen, wenn die gemeindlichen Betätigungen der alten Mitglieder zum Vorbild für die neuen gereichen. Beides steigert die Stabilität der Gruppen, sowohl nach innen wie auch nach außen.

Unter diesen Prämissen wurde unsere Untersuchung konzipiert. Sie verlangt nach einem Vergleich zwischen Alt und Neu, um Haltungen, Attitüden, Diskrepanzen, Defizite und Bemängelungen aufzuzeigen, denen entgegenzuwirken ist. Sie ist insofern eine Art „Zwischenbericht", als die Geschichte von Einwanderung gezeigt hat, daß soziale Integration immer nur über längere Zeiträume erreicht werden konnte.

Die Neumitglieder sind – anders als bei einem generativen Zuwachs – nicht jung genug, um den Weg einer alterstypischen Integration über die religiös-familiäre Sozialisation zu gehen. Das Gros der neuen Mitglieder, das sich voraussichtlich im letzten Drittel des Lebens befindet, sind Persönlichkeiten mit einem reichen Fundus an Lebenserfahrungen und umständehalber einem wahrscheinlich noch nicht festgefügten religiösen Empfinden. Das einzige Bindeglied zwischen den neuen und den alten Gemeindemitgliedern ist ihr Judentum. Dies wäre jedoch nur dann ein Garant für eine bruchlose expansive Integration, wenn diese Tatsache alle Gemeindeglieder verbal oder religiös eine gemeinsame Sprache als unabdingbares Mittel der Kommunikation sprechen ließe. Dies ist jedoch in beiderlei Hinsicht nicht der Fall. Zum einen sind die Kenntnisse der deutschen

Sprache bei den Neumitgliedern nur rudimentär entwickelt und zum anderen gibt es Differenzen in der religiösen Orientierung.

Der Gottesdienst als zentraler Ausdruck der religiösen Praxis ist zugleich das wichtigste gemeinschaftssuchende und gemeinschaftsstiftende Element des Gemeindelebens. „Im Gebet vereint" fördert sowohl die religiöse als auch die soziale Integration, betreffe dies, wie in unserem Fall, die alteingesessenen Mitglieder untereinander wie auch die Neuankömmlinge mit diesen. So versteht es sich von selbst, daß die Gemeindeleitung gemeinsam mit dem geistlichen Personal größten Wert auf den Besuch des Gottesdienstes legt. Mit Bedauern wird jedoch in regelmäßigen Abständen kundgetan, daß die Einrichtung „Gottesdienst" nur eine geringe Frequenz von Besuchern aufweist. Hier die ersten diesbezüglichen Randziffern:

Fast ein Drittel aller Gemeindemitglieder nimmt am Gemeindeleben – in der Form des Synagogenbesuches – nicht teil.

Bei den Neumitgliedern aus Rußland ist der Anteil derjenigen, die *seltener als einmal im Jahr oder nie* am Gottesdienst teilnehmen, sogar noch höher als der entsprechende Anteil bei den alten Gemeindemitgliedern. Über die Gründe für diesen unzufriedenstellenden Zustand ist schon viel nachgedacht worden. Nach unseren Erkenntnissen scheint einer der Hauptgründe für die geringe Teilnahme bei den mangelnden Hebräischkenntnissen der Gemeindemitglieder zu liegen – insbesondere der Neumitglieder aus Rußland.

In der Kölner Synagogen-Gemeinde wird der Gottesdienst mit Ausnahme der Predigt in Hebräisch gehalten. Nach den Ergebnissen unserer Untersuchung ist davon auszugehen, daß 80 % der neuen Gemeindemitglieder aus Rußland dem religiösen Geschehen in der Synagoge wegen der Sprachprobleme nicht folgen können. Bei den Mitgliedern, die nicht in den letzten Jahren aus Rußland gekommen sind, sind die Verständnisprobleme geringer ausgeprägt. Dennoch kann auch von ihnen jedes fünfte Gemeindemitglied dem Geschehen in der Synagoge aus sprachlichen Gründen *nicht* folgen. Daß bei diesen beträchtlich großen Gemeindeteilen der Gottesdienst seine Aufgabe – nämlich Glaubensinhalte und die religiöse Praxis nicht nur zu tradieren, sondern auch zu verinnerlichen – nicht erfüllen kann, ist offensichtlich.

Ohne uns auf theologische Fragen und Auslegungen einzulassen, darf festgehalten werden, daß der Gottesdienst einer der, wenn nicht gar der wichtigste Symbolträger für die religiöse Gemeinsamkeit ist. Er drückt sich in der rituellen Glaubenspraxis von Gebet und Gesang aus.

Um herauszufinden, ob und inwieweit der Gottesdienst in der Kölner Gemeinde den rituellen Glaubensbedürfnissen der Gemeindemitglieder entspricht, wurden die Gemeindemitglieder explizit nach ihrer Einschätzung der verschiedenen Ausdrucksformen religiöser Praxis und nach Veränderungs- bzw. Ergänzungswünschen gefragt.

Noch vor dem Gebet erhält der Aspekt der „Feierlichkeit" des Gottesdienstes die höchsten Sympathiewerte von den Befragten. Nach dem Gebet folgen die „Gemeinschaft mit anderen Gläubigen" und „Gesang" bei den positiven Wertschätzungen. Der Aspekt der „Abgeschiedenheit vom Alltag" nimmt sich dagegen als vergleichsweise unwichtig aus. Die rituellen Bedürfnisse der Gemeindemitglieder konzentrieren sich auf Gebet und Gesang, wobei ihnen die Feierlichkeit ganz besonders *wichtig* ist.

Allerdings muß berücksichtigt werden, daß Gebet und Gesang jeweils nur von weniger als der Hälfte der Gemeindemitglieder als „sehr wichtig" oder doch „wichtig" bezeichnet werden. Ein Grund dafür, daß hier nicht noch höhere Zustimmungsraten gefunden wurden, ist nach unserem Erachten bei den bereits ausgeführten unzureichenden Kenntnissen der hebräischen Sprache zu suchen. Die Anteilnahme und damit auch Wertschätzung von Dingen, die man tut oder die man miterlebt, wächst mit dem Verständnisgrad. Unterstellend, daß die Mitglieder der Gemeinde wissen, was im Gottesdienst vor sich geht, daß sie wissen, daß die Lesung der Thora zugleich Mittel- und Höhepunkt des Gottesdienstes ist, haben wir sie gefragt, ob sie eine Kompensation ihrer Sprachkenntnisse durch eine deutsche Kommentierung der Thoralesung oder einen kurz gefaßten, teilweisen Vortrag in deutscher Sprache für sinnvoll halten. Angesichts der sehr geringen hebräischen Sprachkenntnisse bei den russischen Neueinwanderern wäre zu erwarten gewesen, daß dort die Zustimmung zum Vorschlag noch stärker als mit 60,3 % ausgefallen wäre. Allerdings ist dieser geringe Zustimmungsgrad dann zu verstehen, wenn die

Neumitglieder aus Rußland über ebensowenig Kenntnisse der deutschen wie der hebräischen Sprache verfügen. Obwohl Sprachkenntnisse bei den anderen Gemeindemitgliedern weiter verbreitet sind, sprachen sich bei ihnen auch 62,5 % für eine deutsche Kommentierung bzw. für einen kurzen deutschen Vortrag der Thoralesung aus, was erstaunlich und beachtenswert ist.

66 % aller Befragten sprachen sich für eine stärkere Hervorhebung der *Feierlichkeit* des Gottesdienstes aus, ein Zeichen für die hohe Wertigkeit, die der Feierlichkeit des Gottesdienstes von den Gemeindemitgliedern beigemessen wird. Mit 72,8 % äußerten besonders stark die neuen Gemeindemitglieder aus Rußland diesen Wunsch, wobei Männer wie Frauen sich in dieser Meinung einig waren.

Diejenigen, die sich für die Hervorhebung der Besonderheit und Feierlichkeit ausgesprochen hatten, wurden gebeten, „ihre Wünsche und Ideen“ zu äußern, „wie dem Gottesdienst mehr Feierlichkeit verliehen werden kann“.

- Von den 328 aus 430 Gemeindemitgliedern, die sich für die Hervorhebung der Feierlichkeit des Gottesdienstes ausgesprochen hatten, meinten 65,8 %, daß man diesem Ziel durch eine Orgel näherkommen könne.
- 60,7 % sprachen sich für einen Chor aus.
- Genau ein Drittel (33,2 %) von ihnen wünschte sich, daß Geistliche im Gottesdienst einen Talar tragen.
- Knapp weniger, nämlich 30,2 %, stimmten der Verbesserung der Raumakustik zu.
- Jeder fünfte (20,7 %) hielt einen für Ordnung sorgenden Schammes für sinnvoll.
- Schließlich meinten 15,9 %, daß die Besonderheit des Gottesdienstes durch ein Harmonium hervorgehoben werden könnte.

Die Befragten brachten damit zum Ausdruck, daß sie für den Gottesdienstbesuch, der für sie keine alltägliche Verrichtung, sondern ein Ereignis ist, besonders mit Bezug auf Feierlichkeit, eine rituelle Aufwertung durch akustische und optische Symbole erwarten. Ob und wie diese Wünsche in einem orthodox geführten Gottesdienst erfüllt werden können, beschäftigte uns nicht.

Die rituellen Bedürfnisse im engeren Sinne sind in den Gesamtzusammenhang der Bedürfnisse und Erwartungen eingebettet, die die Mitglieder – insbesondere die Neumitglieder – an die Gemeinde stellen. Mit Blick auf die von allen Gemeindemitgliedern zu leistende Integration wurden die Bedürfnisse der Neumitglieder als Spiegelbild der *Auswanderungsmotive* erhoben.

Von den aus Rußland stammenden Neumitgliedern nannten die meisten (82,6 %) die „größere Sicherheit vor feindlichen Angriffen" als Migrationsgrund. Interessant war dabei zu sehen, daß die Neigung, das in der Öffentlichkeit oft diskutierte Sicherheitsmotiv anzugeben, mit dem zunehmenden Alter der Antwortenden anstieg. Die höchsten Zustimmungsquoten fanden sich bei den 61–80jährigen mit 81,4 %. Im Gegensatz dazu bewerteten die jüngeren Jahrgänge die wirtschaftlichen Motive als bedeutungsvoller. Ohnehin folgen bei den nachfolgenden Auswanderungsgründen an zweiter und dritter Stelle sozioökonomische Erwartungshaltungen. So nannten 71 % die Hoffnung auf eine „bessere Altersversorgung" und 69 % den Wunsch nach „größerer wirtschaftlicher Sicherheit".

Die vierthäufigste Nennung bekam das Auswanderungsmotiv „bessere medizinische Versorgung" (54,7 % aller Antwortenden). Die Quote der diesem Votum Zustimmenden aus Rußland liegt doppelt so hoch (65,8 %) wie die von den anderen Gemeindemitgliedern (29,6 %). Erwartungsgemäß wurde dieses Motiv besonders oft von den 61–80jährigen Neumitgliedern aus Rußland genannt (73,5 %). Für 54,5 % der Neumitglieder aus Rußland war bei der Ausreise auch eine „bessere Schulausbildung für Kinder und Enkel" wichtig. Erst an letzter Stelle der Nennungen folgte das Motiv „mehr Freiheit, um die Religion auszuüben" (44,9 %).

Insgesamt kristallisierte sich heraus, daß neben dem Motiv der Sicherheit vor feindlichen Angriffen (Antisemitismus) *wirtschaftliche* Überlegungen die zentralen Motive für die russischen Juden sind, ihre Heimat zu verlassen. Dies dokumentieren sie auch selbst in ihren Äußerungen, und zugleich wird dies durch die durch Beobachtung begründete Bewertung der anderen, nicht aus Rußland stammenden Gemeindemitglieder bestätigt. Die neuen Gemeindemitglieder erwarten vor allen Dingen ein höheres Maß an wirtschaftlicher Sicherheit und eine bessere

Altersversorgung. Für die Gemeinde insgesamt bedeutet dieser Motivkomplex, daß die Zuwanderer mehr allgemein soziale und kulturelle Dienstleistungen erwarten als religiöse Praxis. Deswegen wird die Inanspruchnahme allgemein orientierender und sozialer Dienste die Inanspruchnahme religiöser Dienste im engeren Sinne dominieren. Dadurch wird die Gemeinde nicht nur vor die Aufgabe gestellt, angemessenen Kräfte zur Hilfe bei der allgemeinen Daseinsvorsorge zur Verfügung zu stellen, sondern zugleich auch mit der Frage nach der Anregung und Belebung der religiösen Betätigung im engeren Sinne konfrontiert.

Die Neumitglieder aus Rußland zeigten sich bei dieser Untersuchung insgesamt sehr zufrieden, was die (bisherige) *Erfüllung ihrer Erwartungen* in Deutschland angeht. Gerade auch in ihren wirtschaftlichen Interessen äußern sie sich selbst sehr viel zufriedener, als die alteingesessenen Mitgliedergruppen bei ihnen vermuten. Die explizite Äußerung von Zufriedenheit erfolgte in einer engen Streubreite von 64 bis 70 % der Neumitglieder aus Rußland in bezug auf die größere wirtschaftliche Sicherheit (66,4 %) und auf die bessere Altersversorgung (70,1 %) ebenso wie in bezug auf die größere Sicherheit vor feindseligen Angriffen (67,3 %). Knapp darunter lag der explizit geäußerte Zufriedenheitswert in bezug auf die Freiheit, die Religion auszuüben. Dem deutlich höheren Enttäuschungsgrad entsprechend äußerten nur 45 % ausdrücklich, daß sich ihre Erwartungen auf eine bessere Schulausbildung für ihre Kinder und Enkel erfüllt haben.

Gravierende Eingliederungsschwierigkeiten in die deutsche Gesellschaft und Hemmnisse bei der Integration in die Gemeinde, die trotz dieser vergleichsweise positiv anmutenden Bilanz allgegenwärtig sind, werden von Neu- und Altmitgliedern allerdings sehr verschieden interpretiert. Bei den anderen abgefragten ursächlichen Faktoren läßt sich in der Kölner Synagogen-Gemeinde – überspitzt formuliert – ein „Lagerdenken“ feststellen. Die Verursachungslast in der jeweiligen eigenen Verantwortungssphäre wird weniger gesehen, als mögliche Benachteiligungen oder Störelemente, die in der Sphäre des jeweilig anderen liegen bzw. die von beiden Gruppen nicht beeinflußt werden können.

So sehen die Neumitglieder aus Rußland Hinderungsgründe in der „Fremdenfeindlichkeit in Deutschland", in der „mangelnden Hilfsbereitschaft deutscher Bürger und Behörden" und in der „mangelnden Eingliederung in die jüdische Gemeinde". Die anderen, diesbezüglich ebenfalls befragten Gemeindemitglieder heben hingegen besonders die „übersteigerten Erwartungen" der Neumitglieder hervor. Diese starke Hervorhebung deutet ein mögliches *Konfliktpotential* an, das im Extremfall in die Zurückweisung von Ansprüchen bzw. Hilfe und Unterstützungsersuchen münden kann. Zugleich ist diese Einschätzung geeignet, derartige Ersuchen von sich zu weisen und auf die Hilfesuchenden zurückzuverweisen. Auf der anderen Seite können die Nennungen der „mangelnden Hilfsbereitschaft deutscher Bürger" und der „mangelnden Eingliederung in die jüdische Gemeinde" exakte Tatsachenfeststellungen, aber auch Schuldzuweisungen sein, die sich u.a. aus übersteigerten Erwartungen ergeben.

Diese teilweise widersprüchlichen Ergebnisse zeigen, daß ein großer Bedarf an gegenseitiger Information zur Vorbeugung von Vorurteilen und an intensiver Kommunikation zu einem angemessenen Interessenausgleich bei gleichzeitiger Optimierung von Integrationshilfen besteht.

Über alle Mitgliedergruppen hinweg sehen die meisten Befragten aber einen zentralen Hinderungsgrund für die Erfüllung der mit dem Zuzug verbundenen Wünsche in den unzureichenden Sprachkenntnissen. 74,5 % der Neumitglieder bestätigten dies auch mit Bezug auf sich selbst, wobei die weiblichen Neumitglieder diesen Hinderungsgrund noch häufiger als die Männer nannten.

Der großen Bedeutung entsprechend, die den Sprachschwierigkeiten als wesentliches Hemmnis beigemessen wird, wäre bei den Antworten auf die Frage nach den wichtigsten Integrationshilfen zu erwarten gewesen, daß die meistens Antworten sich auf die sprachliche Unterweisung konzentriert hätten. Indes konzentrieren sich die Antworten der Neumitglieder aus Rußland in extremem Ausmaß auf die *Sozialabteilung*. Drei Viertel aller von ihnen nennen diese Einrichtung als wichtigste Eingliederungshilfe.

Den Sprachunterricht nennen dagegen nur 9 %, den Jugendclub 10 %, den Club der Akademiker 7,2 % und den Kindergarten 5,8 %. Die geringste Zahl der Nennungen fällt auf den Religionsunterricht (2 %).

Das heißt erstens: den stark wirtschaftlich orientierten Zuwanderungsmotiven entsprechend, werden die wichtigsten Integrationshilfen am ehesten von sozialen Dienstleistungen erwartet, die bei der Daseinsvorsorge behilflich sind. Zweitens: Die tatsächliche Inanspruchnahme der gemeindlichen Einrichtungen entspricht im wesentlichen der Einschätzung ihrer Wichtigkeit für die Integration.

Die Inanspruchnahme einer Einrichtung der Synagogen-Gemeinde mit integrativem Charakter setzt allerdings auch die tatsächliche Kenntnis darüber voraus. Darum hat sich die Synagogen-Gemeinde Köln durch die Veröffentlichung eines zweisprachigen Leitfadens bemüht.

Die Gemeinde ist nach ihrem Selbstverständnis kein religiöses und/oder soziales Dienstleistungsunternehmen, sondern eine religiöse Gemeinschaft, die durch ihren Glauben und die gemeinsame lebendige Religions- und Lebenspraxis verbunden ist, aus der sie lebt. Deswegen wurden die Gemeindemitglieder nach der Selbsteinschätzung der Intensität ihrer Teilnahme am Gemeindeleben *außerhalb* der Gottesdienste befragt.

2,4 % der Befragten verweigerten auf diese Frage die Antwort. Rund jedes vierte Gemeindemitglied (23,3 %) erklärte, daß es „nie“ am Gemeindeleben außerhalb der Gottesdienste teilnehme. 60 % (exakt 59,9 %) bezeichneten ihre Teilnahme am Gemeindeleben als „selten“, und 14,5 % schätzten die Teilnahme selber als „oft“ ein. Dabei gibt es allerdings starke Differenzen zwischen den aus Rußland stammenden Neumitgliedern und den anderen Mitgliedergruppen. Von den Neumitgliedern gaben nur 9,6 % an, „oft“ am Gemeindeleben teilzunehmen, während 25,7 % von den anderen Mitgliedern ihre Teilnahme mit „oft“ einschätzten. Der geringen Teilnahme auf der einen entspricht die hohe Quote der Neumitglieder auf der anderen Seite, die „nie“ am Gemeindeleben teilnehmen (27,5 %). Andererseits kann kein Zweifel darüber bestehen, daß für die erst in den letzten Jahren aus Rußland gekommenen Mitglieder die jüdische

Gemeinde ein zentraler Anlaufpunkt ist, zumal das Jüdisch-Sein als einer der Hauptgründe für den Weggang aus ihren Heimatländern gilt. Wenn trotzdem jeder vierte von ihnen angab, „nie" am Gemeindeleben teilzunehmen, läßt das Schlußfolgerungen in zwei Richtungen zu: Entweder ist das jüdische Gemeindeleben für sie in ihren Glaubenseinstellungen und in ihrer Lebensorganisation nicht sonderlich bedeutend, oder es ist für sie wegen der Sprachprobleme nicht in einer bedürfnisgerechten Form nutzbar. In den offenen Antworten der Befragten taucht beides auf. So beschrieb ein 56jähriger Neueinwanderer seine Erfahrungen: „Ich habe versucht, am Gemeindeleben teilzunehmen, aber es war nicht interessant und sehr weit entfernt von den Problemen der nach der BRD gekommenen Juden". Und ein 70jähriger Immigrant verdeutlichte sein Sprachproblem: „Ich nehme immer teil, wenn es einen Dolmetscher gibt."

Weit über den Gottesdienst und die sonstigen gemeindlichen Veranstaltungen hinaus sind das Gemeindeblatt und die Mitteilungen der Gemeinde als Instrumente der mittelbaren Kommunikation innerhalb der Gemeinde anzusehen. Nach den Selbstauskünften der Gemeindemitglieder zu urteilen, ist das Gemeindeblatt das wichtigste Verbindungselement zwischen den Gemeindemitgliedern untereinander und zu den gemeindlichen Einrichtungen. 90,1 % aller Antwortenden gab an, das Gemeindeblatt „oft" (69,6 %) oder doch zumindest „selten" (20,5 %) zu lesen.

Auch wenn bei dieser Frage einige im Sinne sozialer Erwünschtheit geantwortet haben sollten, d.h. die tatsächliche Nutzung der Publikationen der Gemeinde überschätzt haben, macht dieses Ergebnis doch sehr deutlich, daß es ein fundamentales Interesse der Mitglieder am Leben ihrer Gemeinde gibt, das sich jedoch nicht in einer starken *persönlichen* Teilnahme an den Veranstaltungen bzw. in der Inanspruchnahme der Leistungen der Gemeinde ausdrückt. Noch mehr als die vorangegangenen Befunde hat dieses Ergebnis Aufforderungscharakter, auch insbesondere unter dem Aspekt der Integration an einer bedürfnisgerechteren Gestaltung der Gottesdienste und der sonstigen gemeindlichen Aktivitäten zu arbeiten.

Eines der zentralen Migrationsmotive der Neumitglieder aus Rußland ist die Erwartung, in Deutschland vor feindseligen Angriffen und Verfolgungen sicherer zu sein, eine Sicherheit, deren sich angesichts immer wiederkehrender antisemitischer und rechtsextremistischer Vorfälle die Juden in Deutschland nicht gewiß sein können. Nicht umsonst steht an Tagen des Gottesdienstes eine Polizeiwache vor der Türe der Synagoge und ist an Tagen größerer Gemeindeveranstaltungen ein interner Sicherheitsdienst eingerichtet. Diesen gravierenden Umstand nahmen wir zum Anlaß, alle Mitglieder der Synagogen-Gemeinde in Köln nach ihren unmittelbaren und indirekten Erfahrungen mit juden- und fremdenfeindlichen Äußerungen in jüngerer Zeit zu fragen. Neben dem persönlichen Betroffensein von verbalen oder tätlichen Angriffen wurde nach Erlebnissen von Familienmitgliedern und persönlich bekannten Gemeindemitgliedern gefragt.

Von den 497 Antwortenden gaben 45 an (9 %) , daß sie innerhalb der letzten zwölf Monate selber beschimpft worden seien. Von den Neumitgliedern machten rund 6 % diese Erfahrung. Mehr als doppelt so viele andere Gemeindemitglieder (15,8 %) waren Opfer von Beschimpfungen. Von tätlichen Angriffen berichteten 14 Mitglieder (davon 12 aus Rußland).

Damit steht fest, daß zumindest 12 % der antwortenden Gemeindemitglieder in den vergangenen zwölf Monaten Opfer von juden- und fremdenfeindlichen Äußerungen geworden sind.

Bei den darüber hinaus erfragten Angriffen auf Familienmitglieder und persönlich bekannte Gemeindemitglieder ließ sich zwar nicht feststellen, um wieviel nicht identische Personen es sich dabei gehandelt hat. Es bleibt aber festzuhalten, daß 31 Gemeindemitglieder von verbalen oder/und tätlichen Angriffen auf Familienmitglieder berichteten und 71 von derartigen aversiven Handlungen in bezug auf persönlich bekannte Gemeindemitglieder.

Bei den Berichten über Angriffe auf andere Personen waren die russischen Neumitglieder häufiger vertreten als die anderen Gemeindemitglieder. Dies kann auf eine tatsächliche höhere Opferbelastung in ihren Kreisen schließen lassen. Die vergleichsweise hohe Berichtshäufigkeit kann jedoch auch zu einem gewissen Teil auf einen intensiveren Informationsaustausch der Zuwanderer gerade mit Bezug auf Drohungen und tatsächliche Angriffe zurückzuführen sein, will sagen, daß in ihren Kreisen ein Vorfall größere Wellen schlägt als in den anderen Gruppen der Gemeinde.

65 % aller antwortenden Gemeindemitglieder gaben an, daß ihnen Vorfälle dieser Art in den letzten zwölf Monaten vor der Befragung nicht bekannt geworden sind.

Resümee

In der vorliegenden Untersuchung konnten die religiös-rituellen Bedürfnisse repräsentativ für alle Mitglieder der Kölner Synagogen-Gemeinde belegt werden. Ebenso konnten die Defizite in der Bedürfnisbefriedigung aufgezeigt werden. Die Gemeindemitglieder selbst haben durch ihre Äußerungen zu Veränderungsvorschlägen von der Partizipation an der bedürfnisgerechten Weiterentwicklung des Gemeindelebens sehr stark Gebrauch gemacht, was durchaus im Sinne der Gemeindeleitung sein dürfte.

Die umrißhaft bekannten Auswanderungsmotive der Neumitglieder aus Rußland konnten ebenso fokussierend herausgearbeitet werden wie auch die wichtigsten Integrationshemmnisse.

In der Fülle der Ergebnisse spiegelt sich das differenzierte Erfahrungsbild der Gemeindemitglieder wider. Würde man den Prozeß der mit dieser Untersuchung unter anderem zu stützenden Partizipation der Einzelmitglieder am Gemeindeleben intensiv fortsetzen, könnten aus der gemeindeinternen Diskussion der Ergebnisse wesentliche Fortschritte in Richtung auf eine Verbesserung der *Partizipation* und vor allen Dingen auch in Richtung auf eine Optimierung der von allen Gemeindemitgliedern zu erbringenden *Integrationsleistung* gemacht werden.

Michael Szentei-Heise

„Allen Gruppen ein Gefühl von Zuhause geben" Interview mit dem geschäftsführenden Verwaltungsdirektor der Jüdischen Gemeinde Düsseldorf zur Integrationsproblematik der jüdischen Zuwanderer.[1]

Michael Szentei-Heise wurde am 27. Oktober 1954 in Ungarn geboren. Er wuchs in Budapest auf. Im August 1965 kam er in die Bundesrepublik Deutschland. Jurastudium an den Universitäten Erlangen und Köln. Währenddessen einjähriger Auslandsaufenthalt in Israel, dort Studium der Sozialwissenschaften und Jugendleiterausbildung an der Hebräischen Universität Jerusalem. Referendariat beim Justizministerium des Landes Nordrhein-Westfalen in Düsseldorf, 2. Staatsexamen im Jahre 1986. Seit 1970 unter anderem als Jugendleiter in der Jüdischen Gemeinde Düsseldorf tätig, seit 1986 als geschäftsführender Verwaltungsdirektor.

Der „Spiegel" (13/1999) berichtete über bundesweite Ermittlungen von Polizei und Staatsanwaltschaft gegen jüdische Zuwanderer, die angeblich in großer Zahl mit gefälschten Papieren aus der ehemaligen Sowjetunion nach Deutschland einreisen. Der „Spiegel" mutmaßte ein „Riesengeschäft" für „Fälscher und Betrüger". Tatsächlich wird seit längerer Zeit die Vermutung geäußert, viele der Zuwanderer seien keine Juden. Wie geht Ihre Gemeinde mit diesem Problem um?

Es ist richtig, daß die meisten Neuzuwanderer keinen religiösen Hintergrund haben. Es ist aber unrichtig, daß die meisten keine Juden sind. Wer Jude ist, bestimmen wir in unserer Gemeinde nach der Halacha, dem jüdischen Religionsgesetz: Das Kind einer jüdischen Mutter. Die meisten Zuwanderer, die im geregelten Verfahren seit 1991 einreisten, sind nachweislich Juden. Wir wissen andererseits auch, daß die deutschen Botschaften Personen einreisen lassen, die nur einen jüdischen Väter aufweisen und somit nach der Halacha keine Juden sind. Diese bekommen

1 Das Gespräch führte Bernhard Vogt im Mai 1999.

von uns eine Bescheinigung, wenn sie sich in der Gemeinde melden, in der wir die Behörden bitten, sie gleichzubehandeln – aber sie können keine Gemeindemitglieder werden. Darüber hinaus ist die Zahl der „Mischehen“ und der nichtjüdischen Kinder – je nach Konstellation der Eltern – relativ hoch. Wir akzeptieren erst mal alle so, wie sie sind – mit ihrem fragmentarischen Wissen, mit ihren „gemischten“ Ehen und Familien. Wir machen den Menschen in den verschiedensten Bereichen Angebote. Auf jeden Fall haben alle Zuwanderer einen hohen Bedarf an Information und sozialer Hilfestellung, dem wir mit unserer Sozialabteilung zu entsprechen suchen. Wir hoffen so, die Zuwanderer langfristig an die Gemeinde binden zu können. Meiner Ansicht nach wird ein Großteil dessen, was uns heute als sehr problematisch erscheint, mit der Zeit gewissermaßen automatisch gelöst. Was nun die Fälschungen anbelangt, so ist die Gemeinde Düsseldorf eine der wenigen Stellen, die russische Dokumente vergleichsweise zuverlässig beurteilen kann. Wir sind mit Dokumenten-Test-Geräten hervorragend ausgestattet, unsere Mitarbeiter sind geschult und arbeiten eng mit den zuständigen örtlichen und Bundesbehörden zusammen. Damit sind wir in der Lage, alle relevanten Unterlagen der Zuwanderer bei der Neuaufnahme in unsere Gemeinde zu überprüfen und Fälschungen weitgehend auszuschließen. Bestimmt wurden uns im Laufe der Jahre einige hervorragende Fälschungen vorgelegt, die wir nicht erkannten. Und sicher kam eine Reihe von Nichtjuden unter dem Mäntelchen, Jude zu sein, in die Bundesrepublik, weil es ihnen gelang, sowohl die deutsche Botschaft in Moskau oder Kiew als auch uns zu täuschen. Nur ist dieser Prozentsatz so klein, daß wir das Gefühl haben, damit leben zu können. Wenn einige dieser Leute ihre Kinder zu irgendwelchen Aktivitäten in die Gemeinde schicken, wird es in 20 oder 25 Jahren niemanden interessieren, welche Dokumente damals die Eltern oder Großeltern beibrachten. Die Kinder werden einfach als Juden gelten, weil sie eine jüdische Erziehung erhielten.

In der ehemaligen Sowjetunion galt Judentum als Nationalität. Entscheidend war der Paßeintrag, der auf Antrag geändert werden konnte. Wenn sich jemand zum Judentum bekannte, hatte er oder sie die – oft negativen – Konsequenzen zu tragen, unabhängig von der halachisch korrekten Interpretation der Zugehörigkeit. Wären vor diesem Hintergrund, speziell für Personen mit einem jüdischen Vater, nicht vereinfachte Konversionen angebracht?

Die Frage nach erleichterten Übertritten zum Judentum für die Zuwanderer aus der GUS wurde beim ersten Jüdischen Gemeindetag Ende 1998, auf dem der größte Teil der Rabbiner in der Bundesrepublik anwesend war, leidenschaftlich diskutiert. Die Rabbinerkonferenz, die in dieser Frage gefordert ist, wurde von Repräsentanten der Gemeinden und des Zentralrats ganz offen kritisiert, weil dieses Problem die Gemeinden stark belastet. Die Rabbiner kündigten an, daß die Rabbinerkonferenz in Deutschland ein Bet Din, ein jüdisches Gericht, plant, das sich dieser Frage im Besonderen annehmen soll. Allerdings bin ich etwas skeptisch, ob das in absehbarer Zeit gelingt, denn die Rabbiner sind in Fragen des Übertritts zerstritten. Jedenfalls muß eine Lösung gefunden werden, denn die bisherige Auslegung wird den Lebensumständen der Zuwanderer nicht gerecht: Stellen Sie sich jemanden vor, der „nur" einen jüdischen Vater hat. In seinem Paß steht „Jude". Sein ganzes Leben lang lebte er als Jude – mit allen Nachteilen und Diskriminierungen, die es in der Sowjetunion gab. Er beantragt als jüdischer Kontingentflüchtling die Ausreise nach Deutschland, weil er das Recht dazu hat. Dann kommt er hierher, wird von der Mitteilung einer jüdischen Gemeinde geschockt, daß er kein Jude ist, und wird nicht als Mitglied aufgenommen. Im entgegengesetzten Fall verbarg jemand, dessen Mutter Jüdin war, sein ganzes Leben lang seine jüdische Herkunft, und in seinem Paß stand als Nationalitäteneintrag „Russe". Dieser Mensch litt vielleicht niemals unter Repressalien. Auf einmal entdeckt er die Vorteile seiner Abstammung, kommt in die Bundesrepublik – und wird von der jüdischen Gemeinde als Mitglied problemlos aufgenommen. Das ist eine Situation, die äußerst unbefriedigend ist. Meiner Meinung nach sind die Rabbiner aufgerufen, diese Ungerechtigkeiten zu beseitigen. Es geht hier nicht darum, die Zuwanderer sofort –

wie bei den Christen – mit einer Massentaufe zu konvertieren oder so ähnlich, es soll schon in der traditionellen Art und Weise geschehen, aber eben vereinfacht.

Ganz neu ist diese Situation doch nicht. In der langen jüdischen Geschichte gab es immer wieder vergleichbare Situationen, etwa wenn eine Generation von der christlichen Gesellschaft zur Taufe gezwungen wurde und deren Nachkommen sich um (Neu-)Aufnahme in die jüdische Gemeinschaft bemühten. Ließe sich nicht an solche historischen Beispiele anknüpfen?

Historische Vorbilder als solche zu erkennen und danach zu handeln, erfordert große Persönlichkeiten. Und solche Persönlichkeiten, die zu derartigem Handeln fähig sind, sehe ich unter den Rabbinern in der Bundesrepublik derzeit nicht. Die Energien werden eigentlich eher darauf verwandt, sich gegenseitig zu befehden. Sachliche Auseinandersetzungen werden schnell persönlich aufgefaßt und nach dem Motto geführt: „Der ist ja gar kein richtiger Rabbiner" oder „Der ist ja viel liberaler als ich..." oder „Ich bin doch ein bißchen orthodoxer als er." Es gelten die Prinzipien der Abgrenzung und Profilierung. Das sind offenbar die „wichtigsten Probleme" der deutschen Rabbiner – nicht jedoch jene Probleme, die sich aus der Verdreifachung der Mitgliederzahl in den jüdischen Gemeinden im Laufe von nur zehn Jahren ergeben. Viele Rabbiner verdrängen die Tatsache, daß sie als die Seelsorger der jüdischen Gemeinschaft keine Antworten auf die akuten Probleme haben.

Sie sind selbst aus dem ehemaligen Ostblock in die Bundesrepublik eingewandert. Erleichtert Ihnen das Ihre Arbeit?

In der Tat war meine Erziehung kaum religiös, lediglich meine Großmutter nahm mich ab und zu in die Synagoge mit. In den vormaligen sozialistischen Staaten war ein religiöses Leben im orthodoxen Sinne praktisch nicht möglich. Es existierten kaum Synagogen, und koschere Lebensmittel erhielt man praktisch nur durch Zufall. Meine Eltern waren weitgehend akkulturiert.

Ich lernte das Judentum eigentlich erst in der Jüdischen Gemeinde Düsseldorf kennen. Anfangs ging ich in die Gemeinde, weil ich dort nette Leute kennenlernte. Später erwachte mein Interesse für jüdische Themen, die Geschichte, Kultur und Religion. Ich engagierte mich in der Jugendarbeit und im zionistischen Jugendverband. In Israel vertiefte sich das noch, aber ein Leben dort konnte ich mir nicht vorstellen. Ich habe mich nie so sehr als Deutscher gefühlt wie damals in Israel. Das war mein Weg zum Judentum, und ich glaube, daß viele der Neuzuwanderer ähnliche Zugänge finden können, was ich nach Kräften zu unterstützen suche. Ich rate den Zuwanderern aufgrund meiner Erfahrungen immer, die deutsche Sprache möglichst rasch zu lernen, denn nur so ist eine Integration möglich. Außerdem muß sich ein Immigrant darüber im Klaren sein, daß er nicht gerufen wurde und keine übertriebenen Ansprüche stellen darf. Er sollte dem Leben hier positiv gegenüberstehen und die angebotenen Hilfen dankend annehmen. Das erleichtert nicht nur die eigene Integration, sondern auch die der nachkommenden Zuwanderer.

Im Durchschnitt sind in Deutschland nun zwei Drittel der Mitglieder jüdischen Gemeinden Zuwanderer aus der ehemaligen Sowjetunion. Garantiert das den Aufschwung des Gemeindelebens?

Aus Sicht der Düsseldorfer Gemeinde kann ich diese Frage nur mit einem eindeutigen Ja beantworten. Heute finden zum Beispiel ungleich mehr kulturelle und religiöse Veranstaltungen statt als früher. Das Gemeindeleben ist bunter, vielfältiger und spannender geworden. Der Motor für diese Belebung sind die neuen Mitglieder. Auch wenn die Neuzuwanderer teilweise „geschlossene“ Veranstaltungen in russischer Sprache durchführen, so ist die Gemeinde doch nicht nur der Veranstaltungsort, sondern auch allgemeiner Bezugspunkt. Abspaltungstendenzen, auf die Ihre Frage vielleicht anspielt, kann ich für Neuzuwanderer in Düsseldorf jedenfalls nicht erkennen.

Es gibt aber auch Ängste bei den Verantwortlichen in den Gemeinden vor einem unkontrollierten Zuwachs, der die bestehenden Einheitsgemeinden überfordert und deshalb Abwehrreaktionen auslöst.

Das kann man sicherlich nicht generalisieren. Auf dem bereits erwähnten, ersten Jüdischen Gemeindetag sind große Diskrepanzen in der „Aufnahme-Politik" gegenüber den Zuwanderern deutlich geworden. Es gab Diskussionen mit einigen Repräsentanten, deren Gemeinden die Zuwanderer als Gemeindemitglieder zunächst ausschließen und das mit ganz seltsamen Argumenten begründen. So sollen die Zuwanderer vor der Aufnahme fünf Jahre einen Wohnsitz vor Ort nachweisen oder ähnliches.

In Bayern wird das schon länger praktiziert...

Das wird nicht nur in Bayern so gehandhabt, sondern ebenso in Baden-Württemberg und Rheinland-Pfalz. Auf dem Gemeindetag wurde kritisiert, diese Abschottung diene dem Erhalt von Machtstrukturen, weil die alten Vorstände befürchten, von den Neuzuwanderern abgewählt zu werden. Es ist zu vermuten, daß finanzielle Gründe ebenfalls eine Rolle spielen, denn diese Gemeinden sind zum Teil sehr wohlhabend und wollen ihre Mittel offenbar nicht zur Integration von Neueinwanderern einsetzen. Aber selbstverständlich gibt es kleine Gemeinden, wie Weiden in Bayern, die sich vorbildlich um die Eingliederung der Zuwanderer bemühen. Diese Probleme haben weniger mit der Gemeindegröße als mit der Einstellung der Verantwortlichen zu tun, denn auch in einigen Großgemeinden, wie Frankfurt oder München, wurden in den letzten acht Jahren nur sehr zögerlich und in vergleichsweise geringem Umfang Neuzuwanderer aufgenommen. Im Vergleich dazu ist die Düsseldorfer Gemeinde von 1.500 im Jahre 1990 auf heute 5.700 Mitglieder nahezu astronomisch gewachsen.

Wie stellte sich aus Ihrer Sicht die Situation vor Beginn der Zuwanderung dar, und was hat sich nun grundlegend geändert?

Im August 1990 waren 48 % unserer Mitglieder älter als 60 Jahre. Düsseldorf war eine Gemeinde mit ungewisser Zukunft. Die drei anderen großen Gemeinden – also Frankfurt, München und Berlin – waren meiner Ansicht nach schon damals „überlebensfähig". Bei allen Gemeinden, die kleiner waren als Düsseldorf, schien es eine Frage von ein oder zwei Jahrzehnten, bis diese aufgehört hätten zu existieren. Durch die Zuwanderung, die anfänglich überwiegend jüngere Menschen mit kleinen Kindern brachte, hat sich inzwischen der Anteil der über 60jährigen auf weniger als ein Drittel der Gemeindemitglieder verringert. Demographisch gesehen, ist das zwar noch kein Idealzustand, aber gemessen an der vorherigen Altersstruktur schon ein Riesenfortschritt.

Aber zahlenmäßig ist die Gruppe der Älteren doch stark gewachsen. Inwiefern sehen Sie also einen Fortschritt?

Der Zuzug von jüngeren Menschen mit Kindern eröffnete unserer Gemeinde Zukunftsperspektiven. Wir gründeten beispielsweise eine jüdische Grundschule, die das Judentum weitervermittelt. Das muß man historisch sehen: Im Unterschied zu anderen Religionen werden im Judentum Traditionen primär in den Familien und weniger durch Institutionen weitergegeben. Der Holocaust vernichtete anderthalb Generationen. Die Überlebenden waren kaum in der Lage, jüdische Traditionen fortzuführen, weil sie selbst aufgrund der Verfolgung nicht viel lernten. Im Nachkriegsdeutschland war das eines der Hauptprobleme. Es war bei den meisten kein wirkliches Wissen, keine tiefe Kenntnis des Judentums mehr vorhanden. Nicht unbedingt die mündliche Tradition war abgerissen, aber der Brauch, die Tradition in der Familie. Heute sind Institutionen gefordert, junge Menschen zu befähigen, die jüdische Tradition wieder an deren Kinder weiterzugeben. Die Gründung von jüdischen Schulen und Jugendeinrichtungen halte ich deshalb für unverzichtbar.

Stellt das die Migrantenfamilien nicht vor große Probleme, wenn die Kinder sich dem Judentum annähern, die Eltern aber in ihrer alten Kultur verharren? Entfremdet das nicht die Generationen voneinander?

Sicher gibt es Schwierigkeiten, und eigentlich sollte es umgekehrt sein: Im Einwanderungsland Israel lernen die Eltern von ihren Kinder die „Muttersprache", Kultur und Religion. Die Situation hier läßt uns keine andere Wahl. Ich persönlich finde es nicht problematisch, daß in den neu angekommenen jüdischen Familien die mehr oder weniger ahnungslose ältere Generation ein bißchen von deren Kindern informiert wird. Nichtsdestotrotz betrachte ich die ältere Generation der jetzigen Einwanderer – im Hinblick auf die Weitergabe des Judentums – als eine verlorene Generation. Wir unterbreiten ihnen selbstverständlich Angebote, zum Beispiel im kulturellen Bereich, und versuchen sie mit verschiedenen Aktivitäten in das Gemeindeleben einzubinden. Aber diese Generation wird in den meisten Gemeinden in Deutschland keine tragende Rolle mehr spielen. Erst deren Kinder werden in der Lage sein, jüdische Traditionen fortzuführen und die Gemeinden hier in Deutschland zu leiten.

Worin sehen Sie in Ihrer Gemeinde die Hauptaufgaben bei der Integration der Zuwanderer?

Handlungsbedarf besteht eigentlich in allen Bereichen und Altersgruppen. Überall wären Mitarbeiter einzustellen und neue Einrichtungen oder Dienstleistungen aufzubauen. Unser Kindergarten, der derzeit mit zwei Gruppen à 25 Kindern arbeitet, ist zum Beispiel zu klein. Eine dritte Gruppe ist notwendig, aber wir haben keinen Platz dafür. Ein weiteres Beispiel: Das Jugendzentrum wird von vielen Jugendlichen, auch Neuzuwanderern, regelmäßig besucht. Aber gerade die Neuzuwanderer über 16 Jahre verlieren dann das Interesse und wenden sich anderen Dingen zu. Wir haben jetzt eine neue Jugendleiterin angestellt, die selbst Russisch spricht und das nötige Hintergrundwissen mitbringt. Vielleicht können wir mit ihrer Hilfe die Situation verbessern, aber für notwendige weitere Angebote fehlen uns die Mittel. Oder nehmen wir unsere Grundschule: Sie erfreut sich steigender Nachfrage auch von nichtjüdischen Eltern, so liegen für das kommende Schuljahr schon einige Anmeldungen von nichtjüdischen Kindern vor.

Der Schwerpunkt der Integrationspolitik Ihrer Gemeinde liegt offensichtlich in der Betreuung und Erziehung der Kinder. Was bieten Sie den älteren Zuwanderern an?

Das ist im Prinzip richtig, aber wir versuchen auch, die älteren Neuzuwanderer zu erreichen. Für die jungen Erwachsenen hat sich der „Kesher“-Club gegründet, dem der Vorstand inzwischen Gelder bewilligte. Der „Kesher“-Club versucht die Gruppe der 18-bis 35jährigen mit einer Art „Gemischtwarenladen“ anzusprechen. Der Club sieht seine Hauptaufgabe im Aufbau von sozialen Kontakten und veranstaltet Parties, Kultur-Events, Workshops usw. Außerdem gibt es den Club „Shelanu“ mit 50 bis 60 Mitgliedern. „Shelanu“ repräsentierte vor der Zuwanderung einen Querschnitt unserer Gemeinde. Der Club nahm inzwischen viele Neumitglieder auf, was leider dazu führte, daß sich die „Alteingesessenen“ zum Großteil abwandten. Im Altenbereich sind wir sehr engagiert. Viele der älteren Zuwanderer über 60 Jahre hat unser „Amos“-Club, der wöchentlich zusammentrifft, aufgenommen. Es bildeten sich allerdings Grüppchen, die Russisch sprechen, aber oft fällt es älteren Menschen eben ausgesprochen schwer, ausreichende Deutschkenntnisse zu erwerben. Außerdem starten wir gerade ein Modellprojekt, um ältere Migranten für die ehrenamtliche Mitarbeit in unserer Gemeinde zu gewinnen. Wir haben bereits erste Anfangserfolge erzielt. Etwa 30 Zuwanderer engagieren sich regelmäßig in verschiedenen Projekten.

Wo sehen Sie Handlungsbedarf für die Zukunft?

Wir wollen allen Gruppen das Gefühl geben, in der Gemeinde ein Zuhause zu haben. Der Kinder- und Jugendarbeit muß nach wie vor ein besonderer Stellenwert eingeräumt werden. Wir müssen unsere Ressourcen noch längere Zeit auf die große Gruppe der Neuzuwanderer konzentrieren, denn es sind elementare Integrationsprobleme zu bewältigen – das beginnt bei der Wohnung, setzt sich bei der Sprache fort und endet beim Arbeitsplatz, wobei wir bei der Beschäftigung beziehungsweise Arbeitslosigkeit der Zuwanderer mit einer besonders angespannten Situation kämpfen. Auf der anderen Seite sind die „Alteingesessenen", die auch ganz eigene Probleme und Interessen an die Gemeinde herantragen. Die „Alteingesessenen" betrachten die Gemeinde eher als Dienstleistungseinrichtung für Kultus und Synagoge sowie für gesellschaftliche, kulturelle und literarische Veranstaltungen. Es ist kaum möglich, bei diesen Diskrepanzen, unterschiedlichen Erwartungen und Spannungen, eine Situation zu schaffen, mit der alle zufrieden sind. Das ist ein Tanz auf dem Drahtseil. Unsere Ressourcen sind begrenzt: Die Zahl der Gemeindemitarbeiter ist zwar in den letzten Jahren angewachsen – wenn auch nicht proportional zur Zahl der Gemeindemitglieder –, und allein durch die neu geschaffenen Institutionen gibt es mehr Personal. Aber es reicht noch lange nicht, den quantitativ und qualitativ gewachsenen Aufgaben nachzukommen. Wir könnten glatt die doppelte Zahl von Mitarbeitern beschäftigen. Das ist eine sehr unbefriedigende Situation. Derzeit können wir nur investieren beziehungsweise ein neues Angebot aufbauen, wenn wir an anderer Stelle einsparen. Gibt es akute Probleme, spielen wir nur „Feuerwehr", reißen damit aber wieder neue „Löcher" auf. Das ist jeden Tag aufs neue die reinste Mangelverwaltung.

Sie deuten Konflikte zwischen den zugewanderten neuen und den alteingesessenen Mitgliedern an. Wie ernst ist die Situation?

An der Schnittstelle zwischen beiden Gruppen besteht nicht immer Harmonie. Es gibt durchaus die Angst der „Alteingesessenen", von den „Neuen" an die „Wand gedrückt" zu werden. Das drückt sich in Vorwürfen gegen die Gemeinde aus, wie: „Ja, für *die* tut man mehr, und mich vernachlässigt man." Das ist aus unserer Sicht ungerechtfertigt, denn die „Alteingesessenen" brauchen ja keine Integrationshilfe, weil sie längst etabliert sind. Es ist für uns einfach eine Notwendigkeit und Selbstverständlichkeit, den Eingliederungshilfen für die Zuwanderer die höchste Priorität einzuräumen, um deren große sprachliche, berufliche und soziale Schwierigkeiten abzubauen. Es ist dringlicher, den neu angekommenen Familien ein Dach über dem Kopf zu verschaffen, deren Ansprüche auf Sozialleistungen wahrzunehmen oder deren Kinder in Schulen unterzubringen, als die Interessen von einigen etablierten „Alteingesessenen" zu befriedigen, die sich benachteiligt fühlen. Wir bemühen uns, diese Einsicht bei den „Alteingesessenen" herzustellen, sowie in Diskussionsveranstaltungen Konflikte und Unbehagen zwischen beiden Gruppen aufzufangen. Erst kürzlich führten wir einen Abend für Altmitglieder durch, wo wir gezielt nur über deren Probleme, Ängste und Wünsche sprachen.

Das klingt, als sei Krisenmanagement dringend erforderlich...

Ressentiments sind in der Tat auf beiden Seiten reichlich vorhanden. Meiner Meinung nach werden die meisten Zuwanderer – wenn man sie direkt darauf anspricht – zugeben, daß die Gemeinde schon sehr viel für sie getan hat. Sicher gibt es darunter eine kleine Minderheit, die das Gegenteil behauptet. Der Vorwurf „Die Gemeinde tut nichts" rechtfertigt aber oft nur deren eigene Passivität und Untätigkeit im Hinblick auf die Integration in Gemeinde und Gesellschaft. „Gemeinde" heißt eben nicht nur Dienstleistungen in Anspruch nehmen, sondern auch sich nach einer gewissen Eingewöhnungszeit mit seinen Möglichkeiten und Fähigkeiten in die Gemeinschaft einzubringen. Für die „Alteingesessenen" gilt das natürlich in noch schärferer Form. Die meisten erheben solch pauschale Vorwürfe wohl im Bestreben, ihr eigenes schlechtes Gewissen zu beruhigen. Die Alteingesessenen könnten ja viel mehr als die Zuwanderer tun: Für sich selbst, für die Gemeinde oder eben auch für die Integration der Neuzuwanderer – indem sie zum Beispiel Patenschaften für eine Neuzuwanderer-Familie übernehmen oder sich ehrenamtlich engagieren. Selbstverständlich gibt es einige „Alteingesessene", die sich engagieren, Sprachkurse organisieren oder sich um Neuankömmlinge kümmern. Deren Zahl wächst sogar, aber eben leider viel langsamer als die Zahl derer, die zur Gemeinde neu hinzukommen. Bei aller Kritik am „Establishment" darf man das hohe Durchschnittsalter der „Alteingesessenen" nicht vergessen: Deren Anteil nimmt sowohl prozentual als auch absolut ab. Vor neun Jahren waren es noch 1.500, jetzt sind es nur noch 1.300 „Alteingesessene", die ungefähr 22 % der Mitglieder darstellen. Die Hauptlast bei der Integration müssen die Gemeindemitarbeiter tragen, was durch das besagte „Krisenmanagement" nicht leichter wird.

Die Zuwanderer stellen mittlerweile in den meisten Gemeinden die Mehrheit. Das Gemeindeleben wird vielfältiger. Hat sich die Einheitsgemeinde als Organisationsmodell überholt?

Die Einheitsgemeinde, die historisch ursprünglich etwas ganz anderes darstellte, nämlich unterschiedliche religiöse Richtungen unter einem Dach, ist immer noch die Regel, aber de facto zeichnet sich deren Ende ab. Die heutige Einheitsgemeinde entstand nach dem Zweiten Weltkrieg vor dem Hintergrund, daß die Jüdischen Gemeinden in Deutschland zunächst in der Auflösung begriffen und später viel zu klein waren, um eine Differenzierung zu ermöglichen. Selbst in Düsseldorf, wo ja die viertgrößte Gemeinde in der Republik bestand, wären getrennte orthodoxe, liberale und konservative Gemeinden kaum existenzfähig gewesen. In den kleineren Gemeinden war das vollkommen undenkbar – dort fanden selbst unter dem Dach der Einheitsgemeinde Gottesdienste – wenn überhaupt – nur an hohen Feiertagen statt, weil sonst der halachisch vorgeschriebene Minjan nicht zustande kam. Von den organisatorischen und finanziellen Schwierigkeiten, die Austrittsgemeinden nach sich ziehen, einmal ganz abgesehen. In Folge der Zuwanderung nach 1989 sind heute Abspaltungen von orthodoxen, liberalen, reformorientieren oder konservativen Gemeinden zumindest quantitativ vorstellbar. Das Judentum lebt doch davon, daß die vielfältigsten und verschiedensten Strömungen existieren und akzeptiert werden. Die

Einheitsgemeinde war zwischen 1945 und 1990 ein Schutzmechanismus, der das Überleben der Jüdischen Gemeinschaft in Deutschland unter schwierigsten Bedingungen ermöglichte. Wir stehen mittlerweile vor einer grundlegend veränderten Situation. Die Organisation als Einheitsgemeinde erleichtert derzeit zwar noch die politische Vertretung nach außen, aber wirklich notwendig ist sie nicht mehr.

Die Gemeinden müßten dann aber sicherlich auf einige Privilegien verzichten, wie die staatliche Einziehung der „Kirchensteuer". Wären Sie dazu bereit?

Prinzipiell bin ich für die Kirchensteuer, weil das ein äußerst ökonomisches Verfahren ist, die Steuern unserer Gemeindemitglieder – die das Geld sonst freiwillig kaum zahlen würden – über den Staat einzuziehen. Allerdings ist der Steueranteil der Gemeindefinanzierung seit Jahren kontinuierlich rückläufig, weil die meisten Zuwanderer mangels Arbeit keine Steuern zahlen. Eine Änderung beim Verfahren würde uns schon deshalb nicht in große Schwierigkeiten bringen. Im Falle von Abspaltungen wären aber ohnehin vorwiegend technische Probleme zu bewältigen. Das ließe sich durch die nachträgliche Aufteilung der Kirchensteuern im bisherigen Verfahren regeln, oder nach dem Berliner Modell, wo die Gemeinden ihre Steuern selbst einziehen. Dies wäre kein Idealzustand – nicht nur wegen der mangelnden Zahlungsmoral, sondern auch wegen der Verwaltungskosten. Aber wir wären auch dazu bereit, wenn es notwendig wird.

Es bestehen dennoch Befürchtungen, die Jüdische Gemeinschaft in Deutschland würde nach der Auflösung der Einheitsgemeinden zumindest einen politischen Bedeutungsverlust erleiden...

Auf der kommunalpolitischen Ebene ist das sicher nicht ganz unbegründet. Wenn es in einer Stadt wie Düsseldorf noch eine oder zwei weitere jüdische Gemeinden gäbe, wäre die Zusammenarbeit mit der Stadtverwaltung oder die Interessenvertretung sicher viel komplizierter. Diese Gemeinden müßten dann eng zusammenarbeiten, um nicht gegeneinander ausgespielt oder übergangen zu werden. Auch rechtliche Probleme wären zu klären, wie bei der Sozialbetreuung. Auf der Landesebene würde sich meiner Ansicht nach wenig ändern. Es gibt ja bereits den Landesverband, wo die verschiedenen Gemeinden angeschlossen sind. Ähnlich sieht es auf Bundesebene mit dem Zentralrat aus. Die Hauptfunktion dieser Verbände liegt in der politischen Vertretung nach außen, wobei zumeist weltliche, säkulare Interessen wahrgenommen werden. Bis heute sind die meisten Gemeinden in Deutschland Einheitsgemeinden mit orthodoxer Ausrichtung. Wenn sich nun streng orthodoxe Austrittsgemeinden bildeten und zu der Ansicht kämen, im Zentralrat oder den Landesverbänden nicht repräsentiert zu sein, wäre es naheliegend, daß sich eigenständige, mehr religiöse Repräsentanzen bilden. Diese Abspaltungen könnten dann im politischen Bereich durchaus Probleme verursachen. Möglicherweise wird man mit diesen Nachteilen in Zukunft leben müssen, aber ich sehe darin nichts Beängstigendes.

Der Kölner Soziologe Alphons Silbermann hat im Rahmen einer Studie über die Synagogengemeinde Köln den Niedergang des jüdischen Gemeindelebens prognostiziert. Silbermann behauptet, die Zuwanderer „mißbrauchten" die Gemeinden als „Servicecenter" und zeigten kein Interesse an einer kulturellen oder religiösen Integration. Wie beurteilen Sie diese Kritik?

Ich will nicht ausschließen, daß Silbermann in seiner, wie ich finde, oberflächlichen Analyse teilweise richtig liegt. Die Konsequenzen, die er daraus zieht, halte ich für falsch. Es kann durchaus sein, daß einige der älteren Zuwanderer die Gemeinde tatsächlich als „Servicecenter" „mißbrauchen". Grundsätzlich ist das nicht der Fall. Die große Mehrheit der Zuwanderer braucht wirklich soziale Hilfe. Wir sind da, um ihnen zu helfen. Wo soll da „Mißbrauch" sein? Bei den mangelnden Voraussetzungen, die die Zuwanderer mitbringen und hier etwa auf dem Arbeitsmarkt vorfinden, kann doch niemand ernsthaft erwarten, daß sich alle sofort nach der Ankunft aktiv im Gemeindeleben engagieren. Als die Zuwanderung begann, habe ich die pessimistische Prognose formuliert, daß bis zu 30 % der Neumitglieder wieder austreten, wenn sie einen Arbeitsplatz gefunden haben, um keine Steuern zahlen zu müssen. Fast zehn Jahre später stehen in Düsseldorf fast 25 % der Neuzuwanderer in Arbeit und Brot – was selbstverständlich überhaupt kein befriedigender Zustand ist, zumal die übrigen 75 % von Sozialhilfe leben. Aber lassen wir dieses gravierende Problem an dieser Stelle beiseite. Tatsache ist, daß wir in unserer Gemeinde mit rund 4.400 Neumitgliedern seit 1990 insgesamt keine 30 Austritte von Zuwanderern registrierten! Diese Zahlen verdeutlichen nicht nur, daß meine Einschätzung, wie ich gerne zugebe, falsch war, sondern auch wie haltlos die These von Silbergemann ist. Die große Mehrheit der Zuwanderer fühlt sich der Gemeinde eben doch irgendwie verbunden, auch wenn sie vielleicht nicht im gewünschten Umfang am Gottesdienst teilnimmt. Insofern lassen wir uns gern „ausnutzen“, vor allem wenn die Kinder der Zuwanderer unsere Schule besuchen. Später werden diese Kinder ein integraler Bestandteil unserer Gemeinde sein, und dann fragt niemand – abgesehen von ein paar Soziologen, die vielleicht irgendwelche Doktorarbeiten schreiben wollen –, aus welchen Motiven seinerzeit die Eltern gehandelt haben.

Aber es ist doch nicht von der Hand zu weisen, daß viele Zuwanderer nur „Karteileichen“ darstellen und bestenfalls Sozial- und Dienstleistungen beanspruchen. Müßten sich die Gemeinden sowie die jüdischen Organisationen mit dem Problem ihrer nur oberflächlichen Einbindung nicht intensiver auseinandersetzen?

Die Forderung nach mehr Transparenz und Diskussion, nach besserer Analyse und dementsprechender Planung kann ich nur voll unterstreichen. Trotzdem würde ich behaupten, daß Düsseldorf im Vergleich zu anderen Gemeinden verhältnismäßig offen ist und wir Probleme pragmatisch handhaben. Wir tun das im Rahmen unserer Möglichkeiten, die allerdings leider sehr begrenzt sind. Gerade bei Integrationsfragen sind Kreativität, Durchsetzungskraft, Geduld und Ausdauer verlangt, was diese Arbeit sehr personal- und zeitaufwendig gestaltet. Es genügt eben nicht, nur Personal einzustellen, es muß auch qualifiziert und engagiert sein.

Selbst wenn wir genügend Personalmittel für alle sinnvollen Maßnahmen hätten, hieße das noch lange nicht, daß wir die geeigneten Mitarbeiter fänden. Das ist unser Dilemma. Von außen betrachtet, wirkt das dann vielleicht so, als würden wir uns vor den Problemen drücken, Veränderungen fürchten oder uns abschotten. Der prozentuale Anteil der „Aktiven" in der Gemeinde hat sich durch die Zuwanderung nicht verändert, d.h die Neuzuwanderer sind im selben Maße aktiv, wie es die Alteingesessenen vorher waren.

Alphons Silbermann kritisiert in seiner Untersuchung auch, daß die Gemeinden ihre Aktivitäten und ihr Verständnis des Judentums zu stark an Israel orientieren, was sich etwa in der israelischen Herkunft der meisten Rabbiner ausdrückt. Müssen die Gemeinden in Deutschland für ihre Arbeit und ihr Selbstverständnis ein eigenständiges Konzept entwickeln, das an die deutsch-jüdische Geschichte und die jüdische Diaspora anknüpft?

Zum letzteren wird es unweigerlich kommen, obwohl alles Deutsch-Jüdische durch die Geschichte belastet ist. Es war bislang nicht „salonfähig", sich an der jüdischen Geschichte in Deutschland zu orientieren. Als Bezugspunkt gab es eigentlich nur Israel, weil es ebenfalls kaum vorstellbar schien, sich die Jüdischen Gemeinschaften in Frankreich, England oder den USA zum Vorbild zu nehmen. Israel stand für „Heimat". Das ist Geschichte. Die Jüdische Gemeinschaft in der Bundesrepublik steht jetzt demographisch an dritter Stelle in Westeuropa nach England und Frankreich. Die alten Identitätsvorstellungen passen nicht mehr. Es gibt tatsächlich eine gewisse Renaissance von deutsch-jüdischen Traditionen. Es entsteht aber auch eine starke europäische Bewegung, an der ich aktiv partizipiere, die sich für ein selbstbewußtes europäisches Judentum einsetzt, das neben Israel und den USA seinen Platz hat.

Heißt das, weg von Israel?

Ich will nicht sagen, weg von Israel – das ist nicht das Ziel. Der Staat Israel ist und bleibt irgendwie ein Mittelpunkt im Leben jedes Juden. Die blinde, geistig-moralische Hörigkeit wird allerdings relativ schnell verschwinden – wenn israelische Politiker in Jerusalem „niesen“, wird die jüdische Gemeinschaft der Welt nicht mehr sofort „Gesundheit“ rufen. Wir stehen am Anfang einer Entwicklung, die zu einer europäisch-jüdischen Identität führen wird.

Verliert der Zionismus in der europäischen Diaspora seine traditionelle Integrationskraft?

Die zionistische Bewegung und Ideologie fristet in Europa nur noch ein Schattendasein. Abgesehen von Menschen, die seit 50 Jahren auf gepackten Koffern sitzen und seit Jahren ihre baldige Abreise nach Israel ankündigen, hat der Zionismus für die europäischen Juden seine Bedeutung weitgehend verloren. In der Zeit, als ich Jugendleiter in unserer Gemeinde war, beherrschte die „Zionistische Jugend in Deutschland“ noch das Jugendzentrum unserer Gemeinde. Aber schon damals unterstützten die meisten die zionistische Bewegung nur ideell oder materiell – nach Israel übersiedelten die wenigsten. Kritiker der israelischen Politik standen außerhalb der zionistischen Bewegung. Ich glaube, daß es ein großes Versäumnis war, diese kritischen Stimmen auszugrenzen. Dadurch fehlten Impulse für Reformen und Neuorientierungen innerhalb der zionistischen Bewegung, die mehr und mehr erstarrte und an Anziehungskraft verlor. Heute trifft man überzeugte Zionisten selten, und oft besteht deren Haupttätigkeit darin, Spenden nach Israel zu schicken. In Deutschland war das schon im Jahre 1990 so, als nur „Alteingesessene“ hier zu Hause waren. Für die Neuzuwanderer aus der GUS, die ja schon bei der Ausreise die Wahl zwischen Israel und Deutschland treffen können, bedeutet der Zionismus gar nichts. Diese Zuwanderer stellen bereits heute die Mehrheit in den Jüdischen Gemeinden in Deutschland und werden auf Dauer allmählich die Gemeindeleitung übernehmen. Dann wird sich die Kinder- und Jugendarbeit sicher noch weniger auf Israel konzentrieren als heute.

Israel beansprucht, die Heimstatt aller Juden zu sein, und der israelische Botschafter in der Bundesrepublik, Avi Primor, stellte 1998 die Frage: „Warum müssen diese Juden – wenn sie auswandern wollen – ausgerechnet nach Deutschland gehen?"

Was Avi Primor eigentlich meint, ist: „Warum kommen diese Juden nicht nach Israel?" Die Anspielung auf den Holocaust, den Deutsche begangen haben, halte ich für scheinheilig. Als einer der führenden Diplomaten des Staates Israel sollte Primor wissen, daß es der israelischen Diplomatie Ende der 80er beziehungsweise Anfang der 90er Jahre gelungen ist, fast alle Staaten zu überzeugen, keine jüdischen Flüchtlinge aus der ehemaligen Sowjetunion aufzunehmen. Es ist eine Ironie der Geschichte, wenn Israel eines der Ursachen dafür ist, daß gerade Deutschland in großem Umfang jüdische Zuwanderer aufnimmt. Deutschland konnte sich der Einreise nicht verschließen, weil fast alle Gemeinden und der Zentralrat ein vitales Interesse an der Zuwanderung hatten – es war eine Frage des Überlebens. Die Bundesregierung fühlte sich wohl zwischen Hammer und Amboß: Die jüdischen Organisationen in der Bundesrepublik forderten die Einwanderung, die Israelis lehnten sie strikt ab. Meiner Ansicht nach wurden die jüdischen Flüchtlinge aus der ehemaligen Sowjetunion letztlich in das Kontingentflüchtlingsgesetz aufgenommen, weil es auch eine Frage von Wiedergutmachung war. Die Zuwanderung abzulehnen, hieße, Hitler „Recht" zu geben, hieße, Deutschland „judenfrei" werden zu lassen, hieße, die vollständige Vernichtung des deutschen und europäischen Judentums, die bis 1945 den Nazis nicht ganz gelungen war, der Zeit zu überlassen.

Der Wiederaufbau jüdischer Gemeinden im Nachkriegsdeutschland gilt als Beweis demokratischer Erneuerung. Haben Sie nicht manchmal das Gefühl, ein Leben auf dem „Präsentierteller" zu führen?

Ein bißchen fühle ich mich tatsächlich wie auf einem „Präsentierteller" oder in einem Schaukasten. Manchmal habe ich das Gefühl, viele Deutsche suchen nicht die Begegnung, sondern sehen nur das, was sie sehen wollen: Lessings „Nathan“ oder „das Opfer“ oder eine antisemitische Karikatur. Das hat teilweise groteske Züge: Ich betrachte mich zum Beispiel als ungarischer Jude, der seit über 30 Jahren in Deutschland lebt und plötzlich feststellt, daß er als „deutscher Jude“ angesehen und manchmal „herumgereicht“ wird – mangels anderer deutscher Juden. Das macht mein Leben hier nicht unbedingt einfach, um nicht zu sagen schwierig. Trotzdem glaube ich, daß ein neues deutsches Judentum entsteht, das aber völlig anders aussehen wird als vor 1933. Voraussetzungen und Anknüpfungspunkte sind heute andere. Die deutschen Juden waren am längsten der Verfolgung durch die Nazis ausgesetzt, weshalb so wenige überlebt haben beziehungsweise zurückgekehrt sind. Nach 1945 bauten hauptsächlich die überlebenden Displaced Persons aus allen möglichen europäischen Ländern die Jüdischen Gemeinden in Deutschland wieder auf, deutsche Juden waren kaum darunter. Seit Ende der 50er Jahre kamen jüdische Immigranten aus Ungarn, Polen, der Tschechoslowakei, Rumänien und Anfang der 70er Jahre schon einmal aus der Sowjetunion. Selbst aus Israel und Amerika kamen Juden hierher. Die zahlenmäßig scheinbar konstante jüdische Bevölkerung in Deutschland war also ein Sammelsurium aus aller Herren Länder, das sich in seiner Zusammensetzung ständig änderte. Die große Zuwanderung in den 90er Jahren schafft nun eine neue Situation, die langfristig sicher auch ein neues deutsches Judentum mit einer eigenständigen Identität und Kultur hervorbringen wird. Aber niemand weiß schon heute, wie das aussehen wird.

Betrachtet man die öffentliche Diskussion, entsteht leicht der Eindruck, die Integration der russischen Juden sei nur ein internes Problem der jüdischen Gemeinden und des Zentralrats. Was denken Sie darüber?

Ich wünsche mir von der nichtjüdischen Öffentlichkeit eine fortwährende Neugier und Gesprächsbereitschaft. Die meisten wissen nichts über jüdische Kultur oder das Gemeindeleben in Deutschland. Die meisten Nichtjuden haben nie in ihrem Leben einen Juden persönlich gesehen oder gesprochen, von „kennen" ganz zu schweigen. Der Holocaust ist den meisten ein Begriff, wenngleich jetzt einige Zeitungen festgestellt haben, daß 30 % der Jugendlichen mit dem Namen „Auschwitz" nichts anfangen können. Unsere Geschichte in diesem Land beginnt aber weder beim Holocaust noch endet sie damit. Ich wünsche mir einfach einen menschlichen Dialog, wirkliches Interesse am anderen: „Wo kommst Du her? Welche Geschichte hast Du? Wie fühlst Du Dich in Deutschland? Was kann ich von Dir lernen? Was kannst Du von mir lernen?"

Harald Petzold

Projekte und Initiativen für Chancengleichheit. Bildungspolitische Aspekte der Integration jüdischer Flüchtlinge im Land Brandenburg

„Die Ministerialbürokratie beweist wenig Phantasie, wenn sie für die Mitglieder von häufig drei Generationen meist großstädtischer jüdischer Akademiker, Ingenieure, Ärzte, Lehrer und Literaten beiderlei Geschlechts nebst ihren zum Teil nichtjüdischen Ehepartnern und Kindern aus Moskau, Charkow, Buchara das platte Land vorsieht, und damit Isolation und auf längere Zeit Verbleib in eigener Sprache und Kultur. So läßt sich bundesdeutscher Alltag wohl kaum erkunden.“[1] Dies schrieb die erste Sprecherin des Jüdischen Kulturvereins Berlin, die Publizistin und Historikerin Irene Runge, 1997 anläßlich des Gedenktages an die „Reichskristallnacht“ 59 Jahre zuvor. Nur Wochen vor diesem Gedenken war es zu heftigen Auseinandersetzungen um die Aufnahme von jüdischen Flüchtlingen[2] in der kleinen Fläming-Gemeinde Gollwitz im Land Brandenburg gekommen. Dort hatte sich die Gemeindevertretung in einem Beschluß vom Spätsommer 1997 geweigert, 60 jüdische Flüchtlinge aufzunehmen. Dieser Vorfall hat seinerzeit für viel Wirbel gesorgt, national wie international, und seine Nachwirkungen sind für das Land Brandenburg bis heute nicht aus der Welt. Schlagartig kamen hier Probleme der Aufnahme und Akzeptanz jüdischer Menschen in Deutschland an

1 Irene Runge, Fremder November. In: Neues Deutschland, 8./9.11.1997, S. 1.

2 Im Gegensatz zur Brandenburgischen Landesregierung, die die in die Bundesrepublik gekommenen jüdischen BürgerInnen aus der ehemaligen Sowjetunion als „jüdische Zuwanderer“ bezeichnet, verwendet der Autor in Anlehnung an die Argumentation Susanne Spülbecks aus ihrer Untersuchung „Ordnung und Angst. Russische Juden aus der Sicht eines ostdeutschen Dorfes“, Frankfurt a. M./New York 1997, den Flüchtlingsbegriff. Damit wird die alternativlose Flucht vor Antisemitismus und antisemitischen Übergriffen im Herkunftsland als wesentliches Motiv der Betroffenen für ihre Übersiedlung ins Ausland in die Darlegung eingeblendet.

die Oberfläche, die wahrscheinlich kaum einer der politisch Verantwortlichen mehr für möglich gehalten hatte. Defizite bei der Einbeziehung und Eingliederung von Fremden und Ausländern in der Bundesrepublik wurden offensichtlich, die besonders – aber nicht nur – in den neuen Bundesländern auf mangelnde Erfahrungen im Umgang mit diesen Gruppen hinweisen. In Ostdeutschland waren breitere Kontakte zwischen Einheimischen, Immigranten und zeitweilig hier lebenden Nichtdeutschen erst nach der politischen Wende im Herbst 1989 zustandegekommen, die sich scheinbar immer noch hochproblematisch gestalten. Aber auch in den alten Bundesländern läßt sich in jüngster Zeit eine Sprache entdecken, die auf das „Überwintern“ rassistischer und antisemitischer Vorurteile und Stereotypen über Generationen hinweg hindeutet. Nicht auszuschließen ist, daß die spürbare Abneigung und mitunter offene Feindschaft gegenüber fremden oder zuwandernden Gruppen negative Auswirkungen einer offiziellen Ausländerpolitik darstellen, die unter gar keinen Umständen Menschen ausländischer Herkunft „anlocken“ will[3] und die damit in ihrer Konsequenz wenig ausländerfreundlich ist.[4]

3 Vgl. hierzu Äußerungen, die von der Brandenburgischen Sozialministerin Regine Hildebrandt vor dem Landtag mehrfach im Rahmen der parlamentarischen Debatte um die Beibehaltung des sogenannten Sachleistungsprinzips gemacht wurden. Zur Begründung für die Durchsetzung des Sachleistungsprinzips versuchte sie immer wieder, den Eindruck zu erwecken, als würden Geldleistungen Flüchtlinge nach Deutschland locken. So sagte sie in der Landtagssitzung am 5. Januar 1995: „Mir geht es darum, Sachleistungen zu geben, um den Anreiz Bargeld zu beseitigen.“ (Landtag Brandenburg, Plenarprotokoll 2/5, S. 375). Ob gewollt oder nicht: Mit derartigen Äußerungen trägt auch sie Verantwortung für eine gesellschaftliche Atmosphäre, die Flüchtlingen gegenüber nicht freundlich gesonnen ist. In ihrer Antwort auf die Kleine Anfrage Nr. 1798, Landtagsdrucksache 2/5672, wird darauf verwiesen, daß auf Anregung Brandenburgs jüdische Flüchtlinge vor ihrer Übersiedlung nach Deutschland „verstärkt [...] über die gesellschaftlichen und sozialen Gegebenheiten (informiert werden – H.P.), um persönliche Enttäuschungen und ihre Folgen zu vermeiden.“ (ebd., S. 4) Auch diese Formulierung erscheint mißverständlich.

4 So sprechen die beiden Großkirchen in ihrem gemeinsamen Wort „... und der Fremdling, der in deinen Toren ist.“ davon, daß Migrationspolitik nur auf einem Grundkonsens erfolgreich sein kann, der um Akzeptanz für die Fremden wirbt (Gemeinsames Wort der Kirchen zu den Herausforderungen durch Migration und Flucht, Bonn/Frankfurt a. M./Hannover 1997, S. 29).

Nach Gollwitz war viel von verfehlter Politik in Brandenburg zu lesen.[5] Verantwortliche dieser Politik waren später sichtlich bemüht, den entstandenen Schaden mehr oder weniger in Grenzen zu halten. Doch gerade die teils hilflosen Erklärungsversuche zu Ursachen und möglichen Übertragungseffekten des Vorgefallenen auf andere Gemeinden im Land vermittelten den Eindruck, das internationale Ansehen des Landes Brandenburg mehr im Blick zu haben, als eine hilfreiche Analyse bisheriger Integrationsfehler und -versäumnisse anzustreben. Zu einem grundsätzlichen Hinterfragen und Neuorientieren der bisherigen Ausländer- und Integrationspolitik in Brandenburg beziehungsweise in der Bundesrepublik kam es jedenfalls nicht.

Konservative Modelle und Theorien, nach denen die Integration von Migranten auf bloße Assimilation in die hiesige Gesellschaft hinauslaufe oder schlichtweg ein durch die dominierende Gesellschaft zu verteilendes Gut sei, üben weiterhin bestimmenden Einfluß auf Politik und Gesellschaft aus, während modernere Ansätze mit der Zielrichtung einer größeren Partizipation und Interaktion – wie von Christine Wischer vertreten[6] – weitgehend unbeachtet bleiben. Die von Christine Wischer in Auseinandersetzung mit Eingliederungskonzepten in den Niederlanden sowie in Bremen entwickelte Operationalisierung des Integrationsbegriffes erscheint im Hinblick auf eine Einbeziehung von Ausländern in die hiesige Gesellschaft, aber auch auf ihre Teilhabe und auf den partnerschaftlichen Umgang von Aus-

Auf dieses Um-Akzeptanz-werben hat die Landesregierung zum damaligen Zeitpunkt weitestgehend verzichtet und verzichtet sie zum Teil auch heute noch.

5 So antwortete die Geschäftsführerin der Jüdischen Gemeinde Brandenburg auf eine Frage nach den Ursachen für die Ereignisse in Gollwitz in einem Interview der Tageszeitung „Junge Welt" vom 11. November 1997: „Die Aufnahme in Gollwitz war nicht vorbereitet. Man hat vorher nicht mit den Menschen dort gesprochen, man hat auch nicht mit dem Gemeinderat gesprochen. [...] Das Versagen liegt in erster Linie darin, daß die Aufnahmekapazitäten im Lande Brandenburg vom Ministerium für Soziales nicht genügend vorbereitet waren." Zit. nach: Junge Welt, 11.11.1997, S. 3.

6 Christine Wischer, Zusammen leben. Die Integration der Migranten als zentrale kommunale Zukunftsaufgabe. In: Aus Politik und Zeitgeschichte, B. 46 (1997), S. 30.

ländern und Deutschen sehr produktiv. Sie unterscheidet dabei vier Kategorien von Eingliederung in die jeweilige Aufnahmegesellschaft: Instrumentale Integration (Kenntnis der einheimischen Sprache, von Infrastruktur und Dienstleistungsangeboten); ökonomische Integration (vermittelt über Bildungszugang und Arbeitsmarkt); kulturelle Integration (Verhalten in der Freizeit) und soziale Integration (Kontakt zwischen Gruppen unterschiedlicher Herkunft).

Nach Wischers Auffassung vertiefen die rein auf die sozio-ökonomische Dimension reduzierten Integrationsansätze Fragmentierung und Segregation bei den Ausländern und umgekehrt das Gefühl „des Fremden" bei den Einheimischen. Für letztere bleibt auf Grund der fehlenden kommunikativen Interaktionsebene das Erleben des „Fremden" als Normalität aus. Wischer plädiert aus diesen Gründen nicht nur für Maßnahmen zum Nachteilsausgleich und zur Herstellung von Chancengleichheit, sondern auch für ausgeprägte Formen von Bi-Kulturalität und Bi-Lingualität.[7] Langfristig erhofft sie „einen Paradigmenwechsel von der in den 70er Jahren vorherrschenden sozio-ökonomischen Dimension der Ausländerpolitik hin zu partizipativen, personellen und auch kommunikativen Dimensionen des Einwanderungsprozesses".[8]

Allerdings bildet die stärkere Einbindung der einheimischen Bevölkerung in die Meinungsbildung und Entscheidungsfindung innerhalb der Integrationspolitik eine unverzichtbare Voraussetzung für dieses Modell. In einer Zeit, die weder in Deutschland noch in anderen europäischen „Musterländern" als ausländerfreundlich bezeichnet werden kann, haben sich mittlerweile auch die Kirchen in gemeinsamen Verlautbarungen für eine tolerantere und flexiblere Integrationspolitik eingesetzt, als sie über einen Großteil der 90er Jahre hinweg praktiziert worden ist. Denn wer beispielsweise die Eingliederungspraxis für jüdische Flüchtlinge aus der ehemaligen Sowjetunion im Land Brandenburg näher unter die Lupe nimmt, wird deren ambivalenten Charakter und die noch immer vorherrschende Dominanz einer instrumentalen Integration leicht feststellen können.

7 Vgl. ebd., S. 37.
8 Vgl. ebd., S. 36.

Im Folgenden wird der Versuch unternommen, Probleme und Perspektiven der Eingliederung jüdischer Flüchtlinge aus der ehemaligen Sowjetunion vorrangig aus der bildungspolitischen Perspektive zu beleuchten. Es soll der Frage nachgegangen werden, welchen Beitrag das Bildungswesen Brandenburgs - ein Bereich, der originär landespolitisch gestaltbar ist - zur Integration jüdischer Flüchtlinge leistet und leisten kann. Darüber hinaus sollen bildungspolitische Rahmenbedingungen zur Schaffung eines positiven öffentlichen Aufnahmeklimas in Brandenburg thematisiert werden, das tatsächlich ein „Feld von kommunikativen und nachteilsausgleichenden Handlungen" ermöglichen könnte.[9]

Integrationspolitik allein unter Kostenaspekten?

Im Gefolge der deutschen Wiedervereinigung ist für einen nicht zu unterschätzenden Teil der Bundesbürger der von zahlreichen Politikern versprochene Anstieg des Lebensstandards ausgeblieben. Als im Gegenteil noch die etablierten sozialen Sicherungssysteme den falsch kalkulierten Belastungen der Einheit nicht standhalten konnten, zeigten sich auch die traditionellen Instrumente der Integration von Ausländern in der Bundesrepublik den Herausforderungen nicht mehr gewachsen. Seitens der Politik wurden Fragen von Zuwanderung, Migration und Integration nun immer stärker auf die sozio-ökonomische Dimension reduziert, was letztendlich zu einer Betrachtung und Bewertung von Integrationsaufgaben allein unter Kostenaspekten führte. Mehr noch: In der Debatte um Zuzug und Aufnahme ausländischer Bürger gewannen Themen wie Ausländerkriminalität und Asylmißbrauch zunehmend die Oberhand und wirkten meinungsprägend auf weite Teile der Bevölkerung. Mit entsprechenden Gesetzgebungen seit 1993 wurde das Asylrecht in der Bundesrepublik dann immer weiter eingeschränkt und die Zuwanderung nach Deutschland allgemein stark erschwert. Gewollt oder ungewollt trug die Bonner Politik damit zu einer Verstetigung und teilweisen Verschärfung des eindimensionalen Kosten-Diskurses

9 Vgl. ebd., S. 30.

über Zuwanderung und Integration von Ausländern bei, verhinderte gleichzeitig aber neue Entwicklungen oder Innovationen in diesem Bereich.[10] Auch die verantwortliche Brandenburgische Landespolitik folgte dem, was auf bundespolitischer Ebene vorgegeben wurde, weitgehend kritiklos. Im Zusammenhang mit der Umsetzung des Asylbewerberleistungsgesetzes hat sie beispielsweise administrativ – per Runderlaß – und mit dem entsprechenden finanzpolitischen Druck bei der Kostenerstattung das Sachleistungsprinzip durchgesetzt, obwohl einige Kommunen ihren Willen geäußert hatten, auch weiterhin Geldleistungen zu gewähren. Auch bei der Beratung des Zweiten Gesetzes zur Änderung des Asylbewerberleistungsgesetzes im Bundesrat im Februar 1998 stimmte die Landesregierung trotz Warnung durch die Ausländerbeauftragte und verschiedener gesellschaftlicher Kräfte einem de facto Leistungsentzug zu, ohne sich beispielsweise ausreichend über die Folgen für die Bürgerkriegsflüchtlinge aus Ex-Jugoslawien oder Algerien klarzuwerden. Zu einem ausländerfreundlicheren gesellschaftlichen Gesamtklima, wie es unter anderen von den Kirchen angemahnt wird, hat dies alles wohl kaum beigetragen.

Und die Probleme sind nicht aus der Welt. In dem 1997 veröffentlichten gemeinsamen Wort der Kirchen Deutschlands zu den Herausforderungen von Migration und Flucht („... und der Fremdling, der in deinen Toren ist") wurde festgestellt: „Spätestens seit den Erfahrungen der frühen 1990er Jahre [...] ist offenkundig: Migrationspolitik ist Gesellschaftspolitik im weitesten Sinne; denn Migrationsfragen sind heute nicht mehr Randprobleme, sondern zentrale gesellschaftliche Aufgaben und werden aller Voraussicht nach in ihrer Bedeutung zukünftig noch zunehmen. Migrationspolitik kann nur erfolgreich sein, wenn sie sich auf einen möglichst breiten Grundkonsens stützen kann. Sie kann in einer freiheitlichen Demokratie nicht gegen die einheimische Mehrheit durchgesetzt werden, wenn gefährliche

10 Auf diesen Umstand verweist auch Spülbeck (1997). Begleitet wurde diese Politik von einer öffentlichen Medienkampagne, die den Eindruck erwachsen ließ, daß die Bundesrepublik unter einer „Flut" von Fremden „unterzugehen" drohe.

Folgen, vor allem zu Lasten zugewanderter Minderheiten, aber auch des politischen Systems insgesamt, vermieden werden sollen. Für ihre Akzeptanz und die der zugewanderten Minderheiten muß mithin – wie bei der Aussiedlerintegration – bei der einheimischen Mehrheit geworben werden. Multikulturelle und polyethnische Koexistenz in kultureller Toleranz und sozialem Frieden hängen deshalb entscheidend davon ab, ob und inwieweit Politik und Gesellschaft in Deutschland bereit sein werden, sich den Herausforderungen in den Problemfeldern von Migration, Integration und Minderheiten mit übergreifenden und weitsichtigen Konzeptionen zu stellen."[11] Integration von Ausländern ist demzufolge kein allein auf die Ausländer gerichtetes Paket von Überlegungen, Handlungsstrategien und Maßnahmen, sondern muß auch auf ein „Mitnehmen" der einheimischen Bevölkerung zielen und damit Elemente beinhalten, die zu einem ausländerfreundlichen gesellschaftlichen Klima beitragen, zu einem Klima von Offenheit, Partnerschaftlichkeit und gemeinsamer Partizipation.

Aufnahme und Eingliederung jüdischer Flüchtlinge – die rechtliche Lage

Seit dem Beitritt der ehemaligen DDR zur Bundesrepublik Deutschland und der damit verbundenen Neukonstituierung der ostdeutschen Bundesländer reisen verstärkt jüdische Menschen aus der ehemaligen Sowjetunion nach Brandenburg ein, um sich hier eine neue Existenz aufzubauen und unter Umständen auch ihren Lebensmittelpunkt hierher zu verlegen.

Bis Anfang Juni 1999 waren rund 3.800 von ihnen in das Bundesland Brandenburg eingereist.[12] Möglich wurde dies aufgrund einer Verabredung der Ministerpräsidenten der deutschen Bundesländer aus dem Jahre 1991, nach der Juden aus der damals

11 Gemeinsames Wort der Kirchen (1997), S. 29f.

12 Das Bundesverwaltungsamt vermeldete Anfang Juni 1999 für das Land Brandenburg 3.791 eingereiste jüdische Emigranten aus der ehemaligen Sowjetunion.

noch existierenden Sowjetunion – der jetzigen Gemeinschaft Unabhängiger Staaten – als Kontingentflüchtlinge, also auf der Rechtsgrundlage der Genfer Flüchtlingskonvention, in Deutschland aufgenommen werden. Das sogenannte „Kontingentflüchtlingsgesetz" sichert den jüdischen Flüchtlingen wichtige arbeits- und sozialrechtliche Eingliederungshilfen, wie zum Beispiel eine unbefristete Aufenthalts- und Arbeitserlaubnis, verschiedenste Sozialleistungen (Eingliederungshilfen, Sozialhilfe, Wohngeld, Kindergeld, Ausbildungsförderung) sowie im Rahmen der Eingliederungshilfe die Finanzierung des inzwischen von acht Monaten auf sechs Monate gekürzten Sprachkurses. Bei den Sprachkursen ist neben der Kürzung ihrer Dauer allerdings auch zu kritisieren, daß jüdische Flüchtlinge besondere Voraussetzungen erfüllen müssen, um Anspruch auf diesen Sprachkurs sowie die damit verbundene Eingliederungshilfe zu haben. Zu diesen besonderen Voraussetzungen gehören Bedürftigkeit – was auch immer damit gemeint sein mag –, eine mindestens 70tägige Erwerbstätigkeit im Herkunftsland im letzten Jahr unmittelbar vor der Ausreise, die Nichtkenntnis der für die berufliche Eingliederung notwendigen deutschen Sprachkenntnisse sowie die Absicht, im Anschluß an den Sprachkurs eine nicht der Berufsausbildung dienende Erwerbstätigkeit in Brandenburg aufnehmen zu wollen. Damit werden vor allem jüdische Zuwanderinnen und Zuwanderer in höherem Lebensalter nicht nur vom Spracherwerb in für sie neuer Umgebung ausgegrenzt, sondern auch – was noch viel problematischer ist – von neuen sozialen Kontakten, ohne die eine umfassende sozio-kulturelle Integration nahezu unmöglich erscheint. Diese Aufgabe bleibt dann ganz allein der Jüdischen Gemeinde überlassen, ohne dies etwa von außen her zu fördern. Die brandenburgische Landesregierung hat sich bisher nicht veranlaßt gefühlt, hier eine Änderung der gängigen Praxis anzuregen oder zu initiieren. Dabei ist dieses mittlerweile zeitlich verkürzte und nur für einen Teil der russisch-jüdischen Immigranten zugängige Sprachkurssystem geradezu das Paradebeispiel für die Dominanz der instrumentalen Integration sowie der Reduzierung von Integration auf ihre rein sozio-ökonomische Dimension.

Auch wenn die jüngeren jüdischen Zuwanderer nach Abschluß ihres Sprachkurses in der Regel ein Sprachniveau erlangt haben, auf dem sie einfache Aufgaben des Alltages bewältigen können, beurteilen sie die erreichte Kommunikationsfähigkeit in neuer Umgebung sehr unterschiedlich und führen verbliebene Defizite in zahlreichen Fällen auf eine mangelnde Qualität der Sprachkurse zurück. So kritisieren die Kursabsolventen vor allem das Fehlen einer Voreinstufung nach bereits vorhandenen Kenntnissen und methodische Mängel des sprachlich-kommunikativen Unterrichtes. Verständlicherweise wird der Unterrichtsraum nie die nötige Praxis „draußen", im öffentlichen Leben, ersetzen können. Andererseits bleibt zu bedauern, daß es bisher kaum gelungen ist, ehrenamtliche Gesprächspartner und Kontaktpersonen für neu eintreffende Flüchtlinge zu gewinnen und so einige Sprachhindernisse von Anfang an abzubauen. Kommunale Begegnungszentren könnten hier sicher einige Abhilfe schaffen, zumal es solche in den verschiedensten Formen in einzelnen kreisfreien Städten schon gibt. Vorschläge und Konzepte, die die Jüdischen Gemeinden ihrerseits zur qualitativen Veränderung der Sprachkurse unterbreitet haben, sind bisher leider nicht umgesetzt worden.

Die jüdischen Zuwanderer müssen aufgrund der eingangs dargestellten rechtlichen Aufnahmebedingungen vor der Erteilung einer Aufenthaltserlaubnis (noch) nicht unbedingt über deutsche Sprachkenntnisse verfügen. Allerdings hat das Land Brandenburg innerhalb der Arbeitsgremien der Landesflüchtlingsverwaltungen gefordert, „den in den Herkunftsländern (ehemalige Sowjetunion) obligatorischen Sprachkurs (‚Sprachoffensive der Bundesrepublik') zur Vorbereitung auf die Auswanderung deutschstämmiger Aussiedler für jüdische Emigranten zu öffnen."[13] Inzwischen wurde diese Forderung durch das Bundesinnenministerium aufgegriffen und umgesetzt. Diese Initiative besitzt wohlmeinenden Charakter bezüglich der Sprachverbesserung, hat allerdings wenige Berührungspunkte zu den Fluchtmotiven der Betroffenen. Bei dem wachsenden Antisemitismus, wie er 1998 bis ins Parlament

13 Vgl. Antwort der Landesregierung auf die Kleine Anfrage Nr. 1798, Landtag Brandenburg, 2. Wahlperiode, Drucksache 2/5672, S. 5.

der Russischen Föderation drang, könnten sich entsprechende Richtlinien für die Einreise in die Bundesrepublik beispielsweise kontraproduktiv auswirken, da schlichtweg keine Zeit zum Spracherwerb bliebe.

Doch nicht allein im Bereich der Sprachförderung, auch in der allgemeinen Rechtslage für die russischen Juden stößt man bei eingehender Betrachtung auf ambivalente Verhältnisse und Regelungen. So sind die jüdischen Flüchtlinge beispielsweise erst nach einem siebenjährigen Aufenthalt dazu berechtigt, die deutsche Staatsbürgerschaft zu beantragen. Sie erhalten damit im Land Brandenburg auch keine deutschen Reisedokumente.[14] Obwohl in anderen Ländern wie beispielsweise Berlin in dieser Hinsicht anders verfahren wird, sieht die brandenburgische Landesregierung keinen Änderungsbedarf bei dieser benachteiligenden Praxis.

Nach dem Königssteiner (Verteiler-)Schlüssel entfallen auf das Land Brandenburg lediglich 3,5 % der nach Deutschland kommenden jüdischen Flüchtlinge. Insbesondere im Vergleich zu einigen westdeutschen Bundesländern scheint dieser Anteil vergleichsweise gering. Im Detail regelt Brandenburg die Aufnahme jüdischer Flüchtlinge im Rahmen des hier geltenden Landesaufnahmegesetzes. Seit Anfang 1997 wurden die jüdischen Zuwanderer gemäß diesem Gesetz und in Verbindung mit einer Verordnung über die landesinterne Verteilung von Spätaussiedlern und ausländischen Flüchtlingen entsprechend einer Quote auf die Landkreise und kreisfreien Städte verteilt und vorläufig untergebracht. Die Erstaufnahme erfolgte seit 1997 ebenfalls gemeinsam mit Spätaussiedlern. Im Zuge der „Schadensbegrenzungsmaßnahmen“ nach den Vorfällen in und um Gollwitz hat die Brandenburgische Landesregierung diese Verteilungspraxis geändert: Derzeit ist sie bestrebt, die jüdischen Flüchtlinge in den Großstädten des Landes unterzubringen, insbesondere in Potsdam und Brandenburg/Havel – aufgrund von deren Nähe zur Jüdischen Gemeinde im Land Brandenburg. Darüber hinaus hat sich die Stadt Potsdam freiwillig bereiterklärt, zusätzlich

14 Vgl. dazu auch Antwort der Landesregierung auf die Kleine Anfrage Nr. 1791, Landtag Brandenburg, 2. Wahlperiode, Drucksache 2/5641, S. 2.

jüdische Flüchtlinge aufzunehmen. Über abschließende Neuregelungen in dieser Weise wird in der Landesregierung sowie zwischen Landesregierung und Kommunen aber noch verhandelt. So ist beispielsweise nach wie vor ungeklärt, wie die zusätzlich aufnehmenden kreisfreien Städte das in diesem Zusammenhang auftretende Mehr an Sozialaufwendungen erstattet bekommen. Das Sozialministerium strebt dabei ein Umlagefinanzierungsmodell an, nach dem die „entlasteten" Landkreise an der Mitfinanzierung der zusätzlichen Aufwendungen der kreisfreien Städte beteiligt werden.[15]

Zu den wichtigsten Indikatoren eines erfolgreichen Integrationsprozesses zählt die schnelle und unbürokratische Zuweisung einer eigenen Wohnung an die Flüchtlinge. Durch das Landesaufnahmegesetz sind die Landkreise, kreisfreien Städte, Ämter und amtsangehörigen Gemeinden tatsächlich gehalten, „auf eine zügige Versorgung mit Wohnraum und sonstige Eingliederung hinzuarbeiten".[16] Und „um jüdischen Zuwanderern [...] schnellstmöglich zu eigenem Wohnraum zu verhelfen, enthält das Landesaufnahmegesetz einen finanziellen Anreiz für die Kommunen, der darauf abzielt, daß die Heimunterbringung spätestens nach sechs Monaten endet. Nach § 6 Abs. 1 werden nämlich Unterbringungskosten nach Ablauf eines halben Jahres nur noch erstattet, wenn jüdische Zuwanderer [...] in Wohnungen untergebracht sind. Darüber hinaus sieht § 6 Abs. 3 LaufnG die Erstattung der Modernisierungs- und Einrichtungspauschale zur vorläufigen Unterbringung in Wohnungen [...] vor."[17] Aber auch hier kann blinder Eifer sich zum Nachteil für die Betroffenen auswirken. So traf eine durch Runderlaß kurzfristig administrierte Verschärfung dieser Regelung, die völlig unnötigerweise verordnete, daß unter anderen jüdische Flüchtlinge möglichst *unverzüglich* in eigenen Wohnungen unterzubringen seien, weder bei den Flüchtlingen noch bei den Kommunen auf positive

15 Vgl. hierzu auch Antwort der Landesregierung auf die Kleine Anfrage Nr. 1798, S. 3.

16 Vgl. ebd.

17 Antwort der Landesregierung auf die Kleine Anfrage Nr. 1529, Landtag Brandenburg, 2. Wahlperiode, Drucksache 2/4900, S. 4.

Resonanz. Von der Jüdischen Gemeinde wurde vor allem kritisiert, daß sich bei dieser Praxis eine erfolgreiche soziale Integration verkompliziere. Denn betrachtet man dies vor dem Hintergrund der äußerst knappen Ausstattung der Hilfsorganisationen mit sozialpädagogischem Personal schon in größeren Orten, ist die Kritik leicht nachvollziehbar. Im übrigen besteht die Gefahr, daß sowohl die per Rundschreiben angeordnete Sofortunterbringung als auch der im gegenwärtig gültigen Gesetz vorgesehene Anreiz auf schnelle Unterbringung in Wohnungen die Landkreise und kreisfreien Städte dazu verführt, eine schnelle Wohnungszuweisung „um jeden Preis" sicherzustellen, unabhängig davon, ob vor Ort eine kompetente soziale Begleitung der Integration und eine Unterbringung in der Nähe einer Jüdischen Gemeinde gewährleistet werden kann. So erfolgt beispielsweise die Zuweisung von Wohnraum für jüdische Flüchtlinge aufgrund des Landesaufnahmegesetzes mehr im Landkreis Havelland/Westhavelland – de facto an der Peripherie des Landes – anstatt im Berlin-nahen Falkensee oder im Osthavelland.

Neben der Sprachförderung und einer akzeptablen Lösung der Wohnraumfrage kommt den vorhandenen Bildungsangeboten und Qualifizierungsmaßnahmen einer der höchsten Stellenwerte im Prozeß der Integration zu. Folgt man den eingangs erwähnten vier Kategorien des Integrationsprozesses nach Christine Wischer, dann spielen Bildungselemente in jeder von ihnen eine direkte oder indirekte Rolle. Schoeps, Jasper und Vogt hatten in ihrer Studie „Russische Juden in Deutschland" (1996) über gezielte Umfragen ermittelt, daß unter den russisch-jüdischen Flüchtlingen selbst eine besonders starke Nachfrage nach Bildungsangeboten und vor allem Fortbildungsmöglichkeiten besteht.[18]

18 Vgl. Julius H. Schoeps/Willi Jasper/Bernhard Vogt, Russische Juden in Deutschland. Integration und Selbstbehauptung in einem fremden Land, Weinheim 1996, S. 109f.

Brandenburgische Bildungspolitik und die jüdischen Flüchtlinge

Die Brandenburgische Landesverfassung geht bei der Definierung des Staatsvolkes Brandenburgs einen anderen Weg als das Grundgesetz. So definiert die Landesverfassung den Begriff vom Deutschen, wie ihn das Grundgesetz in seinem Artikel 116 verwendet, als „Bürger [...] mit ständigem Wohnsitz im Land Brandenburg".[19] Alle übrigen Personen mit ständigem Wohnsitz im Land Brandenburg gelten – unabhängig von ihrer Staatsangehörigkeit – als „Einwohner". Angehörige anderer Staaten und Staatenlose, die ihren Wohnsitz im Land Brandenburg haben, werden den Deutschen im Sinne des Grundgesetzes gleichgestellt, soweit das Grundgesetz oder andere Gesetze nicht etwas anderes bestimmen.[20] Dies erlaubt es, die Gültigkeit von Rechtsansprüchen nach der Landesverfassung, zum Beispiel in Grundrechtsfragen, auf einen Personenkreis auszudehnen, der größer ist als der im Grundgesetz vorgesehene. Somit steht das Recht auf Bildung, wie es im Artikel 29 der Landesverfassung für jeden festgeschrieben ist, auch den jüdischen Flüchtlingen zu.

Ein Teil der Möglichkeiten zur Wahrnahme dieses Rechtsanspruchs ist im „Gesetz über die Schulen im Land Brandenburg" (künftig Brandenburgisches Schulgesetz genannt) vom 12. April 1996 geregelt. Dieses Gesetz ist für die Kinder der jüdischen Flüchtlinge und deren Integrationschancen von großer Bedeutung. Im § 3 dieses Gesetzes wird den Trägern des Bildungswesens aufgegeben, „Schulen [...] so zu gestalten, daß gleicher Zugang, unabhängig von der wirtschaftlichen und sozialen Lage, der nationalen Herkunft, der politischen und religiösen Überzeugung und des Geschlechts, gewährleistet wird. Es ist Aufgabe aller Schulen, jede Schülerin und jeden Schüler zu fördern."[21] Entsprechend dieses

19 Vgl. Verfassung des Landes Brandenburg. In: Landesgesetze Brandenburg, zsgest. und bearb. von Lutz Niebel/Hans-Jürgen Will, Regensburg ^{2}1991, Losebl.-Ausg. 28. Aktualisierung, 1997, Teil A 4, S. 7.

20 Vgl. ebd.

21 Gesetz über die Schulen im Land Brandenburg (Brandenburgisches Schulgesetz – BbgSchG) vom 12. April 1996 in der Fassung der Änderung vom 17.12.1996. In: ebd., Teil F 500, S. 10.

Prinzips ist im § 36 zu den Grundsätzen der Schulpflicht auch diese so geregelt, daß sie für die Kinder der jüdischen Zuwanderer prinzipielle Geltung besitzt: „Schulpflichtig ist, wer im Land Brandenburg seine Wohnung oder seinen gewöhnlichen Aufenthalt oder seine Ausbildungs- oder Arbeitsstätte hat."[22] Diese Regelung zur Förderung jedes Schülers nimmt das Schulwesen ausdrücklich in die Pflicht, sich dem Problem der unterschiedlichen, in den meisten Fällen mangelhaften Sprachkenntnisse der jüdischen Flüchtlingskinder anzunehmen. Unter anderem zu diesem Zweck ist in Ausführung des Brandenburgischen Schulgesetzes durch das zuständige Brandenburgische Ministerium für Bildung, Jugend und Sport die „Verordnung über die Eingliederung von fremdsprachigen Schülerinnen und Schülern in die allgemeinbildenden und beruflichen Schulen" (künftig Eingliederungsverordnung genannt) erlassen worden. In dieser Eingliederungsverordnung heißt es im § 1: „Kinder und Jugendliche, deren Muttersprache nicht Deutsch ist oder die [...] vor Aufnahme in die Schule keine ausreichenden Deutschkenntnisse erwerben konnten (Einzugliedernde), haben ein Recht auf schulische Förderung und den Ausgleich von Benachteiligungen. [...] Die besonderen Eingliederungs- und Fördermaßnahmen [...] dienen den Zielen [...], Kenntnisse in der deutschen Sprache zu erwerben und zu erweitern, deutsche Schulabschlüsse und Berechtigungen zu erwerben und nach den Möglichkeiten der Schule die Kenntnisse in der Muttersprache zu erhalten und weiterzuentwickeln."[23] Nach den Regelungen dieser Verordnung hat dann spätestens zwei Wochen nach Beginn der Schulpflicht für

22 Ebd., S. 35. Im übrigen gilt die Schulpflicht auch für ausländische junge Menschen, „denen aufgrund eines Asylantrags der Aufenthalt im Land Brandenburg gestattet ist oder die hier geduldet werden", also für einen Personenkreis, der weit über den Kreis der Deutschen im Sinne des Grundgesetzes sowie die Spätaussiedler und die diesen ähnlich behandelten jüdischen Zuwanderer hinausgeht.

23 Verordnung über die Eingliederung von fremdsprachigen Schülerinnen und Schülern in die allgemeinbildenden und beruflichen Schulen (Eingliederungsverordnung – EinglV) vom 19.6.1997. In: Gesetz- und Verordnungsblatt für das Land Brandenburg, Teil II – Verordnungen, 8. Jg., Nr. 20 (22. Juli 1997), S. 534.

die Kinder der jüdischen Flüchtlinge der regelmäßige Unterricht zu beginnen. Bei ihrer Aufnahme an den Schulen in Brandenburg ist von ihrem bisherigen Stand der Einstufung in Jahrgangsstufen oder Kursen oder ihrem bisherigen Bildungsgang auszugehen. Entgegen bisheriger bundesdeutscher Praxis, Kinder von Nichtdeutschen grundsätzlich erst einmal eine Klasse niedriger einzustufen als jene, die sie in ihrem Herkunftsland zuletzt besucht haben, wird hierbei der aktuelle Bildungsstand der Kinder berücksichtigt und nicht ein automatisches Defizit unterstellt. Außerdem sieht diese Verordnung im Detail eine Einzelfallprüfung vor, in die die Eltern der Kinder einzubeziehen sind: „Ist die Vorbildung für die Aufnahme in eine dem Alter entsprechende Jahrgangsstufe zweifelhaft, erfolgt die Teilnahme am Unterricht im Einvernehmen mit den Eltern grundsätzlich in der nächstniedrigeren Jahrgangsstufe. [...] Auf Wunsch der Eltern erfolgt jedoch die Teilnahme am Unterricht zunächst in der dem Alter entsprechenden Jahrgangsstufe. Zuvor sind die Eltern zu beraten."[24] Die Eingliederungsverordnung unterscheidet dann nach verschiedenen besonderen Fördermaßnahmen, und zwar nach einem Unterricht in Vorbereitungsgruppen oder in Förderkursen, nach der Einrichtung eines muttersprachlichen Unterrichts, nach besonderen Regelungen im Zusammenhang mit dem Fremdsprachenunterricht sowie nach verschiedenen Möglichkeiten, an Sprachfeststellungsprüfungen teilnehmen zu können. Mit diesen differenzierten Maßnahmen sollen die Schulen auf den unterschiedlichen Kenntnisstand der Kinder und Jugendlichen vor allem bezüglich der deutschen Sprache flexibel reagieren können, als einer quasi „wichtigen Grundvoraussetzung für das Gelingen des schulischen Eingliederungsprozesses"[25].

Außerdem verfolgt die Eingliederungsverordnung das Ziel, nichtdeutschen Kindern die Chance auf den Erhalt und den Ausbau von Kenntnissen in ihrer ursprünglichen Muttersprache zu erweitern und zu optimieren. Letztgenannte Möglichkeit scheint von den jüdischen Zuwanderern gegenwärtig aber kaum genutzt oder wahrgenommen zu werden. Hier dominiert aus

24 Ebd.
25 Vgl. Antwort der Landesregierung auf die Kleine Anfrage Nr. 1529, S. 6f.

sicher leicht nachvollziehbaren Gründen erst einmal das Interesse am schnellen Erlernen von Kenntnissen in der deutschen Sprache. Die Jüdische Gemeinde des Landes Brandenburg ist deshalb auch mit dem dafür zuständigen Brandenburgischen Ministerium für Bildung, Jugend und Sport in Verhandlungen, um ein spezifisches, stärker auf sprachliche Kommunikation gerichtetes Konzept muttersprachlichen Unterrichts in Deutsch zu erarbeiten, das nach Aussagen der Gemeinde von dieser selbst in Kooperation mit den jeweiligen Schulen umgesetzt werden könnte.[26]

Bei all diesen progressiven rechtlichen Rahmenbedingungen und innovativen pädagogischen Ansätzen darf allerdings nicht übersehen werden, daß gerade auch spezielle Fördermaßnahmen – wie wir sie in der zitierten Eingliederungsverordnung vorfinden – vor den allgemeinen Spar- und Kürzungsmaßnahmen im Bildungshaushalt nicht sicher sind und ihre tatsächliche Durchführung zusätzlich von der Ausstattung der jeweiligen Schule mit Lehrerstellen abhängt. So sehen die Verwaltungsvorschriften über die Unterrichtsorganisation seit 1994 vor, daß zur Vermeidung von Unterrichtsausfall im Bedarfsfall prinzipiell Stundenzuweisungen zur besonderen Förderung von Schülerinnen und Schülern zu nutzen sind. Mit solchen „Notlösungen" könnte der Rechtsanspruch letztendlich aufgeweicht werden.

Für junge Erwachsene aus Emigrantenfamilien, die noch keine abgeschlossene Berufausbildung beziehungsweise noch keinen Studienabschluß „in der Tasche" haben, sind spezifische Fördermaßnahmen auf Bundesebene durchaus konzipiert. Die von der Bundesregierung herausgegebenen „Richtlinien für die Vergabe von Zuwendungen (Beihilfen) zur gesellschaftlichen, das heißt zur sprachlichen, beruflichen und damit in Verbindung stehenden sozialen Eingliederung junger Aussiedlerinnen und Aussiedler sowie junger ausländischer Flüchtlinge" fordern

26 In ebd., S. 8 findet sich der kurze Hinweis auf ein diesbezügliches Konzept. Dem Autor wurde in Gesprächen mit der Geschäftsführerin der Jüdischen Gemeinde des Landes Brandenburg, Irina Knochenhauer, und dem Mitarbeiter der Jüdischen Gemeinde, Wladimir Emdin, die Vorbereitung eines solchen Konzeptes bestätigt.

entsprechende Bildungseinrichtungen und -programme. Hier sind auch spezifische Zugangsregelungen für den Besuch von berufsbildenden Einrichtungen, Fachhochschulen und Hochschulen festgehalten. So werden beispielsweise durch die Otto-Benecke-Stiftung in Wahrnahme von Aufgaben nach den oben genannten Richtlinien und unter Nutzung von finanziellen Mitteln des damit verbundenen Garantie-Fonds Sonderlehrgänge für den Erwerb der allgemeinen Hochschulreife oder der Fachhochschulreife, die ja in Deutschland die Voraussetzung für den Besuch entsprechender Bildungseinrichtungen darstellen, angeboten, die auch von studierwilligen jüdischen Flüchtlingen genutzt werden können.[27] Allerdings bereitet es im Land Brandenburg große Schwierigkeiten, für die Umsetzung der Garantie-Fond-Angebote einen Träger zu finden. Für den Fall, daß ein jüdischer Flüchtling ein in der ehemaligen Sowjetunion bereits begonnenes Studium in Brandenburg fortsetzen will, muß zudem eine Einzelfallprüfung „auf der Grundlage von Empfehlungen der Zentralstelle für ausländisches Bildungswesen bei der Kultusministerkonferenz“[28] vorgenommen werden. Letztendlich wird damit auch an jüdischen Flüchtlingen das Exempel der Minderbewertung nichtdeutscher – und vor allem osteuropäischer – Hochschulzugangsberechtigungen statuiert, dem die ostdeutschen Jugendlichen im Zuge der deutsch-deutschen Vereinigung vermutlich nur aus Gründen der politischen Nicht-Opportunität entgangen sind.

Noch problematischer stellt sich nach Darstellung der Jüdischen Gemeinde des Landes Brandenburg die Situation bei der Anerkennung der mitgebrachten Berufsabschlüsse dar. Hier häuft sich allem Anschein nach ein erhebliches Konfliktpotential, das allerdings auch in den anderen Bundesländern anzutreffen ist. Auf einen Vorstoß der Brandenburgischen Landesregierung, diesem rechtlichen Schwebezustand mit einer eigenen Initiative zu begegnen, wurde bisher vergeblich gewartet.

27 Vgl. Antwort der Landesregierung auf die Kleine Anfrage Nr. 1529, S. 7.
28 Vgl. ebd., S. 8.

Bildungspolitische Projekte zur Schaffung eines integrationsfreundlicheren Klimas

Bildungspolitische Maßnahmen, die auf Integration im Sinne kommunikativer und sozialer Interaktion hinauslaufen, sind – wie mehrfach erwähnt – natürlich auch an die Adresse der einheimischen Bevölkerung gerichtet. Gerade in den ostdeutschen Ländern scheint es dringlicher denn je, mit entsprechenden Informations- und Bildungskampagnen zur Schaffung eines integrationsfördernden, den jüdischen Flüchtlingen gegenüber aufgeschlossenen öffentlichen Klimas beizutragen. Brandenburg hat dafür bisher kein zusammenhängendes Gesamtkonzept entwikkelt, fördert allerdings interessante Einzelinitiativen.

Hier sind insbesondere die Angebote der „Regionalen Arbeitsstellen für Ausländerfragen" (künftig RAA genannt) zu nennen. In Anknüpfung an das Informationspapier „Jiddische Sprache und Kultur" des Sekretariats der Ständigen Konferenz der Kultusminister der Länder der Bundesrepublik Deutschland vom 22. Februar 1995 sind durch verschiedene Außenstellen der RAA Projekte aufgebaut worden, die breite Bevölkerungskreise, insbesondere aber Jugendliche, mit jüdischer Geschichte und jüdischen Lebenswelten bekanntmachen sollten und konnten. Hierfür wurden in Brandenburg sowohl künstlerische Programme – wie beispielsweise in Zusammenarbeit mit der Potsdamer Musikgruppe „manifest", die über ein reichhaltiges Repertoire vorgetragener und interpretierter jiddischer Musik verfügt – erstellt als auch biographische Ausstellungen gestaltet, darunter zu Lebenswegen ehemaliger jüdischer Bürger aus Strausberg und Rathenow. Gesprächsforen mit Zeitzeugen – etwa mit einem der wenigen Überlebenden des Vernichtungslagers Auschwitz und Mitglied des damaligen Häftlingsorchesters, Jaques Stroumsa, – hatten ebenfalls ihren festen Platz in diesem konzeptionellen Rahmen. Die erwähnten Projekte wurden durch das Land Brandenburg und die mitbeteiligten Kommunen engagiert unterstützt. Allerdings konnte mit den Programmen nicht jede Stadt und Gemeinde, für die man es sich gewünscht hätte, erreicht werden.

Erwähnenswert sind darüber hinaus die Angebote des Medienpädagogischen Zentrums des Landes Brandenburg und des Moses Mendelssohn Zentrums an der Universität Potsdam, die vielfältige Informationen zu jüdischer Geschichte und Kultur innerhalb und außerhalb der Region zur Verfügung stellen. Für das Bildungsfernsehen des Ostdeutschen Rundfunkes Brandenburg (ORB) haben beide Einrichtungen verschiedene Filmbeiträge sowie audio--visuelle Informations- und Unterrichtsmittel konzipiert, erarbeitet und produziert. Inwieweit solche Projekte eine aufgeklärtere und tolerantere Haltung von Schülerinnen und Schülern gegenüber jüdischen Flüchtlingen bewirken konnten, ist allerdings schwer feststellbar und unterlag noch keiner Untersuchung.

Im Rahmen des Unterrichts der weiterführenden allgemeinbildenden Schulen in Brandenburg ist die Beschäftigung mit vergangenem und gegenwärtigem Judentum in den Rahmenplänen der Fächer Geschichte, Politische Bildung und Lebensgestaltung-Ethik-Religionskunde (LER) verankert. Als exemplarisches Beispiel für eine kreative Nutzung der diesbezüglichen Möglichkeiten soll auf ein Modellprojekt zu jüdischer Geschichte und jüdischem Leben an der Voltaire-Gesamtschule Potsdam hingewiesen werden, das über mehrere Jahrgangsstufen angelegt war. Die Voltaire-Gesamtschule bemühte sich nachhaltig um eine öffentliche Präsentation der Ergebnisse ihres Projektes und fand dabei in begrenztem Maße auch Unterstützung durch die bildungspolitisch Verantwortlichen. Eine wissenschaftlich begleitete Evaluation des Projektes steht allerdings noch aus. Leider sind die Ergebnisse der bisherigen Arbeit so nur sehr eingeschränkt durch andere interessierte Schulen nachnutzbar.

Im Bereich der Erwachsenenbildung in Brandenburg fallen die Informations- und Bildungsangebote zu jüdischen Themen und zu Integrationsfragen bedeutend spärlicher aus. Nach Auffassung der Landesregierung ist es vorrangig Aufgabe der Landkreise und kreisfreien Städte, ihre Einwohner über Besonderheiten ausländischer Mitbürger zu informieren beziehungsweise „das aufnehmende Wohnumfeld auf seine neuen Mitbewohnerinnen und Mitbewohner vorzubereiten.“[29] Diesem Anspruch sind sie aller-

29 Vgl. ebd., S. 4.

dings kaum gewachsen, weil dafür im Regelfall weder finanzielle noch personelle Ressourcen zur Verfügung stehen. Entsprechende Fortbildungs- und Weiterqualifizierungsangebote existieren auch für das kommunale Fachpersonal nur in geringem Umfang oder werden wenig wahrgenommen. Erst im Zusammenhang mit den Ereignissen um die Gemeinde Gollwitz wurde durch das dafür zuständige Brandenburgische Landesministerium für Arbeit, Gesundheit, Soziales und Frauen eine eintägige Informationsveranstaltung für die mit der Aufnahme und der Integration jüdischer Zuwanderer befaßten Mitarbeiter durchgeführt.[30] Eine aus Landesmitteln geförderte mobile Migrations- und Heimberatungsstelle bemüht sich darüber hinaus, unter anderem mit der Durchführung regionaler Informationsveranstaltungen Unkenntnis und Vorurteile in Verwaltung und Bevölkerung weiter abzubauen.

Zusammenfassung

Die Rahmenbedingungen zur Integration jüdischer Flüchtlinge im Land Brandenburg sind – insbesondere unter Berücksichtigung der Bildungspolitik – einerseits so einzuschätzen, daß innerhalb der traditionellen sozio-ökonomischen Dimension der Ausländer- und Integrationspolitik die Aufgaben mehr oder weniger erfolgreich gelöst werden. Es gibt auf diesem Gebiet eine Reihe von Projekten und Maßnahmen, die sogar zu diesbezüglichen deutschlandweiten Innovationen führen könnten. Bei spezifischen Herausforderungen wie der integrationsoptimalen Unterbringung der Flüchtlinge, der Organisierung und Verbesserung der Sprachförderung und der gleitenden Übernahme der jüdischen Immigranten in höhere Ausbildungsstätten und Berufsbereiche werden allerdings auch Unbeweglichkeiten, Fehlentscheidungen und teilweise Überforderungen sichtbar.

Die Regelungen und Initiativen, die von der Bundesebene zur Integration jüdischer Flüchtlinge beigesteuert werden, tragen demgegenüber einen teilweise noch ambivalenteren Charakter und machen auch die Unterschiede in der migrationspolitischen

30 Vgl. ebd., S. 4f.

„Philosophie“ zwischen den Bundesverantwortlichen und der Mehrzahl der Verantwortlichen im Land Brandenburg deutlich. Wenn Vertreter der Brandenburgischen Landesregierung davon sprechen, daß jüdische Zuwanderer in Brandenburg willkommen seien, dann kann man ihnen das bei aller geäußerten Kritik eher abnehmen als zuständigen Politikern in Bonn und Berlin, die gerade mit ihren folgenreichen Entscheidungen zur Einschränkung des Asylrechts und der Minderung der allgemeinen Integrationsausgaben im öffentlichen Diskurs die falschen Signale gesetzt haben.

Woran es im Bereich der Integration jüdischer Flüchtlinge auch in Brandenburg nach wie vor deutlich mangelt, ist die Ausgestaltung der partizipativen und kommunikativen Dimension des Eingliederungsprozesses. Gerade vor dem Hintergrund der Ereignisse um die Gemeinde Gollwitz und von fremdenfeindlichen Übergriffen an vielen Plätzen im Land sind gewaltige gesamtgesellschaftliche Anstrengungen nötig, um einen Paradigmenwechsel zu bewerkstelligen, der von Migrationsforschern wie Christine Wischer oder Susanne Spülbeck als Integration im Sinne von Interaktion postuliert wird. Im gleichen Zusammenhang ist auch Axel Schulte zuzustimmen, der im Rahmen eines Symposiums zum Anti-Rassismus-Tag der Vereinten Nationen am 21. März 1997 dafür plädierte, daß eine neue Eingliederungspolitik „eingebettet werden [müsse – H.P.] in eine Sozialintegrationspolitik, die allgemein darauf gerichtet ist, Lebensrisiken zu vermindern und Lebensperspektiven zu verbessern, soziale Ungleichheiten abzubauen sowie Demokratisierungsprozesse zu initiieren und Partizipationsmöglichkeiten zu erweitern.“[31]

Dies würde bedeuten, daß Fragen verbesserter Bildung – auch für die einheimische Bevölkerung –, gerechterer Lastenverteilung, innovativerer Projektfinanzierung und -gestaltung wie auch der generellen Förderung von Minderheiten und benachteiligten Gruppen grundlegend neu zu durchdenken sind.

31 Vgl. Axel Schulte, Redebeitrag. In: Gleichbehandlung statt Diskriminierung. Protokolle. 21. März 1997, Anti-Rassismus-Tag der Vereinten Nationen, Symposium in Eberswalde, hg. v. der Brandenburgische Landeszentrale für politische Bildung, Potsdam 1997, S. 28f.

Antwort der Brandenburgischen Landesregierung auf die Kleine Anfrage des Landtagsabgeordneten Harald Petzold (PDS) zu „Maßnahmen zur Integration jüdischer Flüchtlinge im Land Brandenburg" vom 5. Januar 1998[32]

Wortlaut der Kleinen Anfrage:

1. *Nach welchen Gesichtspunkten steuert die Landesregierung die Verteilung jüdischer Flüchtlinge auf die Landkreise und kreisfreien Städte, und wie werden die aufnehmenden Kommunen in diesen Steuerungsprozeß einbezogen?*

2. *Wie erfolgt die Unterbringung jüdischer Flüchtlinge unmittelbar nach ihrer Ankunft in Brandenburg? Welche Maßnahmen der Landesregierung sichern, daß jüdische Flüchtlinge schnellstmöglich eigenen Wohnraum erhalten können? In welchem Umfang werden die aufnehmenden Kommunen in ihren Bemühungen, jüdischen Flüchtlingen schnellstmöglich Wohnraum anbieten zu können, durch die Landesregierung unterstützt?*

3. *Welche Maßnahmen werden von der Landesregierung unternommen, um das aufnehmende Umfeld auf seine neuen MitbewohnerInnen vorzubereiten? Welche Maßnahmen werden darüber hinaus von der Landesregierung unternommen, um die BürgerInnen und Institutionen des Landes mit Geschichte, Kultur und Lebensweisen jüdischer MitbürgerInnen bekanntzumachen? Wie schätzt die Landesregierung die Wirksamkeit dieser Maßnahmen ein, wenn – wie in Gollwitz geschehen – trotzdem durch Teile der brandenburgischen Bevölkerung jüdische Flüchtlinge pauschal und ungeprüft mit einer Zunahme von Kriminalität in Verbindung gebracht werden?*

4. *Welche Initiativen unternimmt die Landesregierung, damit jüdische Flüchtlinge den deutschstämmigen SpätaussiedlerInnen gegenüber rechtlich gleichgestellt werden (zum Beispiel in der*

32 Brandenburgischer Landtag, Drucksache 2/4900.

Frage der beruflichen Eingliederungshilfen nach dem Arbeitsförderungsgesetz)?

5. *In welchem Umfang sind den Kommunen durch die Aufnahme jüdischer Flüchtlinge Kosten entstanden, und in welchem Umfang hat sich das Land an diesen Kosten beteiligt?*

6. *Wieviele Betreuungskräfte sind im Zusammenhang mit der Integration jüdischer Flüchtlinge bei welchen Trägern beschäftigt? In welchem Umfang tragen dabei die Kommunen die Kosten für die Betreuungskräfte? In welchem Umfang beteiligt sich das Land an diesen Personalkosten?*

7. *Wieviele jüdische Flüchtlinge im erwerbsfähigen Alter haben seit ihrer Ankunft in Brandenburg eine Arbeit aufnehmen können? In wievielen Fällen konnten sie dabei ihre ursprünglichen Qualifikationen nutzen bzw. in ihren gelernten Berufsbildern tätig werden? Welche Möglichkeiten bestehen für die übrigen?*

8. *Welche Maßnahmen sind von der Landesregierung unternommen worden, um den Gewinn [...], den das Land Brandenburg und die Bundesrepublik in den jüdischen Flüchtlingen sehen, in die Gesellschaft wirken lassen zu können?*

Antwort der Ministerin für Arbeit, Soziales, Gesundheit und Frauen auf die Kleine Anfrage:

Zu Frage 1:

Die Verteilung jüdischer Zuwanderer auf die Landkreise und kreisfreien Städte erfolgt auf der Grundlage des § 3 des Landesaufnahmegesetzes in Verbindung mit der Verordnung über die landesinterne Verteilung von Spätaussiedlern und ausländischen Flüchtlingen vom 1. Januar 1997. Nach § 1 der Verteilungsverordnung haben die Landkreise und kreisfreien Städte Spätaussiedler und jüdische Zuwanderer nach dem dort festgesetzten Verteilerschlüssel aufzunehmen und vorläufig unterzubringen.

Zuständig für die Durchführung des Aufnahme- und Verteilungsverfahrens ist seit Inkrafttreten des Landesaufnahmegesetzes das Landesamt für Soziales und Versorgung. Seit Mitte 1997 erfolgt dort auch die Erstaufnahme jüdischer Zuwanderer gemeinsam mit den Spätaussiedlern in der Landesaufnahmeeinrichtung in Peitz. Im Rahmen des dort durchgeführten Verteilverfahrens werden die für die Aufnahme zuständigen Ämter der Landkreise und kreisfreien Städte rechtzeitig vor der Zuweisung über die jeweils aufzunehmenden Personen informiert. Diese entscheiden in eigener Verantwortung über den konkreten Zuweisungsort zur vorläufigen Unterbringung und teilen diesen dem Landesamt nach Maßgabe freier Plätze in Übergangswohnheimen oder -wohnungen unter Vereinbarung eines konkreten Aufnahmetermins mit. Das für die Aufnahme und Verteilung zuständige Dezernat 62 des Landesamtes für Soziales und Versorgung übernimmt auch die Organisation und die Kosten der Reise von Peitz zu dem jeweils zugewiesenen Wohnort.

Im übrigen werden jüdische Zuwanderer im Einvernehmen mit den Kommunen und aufgrund einer entsprechenden grundsätzlichen Absprache mit der jüdischen Gemeinde vorrangig in die Landeshauptstadt Potsdam und die übrigen kreisfreien Städte verteilt.

Zu Frage 2:

Jüdische Zuwanderer werden unmittelbar nach ihrer Ankunft in Peitz in der dortigen Aufnahmeeinrichtung untergebracht, bevor sie nach einer ausführlichen Anhörung, in der Wünsche und Interessen erfragt werden, verteilt werden.

Um jüdischen Zuwanderern und Spätaussiedlern schnellstmöglich zu eigenem Wohnraum zu verhelfen, enthält das Landesaufnahmegesetz einen finanziellen Anreiz für die Kommunen, der darauf abzielt, daß die Heimunterbringung spätestens nach sechs Monaten endet. Nach § 6 Abs. 1 werden nämlich Unterbringungskosten nach Ablauf eines halben Jahres nur noch erstattet, wenn jüdische Zuwanderer und Spätaussiedler in Wohnungen untergebracht sind. Darüber hinaus sieht § 6 Abs. 3 des Landesaufnahmegesetzes die Erstattung einer Modernisierungs- und Einrichtungspauschale zur vorläufigen Unterbringung in Wohnungen (Übergangswohnungen) vor.

Zu Frage 3:

Im Rahmen ihrer gesetzlichen Aufnahmeverpflichtung für die nach dem Landesaufnahmegesetz zugewiesenen Personen ist es auch Aufgabe der Landkreise und kreisfreien Städte, das aufnehmende Wohnumfeld auf seine neuen Mitbewohnerinnen und Mitbewohner vorzubereiten. Dieses kann nur im Rahmen örtlicher Aufgabenerfüllung, nicht aber von der Landesregierung geleistet werden. Die Landesregierung betrachtet es allerdings neben anderen gesellschaftlichen Kräften und insbesondere neben der jüdischen Gemeinde auch als ihre Aufgabe, Bürgerinnen und Bürger sowie Institutionen das Landes mit Geschichte, Kultur und Lebensweise jüdischer Mitbürgerinnen und Mitbürger bekanntzumachen.

Die Landesregierung hat hierzu in der Vergangenheit bereits Veröffentlichungen und Projekte gefördert und wird dies auch in Zukunft tun. Speziell zur Vorbereitung der in den Landkreisen und kreisfreien Städte mit der Aufnahme und Integration jüdischer Zuwanderer befaßten Mitarbeiter hat das Sozialministerium bereits am 9. September 1997 zur Begleitung der seinerzeit begonnenen Verteilung über die Landeshauptstadt Potsdam und den Landkreis Barnim hinaus eine eintägige Informationsveranstaltung durchgeführt, in der auch die Jüdische Gemeinde Brandenburg und die Zentrale Wohlfahrtsstelle der Juden sehr ausführliche Informationen vermitteln konnten.

Darüber hinaus hat das Sozialministerium die Landkreise und kreisfreien Städte auf ein besonderes Angebot der von ihm geförderten mobilen Migrations- und Heimberatungsstelle zur Durchführung von regionalen Informationsveranstaltungen hingewiesen. Dieses Angebot besteht weiterhin auch für solche Kommunen, in denen noch keine entsprechenden Veranstaltungen stattgefunden haben oder weitere Gespräche und Informationen gewünscht werden. Die Landeszentrale für politische Bildung wird weiterhin Veranstaltungen zu Migrationsthemen, nunmehr auch unter besonderer Berücksichtigung der Gruppe der jüdischen Zuwanderer, durchführen.

Grundsätzlich muß auch im Hinblick auf die Vorgänge in der Gemeinde Gollwitz gesehen werden, daß es sich bei der Integration von Zuwanderern gerade in den neuen Bundesländern um einen langen Prozeß handelt, bei dem die Landesregierung – unter Berücksichtigung der spezifischen Befindlichkeit und insbesondere mangelnder Erfahrungen mit Zuwanderern bei den Bürgern im Land Brandenburg – auf eine breite Akzeptanz hinarbeitet.

Zu Frage 4:

Jüdische Zuwanderer sind den Spätaussiedlern im Bereich gesetzlicher Eingliederungsleistungen weitgehend gleichgestellt. Sie haben insbesondere ebenfalls Anspruch auf Teilnahme an einem sechsmonatigen Sprachkurs und Eingliederungshilfe nach dem AFG sowie Zugang zum deutschen Arbeitsmarkt. Ein Anspruch auf Anerkennung von Berufsabschlüssen, wie sie in § 10 BVFG für die Spätaussiedler enthalten ist, fehlt bei den jüdischen Zuwanderern, so daß Prüfungen oder Befähigungsnachweise aus den Herkunftsgebieten nur im Ermessenswege anerkannt werden können. Der Landesregierung liegen keine Erkenntnisse vor, daß die für die Anerkennung von Abschlüssen in den anerkannten Ausbildungsberufen zuständigen Behörden und Stellen (Kammern) entsprechende Verfahren bürokratisch oder erschwerend bearbeiten. Das Ministerium für Arbeit, Soziales, Gesundheit und Frauen hat der Jüdischen Gemeinde Land Brandenburg bereits mitgeteilt, daß es die Frage einer weitergehenden rechtlichen Gleichstellung jüdischer Zuwanderer mit Spätaussiedlern bei den Eingliederungsleistungen im Rahmen der hierfür zuständigen Bund-Länder-Gremien verfolgen wird.

Zu Frage 5:

Den Landkreisen und kreisfreien Städten entstehen durch die Aufnahme jüdischer Zuwanderer im wesentlichen Kosten für die vorläufige Unterbringung, soziale Betreuung und Leistungen nach dem Bundessozialhilfegesetz. Nach dem Landesaufnahmegesetz werden Unterbringungskosten für 1 Jahr als Monatspauschale in Höhe von durchschnittlich 185,40 DM pro Person erstattet. Eine gesonderte Erfassung der Unterbringungskosten für die Gruppe der jüdischen Zuwanderer erfolgt nicht, so daß hierzu keine Summen genannt werden können. Die Leistungen nach dem Bundessozialhilfegesetz werden von den Landkreisen und kreisfreien Städten als den örtlichen Trägern der Sozialhilfe im Rahmen ihrer kommunalen Selbstverwaltung erbracht. Dem Land liegen hierzu keine detaillierten statistischen Angaben vor.

Zu Frage 6:

Nach der geltenden Erstattungsverordnung vom 1. Januar 1997 werden die Kosten für die Betreuung der jüdischen Zuwanderer in Übergangswohnheimen nach einem Schlüssel 1:75 erstattet. Soweit jüdische Zuwanderer außerhalb von Übergangswohnheimen untergebracht sind, gilt der Schlüssel 1:175.

Angesichts der seit kurzem vorgenommenen Zuweisung jüdischer Zuwanderer in die übrigen Landkreise und kreisfreien Städte kann die Zahl der dort derzeit vorhandenen Stellenanteile in der für die Beantwortung der Kleinen Anfrage zur Verfügung stehenden Zeit nicht ermittelt werden. In der Landeshauptstadt Potsdam sind derzeit bei der jüdischen Gemeinde als dem Träger des Übergangswohnheimes für jüdische Zuwanderer eine Heimleiterin, ein Hausmeister und drei Sozialarbeiter beschäftigt. Die Kosten in Höhe von 315.800 DM im Jahr 1997 werden der Stadt Potsdam vom Land erstattet. Darüber hinaus fördert das Ministerium für Arbeit, Soziales, Gesundheit und Frauen 1,5 Personalstellen im Rahmen der Verbandsförderung zur Betreuung jüdischer Zuwanderer durch die Zentralwohlfahrtsstelle der Juden. Des weiteren steht ein Mitarbeiter der jüdischen Gemeinde für die soziale Betreuung der Gemeindemitglieder zur Verfügung. Hierfür erhält die Gemeinde Zuschüsse des Ministeriums für Wissenschaft, Forschung und Kultur.

Zu Frage 7:

Hierüber liegen der Landesregierung keine Angaben vor, da die Frage nach der Zugehörigkeit zu ethnischen oder religiösen Gemeinschaften bei der Arbeitsvermittlung gemäß § 20 AFG nur in begründeten Einzelfällen zulässig ist, wenn die Eigenart des Betriebes oder die Art der Beschäftigung es erfordern.

Zu Frage 8:

Die schulische Förderung von ausgesiedelten Kindern und Jugendlichen, zu dessen Personenkreis auch jüdische Zuwanderer gehören, erfolgt ab 1. August 1997 gemäß der „Verordnung über die Eingliederung von fremdsprachigen Schülerinnen und Schülern in die allgemeinbildenden und beruflichen Schulen" (Eingliederungsverordnung) vom 19. Juni 1997. Die genannte Verordnung regelt Besonderheiten der Aufnahme, der Fördermaßnahmen, der Leistungsbewertung, des Fremdsprachenunterrichtes, des muttersprachlichen Unterrichtes und des Erwerbs der Abschlüsse des genannten Personenkreises. Die besonderen Eingliederungs- und Fördermaßnahmen, wie die Bildung von Vorbereitungsgruppen, Förderkursen und die Einrichtung von Muttersprachenunterricht, sowie besondere Regelungen zum Fremdsprachenunterricht und die Möglichkeit der Teilnahme an Sprachfeststellungsprüfungen dienen dem Ziel, sich Kenntnisse in der deutschen Sprache anzueignen und zu erweitern, deutsche Schulabschlüsse und Berechtigungen zu erwerben und nach den Möglichkeiten der Schule die Kenntnisse in der Muttersprache zu erhalten und weiterzuentwickeln. Damit sind für die Zukunft wichtige Grundvoraussetzungen für das Gelingen des schulischen Eingliederungsprozesses ausgesiedelter und ausländischer Schüler und Schülerinnen geschaffen worden.

Bis zum Schuljahr 1995/96 wurden schulische Fördermaßnahmen im Sinne von integrativen Einzelfallentscheidungen praktiziert. Durchgängiges Prinzip der integrativen Beschulung war und ist aufgrund der nicht oder kaum vorhandenen Deutschkenntnisse ein auf unterschiedlichen Niveaustufen organisierter Förderunterricht. Hauptsächliches Ziel der Förderung ist das Erlernen bzw. die Verbesserung von Kenntnissen der deutschen Sprache.

Durch schrittweise integrativen Unterricht sollte unter Beachtung der Ausbildungs- und Versetzungsordnungen der einzelnen Schulformen das Erlangen der in den betreffenden Schulstufen vorgesehenen Abschlüsse sichergestellt werden. Für den erhöhten personellen Aufwand und die Durchführung des entsprechenden Förderunterrichtes wurden zusätzliche Lehrkräftestellen zur Verfügung gestellt.

Gemäß der Geschäftsordnung Schulamt vom 21. Dezember 1993, geändert durch Verwaltungsvorschriften vom 28. Juni 1995, zuletzt geändert durch die „2. Verwaltungsvorschriften zur Änderung der Geschäftsordnung Schulamt“ vom 30. Juli 1997, liegt die Anerkennung von bereits erworbenen Schul- und Berufsabschlüssen im Aufgabenbereich der Rechtsstellen, die sich in den entsprechenden staatlichen Schulämtern für die Städte Frankfurt (Oder), Cottbus und den Landkreis Oberhavel befinden.

Die Anerkennung von bereits erworbenen pädagogischen Studienabschlüssen nimmt das Landesprüfungsamt für die 1. und 2. Staatsprüfung vor.

Gemäß den „Richtlinien für die Vergabe von Zuwendungen (Beihilfen) zur gesellschaftlichen, d.h. zur sprachlichen, schulischen, beruflichen und damit in Verbindung stehenden sozialen Eingliederung junger Aussiedlerinnen und Aussiedler sowie junger ausländischer Flüchtlinge“ werden im Rahmen des Garantie-Fonds zum Zwecke der gesellschaftlichen, sprachlichen, schulischen und beruflichen sozialen Eingliederung des genannten Personenkreises bundesfinanzierte Ausbildungshilfen gewährt. Dies trifft insbesondere zu für die Teilnahme an einer Berufsausbildung, den Besuch von allgemeinbildenden Schulen, berufsbildenden Schulen und schulischen Lehrgängen, für die Teilnahme an Kursen und die Teilnahme an Kursen zum Erlernen der deutschen Sprache, die für die Aufnahme einer Ausbildung oder Berufstätigkeit notwendig und geeignet sind. Darüber hinaus bietet die Otto-Benecke-Stiftung e.V. Sonderlehrgänge für den Erwerb der allgemeinen Hochschulreife oder der Fachhochschulreife für den genannten Personenkreis an.

Im Rahmen der individuellen Förderung der muttersprachlichen Kenntnisse jüdischer Kinder und Jugendlicher ist von seiten der jüdischen Gemeinde die Erstellung einer diesbezüglichen Konzeption geplant, die dem zuständigen Fachreferat des Ministeriums für Bildung, Jugend und Sport zur Prüfung entsprechender Unterstützungsmaßnahmen vorgelegt wird.

Die Sicherstellung der betrieblichen Ausbildung ist vorrangig Aufgabe von Wirtschaft, Mittelstand und Handwerk. Ein spezielles Förderprogramm zur Schließung der Ausbildungsplatzlücke für jüdische Zuwanderer ist wegen der geringen Zahl der Betroffenen nicht erforderlich.

Wie alle Inhaber ausländischer Grade können jüdische Zuwanderer die Genehmigung zur Führung ihres akademischen Grades beim Ministerium für Wissenschaft, Forschung und Kultur beantragen. Inhaber ausländischer Grade können diese, wenn sie von einer gleichwertigen oder von einer entsprechenden Stelle verliehen sind, nach Zustimmung des Ministers für Wissenschaft, Forschung und Kultur in der Regel in der verliehenen Originalform mit Herkunftszusatz führen. Mit der Genehmigung zur Führung des akademischen Grades bleibt die berufsrechtliche Anerkennung, die in der Zuständigkeit des jeweiligen Fachressorts liegt, unberührt.

Die Anerkennung von an ausländischen Hochschulen nachgewiesenen Studienzeiten, Studien- und Prüfungsleistungen zum Zwecke des Weiterstudiums erfolgt auf der Grundlage bestehender Abkommen mit osteuropäischen Staaten bzw. im Ergebnis von Einzelfallprüfungen auf der Grundlage von Empfehlungen der Zentralstelle für ausländisches Bildungswesen bei der Kultusministerkonferenz.

Zu Frage 9:

Mit den bei der Beantwortung der oben genannten Fragen dargestellten Maßnahmen hat die Landesregierung einen Rahmen geschaffen, der eine sozialverträgliche Aufnahme und Eingliederung jüdischer Zuwanderer ermöglichen kann. Der vorgesehene Abschluß eines Staatsvertrages zwischen der Jüdischen Gemeinde und dem Land Brandenburg wird zu einer besseren rechtlichen und politischen Absicherung jüdischen Lebens beitragen. Am 7. November 1997 sind die Vertragsverhandlungen zwischen der Landesregierung und dem Vorstand der Gemeinde offiziell aufgenommen worden. Damit kann sich auch im Land Brandenburg jüdisches Leben wieder entwickeln und die damit verbundene gesellschaftliche und kulturelle Bereicherung sichtbar werden.

Sabine Gruber

Osteuropäische Ingenieure und Naturwissenschaftler im Spannungsfeld beruflicher Integration. Eine vergleichende Analyse des Hochschuldidaktischen Zentrums Dortmund

Auf dem deutschen Arbeitsmarkt der 90er Jahre haben zuwandernde (Spät-)Aussiedler und jüdische Kontingentflüchtlinge aus den Nachfolgestaaten der Sowjetunion gravierende Schwierigkeiten, eine Beschäftigung adäquat zu ihrer beruflichen Qualifikation zu finden. Migrationsforscher und Soziologen haben damit begonnen, sich diesem Problemkomplex zuzuwenden, ohne schon klare Trends und Alternativen bestimmt zu haben. Hinzu kommt, daß es bei der Beschäftigungssituation der genannten Immigrantengruppen teilweise auch regionale Unterschiede gibt. Für den Raum Dortmund und Umgebung liegt nun eine erste Studie vor, die vom Hochschuldidaktischen Zentrum der Universität Dortmund (HDZ) erarbeitet worden ist.

Ausgangspunkt der Untersuchung war die hohe Beschäftigungslosigkeit unter polnischen, russischen und anderen osteuropäischen Akademikergruppen, bei denen sowohl in den wissenschaftlich-technisch orientierten Berufen – wie zum Beispiel Ingenieuren – als auch im naturwissenschaftlichen Sektor ein hoher Qualifikationsstand wie auch respektable praktische Erfahrungen vermutet werden können. Diesen Widerspruch aufgreifend, erhob das Hochschuldidaktische Zentrum der Uni Dortmund in einem Forschungsprojekt mit dem Titel „Naturwissenschaften im Ost-West-Vergleich. Qualifikationen von Aussiedlern und Kontingentflüchtlingen" ein Ausbildungsprofil dieser Berufsgruppen (Ingenieure und Naturwissenschaftler) hauptsächlich unter GUS- und in begrenztem Maße auch unter polnischen Zuwanderern, um damit potentiellen Arbeitgebern zusätzliche Informationen und Entscheidungshilfen zur Verfügung zu stellen. Kenntnisse, Erfahrungen und Kompetenzen der osteuropäischen Immigranten, die hierzulande wenig verbreitet sind, sollten dabei ebenso herausgestellt werden wie Bereiche, in denen für sie ein akuter Bedarf an Weiterqualifizierung vorliegt, um sich auf dem weitgehend „gesättigten" Arbeitsmarkt der Bundesrepublik überhaupt eine Chance ausrechnen zu können. Grundlage für den Qualifikationsvergleich mit der Bundesrepublik war umfangreiches Studienmaterial aus naturwissenschaftlichen und technischen Studiengängen (Pläne, Programme und Mindestanforderungen) aus der Russischen Föderation und aus Polen. Zweites Standbein der im März 1999 abgeschlossenen Studie waren leitfadengestützte qualitative Interviews mit 30 Ingenieuren und Naturwissenschaftlern, die sich im Raum Dortmund und Umgebung niedergelassen hatten. Die Interviewer befragten ihre Gesprächspartner nicht nur nach deren früherer Ausbildung, Spezialisierung und Berufspraxis, sondern auch zu deren Integrationsverläufen – soweit sie sich auf Beruf und Sprache beziehen. Über beide Herangehensweisen wurden konkrete Aufschlüsse darüber erhofft, inwieweit durch Qualifizierungsmaßnahmen und Weiterbildung, aber auch effektivere fachliche und soziokulturelle Eingliederungsmaßnahmen und -möglichkeiten die berufliche Situation verbessert werden könnte. So spielt beispielsweise bei der Suche nach Arbeit, bei Vorstellungsgesprächen und auch am Arbeitsplatz selbst die Überwindung von Sprachbarrieren eine wichtige Rolle. In den Interviews kamen oft genug auch die Probleme der russischen Zuwanderer zum Ausdruck, die sich für sie aus der Diskrepanz zwischen den an das Leben in neuer Umgebung gerichteten Erwartungen und Hoffnungen auf der einen Seite und den kaum vorhandenen Perspektiven für eine berufliche Zukunft in der Bundesrepublik auf der anderen Seite ergeben. *Alle* Immigranten aus dem ehemaligen Ostblock haben sich unabhängig vom Geschlecht ihr Leben lang zu wesentlichen Teilen über die berufliche Erwerbstätigkeit, die hier untersuchten Personen im besonderen über ihre wissenschaftliche Arbeit definiert. Neben dem materiellen Auskommen macht sich für sie die soziale Anerkennung und auch das eigene Selbstwertgefühl in überdurchschnittlicher Weise an diesem Lebensbereich fest.

Umso deprimierender muß die schlechte Beschäftigungslage auf die hiesigen Befindlichkeiten der Befragten wirken. Es stellte sich heraus, daß von den 30 interviewten Personen lediglich drei schon einmal in ihrem erlernten Beruf in Deutschland gearbeitet haben, also über adäquate Berufserfahrung in den für sie neuen Verhältnissen verfügen. Zwei dieser Stellen waren allerdings zeitlich begrenzt: Im ersten Fall wurde die Firma geschlossen, im zweiten Fall arbeitete ein Ingenieur fünf Monate ohne Bezahlung, ohne daß im Anschluß eine Stelle für ihn zur Verfügung stand. Lediglich ein Gesprächspartner befand sich zum Interview-Zeitpunkt in einem – allerdings befristeten – Arbeitsverhältnis. Ein Wissenschaftler trat nicht als Arbeitsuchender auf, weil er ein Doktorandenstipendium erhielt. Fünf befragte Personen haben an berufsfremden bzw. niedriger qualifizierten Arbeitsplätzen in der Bundesrepublik gearbeitet, eine arbeitet noch an einer solchen. 22 von 30 befragten Personen haben also noch keine Arbeitsstelle in Deutschland kennengelernt, abgesehen vielleicht von der Teilnahme an Praktika, die im Rahmen von Umschulungen absolviert wurden.

Schwieriger Zugang zum deutschen Arbeitsmarkt

Die befragte Gruppe aus Dortmund bildet keinen Sonderfall, andere Städte und Bundesländer sind mit einer ähnlichen Problemlage konfrontiert. Wie aus einer Statistik der Bundesanstalt für Arbeit vom Februar 1998 hervorgeht, standen Ende Dezember 1997 im Bundesgebiet West 59.207 arbeitslosen Ingenieuren, Chemikern, Physikern und Mathematikern lediglich 6.512 offene Stellen gegenüber. Im Bundesgebiet Ost stellte sich die Situation noch schwieriger dar: zum gleichen Zeitpunkt kamen auf 43.685 arbeitslose Ingenieure, Chemiker, Physiker und Mathematiker 1.749 offene Stellen.

Betrachtet man den Arbeitsmarkt für Ingenieure und seine Entwicklung aufgeschlüsselt nach Fachrichtungen, so hat sich zwar in den letzten zwei Jahren die Lage für Elektro- und Wirtschaftsingenieure im Unterschied zur Situation der Bauingenieure leicht verbessert, die Zahlen sprechen allerdings eine deutliche Sprache über die weiterhin schwierige Situation. Während

59.000 Ingenieure insgesamt arbeitslos gemeldet waren, lagen nur 4.900 Stellenangebote vor. Lediglich „der Bedarf an Ingenieuren mit Elektronik- bzw. Informatikkennntnissen nahm erheblich zu" –, während „in fast gleichem Maße die Nachfrage nach Ingenieuren für die Produktion und Fertigung zurück[ging]".[1] Zudem spielten Kenntnisse und Zusatzqualifikationen in den Bereichen Marketing, Vertrieb und Kundendienst eine immer wichtiger werdende Rolle in fast allen Ingenieurberufen.

Das allgemeine Profil der aus den GUS-Staaten und Polen zugewanderten Ingenieure und Naturwissenschaftler erweist sich vor diesem Hintergrund – oberflächlich gesehen – als ausgesprochen inkompatibel. Viele von ihnen bringen gerade in den noch eher gefragten Bereichen die geringsten Vorerfahrungen, Kenntnisse und Spezialisierungen mit. Die zuwandernden Ingenieure haben sich oft auf Gebieten spezialisiert, die in der Bundesrepublik entweder kaum gefragt oder hoffnungslos überlaufen sind. Eine Kurzerhebung unter Lehrgangsteilnehmern aus der ehemaligen Sowjetunion und aus Polen, die sich 1997 in Umschulungen und Qualifizierungsmaßnahmen für Hochschul- und Fachhochschulabsolventen in Dortmund bzw. in Nordrhein-Westfalen befanden, zeigte, daß eine wesentlich größere Gruppe aus den weniger gesuchten Bauingenieurberufen als aus den anderen „Sparten" kam. 75 Teilnehmer hatten früher als Ingenieure im Baubereich gearbeitet, 38 Teilnehmer als Maschinenbauingenieure oder im Flugzeugbau, neun als Bergbauingenieure und 38 in den Bereichen Wärme, Gas, Rundfunk oder als Elektrotechnikingenieure. Informatiker bzw. Ingenieure mit Marketingerfahrungen waren dagegen deutlich unterrepräsentiert.

Noch problematischer stellt sich die Lage der eingewanderten Ingenieure dar, wenn die Anforderungen der Arbeitgeber im Detail betrachtet werden. Eine Chance auf Anstellung hat fast immer nur derjenige, der jünger als 40 Jahre, besser männlich als weiblich, berufserfahren und zugleich fachlich hervorragend qualifiziert ist. Bei den interviewten Personen war der überwiegende Teil 40 Jahre und älter, Frauen stellten die Hälfte. Diese Zuwanderer haben demzufolge trotz langer Berufserfahrung und

1 Amtliche Nachrichten der Bundesanstalt für Arbeit, 1998, S. 1084.

teilweise sehr guter Qualifikation kaum noch eine Chance, einen Arbeitsplatz in ihrem Beruf zu finden. Viele Immigranten versuchen, durch Umschulungen und Qualifizierungsmaßnahmen doch noch einen Einstieg ins Berufsleben in der Bundesrepublik zu finden.

Doch über die genannten Anforderungen hinaus fordern viele Betriebe noch Zusatzqualifikationen, insbesondere im Fremdsprachenbereich. Die Bewerber sollen auf jeden Fall Englisch und möglichst noch eine weitere Sprache – wie zum Beispiel Französisch oder Spanisch – beherrschen. Zudem erwarten die Arbeitgeber einen versierten Umgang mit der Datenverarbeitung auf dem jeweils neuesten Stand.

Ähnlich problematisch wie für die Ingenieure sieht es auf dem deutschen Arbeitsmarkt auch für die Naturwissenschaftler aus: Bei 680 offenen Stellen in diesem Bereich gab es im Herbst 1996 22.100 Arbeitsuchende. Unter diesen befanden sich 8.333 Frauen. Allein unter den 75 russischen und polnischen Teilnehmern der oben genannten Kurzbefragung in Dortmunder Qualifizierungsmaßnahmen und Umschulungen befanden sich 38 Naturwissenschaftler. Als erschwerender Faktor kommt für diese Berufsgruppen hinzu, daß sich ihre Möglichkeiten, eine Beschäftigung zu finden, weitgehend auf die Forschung beschränken. Zudem waren „die Stellenangebote aus der Industrie [...] mit sehr hohen Anforderungen an die Bewerber verbunden. Exzellente Fachkenntnisse, überdurchschnittliche Studienergebnisse, ein junges Lebensalter und praktische Berufserfahrung" gehörten „auf jeden Fall zum Anforderungsprofil".[2] Angesichts dieser ausgesprochen schwierigen Situation sind die osteuropäischen Naturwissenschaftler und Ingenieure gezwungen, eigene Defizite genauso deutlich zu erkennen wie Stärken und praktische Erfahrungen aus dem Herkunftsland darzustellen, die ihrerseits besondere Vorteile für den jeweiligen Bereich in Deutschland darstellen könnten. Bei einer derartigen Analyse hielt das Hochschuldidaktische Zentrum

2 IBZ – Ihre Berufliche Zukunft. Informationen für Arbeitnehmerinnen und Arbeitnehmer in naturwissenschaftlichen Berufen ohne Lehramt, H. 26 (^{2}1997), S. 5.

einen Rückgriff auf Struktur und Umfang der Ausbildung in der früheren Sowjetunion, der GUS bzw. Polen für unabdingbar.

Die befragten jüdischen und deutschstämmigen Zuwanderer verfügten über Studienabschlüsse, die zumindest in „klassischen" Studienrichtungen wie Physik, Biologie, Geologie oder Ingenieurwesen denjenigen in Deutschland ähneln. Das Profil der Hochschulen, an denen sie erworben wurden, bestätigt dieses Bild. So haben die in der Studie befragten Naturwissenschaftler und Ingenieure ihr Studium an Universitäten, Technischen Universitäten, Instituten, in einem Fall auch an einer Akademie absolviert. Es gab bei ihnen elf (Magister-)abschlüsse in den Naturwissenschaften Mathematik, Physik, Chemie, Biologie und Geophysik. Die anderen hatten einen Abschluß als Ingenieur in den Schwerpunkten Bauwesen (4), Maschinenbau, KFZ, Schiffbau (5), Elektronik, Elektromechanik, Fernmeldewesen (4) und sonstige (6) erworben.

Rekurs: Das sowjetische/osteuropäische Hochschulwesen

Um Eigenheiten dieser Abschlüsse besser einschätzen zu können, müssen einige Spezifika der sowjetischen Hochschulausbildung berücksichtigt werden. Traditionellerweise gab es im Hochschulwesen der Sowjetunion drei Arten von Einrichtungen: Universitäten, Polytechnika und Institute. Die Unterschiede zwischen diesen Einrichtungen machten sich weniger an qualitativen Unterschieden der Ausbildung und der Anforderungen, sondern eher an der Bandbreite der Fächer fest, die an diesen Hochschulen jeweils angeboten und kombiniert wurden. Die Universitäten umfaßten ein weites Spektrum an Natur-, Gesellschafts- und Geisteswissenschaften, während die Polytechnika (die heute meist in Technische Universitäten umbenannt sind) ihren Ausbildungsschwerpunkt in naturwissenschaftlichen und technischen Fachrichtungen hatten. In beiden Typen von Hochschulen hatte neben der Lehre auch die Forschung in erheblichem Umfang ihren Platz. Für die Studenten beinhalten viele Studiengänge im Hauptstudium Forschungsarbeiten und die

Mitarbeit in einem anderen eigenständigen Institut. Die Institute waren stärker fachlich spezialisiert, in vielen Fällen auch auf spezifische Anforderungen einzelner Wirtschaftsbranchen hin ausgerichtet. Qualitative Unterschiede des Ausbildungsstandes ergaben sich also weniger aus dem Typus der Hochschule, die besucht wurde, sondern waren Ergebnis der materiellen und personellen Ausstattung der jeweiligen Einrichtung. Diese war zum einen von politischen Entscheidungen abhängig, welche Bereiche der sowjetische Staat als besonders relevant im Rahmen seiner ökonomischen und politischen Zielsetzungen erachtete. Zum andern wurden die zentralen Hochschulen in Moskau und Leningrad besonders stark gefördert, während die meisten der am südlichen und östlichen Rand des sowjetischen Staatsgebiets liegenden Ausbildungseinrichtungen deutlich weniger erhielten. Auch in den letzten Jahren ist die privilegierte Behandlung von Moskau und St. Petersburg beibehalten worden. Viele ehemalige sowjetische Hochschulen kranken daran, daß in den neuen Staaten der GUS kaum Mittel vorhanden sind, Ausbildung und Forschung analog zu westlichen Standards zu fördern oder auch nur auf dem bisherigen Stand zu erhalten. So vermeldete die „Süddeutsche Zeitung" schon am 9. Juni 1996, daß an russischen Hochschulen keine Mittel mehr für westliche Fachzeitschriften und für Arbeitsmaterialien vorhanden seien (auch nicht für Forschungsvorhaben). Das Forschungsbudget Rußlands, hieß es weiter, sei in den letzten Jahren von 2,5 auf 0,5 % zurückgegangen. Zudem sei neben dem „brain-drain", der Abwanderung der wissenschaftlichen Eliten, die Zahl der Studenten und Doktoranden vor allem in den Naturwissenschaften auf ein Drittel geschrumpft.

Vorzüge bei der naturwissenschaftlichen Grundlagenausbildung

Bei der Beurteilung der Qualität der Ausbildungsinhalte der interessierenden Studiengänge kommen verschiedene Analysen zu ähnlichen Ergebnissen. Die Befragten selbst halten ihre Ausbildung in den Grundlagen des jeweiligen Fachgebietes, sowohl was die Qualität und die Tiefe als auch was den Umfang betrifft, für gründlich, gut und umfassend. Ihre mathematischen, physikalischen und sonstigen naturwissenschaftlichen Kenntnisse bezeichnen sie als sehr qualifiziert, absolut ausreichend auch in Bezug auf die Anforderungen in jedweder Arbeitsstelle in Deutschland und in vielen Fällen besser als die entsprechenden Kenntnisse vieler Absolventen deutscher Hochschulen. Nach ihren Aussagen beherrschen sie damit das Handwerkszeug, in ihrem Beruf ohne allzu große Probleme auch andere Aufgabengebiete als ihre bisherigen zu übernehmen und sich in diese einzuarbeiten.

Vorliegende Studienpläne aus der Russischen Föderation belegen diese Einschätzung rein durch den quantitativen Umfang und die Breite, die diese Fächer vor allem in den ersten Studienjahren einnehmen. So umfaßt beispielsweise der Studiengang Maschinenbau an einer ausgewählten Hochschule der Russischen Föderation (Aerospace Academie Krasnojarsk) 26 Semesterwochenstunden (SWS) Mathematik, 19 SWS Physik und vier SWS Chemie, während er in Deutschland (RWTH Aachen und Universität Dortmund) 15 bzw. 18 SWS Mathematik, drei bzw. sechs SWS Physik und drei SWS Chemie vorsieht. Eine solch fundierte Ausbildung war nicht nur in den naturwissenschaftlichen Studiengängen verpflichtend, sondern ebenso in den ingenieurwissenschaftlichen.

Deutsche wie ausländische Akademiker und Lehrbeauftragte wissen diese solide Grundlagenausbildung zu schätzen. Allgemein bekannt ist, daß auch in den Vereinigten Staaten von Amerika sehr viele aus der Gemeinschaft Unabhängiger Staaten abgewanderte Wissenschaftler eine Stelle an einer der dortigen Hochschulen gefunden haben. Selbst die vielfach in den Medien geäußerte Sorge um die Abwanderung hochqualifizierter Atomphysiker in Drittweltstaaten und Krisengebiete weist indirekt auf deren Kapazitäten hin.

Fachspezialisten der Dortmunder Universität aus den Bereichen Physik, Informatik, Maschinenbau, Bauwesen, Chemie und Chemietechnik differenzieren in ihren Urteilen allerdings zwischen der alten Ausbildung und den neueren Entwicklungen. Sie beurteilen die bisherige Qualität der Ausbildung, was ihren theoretischen und grundlagenbildenden Charakter angeht, auf jeden Fall als gleichwertig mit den entsprechenden Studiengängen in der Bundesrepublik. Da die Zuwanderer ihr Studium fast durchweg noch vor dem politischen Umbruch 1989–1991 absolviert haben, treffen diese Einschätzungen auf sie zu. Die Dortmunder Wissenschaftler stellen aber auch fest, daß mittlerweile – vor allem in Polen – die Anforderungen in einer Weise verändert werden, die gerade die positiv gewürdigten Bestandteile stark kürzt zu Gunsten einer praxisnäheren Ausbildung. Damit gehen einzelne Fachrichtungen wie beispielsweise die Informatik zurück auf bundesdeutsches Fachhochschulniveau. Zudem führen nicht bezahlte Gehälter, die Abwanderung vieler hochqualifizierter Wissenschaftler in andere Staaten, eine zunehmend schlechter werdende Ausstattung gerade auch mit Lehrmaterial zu einer deutlich abnehmenden Qualität der Lehre.

Insgesamt aber ergab die Gegenüberstellung der Studienmaterialien aus der ehemaligen Sowjetunion, Polen und der Bundesrepublik (u.a. Aerospace Academie Krasnojarsk, Technische Universität Krakau, Technische Universität Stettin, Universität Dortmund und RWTH Aachen) unter Einbeziehung kompetenter hiesiger Fachgutachter in den jeweiligen Studienrichtungen, daß mit Bewerbern aus den osteuropäischen Herkunftsländern dem deutschen Arbeitsmarkt eine sehr qualifizierte Gruppe zur Verfügung steht, sofern man diese Auskunft auf die naturwissenschaftliche Grundlagenausbildung und die theoretischen Kenntnisse bezieht. Auch bezüglich ihrer fachlich erforderlichen Technologiekenntnisse sowie ihrer jeweiligen Spezialisierungsrichtungen bringen sie ein Ausbildungsniveau mit, das dem der deutschen Hochschulabsolventen durchaus ebenbürtig ist. Wenn sich die Zuwanderer auf Stellen für Fachhochschulabsolventen bewerben, haben sie, was diesen Anteil ihrer Ausbildung angeht, sogar eine meist bessere Qualifikation als die vergleichbare deutsche anzubieten. Einen Ausnahmefall bildet allerdings die Fachrichtung Informatik: Hier liegen bei den Zuwanderern deutlich schlechtere Voraussetzungen im Bereich neuerer Entwicklungen und Technologien sowie in der Sicherheit im Umgang mit Betriebssystemen und Rechnern vor.

Anerkennungsprobleme für Diplome

Für jüdische Kontingentflüchtlinge, die im allgemeinen einen Daueraufenthalt in der Bundesrepublik beabsichtigen, hat die Anerkennung ihrer ausländischen Hochschulabschlüsse zwecks Führung eines entsprechenden deutschen Grades natürlich hohe Bedeutung. Um aber diese Anerkennung zu erlangen, verlangt die Rechtslage eine Gleichstellung des ausländischen Abschlusses zu dem einer deutschen Hochschule. Die notwendige Beurteilung einer Gleichwertigkeit findet nach den Maßstäben statt, die für die Anerkennung privater Hochschulen in Deutschland gelten. Für (Spät-)Aussiedler sind besondere Regelungen gültig. Sie erhalten bei einer Anerkennung ihres Grades eine ergänzende Aussage über die (Gleich-)Wertigkeit ihres Studienabschlusses, bezogen auf die entsprechende deutsche Qualifikation. Der Zusatz über das Herkunftsland oder die Hochschulart entfällt. Diese Sonderbehandlung soll die Integration dieses Personenkreises in den deutschen Arbeitsmarkt erleichtern.

Bei der Frage der Einstufung sowjetischer Bildungsabschlüsse durch deutsche Behörden gehen die Einschätzungen auseinander, ob und inwieweit die Qualität der Studiengänge und Grade der sowjetischen Hochschulen dem Ausbildungsstandard deutscher Universitäten und Technischer Hochschulen entspricht. Generell sind in der Bundesrepublik Deutschland die Länder für die Anerkennung ausländischer Prüfungen, von Hochschulabschlüssen und akademischen Graden zuständig. Zwar liegen die Empfehlungen der Zentralstelle für ausländisches Bildungswesen (beim Sekretariat der Ständigen Konferenz der Kultusminister der Länder in der Bundesrepublik Deutschland) der Anerkennung durch die Länder zugrunde, trotzdem werden durch die Landesministerien unterschiedliche und unterschiedlich viele Hochschulen der ehemaligen Sowjetunion als höherwertig und damit den deutschen Universitäten gleichgestellt anerkannt.

Zudem betrachtet die Bonner Zentralstelle für ausländisches Bildungswesen wesentlich mehr Hochschulen als gleichwertig als zum Beispiel das Land Nordrhein-Westfalen. Daß in Nordrhein-Westfalen lediglich 30 von den 898 Hochschulen der Sowjetunion (Stand 1988) als hiesigen Hochschulen qualitativ adäquat anerkannt sind, scheint problematisch bis bedenklich – zumal sich diese Einstufung nicht immer auf die gleichen dreißig Einrichtungen bezieht, sondern diese vielmehr wechseln. Bei der in der Studie untersuchten Gruppe ging die Tendenz eindeutig in Richtung Herabstufung der Hochschulabschlüsse, das heißt, viele Diplome wurden den deutschen Fachhochschulabschlüssen gleichgestellt. Soweit ein Antrag auf Anerkennung der Bildungsabschlüsse durch die (Spät-)Aussiedler bzw. auf Berechtigung zur Führung des Grades oder Titels durch die jüdischen Kontingentflüchtlinge gestellt wird, wird diese zwar in den meisten Fällen gewährt. Allerdings gilt lediglich ein Drittel der Abschlüsse als tatsächlich gleichwertig zu denen, die in der hiesigen universitären Ausbildung erworben werden. Alle anderen werden – zumindest im Ingenieurwesen – auf eine Ebene mit den deutschen Fachhochschulabschlüssen gesetzt .

Ob diese Tendenz zur Herabstufung tatsächlich immer den Kenntnissen und Qualifikationsniveaus der Zuwanderer entspricht oder sie manchmal schlichtweg durch Unkenntnis der besonderen Bezeichnungen im Ausbildungswesen der Sowjetunion (Institut, Polytechnikum, Ingenieur als Bezeichnung für einen Universitätsabschluß) zustande kommt, kann an dieser Stelle nicht geklärt werden. Dennoch sollte überdacht werden, in wie vielen Fällen die oft negativ ausgehende Beurteilung der Gleichwertigkeit von Hochschulabschlüssen aus der Sowjetunion bzw. der GUS mit denen in der Bundesrepublik einem prinzipiellen Vorbehalt gegen den ehemaligen Ostblock entspringen könnte oder eine restriktive Handhabung in Anerkennungsfragen auch einfach dem Blick auf den Arbeitsmarkt geschuldet ist. Gestärkt werden solche Verdachtsmomente durch den Umstand, daß bedenkenlos hiesige aktuelle Hochschulstandards als Vergleichsmaßstab zur Beurteilung von Diplomen herangezogen werden, die vor zehn bis zwanzig Jahren erworben wurden. Da im allgemeinen keine fachlichen Prüfungen durchgeführt werden und als Grundlage für die Anerkennung und Berechtigung nur die Begutachtung der Zeugnisse und des Studienbuches dient, können die Resultate dieses „Prüfverfahrens" als keineswegs fundiert bezeichnet werden. Im allgemeinen akzeptieren die Betroffenen aber die Herabstufung ihrer Hochschulabschlüsse. Die Gründe dafür sind unterschiedlicher Natur: In vielen Fällen sind ihnen die Unterschiede zwischen den Abschlüssen im deutschen Bildungswesen unbekannt, wurden sie nicht darüber informiert und kennen sie die Konsequenzen nicht. Sofern ihnen der Unterschied doch bekannt ist, versprechen sich zahlreiche Betroffene von einem Einspruch nichts oder kennen wiederum diese Möglichkeit nicht. Nicht wenige Zuwanderer rechnen sich ohnehin nur eine Chance auf dem Arbeitsmarkt aus, wenn sie sich für niedriger qualifizierte Stellen bewerben. Dem liegt die nicht ganz unrealistische Einschätzung zugrunde, daß bei einer sowieso schon schwierigen Arbeitsmarktsituation Sprachprobleme bei (Spät-)Aussiedlern und bei Kontingentflüchtlingen sowie der Ausländerstatus der Kontingentflüchtlinge zu Minuspunkten in der Bewerbung werden. Selbst bei den (Spät-)Aussiedlern, die Deutsche im Sinne des Grundgesetzes sind, wird in manchen Fällen ihr Akzent, der auf ihre osteuropäische Herkunft hinweist, zum Anlaß genommen, sie nicht einzustellen – und zwar auch dann nicht, wenn sie die deutsche Sprache fast fehlerfrei beherrschen.

Komplexe Arbeitsfelder im Herkunftsland

Das in vielen Fällen „fortgeschrittene" Lebensalter russischer bzw. osteuropäischer Zuwanderer kommt auf dem Arbeitsmarkt ebenfalls erst einmal einem Minuspunkt gleich. Andererseits scheint von potentiellen Arbeitgebern und Unternehmen noch zu wenig erkannt, daß gerade die russischen Akademiker mit langjähriger Berufspraxis in der ehemaligen Sowjetunion neben wertvollen fachlichen Erfahrungen solche des Betriebsmanagements unter einer spezifischen gesellschaftlichen und wirtschaftspolitischen Konstellation sammeln konnten. Zehn bis zwanzig Jahre lang hatten zwei Drittel der befragten Personen in der Sowjetunion bzw. GUS gearbeitet. Die dabei erworbenen Fähigkeiten dürften in zahlreichen Fällen die jüngeren Bewerbern unterstellte höhere Dynamik und Energie kompensieren.

Die immigrierten russischen Akademiker waren hauptsächlich in großen bis sehr großen Betrieben und Kombinaten tätig gewesen, in welchen die Produktion in den sozialistischen Staaten überwiegend konzentriert war. Beschäftigungsverhältnisse in Betrieben mit hundert bis tausend Mitarbeitern gaben 18 der Befragten an, in Betrieben mit über tausend Mitarbeitern arbeiteten 19 und in Betrieben mit über 10.000 Mitarbeitern neun Personen. Vor allem die Ingenieure führten ihre Arbeit oft unter Termindruck durch, denn in den planwirtschaftlichen Systemen waren genau wie in der kapitalistischen Produktionsweise Fristen und Planvorgaben üblich. Termingerechtes Arbeiten gehört zwar zur Normalität in Beschäftigungsverhältnissen in Deutschland, so daß einschlägige Vorerfahrungen durchaus brauchbar sind. Ob aber und inwieweit zeitliche Reglementierungen (zumindest die sehr restriktiver Art) bei planenden, entwickelnden und leitenden Tätigkeiten immer zweckmäßig oder nicht eher kontraproduktiv sind, ist sicher diskussionswürdig.

Trotz der relativen Unschärfe bei der Grenzziehung zwischen Theorie und Praxis und trotz der unterschiedlichen Anteile von theoretischen, praktischen und organisatorischen Tätigkeiten lassen die Antworten der befragten Ingenieure und Naturwissenschaftler in den meisten Fällen auf eine vielseitige Arbeit in der vormaligen Heimat schließen. Das heißt, daß die Beschäftigungsverhältnisse theoretische und planende Bestandteile beinhalteten, ebenso wie auch die praktische Durchführung und die Organisation von Projekten gefragt war. Da über die Hälfte der Gruppe auch bzw. zu großen Teilen mit organisatorischen Arbeiten befaßt war, also einen Überblick über zusammenhängende Produktionsabläufe haben mußte und nicht nur als Ausführende kleinerer Projekte oder in Teilgebieten arbeitete, ist es denkbar, sie hierzulande zum Beispiel als Bauleiter einzusetzen. Immerhin 29 von 30 Befragten arbeiteten auch theoretisch. Diejenigen, die in der Forschung tätig waren, arbeiteten nur theoretisch. Auch hier mußten Problemstellungen in eigener Verantwortung bearbeitet, die Grundlagen mitbedacht und Arbeitsabläufe nicht einfach ausgeführt werden. Bei den Ingenieuren ohne Leitungsaufgaben überwogen praktische Tätigkeiten. Beruflicher Aufstieg in eine Leitungsfunktion führte zu einer Verlagerung von praktischen Aufgaben (zum Beispiel Baukonstruktion und Maschinentest) hin zu theoretischen, logistischen und kontrollierenden Aufgaben.

Zwar charakterisierten 26 Interviewpartner ihre Arbeitsverhältnisse damit, daß diese sogenannte „normale“ Ingenieurtätigkeiten (Projektierung, Entwicklung, Konstruktion, Analysen, Überprüfung, Reparatur, Fehleranalyse) beinhalteten, das heißt, daß keine besondere Funktion ausgeübt wurde. Dies widerspricht der eben genannten positiven Wertung nicht. Der Hinweis auf 28 Arbeitsstellen, in denen auch Leitung und Kontrolle zum Tätigkeitsfeld gehörten, wobei das Spektrum der besonderen Funktionen vom Meister bis zum stellvertretenden Werksleiter reichte, zeigt, daß neue Tätigkeitsfelder und Arbeitsplatzwechsel innerhalb eines Betriebes oder zu einem anderen Betrieb häufig mit einem Aufstieg in eine Führungsposition verbunden waren. Die neun russischen Forscher und Wissenschaftler arbeiteten in spezialisierten Fachgebieten. Eine Biologin beschäftigte sich seit längerem mit der Erforschung der Alzheimerkrankheit und hatte schon auf internationalen Kongressen ihre Ergebnisse vorgestellt.

Im Gespräch mit den Befragten wurde deutlich, wie einschneidend sich dann der Arbeitsalltag und -rhythmus für die Berufstätigen in Osteuropa nach 1990/1991 veränderte. Nach der Auflösung der Sowjetunion und der Abschaffung der Planwirtschaft (1990) kam es häufig zu einem Berufs- oder zumindest Arbeitsplatzwechsel, nicht selten auch zu unvorhergesehener Entlassung. In letzterem Fall wurden anschließend oft Beschäftigungen in niedrigeren Positionen oder sogar in der Produktion angenommen, um überhaupt noch ein berufliches Einkommen zu sichern. Als alternative Möglichkeit wurde häufig auch eine Anstellung in neugegründeten Privatbetrieben gesucht.

Erfahrungsreichtum bei Leitung, Planung, Teamarbeit

Mitbedingt durch die Betriebsgröße in der Sowjetunion, waren die Unternehmen fast immer in mehrere Abteilungen untergliedert, die aber eng miteinander kooperieren mußten. Angestellte in Leitungsfunktionen mußten über die Fähigkeit verfügen, die Gestaltung und Entwicklung benachbarter Bereiche ebenfalls zu überblicken, sich effektiv abzustimmen und komplex zu planen. Alle befragten Personen hatten Erfahrungen in höherqualifizierter Gruppenarbeit gesammelt. Innerhalb der für die staatssozialistische Produktionsweise typischen Kollektive wurde fast immer gleichberechtigt agiert. Nur Leitungsfunktionen waren dort nicht partnerschaftlich eingebunden. Aber auch diejenigen der Interviewpartner, die zuletzt als leitende Angestellte mehr oder weniger alleine tätig gewesen waren, hatten sich zuvor in Kollektiv- und Teamarbeit bewähren müssen. Aus den geschilderten Erfahrungen kann geschlußfolgert werden, daß aus der ehemaligen Sowjetunion kommende Ingenieure und Naturwissenschaftler kaum zu einem individualistischen Arbeitsstil tendieren und als Pluspunkt bei Bewerbungen ihren Erfahrungsreichtum bezüglich Kooperation und Gruppenarbeit anführen können. Russische und polnische Ingenieure und Naturwissenschaftler – egal, ob zuvor in der Industrie oder im Forschungsbereich tätig – bringen vergleichsweise hohe Kompetenzen mit, was Leitungs- und Planungstätigkeit wie teilweise auch Personalführung in Großbetrieben betrifft. Insofern stehen dem deutschen Arbeitsmarkt Personen zur Verfügung, die nicht nur über eine gute fachliche Ausbildung, sondern auch über Schlüsselqualifikationen für Tätigkeiten in Leitungsebenen verfügen. An dieser Stelle könnte eingewendet werden, daß die planwirtschaftliche Produktionsweise in sozialistischen Gesellschaften eine andere Qualität habe, als jene in marktwirtschaftlich organisierten besitzt. Richtig ist, daß sich beide Wirtschaftssysteme makroökonomisch zwar prinzipiell unterscheiden. Doch steht außer Frage, daß unter betriebswirtschaftlichen Gesichtspunkten auch in der Marktwirtschaft Arbeitsabläufe und betriebliche Organisation bis ins Detail geplant vonstatten gehen.

Die Interviewteilnehmer beurteilen dann auch nicht nur ihr berufliches Wissen im engeren Sinn als förderlich, sondern eben auch jene Kenntnisse im Umgang mit Angestellten, in der Personalführung, in übergreifender und flexibler Planungstätigkeit. Ein befragter Ingenieur und ehemaliger Abteilungsleiter faßte dies im Interview treffend zusammen: „Ich hatte 50 Leute unter mir, jeder ist besonders und es ist notwendig, mit allen eine gemeinsame Sprache zu finden."

Vorteil: Slawische Sprachen und interkulturelle Kompetenz

Über einen weiteren Vorteil, der Unternehmensbereiche mit osteuropäischer Perspektive tangiert, verfügen russische wie polnische Immigranten durch die Beherrschung einer oder mehrerer slawischer Sprachen. Oft sprechen sie wenigsten zwei solcher Sprachen perfekt, die sich nach der Öffnung des ehemaligen Ostblocks einem zunehmenden Interesse erfreuen – zum Beispiel Russisch und Ukrainisch, Russisch und Lettisch oder Polnisch und Russisch. Daneben verfügten die meisten der interviewten Personen zumindest über Grundkenntnisse der deutschen Sprache. Umgekehrt verfügen Deutsche nur selten über slawische Sprachkenntnisse und eine noch geringere Sprachpraxis. Forscher und Ingenieure aus der Bundesrepublik haben bisher eher Englisch, Französisch oder auch Spanisch bevorzugt. Insofern kann die Kombination von natur- oder ingenieurwissenschaftlicher Ausbildung mit osteuropäischer Sprachkompetenz für deutsche Betriebe, internationale Institutionen und Forschungseinrichtungen durchaus zum Anreiz werden, für den Bereich Ostkontakte mehr auf Migranten und Zuwanderer zurückzugreifen.

Für Unternehmen mit wirtschaftlichen Beziehungen zu Polen, zur Russischen Föderation und zu den anderen Nachfolgestaaten der Sowjetunion sind solche Personen aber auch deshalb von Vorteil, weil sie eine detaillierte Kenntnis der Mentalität, der Denkweise, der Gewohnheiten und Gepflogenheiten ihrer einstigen

Heimatregionen mitbringen. Es hinterläßt bei Geschäftskontakten einen guten Eindruck, wenn man, wie es üblich ist, ein kleines Gastgeschenk überreicht, vor dem Trinken einen Toast ausspricht und nach einem getätigten Geschäftsabschluß den üblicherweise gereichten Wodka nicht ablehnt. Auch wenn sich mittlerweile viele russische Geschäftsleute auf westliche Gepflogenheiten eingestellt haben und die Beachtung ihrer Gewohnheiten keine unbedingte Voraussetzung für ein Geschäft ist, so freuen sich russische Bürger doch über die Beachtung ihrer Kultur, über Kenntnisse ihres Landes, ihrer Geschichte und ihrer Tradition, über ein paar „mitgebrachte" russische oder polnische Sätze, und sie wissen es zu schätzen, wenn die westliche Seite nicht ausschließlich an sie heranträgt, sich an westliche Gepflogenheiten anzupassen. Zwar können manche dieser Umgangsformen auch erlernt werden, doch um die Feinheiten der Etikette und auch der Sprache zu erkennen und handzuhaben, gehört neben einem langen Auslandsaufenthalt auch das Interesse, sich in solche Besonderheiten einzufühlen und die damit verbundene Mühe auf sich zu nehmen. Die Förderung eines so herzustellenden angenehmen Gesprächsklimas ist vielleicht nicht eine conditio sine qua non, unterstützt aber höchstwahrscheinlich die Aufnahme und den erfolgreichen Verlauf von Kontakten.

Denkqualifikationen und Computertechnik

Die – an westlichen Maßstäben gemessene – mangelhafte Ausstattung vieler Ausbildungsstätten und Arbeitsplätze in der UdSSR und anderen osteuropäischen Staaten mit moderner Computertechnik führte dazu, daß dortige Fachkräfte bis vor kurzem viele Funktionen moderner Rechner selbst übernehmen mußten. Wesentliche Entwürfe, Planungen und Berechnungen waren durch Kopfarbeit, mit Zeichenstift und Rechenschieber zu erledigen, erforderten also abstraktes „Denkvermögen" und die Beherrschung sowie Anwendung beispielsweise mathematischer und physikalischer Gesetzmäßigkeiten. Aus diesem Grund kommen Wissenschaftler der Dortmunder Universität zu dem Urteil, daß die in

Rußland ausgebildeten Ingenieure und Naturwissenschaftler prinzipiell über eine ausgezeichnete „Denkqualifikation" verfügen – zum Beispiel ohne Hilfsmittel wie Computer oder auch nur Taschenrechner rechnen, entwerfen, kalkulieren zu können. Diesbezügliche Kenntnisse und Fähigkeiten würden vielen Studenten und Absolventen deutscher Hochschulen dagegen abgehen, weil sie oft nur die Anwendung von Formeln ohne die nötige theoretische Durchdringung beherrschten. Der selbstverständliche Umgang mit dem Arbeitsmittel Computer und sein allgegenwärtiges Zur-Verfügung-Stehen machen viele Arbeitsschritte überflüssig und lassen somit viele Kenntnisse als nicht notwendigen und lästigen Ballast erscheinen. Wichtiges und in vielen Situationen notwendiges Wissen kann oft nicht unterstellt werden.

Das quasi aus der Not heraus geschulte, aber auch in Schulen und Hochschulen systematisch geförderte und geforderte naturwissenschaftliche „Denkvermögen" der russischen Zuwanderer hebt allerdings nicht das grundsätzliche Manko fehlender Computerqualifikation, gemessen an dem in Deutschland üblichen Standard, auf. Ein Drittel der Interviewten besaß nach eigener Einschätzung wenige oder gar keine PC-Kenntnisse. Acht befragte Personen bezeichneten ihren Umgang mit Computern als gut, zwölf weitere sprachen von elementaren Grundkenntnissen bzw. reinem Anwenderwissen – teils an russischen, teils an westlichen Rechnern.

Da aber gerade im Bereich der Informatik die revolutionärsten Wissenschaftsfortschritte der nächsten Jahre und Jahrzehnte zu erwarten sind, liegt für die Zuwanderer im Bereich Computertechnologie und Computeranwendung ein großer Bedarf an fachlicher Weiterqualifizierung vor.

Von der Beratung zur Bewerbung

Um erfolgreich als Ingenieur oder Forscher in einem deutschen Betrieb arbeiten zu können, müssen detaillierte Kenntnisse beispielsweise über deutsches und europäisches Bau-, Energie- und Verfahrensrecht wie auch die in der Bundesrepublik geltenden

DIN-Normen vorhanden sein. Die osteuropäischen Zuwanderer sind damit in der Regel noch nicht vertraut. Allerdings gibt es deutliche Unterschiede in der Priorität derartiger Kenntnisse. Bei der Tätigkeit von Mathematikern, Physikern und vergleichbaren Gruppen von Wissenschaftlern an universitären Einrichtungen spielen sie eine geringere Rolle als beispielsweise bei der Arbeit von Bauingenieuren, Konstrukteuren oder Chemikern.

Prinzipiell besteht dringende Notwendigkeit, vor allem den russischen Ingenieuren bei der Kompensation dieser Wissenslücken behilflich zu sein und sie in die entsprechenden Gesetze und Verordnungen einzuführen. Damit werden nicht nur ihre Chancen auf dem Arbeitsmarkt verbessert, sondern auch das notwendige „Handwerkszeug" geliefert, um bei einer Anstellung tatsächlich auch fachgerechte Arbeit leisten zu können.

Individuell empfiehlt sich für die Zuwanderer der Erwerb von Kenntnissen, welche Ausbildungsgänge und welche Berufsbilder es in Deutschland überhaupt gibt, wie die jeweiligen Zugangsvoraussetzungen aussehen und mit welchem sozialen Status sie verknüpft werden. Nur so können Stellenanzeigen sinnvoll ausgewählt und beurteilt, zielgerichtete Bewerbungen oder auch gut formulierte Blindbewerbungen geschrieben werden. Und nur so ist es möglich, die hiesige Anerkennung oder Nichtanerkennung des eigenen Berufsabschlusses kompetent nachprüfen und eventuell auch anfechten zu können. Über ausreichende Informationen zur Berufsgruppenstruktur im eigenen Tätigkeitsbereich verfügte zum Interviewzeitpunkt nur ein Drittel der Befragten.[3] Diese zehn Gesprächspartner gaben an, zumindest über die Hierarchie der Berufe, das üblicherweise gezahlte Akademiker-Gehalt und die besonderen Schwierigkeiten bei der Arbeitssuche für Frauen, Mütter und Zuwanderer über 40 Jahre Bescheid zu wissen.

Eine umfangreichere und gezieltere Beratung zu Fragen der Berufsbildung, der spezifischen Berufsprofile in Deutschland und der aktuellen Anforderungen in verschiedenen Tätigkeitsfel-

3 Ingenieure stoßen indes bald schon auf die Schwierigkeit, daß die ausgeprägte Differenzierung und Spezialisierung dieses Berufsbildes in der Sowjetunion in vielen Fällen keine Entsprechung in Deutschland kennt.

dern durch die Arbeitsämter und weiterqualifizierenden Einrichtungen und Träger wäre sinnvoll und notwendig. Sie könnte dem einzelnen Zuwanderer wesentlich mehr Klarheit über vorhandene und nicht vorhandene Chancen verschaffen und den Immigranten zu einer individuell besser zugeschnittenen Arbeitssuche verhelfen. In Ergänzung dazu wäre eine kompetente Einführung der osteuropäischen Zuwanderer in ökonomische, rechtliche, betriebswirtschaftliche und steuerrechtliche Regelungen der Bundesrepublik wünschenswert.

Verbesserung der Sprachkompetenz in Englisch und Deutsch

An sowjetischen Schulen gehörte das Erlernen *einer* Fremdsprache zum Pflichtprogramm, deren Verbesserung beim anschließenden Hochschulbesuch die Norm war.

Bei den von der Dortmunder Forschungsgruppe untersuchten Zuwanderergruppen fiel auf, daß die jüdischen Kontingentflüchtlinge in der früheren Ausbildung ausschließlich Englisch als Pflichtsprache gewählt hatten, während zumindest ein Teil der (Spät-)Aussiedler seinerzeit Deutsch als zu erlernende Fremdsprache bevorzugt hatte.

Doch obwohl sich damit der Fremdsprachenunterricht zumindest für Hochabsolventen über einen langen Zeitraum erstreckt hatte, kann in vielen Fällen nicht davon ausgegangen werden, daß die russischen Akademiker westliche Sprachen wie Englisch, Deutsch oder Französisch ausreichend beherrschen. Es sind die Interviewpartner selbst, die Zweifel an der Qualität ihrer diesbezüglichen kommunikativen Fähigkeiten äußern. Mangelnde Methodik des früheren Unterrichts in der Sowjetunion wie auch die seinerzeit fehlende Sprachpraxis beispielsweise in Form von häufigem Auslandskontakt werden als wesentliche Ursachen dafür benannt. Während der mit den Zuwanderern geführten Gespräche wurde immer wieder deutlich, daß sie das Defizit an westlicher Sprachkenntnis als bedrückend empfinden und möglichst rasch beheben wollen, um beispielsweise mit aufgebessertem Englisch unkomplizierteren Zugang zur internationalen Forschungsliteratur zu gewinnen.

Es stellt sich an dieser Stelle aber auch die Frage, ob und inwieweit deutsche Ingenieure und Studenten gute oder auch nur ausreichende Englischkenntnisse besitzen, ohne überhaupt eine weitere oder mehrere Fremdsprachen in Betracht zu ziehen. Den Anforderungen, die von Arbeitgebern auf dem deutschen Arbeitsmarkt gestellt werden, ist zu entnehmen, daß die Beherrschung mindestens einer Fremdsprache über die fachliche Qualifikation hinaus als Zusatzqualifikation erwartet wird. Folglich wird dies im Falle von Englisch nicht als generell vorhandener Standard vorausgesetzt.

Der größte Teil der Zuwanderer gibt hierzulande ohnehin der Verbesserung beziehungsweise Perfektionierung der deutschen Sprachkompetenz den Vorrang, sei es als Voraussetzung für eine problemlosere soziale Integration in den Alltag in der Bundesrepublik oder für eine chancenreichere Arbeitssuche. Dennoch existieren große Schwierigkeiten beim Sprachstudium. Neueren Veröffentlichungen zufolge fehlt ausreichende deutsche Sprachkompetenz nicht nur bei den russischen Juden, sondern zunehmend auch bei den (Spät)Aussiedlern bei der Einreise – verglichen zumindest mit den ersten Jahren der Zuwanderung.[4] Auf Grund der IAB-Studie von Barbara Koller (1997)[5] zur Eingliederungssituation von Aussiedlern auf dem Arbeitsmarkt in Deutschland wissen wir, daß es keinen direkten Zusammenhang zwischen den mitgebrachten Deutschkenntnissen und der späteren Beschäftigungssituation gibt. Diese ist vielmehr davon abhängig, wie gut die deutsche Sprache nach der Einwanderung erlernt wird. Verkürzung bzw. Reduzierung von Sprachkursen wie auch lange Wartezeiten auf einen Sprachkurs „Deutsch" in-

4 In einer Erhebung des Instituts für Arbeitsmarkt- und Berufsforschung beherrschten 30 % der (Spät-)Aussiedler bei ihrer Ankunft in der Bundesrepublik kein Deutsch.

5 Vgl. Barbara Koller, Aussiedler der großen Zuwanderungswellen – was ist aus ihnen geworden? Die Eingliederungssituation von Aussiedlerinnen und Aussiedlern auf dem Arbeitsmarkt in Deutschland. In: Mitteilungen aus der Arbeitsmarkt- und Berufsforschung, Nr. 4 (1997).

folge fehlender öffentlicher Finanzmittel wirken sich sichtbar als starke Be- oder auch Verhinderung eines beruflichen Wiedereinstieges aus.

Deutsche Sprache als „Integrationsschlüssel"

Der Grad der Beherrschung der deutschen Sprache fiel bei den befragten (Spät-)Aussiedlern und jüdischen Kontingentflüchtlingen individuell sehr different aus. Sie verfügten in unterschiedlichem Ausmaß über die Fähigkeit, sich zu verständigen, verstehend zuzuhören und sich auszudrücken. Über die Hälfte der befragten Personen beherrschten die deutsche Sprache aktiv und passiv so gut bzw. sprachen so flüssig, daß die Gesprächsführung problemlos möglich war. Kommunikationsprobleme ergaben sich eher bei Fachtermini oder grammatikalischen Besonderheiten wie Satzbau[6], Deklinationsformen, Gebrauch von Artikeln und Präpositionen wie auch bei der Aussprache. Sieben Personen, die erst ein bis zwei Jahre in Deutschland lebten, hatten noch so gravierende Schwierigkeiten, daß häufiges Nachfragen, Ersatzformulierungen oder russischsprachige Hilfe nötig wurden. Die Probleme lagen hier auffällig im geringen Wortschatz und im mangelnden Vermögen, sich sinnentsprechend auszudrücken.

Insgesamt gesehen, hinterließen die Gesprächspartner aber über weite Teile der Gespräche einen sprachlich guten, fortgeschrittenen Eindruck. Das ist angesichts ihrer zumeist noch relativ kurzen Aufenthaltsdauer in der Bundesrepublik bemerkenswert. Bei den jüdischen Kontingentflüchtlingen ist diese fortgeschrittene Sprachbeherrschung besonders positiv zu bewerten, weil fast alle von ihnen vor ihrem Umzug nach Deutschland die künftige Alltagssprache auch nicht in Ansätzen

6 Die Fehlerspezifik „Satzstellung im Nebensatz" ist ein Indiz, wie gut Zuwanderern aus der ehemaligen Sowjetunion die Aneignung der fremden deutschen Sprache gelungen ist, da sich auf Grund der Satzstruktur in slawischen Sprachen diese Unsicherheit besonders hartnäckig hält – auch dann, wenn ansonsten das Deutsche schon flüssig und problemlos gebraucht wird.

kannten und in keinem einzigen Fall am Deutschunterricht in Schule und Universität teilgenommen hatten. Bei unseren Interviews entstand der Eindruck, daß sich die jüdischen Kontingentflüchtlinge etwas stärker beim Spracherwerb engagieren als die (Spät-)Aussiedler. Ob dies allerdings auf die Gesamtgruppe übertragbar ist, wäre noch zu untersuchen, da ein sample von 30 Personen keine ausreichende Grundlage für eine Verallgemeinerung bietet. Eine mögliche Erklärung für den bemerkten Unterschied wäre, daß der rechtlich besser abgesicherte Status der (Spät-)Aussiedler – sie werden als Deutsche ohne Wenn und Aber gefördert – in manchen Fällen zu einer relativ größeren Selbstzufriedenheit verleitet.

Die frappierend guten deutschen Sprachkenntnisse, wie sie in manchen der Dortmunder Interviews festgestellt wurden, hatten aus zwei Gründen allerdings auch stark mit der Auswahl der Gesprächspartner zu tun: Zum einen sind die in der Studie speziell untersuchten Berufsgruppen wissenschaftlich hoch gebildet. Bei einem derartigen Personenkreis liegt eine überdurchschnittliche Motivation nahe, eigene Kommunikationsmöglichkeiten in neuer Umgebung rasch über den Erwerb der einheimischen Sprache auszuweiten. Zum anderen wurden die Interviews in deutscher Sprache und ohne Dolmetscher durchgeführt, wodurch ein zusätzlicher Filter eingebaut war. Denn für ein solches Interview erklären sich im allgemeinen nur Personen bereit, die sich sprachlich dazu in der Lage sehen, die Fragen in Deutsch zu verstehen und zu beantworten – abgesehen von Ausnahmefällen, in denen die Befragten ein Familienmitglied zum Interview-Termin mitbrachten, das entsprechende Hilfestellung leisten konnte.

Untersuchungen und Studien zum Spracherwerb in anderen Städten und Regionen der Bundesrepublik – insbesondere bei den russischen Zuwanderern in Berlin und Köln – kommen allerdings zu anderslautenden Resultaten. Dortige Analysen gelangen zu dem Ergebnis, daß teils mangelhafte Sprachkursangebote, Schwierigkeiten mit der deutschen Mentalität, sich einstellende Resignation bei der Arbeitsplatzsuche und manchmal auch Desinteresse dazu führen, daß die deutschen Sprachkenntnisse rudimentär bleiben. Im Falle einer sehr großen russischen Migrantengruppe wie in Berlin kommt die Entwicklung regelrechter interner Wohnmilieus dazu, die fast vollständig die Erwerbs- und Reproduktionsbedürfnisse deckt. In Anbetracht dessen erscheint manchem Einwanderer das Erlernen der deutschen Sprache als weitgehend überflüssig.

Ob in Berlin, Dortmund, Köln oder anderswo: Die Möglichkeiten für Zuwanderer, ihr Deutsch zu verbessern, werden auch weiterhin entscheidend vom Angebot an qualitativ guten, diversifizierten und bezahlbaren bzw. kostenlosen Sprachkursen abhängen.[7] Eine ausreichende Unterstützung in diesem Bereich ist nicht nur der Stellensuche behilflich, sondern auch unabdingbar für eine (psycho-)sozial erfolgreiche Integration wie für das Vertrauen, das die Migranten in ihre eigenen Möglichkeiten setzen.

Zusammenfassung

Die Dortmunder Studie beansprucht keine allgemeingültigen Schlüsse für die berufliche Situation polnischer und russischer Ingenieure und Naturwissenschaftler, die in den letzten Jahren

7 Neben den von den Arbeitsämtern kostenlos angebotenen, in der Regel sechs Monate dauernden Deutschkursen für die neuzuwandernden Spätaussiedler und jüdischen Kontingentflüchtlinge und zahlreichen Ergänzungskursen durch Wohlfahrtsverbände, jüdische Gemeinden und Kirchen gibt es auch beispielhafte Förderung durch Stiftungen. Als diesbezüglich vergleichsweise erfolgreiche Einrichtung arbeitet seit über 12 Jahren die Otto-Benecke-Stiftung mit Akademikerprogrammen zur Unterstützung der beruflichen Integration. Neben Orientierungskursen und einem Aufbausprachkurs Deutsch stehen Fachsprachkurse für einzelne Berufsgruppen und ein Grundkurs Technisches Englisch für Ingenieur- und Naturwissenschaftler im Programm. Zudem werden berufsqualifizierende Maßnahmen bzw. Studienergänzungen für Ingenieure in den Bereichen Bauwesen, Elektrotechnik, Maschinenbau und Mechatronik durchgeführt, die eine Schulung in der Fachsprache umfassen. Die Teilnehmer erhalten ein Stipendium von der Stiftung. Jährlich wenden sich etwa 5.000 Akademiker an die Otto-Benecke-Stiftung mit der Bitte um Unterstützung, in den verschiedenen Maßnahmen werden ca. 1.300 Teilnehmer gefördert.

in die Bundesrepublik gekommen sind. Trotzdem hat sich ein deutliches Bild ergeben, sowohl was die Hemmnisse ihrer Integration auf dem deutschen Arbeitsmarkt betrifft, als auch durch welche besonderen Qualifikationen sie auf diesem interessant sein können. Als dringliche Herausforderungen haben sich die Kompensation fehlender Informatik-Kenntnisse und fehlender Informationen über spezielles Arbeitsrecht und technische Normen wie auch der forcierte Erwerb der englischen und deutschen Sprache herauskristallisiert. Die Interviewten wissen um ihre Defizite und weisen deshalb immer wieder auf die Notwendigkeit und auf ihr Interesse hin, die beschriebenen Lücken und Defizite durch entsprechende Beratungen, Kurse und Seminare wettmachen zu wollen.

Als spezifische Vorteile und Chancen der untersuchten Zuwanderergruppen schlagen ihre sehr gute naturwissenschaftliche Grundlagenausbildung und die teils langjährigen praktischen Erfahrungen bei der Leitung, Planung und Koordinierung von Produktionsprozessen in Großbetrieben zu Buche, ebenso die vorhandenen osteuropäischen Sprachkenntnisse und der Einblick in verschiedene Kulturkreise. All dies bürgt auch für gute methodische Fähigkeiten bei der Lösung komplexer Aufgabenstellungen in marktwirtschaftlich organisierten Unternehmen.

In den von der Dortmunder Forschungsgruppe geführten Interviews hinterließen die Zuwanderer einen vergleichsweise reflektierten, selbstbewußten, aufgeschlossenen und freimütigen Eindruck, der auf eher unkomplizierten Austausch mit der neuen Umgebung und einen günstigen weiteren Integrationsverlauf hoffen läßt. Nochmals sei aber darauf verwiesen, daß es sich um ein vergleichsweise kleines sample handelte und auch die individuelle Wahrnehmung der Interviewer eine Rolle spielte. Weiterführende Studien hätten zu prüfen, ob sich die wahrgenommenen Einstellungen und Verhaltensmuster der Befragten in bezug auf berufliche Integration und Spracherwerb auch auf weitere Lebensbereiche übertragen lassen und sich dies in anderen Gemeinden bestätigt.

Die von der Dortmunder Forschungsgruppe konstatierte hohe Sozial- und Gesprächskompetenz russischer und polnischer Zuwanderer, die entweder als Spätaussiedler oder als jüdische Kontingentflüchtlinge in die Bundesrepublik gekommen sind, wie auch ihre aus Studium und Beruf herrührenden Qualitäten und Befähigungen sollten Ansporn genug sein, die Bemühungen um eine verbesserte Integration dieser Gruppe von deutscher Seite her zu verstärken. Dem Arbeitsmarkt der Bundesrepublik steht mit ihnen nicht nur ein fachlich interessantes Potential zur Verfügung, sondern auch ein das menschliche Miteinander im Arbeits- und Alltagsleben bereicherndes. Wesentlich gezieltere und umfangreichere Qualifikations- und Integrationsprogramme wären allerdings vonnöten, damit aus dem für die Herkunftsländer fatalen „brain-drain" der Migranten zumindest auf der Seite der deutschen Gesellschaft, ihrer Wirtschaft und Kultur, ein befriedigender „brain-gain" entsteht.

Olaf Glöckner

Abschied vom „kulturellen Schmelztiegel". Integration und Selbstbehauptung der russischen Juden in Israel

„Sammlung der Zerstreuten" war eines der visionären Stichworte, mit denen die israelische Staatsgründung im Mai 1948 einherging. Das allgemeine Nachkriegschaos in Europa und an anderen Plätzen der Diaspora konnte die eindringliche Ermutigung zur Alijah nur unterstreichen. Noch immer irrten Tausende Überlebende der Shoah entwurzelt und orientierungslos durch den alten Kontinent, während ethnische Verfolgungen und Vertreibungen in Nordafrika und im Mittleren Osten bereits die nächsten jüdischen Fluchtwellen auslösten. Mit Israel aber stand eine gesicherte Zufluchtsstätte bereit, und vormalige Flüchtlinge nahmen nun ihrerseits neue auf – eine Situation, die sich in den folgenden Jahrzehnten noch oft wiederholen sollte. Im eigenen Staat projektierten zionistische Schlüsselfiguren wie David Ben Gurion, Yitzchak Ben Zwi oder Levi Eschkol – die allesamt aus Osteuropa eingewandert waren – ein sozial gerechteres Gemeinwesen, in dem es die besten Elemente der jüdischen Sozialethik, des europäischen Humanismus und eines freien, demokratischen Sozialismus zu vereinen galt. Die Träume von der egalitären und doch freien Gesellschaft relativierten sich später immer mehr, während Einwanderung ein beherrschendes und belebendes Themas für das kleine Land an der südöstlichen Mittelmeerküste blieb. Das 1950 von der Knesset verabschiedete Rückkehrgesetz legitimiert eine bis heute unbeschränkte jüdische Immigration, die sich schon aus existentiell bedrohlichen Situationen in der Diaspora immer wieder in Größenordnungen ergab. Allein zwischen Mai 1948 und Ende 1951 trafen fast 700.000 Emigranten vornehmlich aus Europa und dem arabischen Raum ein – das waren mehr, als die gesamte jüdische

Bevölkerung am Tage der Staatsproklamation zählte.[1] Am Rückkehrgesetz wurde auch dann festgehalten, wenn die Aufnahme neuer Olim die Grenzen der Belastbarkeit zu überschreiten drohte. Doch aus Integrationsmühen erwuchs Stärke. Mitte der 90er Jahre konnte ein politisch, wirtschaftlich und militärisch konsolidiertes Land auf die Eingliederung von rund 2,4 Millionen Immigranten seit Mai 1948 zurückblicken, davon etwa 1,4 Millionen aus Europa, 450.000 aus Afrika, 350.000 aus Asien und etwa 200.000 aus Übersee.[2] „Zerstreute" aus nahezu 100 Herkunftsländern haben den Weg nach Israel gefunden und bilden damit eine der komplexesten multikulturellen Gesellschaften der Welt.[3] Viele von ihnen leben sicherer und materiell besser als in ihrer früheren Heimat und haben andere nach sich gezogen – Zionisten, Religiöse, aber auch Migranten, die schlichtweg ihre Lebensbedingungen verbessern wollen.

Den aktuellsten Beweis für die ungebrochene Anziehungskraft Israels liefern die jüdischen Immigranten aus der früheren Sowjetunion, von denen in den 90er Jahren rund 800.000 (!) ins Land strömten und damit für einen Zuwachs der israelischen Gesamtbevölkerung um nahezu 15 % sorgten![4] Der jüdische Staat erlebt damit die größte Einwanderungswelle, die es je aus *einem* Land in *so kurzem* Zeitraum gegeben hat. Die Tabelle 1 bietet eine Übersicht über die jährliche Zuwanderung aus den GUS-Staaten während des Zeitraumes 1989–1997 in Relation zur Gesamteinwanderung dieser Jahre nach Israel.

In der zweiten Hälfte der 90er Jahre hatte sich zwar allmählich ein leichter Rückgang der russischen Immigration abgezeichnet, doch in den ersten Monaten des Jahres 1999 stieg die Zahl der GUS-Olim wieder deutlich an. Die Gründe für

1 Heiner Lichtenstein/Otto R. Romberg (Hg.), Fünfzig Jahre Israel. Vision und Wirklichkeit, Bonn 1998, S. 270.

2 Vgl. Michael Wolffsohn/Douglas Bokovoy, Israel. Geschichte – Wirtschaft – Gesellschaft – Politik, Opladen [5]1996, S. 270.

3 Vgl. John Bunzl, Einwanderer. In: Eva Grabherr (Hg.), Das Dreieck im Sand. 50 Jahre Staat Israel, Wien 1997, S. 251.

4 Von 1989 bis Ende 1998 waren 771.500 russische Olim nach Israel eingereist. Vgl. hierzu: Blickpunkt – Informationen der Botschaft des Staates Israel. Nr. 1 (1999), S. 6.

Jahr	Einwanderer	
	aus der Sowjetunion/GUS	insgesamt
1989	12.932	24.050
1990	185.227	199.516
1991	147.839	176.100
1992	65.093	77.057
1993	65.145	77.805
1994	ca. 68.000	79.844
1995	ca.65.000	76.361
1996	58.000	70.605
1997	ca. 54.000	65.982

Tabelle 1: Einwanderer nach Israel[5]

die große Alijah aus dem zerfallenen Sowjetreich decken sich weitgehend mit denen der Migration russischer Juden[6] in die USA und in die Bundesrepublik Deutschland: Gesellschaftliche und ökonomische Instabilität in den GUS-Staaten, ein dort in seiner Gefährlichkeit schwierig einzuschätzender populärer und politischer Antisemitismus, Mangelversorgung und individuelle Perspektivlosigkeit sind die wesentlichen „push"-Faktoren, eine gesicherte physische und soziale Existenz neben wirtschaftlicher Prosperität im Zielland sowie die Chance der Familienzusammenführung dagegen die „pull"-Faktoren. Augenscheinlich macht sich der starke russisch-jüdische Zuzug *nach Israel* weniger an einer besonderen Vorliebe für das Land oder gar an ideologischen Erwägungen fest, sondern liegt in objektiven Umständen begründet: Seit Ende 1989 gelten in den USA, dem „Traumland" für viele Migranten aus aller Welt, Zuwanderungsbeschränkungen auch für jüdische Einwanderer aus den GUS-Staaten. Dort wiederum leisten die Außenstellen der „Jewish Agency for Israel"

5 Aus: Israel Yearbook and Almanac 1994, S. 202; 1995, S. 195; 1997, S. 221; 1998, S. 238.

6 Die vereinfachende Bezeichnung „Russische Juden" bzw. „Russisch-jüdische Flüchtlinge" wird im Weiteren für sämtliche jüdische Bevölkerungsgruppen angewandt, die sich im Bereich der heutigen GUS-Staaten aufhalten oder ursprünglich von dort stammen. Vgl. hierzu: Eliezer Ben Rafael/Elite Olshtain/Idit Geijst, Identity and Language. The Social Insertion of Soviet Jews in Israel. In: Noah Lewin-Epstein/Yaacov Ro'i/Paul Ritterband, Russian Jews on three Continents. Migration and Resettlement, London 1997, S. 371.

(JAFI) eine ausgesprochen erfolgreiche Arbeit und sind auch bei der Regelung der Ausreiseformalitäten behilflich. Israel selbst sorgt für eine umfangreiche Betreuung der Neuankömmlinge – vor allem durch das Einwanderungsministerium, das die Verantwortung für die sozio-ökonomische Integration der Olim während der ersten drei Jahre übernimmt und diese in bezug auf Unterkunft und Wohnsituation sogar fünf Jahre lang unterstützt.[7] Übersehen werden sollte auch nicht, daß die russische Einwanderung eine nahezu hundertjährige Tradition besitzt, angefangen bei den zumeist linkssozialistischen Siedlern und Kibbuzniks in der zionistischen Aufbauphase über die Flüchtlingsströme kurz nach Kriegsende 1945 bis hin zur Alijah sowjetischer Dissidenten während der 70er Jahre. Weil offensichtlich war, daß die UdSSR um ihre Bürger einen „hohen Zaun gezogen" hatte und viele von diesen nur auf eine günstige Chance zur Auswanderung hofften, wartete Israel während der 80er Jahre gespannt auf den großen Aufbruch.

Doch als sich die Tore tatsächlich öffneten, übertraf der Ansturm der sowjetischen Juden jegliche Erwartungen und brachte Anfang der 90er Jahre auch die aufnahmewilligsten Kräfte im jüdischen Staat in Bedrängnis. Allein in den Jahren 1990 und 1991 bekam Israel insgesamt weit über 300.000 Neubürger hinzu, Ende 1990 erreichte die monatliche (!) Einwanderungsrate aus der UdSSR sogar Spitzenwerte von 30.000.[8] In dieser Phase gelang es zunächst nur mühsam, den Neuankömmlingen akzeptable Wohn- und Beschäftigungsmöglichkeiten zu verschaffen. Viele von ihnen mußten provisorisch in Wohncontainern und Jugendherbergen untergebracht werden, die Arbeitslosigkeit unter den GUS-Olim belief sich im ersten Quartal 1991 auf rund 30 % bei den Männern und auf rund 60 % bei den Frauen.[9]

7 Vgl. Ministry of Immigrant Absorption. Israel Government Year Book: www.moia.gov.il, 27.12.1998, S. 1.

8 Vgl. Ari M. Paltiel/Eitan F. Sabatello/Dorith Tal, Immigrants from the former USSR in Israel in the 1990s. Demographic Characteristics and Socio-Economic Absorption. In: Lewin-Epstein/Ro'i/Ritterband (1997), S. 286, Tab. 14.1.

9 Ebd., S. 312, Tab. 14.7.

Um so größeren Respekt ringt die Bewältigung dieser Probleme in den Folgejahren ab. Am beeindruckendsten wirkte die rasche Lösung der Wohnungsfrage: Im ersten Halbjahr 1994 wohnten von den im letzten Quartal 1990 eingetroffenen russisch-jüdischen Immigranten nur noch 2,5 % nicht in Mietwohnungen.[10] Mit leichter Verzögerung gelang es, auch die Beschäftigungssituation der russischen Neubürger zu normalisieren. Bereits im Jahre 1993 war der Arbeitslosenanteil in dieser Gruppe auf 16 % gefallen, und 1997 befanden sich von den im Jahre 1990 eingereisten Olim nur noch 10,2 % auf Arbeitssuche – womit die Angleichung an den Landesdurchschnitt endgültig erreicht war.[11]

Nachfolgende Fallbeispiele aus dem Israelischen Statistischen Jahrbuch („Central Bureau of Statistics") verdeutlichen, wie rapide der Arbeitsmarkt die russischen Neuzuwanderer nach einer anfangs hohen Beschäftigungslosigkeit schon nach ein bis zwei Jahren absorbiert und dies bei in den letzten Jahren eingetroffenen Gruppen offenbar immer besser gelingt:

Ankunftszeit	nach einem Jahr Aufenthalt (1992 bzw. 1995)			nach zwei Jahren Aufenthalt (1993 bzw. 1996)		
	Total	Männer	Frauen	Total	Männer	Frauen
Gruppe 1 (Okt.–Dez. 90)	32,0 %	23,4 %	42,4 %	18,3 %	13,8 %	23,0 %
Gruppe 2 (Okt.–Dez. 93)	12,8 %	10,7 %	15,7 %	9,4 %	7,5 %	11,5 %

Tabelle 2: Untersuchte Arbeitslosigkeit ausgewählter Gruppen nach ihrer Ankunftszeit in Israel[12]

Durch diese rasche Eingliederung avancierten die russischen Arbeitskräfte vom Kostenfaktor zum Konjunkturbeleber: So kletterte das jährliche israelische Wirtschaftswachstum von nur 1,9 % im „Wende-Jahr" 1989 über 3 % im Jahre 1992 auf 6 % im

10 Vgl. Wulf Sörgel, Die Einwanderung der sowjetischen Juden seit 1989 und ihre Eingliederung in die israelische Gesellschaft. In: Ferhad Ibrahim/Abraham Ashkenasi, Der Friedensprozeß im Nahen Osten. Eine Revision, Münster 1997, S. 237.

11 Lewin-Epstein/Ro'i/Ritterband (1997), S. 312; Central Bureau of Statistics of Israel 1997, S. 164f. Noch optimistischere Zahlen bei Friedrich Schreiber, Schalom Israel, München 1998, S. 324.

12 Aus: Statistical Abstract of Israel 1998. Immigrant Employment Survey, 5.8. Immigration and Absorption, S. 5–12 u. 5–13.

Jahre 1994 und hielt sich dort über Jahre.[13] Ein ähnliches Wachstumsphänomen direkt proportional zu massiver Einwanderung hatte Israel in seiner Geschichte schon öfters verzeichnen können – besonders spürbar bei den Alijot während der 20er, 30er und zu Anfang der 50er Jahre. Die Immigration heizte einerseits die Nachfrage nach Konsumgütern an, andererseits konnten parallel Investitionen und Produktivität gesteigert werden. Die dadurch gelungene ökonomische Verbesserung erhöhte ihrerseits wieder die Attraktivität Israels als Einwanderungsziel.

Freilich verdecken die neuerlichen Erfolgsbilanzen, daß ein überdurchschnittlich hoher Anteil der russischen Juden nicht im erlernten Beruf arbeitet und besonders weibliche Immigrantinnen auch klar unterqualifizierte Jobs annehmen, um überhaupt in Lohn und Brot zu gelangen. Zahlreiche Akademiker und hochqualifizierte Fachkräfte beiderlei Geschlechts gehen über Jahre hinweg schlecht bezahlten Tätigkeiten nach, um später erneut Anlauf im erlernten Beruf zu nehmen. Berufliche Qualifizierungskurse und Umschulungen sind hochfrequentiert, auch die Förderprogramme für Existenzgründungen – ob in Form von Kleinbetrieben, Restaurants oder Kurheimen – wird von den russischen Juden dankbar angenommen und genutzt. Tausende kleine und mittelständische Unternehmen werden mittlerweile von russischen Zuwanderern geführt, und schon 1993 hatten sie ihre eigene „Assoziation der Neuen Unternehmer“ gegründet. Die Zahl der angemeldeten Patente im Land hat sich in den 90er Jahren vervielfacht. „Russische“ Forschungsinstitute bereichern den israelischen Wissenschafts-Export mit innovativem „know how“. Als Folge ihrer beruflichen und ökonomischen Dynamik schaffen viele GUS-Olim schon nach wenigen Jahren den Anschluß an den Lebensstandard der unteren Mittelklasse in Israel: 90 % von ihnen verfügten Ende 1997 über moderne Haushalte, die Hälfte von ihnen über eigene Autos. Viele russsische Einwanderer können sich Auslandsreisen zumindest nach Europa leisten, und bei den israelischen Banken gelten sie auch als Neulinge für vergleichweise kreditwürdig.

13 Vgl. Lewin-Epstein/Ro'i/Ritterband (1997), S. 134, 310 u. 318.

Diese glänzenden Bilanzen können allerdings leicht ein allzu rosiges Bild vom Vorankommen der neuen Immigranten vorgaukeln. Die jüdischen Zuwanderer aus den heutigen GUS-Staaten haben dank ihrer hohen beruflichen Qualifikation wie auch Leistungsbereitschaft zwar einen wirtschaftlichen „Boom“ auf dem Binnenmarkt ausgelöst und die Gesellschaft auch demographisch weiter stabilisiert. Andererseits ist der Preis ihrer fortgeschrittenen Assimilation in die frühere sowjetische Gesellschaft ein weitgehender Verlust an jüdischem Wissen, jüdischer Religion wie auch Tradition gewesen. Und ihre relative Ferne zum traditionellen Judentum wird den Neuzuwanderern aus der ehemaligen Sowjetunion nicht allein von religiösen Vertretern in Israel zum Vorwurf gemacht. Selbst der linksliberale Schriftsteller Amos Oz äußerte enttäuscht über sie:

> „Most of them come hoping to find a mini-America in Israel. The sooner they can get a house and a car – preferably two cars – and a good refrigerator full of good food, the sooner they will become solid citizens. They are survivors of the Marxist fantasy. They come here aspiring to a middle class fulfillment.“[14]

Derlei Einschätzungen für sich allein genommen, werden dem sozialen und kulturellen Hintergrund der russischen Olim natürlich nicht gerecht. Was zu Mißverstehen und Reibungen zwischen ihnen und der alteingesessenen israelischen Bevölkerung führt, läßt sich keineswegs auf „mangelndes jüdisches Interesse“ reduzieren. Vielmehr setzen die einstigen Sowjetbürger und ihre Kinder andere Prämissen, auch und gerade in der Art der Loyalität gegenüber der neuen Heimat: Die Gründung hochleistungsfähiger Forschungs- und Bildungsinstitute, die Ausweitung kultureller Spielstätten oder auch der Anschluß an militärische Eliteeinheiten erscheint ihnen dort wichtiger als das nachholende Studium von Talmud und Thora oder die Lektüre zionistischer Klassiker.

14 Zit. nach: Clive Jones, Soviet Jewish Aliyah 1989–1992, London 1996, S. 123.

Die neuen Olim zeigen zwar Aufgeschlossenheit gegenüber ihrer neuen, in vielerlei Hinsicht liberalen Umgebung und wissen durchaus auch die hier gebotenen Möglichkeiten einer freien individuellen Entwicklung zu schätzen. Im Unterschied zu bisherigen Immigrationswellen sehen sie allerdings keine Veranlassung, ihre bisherige Identität und Kultur auch nur stückweise in Frage zu stellen und den einheimischen Mustern anzugleichen. Das gilt besonders auch in weltanschaulichen Fragen. „90 Prozent der ehemaligen sowjetischen Staatsbürger glauben nicht an Gott", bekannte unlängst freimütig Roman Bronfman von der russischen Einwandererpartei „Israel ba Alijah".[15] Von der israelischen Orthodoxie in Angriff genommene religiöse Schulungsprogramme – teilweise vom Staat hoch subventioniert – liefen dann auch, abgesehen von ein paar wenigen Konversionen nichtjüdischer Ehepartner, ins Leere. Und ebenso wie in der Bundesrepublik wächst das Interesse der russischen Immigranten an jüdischer Tradition und Religion auch dann kaum an, wenn sie die existentiellen Anfangsprobleme der Integration – wie die Beschaffung von Wohnraum und Arbeit – bewältigt und mehr Zeit für sich selbst haben. Eher prototypisch erscheint da die Äußerung eines Restaurantbesitzers in Haifa, der zu Anfang der 90er Jahre aus der Ukraine zugewandert war, gegenüber dem „Jerusalem Report": „I have nothing to do with religion and rabbis, but I'm a good Jew. I'm a patriot. I work like a dog, fall asleep at the TV at night. I love this country. Does anything else matter?"[16] Religiöse Erwartungshaltungen der Gesellschaft oder zumindest des orthodoxen Establishments empfinden viele GUS-Olim als ähnliche Vereinnahmung oder Bevormundung, wie sie in Form kommunistischer Doktrin in Ausbildungs- und Arbeitsstätten der UdSSR erlebt wurden. Unabhängig davon identifizieren sich zahlreiche Neuzuwanderer aber auch jetzt mit einer atheistischen Grundhaltung, weil die Sozialisation in der früheren Heimat nun einmal säkular verlaufen sei und ihnen rein rational vernünftiger erscheine.

15 Vgl. Gisela Dachs, Israels russische Revolution. In: Die ZEIT, 6.5.1999, S. 14.
16 Vgl. Netty C. Gross, Israel's Russian Mini State. In: The Jerusalem Report, 25.12.1997, S. 14.

In dieser Hinsicht unterscheidet man sich zumindest graduell von jenen russischen Juden, denen schon während der 70er Jahre die Flucht nach Israel gelungen war und unter denen sich noch ein beachtenswerter Prozentsatz politisch verfolgter Zionisten („Prisoners of Zion") und religiös motivierter Emigranten befunden hatte. Heute aber greift die Masse der GUS-Olim dort, wo zahlreiche im Land geborene Israelis jüdisches Brauchtum und religiöse Tradition verinnerlichen und bejahen, lieber auf kulturelle Erbauungsmöglichkeiten aus dem Herkunftsland zurück. Lektüre von Dostojewski, Puschkin und Tolstoi, Sinfonien von Tschaikowski und Schostakowitsch ersetzen quasi den synagogalen Gottesdienst. Aus deren und anderer Prosa und Musik wird nach eigenem Bekunden enorme seelische Stärkung bezogen, um unerwartet schmerzliche Umstellungsprobleme in neuer Umgebung besser zu verarbeiten.[17] Die Tiefe russischer Kunst und Klassik war es oftmals auch gewesen, die Juden wie Nichtjuden in der früheren Sowjetunion geholfen hatte, wenigstens für Stunden dem grauen staatssozialistischen Alltag zu entfliehen. Doch von der Qualität des mitgebrachten Kulturgutes – seien es literarische, musikalische Kleinode oder auch dramatische Stoffe – sind manche der russisch-jüdischen Immigranten derart begeistert, daß sie diese über den eigenen Kreis hinaus auch der israelischen Umgebung vermitteln wollen. Und es hat Momente gegeben, in denen die israelische Kulturpolitik darauf produktiv reagierte. Projekte, die einen erfolgreichen kulturellen Austausch zwischen GUS-Zuwanderern und Einheimischen versprachen, wurden großzügig von öffentlicher Hand gefördert und finanziert. Als herausragendes Modell galt das „Kulturzentrum für Juden aus der GUS" in Jerusalem, das von 1990 bis 1995 arbeitete und in dieser Form Einmaligkeit besaß. Es war von der Jerusalemer Stadtverwaltung, dem Zionist Forum und anderen Interessenverbänden finanziert und unter-

17 Allan S. Galper, From Bolshoi to Be'er Sheva. Scientists to Streetsweepers. Cultural Dislocation among Soviet Immigrants in Israel, Lanham 1995, S. 76: „To overcome the erosion of identity that follows a severe drop in culture, many Olim use their own culture to establish a position for themselves in their new community, to find something familiar in their new environment."

stützt worden, organisierte Theateraufführungen und Ausstellungen und offerierte kreative Arbeitsmöglichkeiten für verschiedene Künstlergruppen. Die Themenbreite reichte dabei von russischen und jiddischen Stoffen bis hin zu israelischen Problemen der Gegenwart. Allerdings ließ das öffentliche Interesse nach hoffnungsvollen Anfangsjahren mit starkem Besucherandrang kontinuierlich nach, bis die Förderung ganz eingestellt wurde. Kleinere Projekte überlebten hingegen, darunter das Ende 1990 von sowjetischen Juden in Haifa gegründete Theater „Gesher", das heute zugleich russische, jiddische und israelische Stoffe auf die Bühne bringt. Unterstützung fand die Gründergruppe bei dem einst selbst aus Moskau eingewanderten „HaBima"-Theater, beim Zionistischen Forum, dem Einwanderungs- und dem Kulturministerium, aber auch bei den israelischen Medien. Mit großem Erfolg wurden Stoffe russischer Klassiker wie Fjodor Dostojewski und Maxim Gorki inszeniert, danach auch Werke israelischer Autoren wie Yoram Kanjuk und Joshua Sobol. Aufführungssprachen sind mittlerweile sowohl Russisch als auch Hebräisch. „Gesher" gastiert seit Jahren erfolgreich auch im Ausland und verkörpert in künstlerischer Hinsicht ein Stück das „neue Israel". Aus der Integrationsperspektive liegt hier ein ausgesprochener Idealfall vor: Die Akteure aus der früheren Sowjetunion bringen nicht nur ihre erlernten Fähigkeiten, sondern auch den kulturellen Reichtum der früheren Heimat in ihre professionelle Tätigkeit ein – und beides erfährt Resonanz und Respekt bei den Alteingesessenen. Staatliche Unterstützung erwies sich als ebenso nutzbringend wie Kontakte zu israelischen Kollegen aus derselben Branche. Da die Schauspieler sich vergleichsweise rasch auch die hebräische Sprache angeeignet haben und seit Jahren erfolgreich israelische Stoffe und Themen spielen, sind die Barrieren zur Aufnahmegesellschaft aufgehoben. Kulturelle Synthese hat sich entwickelt. Die Erfolgsgeschichte von „Gesher" ist ein relativer Einzelfall geblieben, doch ist ein steiler Aufschwung verschiedener Kulturbranchen als direkte Folge der Zuwanderung russisch-jüdischer Berufskünstler unbestritten. So stieg allein die Zahl der Orchester im jüdischen Staat von 12 im Jahre 1989 auf 36 im Jahre

1995.[18] Die Besucherzahlen bei Orchesterkonzerten, Opern und Ballettvorstellungen wuchsen ebenfalls in ungewöhnlich starker Weise an.

Andererseits bereitet es seit Jahren Probleme, die überdurchschnittlich große Gruppe russischer Kunstschaffender tatsächlich wieder in ihren Berufen unterzubringen. Musiker sind trotz der vielen neugegründeten Orchester von Beschäftigungslosigkeit besonders betroffen, egal ob sie gerade am Anfang ihrer beruflichen Laufbahn stehen oder schon mit eigenen Alben und CD's internationale Aufmerksamkeit erregten. Um die angespannte Beschäftigungslage bei den Berufsmusikern zu entspannen, gingen die Integrationsbeauftragten von Anfang an auch sehr unkonventionelle Wege. So wurde schon zu Beginn der 90er Jahre ein eigenes Konzept für Musikschulen in israelischen Entwicklungsstädten wie auch im arabischen und drusischen Sektor des Landes entwickelt. 1992 konnte die erste derartige Einrichtung in Baq'a al-Gharbiyya übergeben werden, und 1994 arbeiteten bereits 14 Musikzentren im arabischen Sektor – unter maßgeblicher Beteiligung eingewanderter russischer Berufsmusiker.[19]

Kulturelle Berührungspunkte haben allerdings nicht die zu beobachtende Distanz überwinden können, die zwischen der großen Masse der GUS-Olim der 90er Jahre und der alteingesessenen israelischen Bevölkerung besteht und von beiden Seiten auch wahrgenommen wird. Haben die „Sabres" – und die Religiösen unter ihnen im besonderen – ein Problem damit, die Entfremdung der russischen Zuwanderer von der jüdischen Religion und Tradition zu akzeptieren, so neigen letztere ganz einfach dazu, sich nur in beschränktem Maße auf die israelische Gesellschaft und deren Kultur einlassen zu wollen. Die starke Orientalisierung des Landes, das Fehlen eines breiteren Angebotes an klassischer Kultur außerhalb der großen städtischen Zentren und die allgemeine Freizügigkeit im öffentlichen Leben kommen für viele GUS-Olim einem Schock, einer „Unkultur" gleich. Sie haben sich ihrerseits in einem eigenen „Ministaat" ein-

18 Vgl. Sörgel (1997), S. 246, Anm. 89.

19 Vgl. Yair Tzaban, The Quandaries of an Israeli Minister of Absorption. In: Lewin-Epstein/Ro'i/Ritterband (1997), S. 131f.

gerichtet, weitläufige Lebensbereiche in Eigenregie genommen und sich in vielerlei Hinsicht von der israelischen Aufnahmegesellschaft unabhängig gehalten. Klassische Integrationsmodelle wie jenes nach Shmuel Eisenstadt, die eine weitgehende Aufgabe der früheren Identität und die Übernahme der Wertemuster der neuen Umgebung als den vielversprechendsten Weg zu einer erfolgreichen „Absorption" beschreiben, scheiden damit von vornherein aus. Die Olim aus den GUS-Staaten behaupten ihre eigene – russische – Kultur und pflegen einen ausgeprägten Bi-Lingualismus (Hebräisch und Russisch). Im Ergebnis sind dichtgefügte „russischsprachige" Wohnbezirke entstanden, in denen die GUS-Olim ihr privates Leben mehr oder weniger nach Mustern aus der früheren Heimat gestalten. In manchen kleineren und mittleren Städten – wie beispielsweise Karmiel im Norden – hat sich Russisch als gleichberechtigte Umgangssprache durchgesetzt und sind Bürgermeister russisch-jüdischer Herkunft ins Amt gewählt worden. Die Neuzuwanderer können in Israel unter vier russischsprachigen Tageszeitungen, elf Wochenblättern und einem halben Dutzend Magazinen auswählen, beziehen daneben eifrig Kabelfernsehen aus Moskau. Eigene Theater-Spielstätten, Bibliotheken und Buchläden runden die russische Kulturinsel des Mittleren Ostens ab. Daneben sind ganze Ketten von Restaurants und Supermärkten entstanden, die wohlvertraute Menüs und Produkte direkt aus der einstigen Heimat – von „Pelmeni" bis „Schampanskoje" – anbieten. Auch Schweinefleisch zählt zum gefragten Sortiment.

Migrationsforscher und Soziologen beurteilen in unterschiedlicher Weise, was dieser quasi russische „Mini-Staat" für langfristige Rückwirkungen auf die israelische Gesellschaft haben wird. Klar ist wohl, daß damit das zionistische Konzept des kulturellen Schmelztiegels („Mizug Galujot"), welches eine fest verschweißte, einheitliche Identität gerade in Abgrenzung zur Diaspora formen sollte und an dem von staatlicher Seite noch bis in die 70er Jahre hinein festgehalten worden war, endgültig gescheitert ist. Positiv betrachtet, könnte das „russische" Traditionsbewußtsein der GUS-Olim auch andere Einwanderergruppen ermutigen, sich ihrer kulturellen Wurzeln rückzubesinnen. Am Beispiel der äthiopischen Falaschas und anderer orientalischer Einwanderungsgruppen hatte man in der Vergangenheit studieren können, wie kultureller Verlust und erzwungene Assimilation die psychosozialen Umstellungsprobleme vieler Olim noch erhöht hatten. Nicht zuletzt deshalb ist das Einwanderungsministerium schon vor Jahren instruiert worden, verstärkt Folklore und überliefertes Brauchtum *aller* Einwanderungsgruppen zu erschließen und umfassend zu fördern. Kritisch besehen, bedeutet der wachsende Multikulturalismus aber noch lange keine *harmonische* Vielfalt oder kreativen Austausch. Zu unvoreingenommenem Miteinander kommt es bisher nur an wenigen Stellen – so beispielsweise unter Gruppen von Kindern und Jugendlichen und bei Wehrpflichtigen.

Das relative Nebeneinander von russischen Neuzuwanderern und alteingesessenen „Sabres" wirkt umso belastender, da sich die israelische Gesellschaft ohnehin seit mehr als zehn Jahren in kulturelle, politische und religiöse Strömungen und Milieus ausdifferenziert, die sich eher abstoßen denn anziehen. Besorgte Beobachter meinen sogar, den Beginn eines innerjüdischen „Kulturkampfes" in Israel auszumachen, für den die Ermordung des linksliberalen Ministerpräsidenten Yitzchak Rabin durch einen nationalreligiösen Fanatiker im November 1995 eher symptomatisch denn zufällig gewesen sei. Der in Jerusalem lebende Historiker Moshe Zimmermann konstatierte ein Jahr nach Rabins Tod, daß:

> „die Kulturkämpfe zwischen Sephardim und Aschkenasim, zwischen Neueinwanderern der letzten Jahre und Neueinwanderern vergangener Zeiten, zwischen Zabarim und Neueinwanderern, zwischen europäischer und orientalischer Kultur, zwischen Amerikanismus und anderen Subkulturen, vor allem aber zwischen säkularen und religiösen, zwischen liberalen und fundamentalistischen Strömungen, zwischen Juden und Arabern [...] stärker auf Konflikte als auf Versöhnung und gegenseitige Akzeptanz [zulaufen würden]".[20]

20 Moshe Zimmermann, Wende in Israel. Zwischen Nation und Religion, Berlin 1996, S. 112.

In dieser aufgeheizten Atmosphäre, in der soziale, kulturelle, teils auch nationale Gegensätze zum Tragen kommen, haben die russischen Neuankömmlinge schon böse Erfahrungen am eigenen Leib gemacht. In Einwanderungs- und Entwicklungsstädten ist die Gewalt zwischen ihnen und sephardischen Einwohnern mitunter so stark eskaliert, daß Todesopfer zu beklagen waren. 1997 wurden zwei jugendliche GUS-Olim von einem marokkanischen Sabre in Rechovot, einem Vorort von Tel Aviv, erstochen. Im November 1998 erlag ein 21jähriger Armist (!) russischer Herkunft Stichverletzungen in einem Restaurant der Hafenstadt Ashkelon. Der ebenfalls einer marokkanischen Familie entstammende Täter, so wurde später bekannt, hatte sich durch die russische Sprache seines Tischnachbarn provoziert gefühlt.[21]

Bei den neuartigen Spannungen zwischen europäisch-aschkenasischen und orientalisch-sephardischen Israelis würden einseitige Schuldzuweisungen den Kern des Problems allerdings völlig verfehlen. Die Konfliktlagen sind mehrdimensional und haben historische Wurzeln, welche Jahrzehnte zurückreichen. Offenbar haben viele Familien marokkanischer, äthiopischer oder auch irakischer Herkunft nicht vergessen, wie sie als Einwanderer der 50er und 60er Jahre gegenüber europäischen Olim klar benachteiligt und vom zionistischen Establishment als eher „primitive Gruppen mit wenig Nützlichkeit und Perspektive" behandelt wurden.[22] Auch wenn sie später im Bildungsgrad, in der sozialen Mobilität und in den Einkommensverhältnissen stetig aufholten, gelangten sie doch nur in den seltensten Fällen zu gleichartigem beruflichen, wirtschaftlichen und gesellschaftlichen Erfolg. Und trotz sozialer Unruhen, die sich während der frühen 70er Jahre in einigen Städten mit hohem sephardischen Anteil entluden und die Regierung zu zusätzlichen Fördermaßnahmen zwangen, blieb ein Teil der orientalischen Sabres hoffnungslos am unteren Rand der Gesellschaft zurück. Somit wird

21 Vgl. hierzu Netty C. Gross, The Russian's Protest Vote. In: The Jerusalem Report, 7.12.1998, S. 14f. Fernerhin: Tod in Ashkelon. Sefarden gegen GUS-Olim – Gewaltbereitschaft wächst. In: Allgemeine Jüdische Wochenzeitung, 26.11.1998, S. 4.

22 Vgl. Conor Cruise O'Brien, Belagerungszustand. Die Geschichte des Zionismus und des Staates Israel, Wien 1988, S. 218.

verständlicher, weshalb die großzügige Förderung der postsowjetischen Alijah während der 90er Jahre gerade in diesen Kreisen große soziale Ängste geschürt hat. Kein Zufall dürfte es gewesen sein, daß es ausgerechnet im Sommer 1990 – während des ersten Höhepunktes der neuen russischen Einwanderungswelle – gleich zu Dutzenden Demonstrationen obdachloser und sozial benachteiligter Sepharden kam, die teilweise in massiven Krawallen endeten. Die Grenzlinie zwischen Sozialnotstand und Sozialneid läßt sich dabei schwer ausmachen. Doch da sich die russischen Juden eindeutig problemloser auf die neuen Lebensumstände einstellen, die hebräische Sprache schneller erlernen und wirtschaftlich flexibler agieren als die anderen Einwanderergruppen[23], überholen sie für alle sichtbar in kürzester Zeit auch einen Teil der Alteingesessenen im Berufsleben, Verdienst und im Lebensstandard.

Zur Konkurrenzsituation untereinander gesellen sich noch tiefe kulturelle Vorurteile. Daß die „ungläubigen" Ukrainer, Balten, Russen und Georgier nicht nur privilegierte Jobs erobern und bald bessere Wohnungen anmieten, wird ihnen umso weniger verziehen, als sie oftmals auch die Synagogen meiden, am Schabbat Fußball spielen und sich in aller Öffentlichkeit unkoscherer Speisen erfreuen. Die GUS-Einwanderer machen dagegen ihre große Enttäuschung, kein Musterland europäischer Zivilisation vorzufinden, an den angeblich geringeren kulturellen Qualitäten der Israelis sephardischer Abstammung fest.[24] Die aversiven Haltungen zwischen aschkenasischen Neuzuwanderern und orientalischen Sabres haben sich längst auf die Politik übertragen. So fordert die mehrheitlich von religiösen Sepharden gewählte und in den letzten Jahren immer einflußreicher gewordene ultraorthodoxe „Schass"-Partei seit Anfang

23 Vgl. Yakov M. Rabkin, Cultures in transition. In: Ruth Tamar Horowitz (Hg.), The Soviet man in an open society. New York/London 1989, S. 257.

24 Allan S. Galper hat in zahlreichen Interviews mit russisch-jüdischen Neueinwanderern deren kulturelle Distanz und manifeste Voreingenommenheit gegenüber den sephardischen Israelis analysiert und dokumentiert, wie beispielsweise die Aussage eines ehemaligen Petersburger Arbeiters: „Sephardi culture is primitive. Ashkenasim are people from Europe. Sephardim are people from North Africa." Vgl. hierzu: Galper (1995), S. 86.

der 90er Jahre strengere halachische Kriterien für die Einreise von GUS-Immigranten und versuchte dies bereits über die Ministerien für Einwanderung und Inneres durchzusetzen. Im Wahlkampf 1999 gab sich „Schass“ gar als Garant dafür aus, das Land vor „kriminellen Zuwanderern“ zu schützen, die oftmals gar keine Juden seien. Die russischen Parteien konterten ihrerseits mit Kampagnen gegen die Ultraorthodoxie und postulierten damit in ungewohnt scharfer Weise eine Trennung von Staat und Synagoge.

Noch vor Jahren war für die Neuzuwanderer an eine solch konsequente politische Einmischung nicht zu denken gewesen. Doch unzufrieden sowohl mit der Likud-Regierung Yitzchak Schamirs, in deren Amtszeit die große Alijah 1990/91 ihren Anfang genommen hatte, als auch mit der nachfolgenden Mitte-Links-Koalition von Yitzchak Rabin, nahmen die russischen Olim ab Mitte der 90er Jahre ihre politische Interessenvertretung selbst in die Hand. Die von den beiden ehemaligen sowjetrussischen Dissidenten Anatoli „Nathan“ Sharansky und Juli Edelstein geführte Partei „Israel ba Alijah“ (Israel in der Einwanderung) hatte 1996 auf Anhieb sieben Knesset-Mandate erringen können und im Anschluß zwei Minister im Kabinett Netanjahu gestellt – Sharansky für das Ressort „Industrie und Handel“, Edelstein für das Ressort „Einwanderung“. Ihr Auftauchen in der etablierten Politik wurde in der kritischen Öffentlichkeit durchaus begrüßt, wenn nicht sogar als neue Hoffnung für das säkulare und liberale Lager gewertet. „Israel ba Alijah“ konnte auch auf der kommunalen Ebene – vor allem in den Einwandererstädten an der Mittelmeerküste – zunehmend an Einfluß gewinnen, bei den Knesset-Wahlen vom Mai 1999 wiederum sechs Mandate erringen und mit der Nominierung Nathan Sharanskys als Innenminister den bisher größten Erfolg in der noch jungen Parteigeschichte verzeichnen. Ob die eher rechtskonservativ orientierte „zweite russische“ Einwanderer-Partei „Israel Beitanu“ (Unser Haus Israel), die der ehemalige Netanjahu-Berater Avigdor Lieberman führt, mit ihren gleichfalls beachtenswerten vier Mandaten bei den Wahlen vom Mai 1999 nur ein Strohfeuer entfacht hat oder tatsächlich zu einer konstruktiven Konkurrenz für Sharansky erwächst, bleibt abzuwarten. Insgesamt wird deutlich, daß die russisch-jüdischen Olim auch knapp zehn Jahre nach Beginn der großen Alijah stark „ethnisch“ wählen und die Zahl ihrer direkten Interessenvertreter im israelischen Parlament etwa proportional zur Einwanderung ansteigt. Von den etablierten politischen Kräften der Alteingesessenen können sie nicht mehr ignoriert werden, was sich besonders bei den Direktwahlen zum Ministerpräsidenten zeigt: Erdrutschartig verlor Benjamin Netanjahu im Mai 1999 seine russisch-jüdischen Sympathisanten, die ihrerseits nun dem sozialdemokratischen Rabin-Zögling Ehud Barak an die Macht verhalfen.

Verständlicherweise konzentriert sich die Arbeit der Einwandererparteien noch stark auf die Verbesserung der bisherigen Integration, wird besonderer Wert auf optimalere Wohnbedingungen und Beschäftigungsmöglichkeiten für die GUS-Olim gelegt. In Fragen der Bildungspolitik kann – gerade wegen des hohen Anteils an Akademikern und dem von den meisten russisch-jüdischen Immigranten sehr hoch bewerteten Stellenwert von Schule, Ausbildung und Beruf – die israelische Gesellschaft langfristig innovative Reformanstöße erwarten. Der Bildungssektor bildet neben dem Personenstandswesen allerdings auch jenes Feld, auf dem es zu den zahlreichsten und heftigsten Auseinandersetzungen mit den religiösen Interessenverbänden kommen dürfte – Auseinandersetzungen, die allerdings die gesamte Gesellschaft tangieren.

Wirtschaftlicher Aufstieg und politische Achtungserfolge der russischen Juden haben die Distanz zur alteingesessenen Bevölkerung bisher aber wenig verringert. Euphorische Begrüßungsszenen auf dem Ben-Gurion-Airport in Tel Aviv sind seltener geworden, und Meinungsumfragen der letzten Jahre deuten sogar auf rückläufige Sympathiewerte hin. So fühlten sich laut einer Umfrage des israelischen Rundfunks vom Frühsommer 1997 33 % der Sabres durch die Neueinwanderer „erschreckt“. 40 % glaubten, daß diese zu viel Regierungshilfe erhielten. 63 % wandten sich sogar gegen eine weitere Masseneinwanderung aus den GUS-Staaten.[25] Offenbar assoziieren viele Israelis die neue Immigrationswelle mit einem Niedergang moralischer Werte und einem drastischen Anstieg der Kriminalität im Land. Einer vom „Israel women's network", der „Russian immigrant association" und dem „Zionist forum" zu Anfang 1997 in Auftrag gegebenen Umfrage zufolge glaubten 44 % der Befragten, daß „*viele* Immigrantinnen" in Prostitution verwickelt seien. 65 % gaben an, von den weiblichen Olim einen „insgesamt schlechten Eindruck" zu haben.[26] Bei den Männern werden Fälle mafiöser Betätigung – die zweifelsohne zur Realität dieser Alijah gehören – rasch auf die Masse der GUS-Zuwanderer übertragen. Demgegenüber erklärten Vertreter des israelischen Innenministeriums, daß russische Juden *nicht* überproportional in den Kriminalitätsstatistiken auftauchen – mit Ausnahme hoher Fallzahlen von innerfamiliärer Gewalt.[27]

Während des Gerichtsverfahrens gegen den einst von Interpol gesuchten Ex-Moskauer Zwi Ben Ari – ehemals Gregory Lerner – wurde deutlich, wie gereizt die GUS-Olim mittlerweile auf das Thema Kriminalität reagieren: Spontan kam es zu Demonstrationen pro Ben Ari, der als der „russische Dreyfuss" glorifiziert wurde.

Bei der Umfrage zu den Sympathiewerten gegenüber den russisch-jüdischen Neueinwanderern kann davon ausgegangen werden, daß die ebenfalls erfragten Begründungen kein vollständiges Ursachenbild liefern. Hinter Argumentationen wie „Werteverfall" und „Kriminalitätsanstieg" dürften oft genug auch die beschriebenen kulturellen Gegensätze und nicht zuletzt die Befürchtung wachsender finanzieller Einbußen im Falle einer weiteren kontinuierlichen Zuwanderung stehen. Demgegenüber deutet die geringe Abwanderungsquote russischer Juden *aus* Israel, die unter 10 % liegt, darauf hin, daß sie mit einem bestimmten Maß an kultureller Disharmonie und gegenseitiger Abgrenzung auszukommen verstehen und unter Umständen auch gar keinen

25 Dalia Schori, Ha'aretz, 2.7.1997. Zit. nach: Michael Wolffsohn, Die ungeliebten Juden. Israel – Legenden und Geschichte. München 1998, S. 254.

26 Vgl. Netty C. Gross (1997), S. 17.

27 Vgl. Schreiber (1998), S. 338f.

Wert auf ein tieferes „Eintauchen" in die israelische Gesellschaft legen. In der bisherigen Einwanderungsgeschichte ist dies ein Novum und ruft bei Teilen der alteingesessenen Bevölkerung offensichtlich Verunsicherungen hervor.

Von daher ist es für die heutige israelische Gesellschaft eine der größten Herausforderungen überhaupt, mit vereinten Kräften einer drohenden Spaltung oder „Kantonisierung" der verschiedenen Bevölkerungs- und Interessengruppen vorzubauen – sei es durch vermehrten Informationsaustausch, engere Kooperation im kommunalen Sektor oder ein integrativeres Schul- und Erziehungswesen, das alle Schichten gleichermaßen berücksichtigt. Daneben werden sich die ethnischen Spannungen vornehmlich zwischen russischen Neuankömmlingen und alteingesessenen, aber sozial schwachen sephardischen Gruppen nur dann wirksam abbauen lassen, wenn letztere noch besser als bisher sozial und kulturell gefördert werden und sie das Gefühl verlieren, ein weiteres Mal der Verlierer bei einer aschkenasischen Einwanderungswelle zu sein.

Insgesamt gesehen, deutet aber vieles darauf hin, daß das Einwanderungsland Israel auch den postsowjetischen Massenexodus erfolgreich auffängt und die dabei gesammelten Erfahrungen für andere Länder mit starker Migration interessant bleiben werden. Vorbild- und Modellcharakter besitzt in jedem Fall schon jetzt die erfolgreiche Eingliederung der russischen Olim in den israelischen Arbeitsmarkt, auch wenn hierzu staatlich subventionierte Sonderprogramme in einem Umfang beigetragen haben, der beispielsweise in den USA und Deutschland undenkbar wäre. Israel versteht sich nach wie vor als jüdischer Staat „von Migranten für Migranten" und richtet seine gesamte Integrationspolitik daran aus. Dennoch fällt auf, daß die gelungene wirtschaftliche Absorption der GUS-Olim gerade auch durch effektive Begleit- und Fördermaßnahmen herbeigeführt wurde. Wenn in Israel über 60 % der Olim wenige Jahre nach der Einwanderung die hebräische Sprache weitgehend fließend beherrschen[28] und sich nach diesem Zeitraum nur noch rund ein Zehntel von ihnen auf Arbeitssuche befindet[29], dürfte dies Signalcharakter für andere Länder wie die Bundesrepublik haben, wo nur rund 10 % der Vergleichsgruppe über ausreichende deutsche Sprachkenntnisse verfügen[30] und sich die Arbeitslosenquote der GUS-Juden deutlich über dem allgemeinen Immigranten-Durchschnitt befindet.

Schon ein einfacher Vergleich macht deutlich, daß die Sprachförderung der Einwanderer in Israel wesentlich komplexer, praxisorientierter und zeitintensiver gestaltet ist als in Deutschland und den USA. In Zusammenarbeit von Einwanderungs- und Bildungsministerium bieten die Sprachzentren („Ulpanim") zunächst einen fünfmonatigen Grundkurs als Basis an, um danach in gestaffelter Weise berufsorientiert, aber auch mit Themen, die das Alltagsleben der Olim in der neuen Gesellschaft direkt tangieren, weiterzuarbeiten. Insgesamt drei Sprachkurse hintereinander vermitteln das Rüstzeug für rasche kommunikative Fortschritte[31] und lassen erahnen, weshalb die Probleme der Immigranten dann beim Berufseinstieg gering bleiben. In Deutschland, wo eine Modellprüfung und mögliche Übernahme der israelischen Sprachförderprogramme angezeigt gewesen wäre, hat sich ein verhängnisvoller gegenläufiger Trend entwickelt. 1993 wurde die Sprachförderung für Spätaussiedler und jüdische Zuwanderer auf einen sechsmonatigen kostenlosen Sprachkurs mit 25 Unterrichtsstunden pro Woche reduziert.[32]

28 Vgl. Andrea Wigger, Das „Gesher"-Theater – Ausnahme oder Regel für die kulturelle Integration der Alijah der 90er Jahre aus der ehemaligen Sowjetunion in Israel?, Magisterarbeit, Humboldt-Universität Berlin 1999, S. 38.

29 Central Bureau of Statistics of Israel 1997, S. 164f. Fernerhin: Schreiber (1998), S. 324.

30 Vgl. Wigger (1999), S. 38.

31 Vgl. Hanna Polani, Sprachunterricht für Neueinwanderer. Die israelischen Ulpanim. In: Klaus J. Bade/S. Ilan Troen, Zuwanderung und Eingliederung von Deutschen und Juden aus der früheren Sowjetunion in Deutschland und Israel, Bonn 1993, S. 131ff.

32 Ursprünglich bestand die Möglichkeit einer Kursdauer von zehn Monaten. Vgl. hierzu: Paul Anthony Harris, The politics of Reparation and Return: Soviet Jewish and Ethnic German Immigration to the new Germany. Diss., Auburn/Montgomery 1997, S. 167.

Daß sich dies letztlich nur integrationshemmend auswirken kann, hat die neue Regierungskoalition im Falle der *Spätaussiedler* (wieder-)erkannt und für diese Klientel auch verbesserte Maßnahmen angekündigt.[33] Die Gruppe der jüdischen GUS-Immigranten wartet auf eine ähnliche unterstützende Initiative bisher vergeblich.

Die allgemein besten Integrationsaussichten bestehen sowohl in Israel, als auch in den USA und in der Bundesrepublik für die Kinder der Immigrantenfamilien aus den GUS-Staaten. Oft erlernen sie die Sprache des Aufnahmelandes in nur wenigen Jahren akzentfrei. Unbefangen knüpfen sie Kontakte zu Mitschülern anderer Herkunft und übernehmen Vorstellungen der Umgebung spielerisch und nach eigenem Ermessen. Voraussetzung ist allerdings, daß den Mädchen und Jungen die Eingewöhnung in das neue Umfeld ohne größere psychologische Probleme gelingt, was durch gezielte Förderprogramme an den Schulen sehr erleichtert werden kann. In Israel mehren sich unter den Bildungsexperten die Stimmen, die eine Ausweitung integrativer Konzepte auf mehr Schulen als bisher fordern.[34] Die Eingliederung der Zuwanderer-Kinder soll dort allmählich und ungezwungen vor sich gehen. Ihre Herkunftssprache ist ausdrücklich erwünscht, und sie sollen freimütig über positive wie negative Erlebnisse in der früheren Heimat sprechen können. Tendenzen von Marginalisierung und Isolation soll auch dadurch vorgebaut werden, daß einzelne Lehrer aus der gleichen Zuwanderergruppe wie die Kinder in den Lehrkörper eingebunden werden. So bleiben zumindest in der ersten Phase der Umstellung auch gleichsprachige erwachsene Bezugspersonen für die Mädchen und Jungen der Neueinwanderer erreichbar.

Derartige integrative Schulmodelle, wie sie in Israel konzi-

33 Bundesregierung will junge Aussiedler besser integrieren. In: Frankfurter Allgemeine Zeitung, 4.2.1999.

34 Rita Sever, Learning from Experience? Israeli Schools and the Task of Immigrant Absorption. In: Lewin-Epstein/Ro'i/Ritterband (1997), S. 534: „Schools, where this pattern is well established are still rare in Israel. Nevertheless, one of the lessons we should have been learned from the long and rich Israeli experience with immigrant integration is the necessity to start developing schools that specialize in this area."

piert werden, könnten auch in der Bundesrepublik und in den USA an Bedeutung gewinnen. In dem Maße, wie die Kinder der GUS-Zuwanderer – und anderer Immigrantengruppen – stärker in ihre neue Umgebung eingebunden werden und sie die dabei gewonnenen positiven Erfahrungen auch ihren älteren Verwandten vermitteln können, dürfte sich langfristig auch die Intensität einwanderungsbedingter innerfamiliärer Probleme[35] verringern.

35 Auf die überdurchschnittlich hohe Zahl von innerfamiliären Gewaltdelikten bei GUS-Einwanderern in Israel wurde bereits verwiesen. Zu psychosozialen Problemen der russischen Einwandererfamilien in der Bundesrepublik Deutschland vgl.: Nelja S. Chrustaljeva, Psychologija emigrazii, Diss., St. Petersburg 1996, S. 30.

Herausgeber und Autoren

Julius H. Schoeps
geb. 1942 in Djursholm/Schweden, Studium der Geschichte, Politik-, Kommunikations- und Theaterwissenschaften in Erlangen und Berlin, Habilitation 1973, von 1974 bis 1992 Professor für Politische Wissenschaften an der Universität Duisburg, bis 1991 Direktor des Salomon Ludwig Steinheim Institutes in Duisburg, seit 1992 Professor für Neuere Geschichte an der Universität Potsdam und Direktor des Moses Mendelssohn Zentrums für europäisch-jüdische Studien in Potsdam. Gastprofessuren in Tel Aviv, New York und Seattle.
Zahlreiche Veröffentlichungen zur deutsch-jüdischen Geschichte, u. a: „Moses Mendelssohn" (1979), „Theodor Herzl. Briefe und Tagebücher", 5 Bde., (1983, Mithg.), „Aron Bernstein in seiner Zeit" (1992), „Russische Juden in Deutschland. Integration und Selbstbehauptung in einem fremden Land" (1996, zusammen mit Willi Jasper und Bernhard Vogt). Herausgeber des „Neuen Lexikon des Judentums" (1992, überarb. in neuer Auflage 1998) und Mitherausgeber von „Menora. Jahrbuch für deutsch-jüdische Geschichte" (1990–99).

Willi Jasper
geb. 1945 in Lavelsloh (Niedersachsen), Studium der Germanistik und Politischen Wissenschaft in Bonn und Berlin. 1975–1989 Mitarbeiter von Kulturzeitschriften, Publizist und Autor für Funk/Fernsehen, 1989 bis 1994 wissenschaftlicher Mitarbeiter und stellvertretender Direktor am Salomon Ludwig Steinheim Institut für deutsch-jüdische Geschichte in Duisburg, Habilitation 1995, seitdem Privatdozent an der Universität Potsdam und wissenschaftlicher Mitarbeiter am Moses Mendelssohn Zentrum Potsdam.
Zahlreiche Veröffentlichungen im Bereich Literatur, Kultur-, Medien- und Zeitgeschichte. Zuletzt u.a.: „Hotel Lutetia. Ein deutsches Exil in Paris" (1994), „Deutsch-jüdische Passagen" (1996, zusammen mit Julius H. Schoeps), „Russische Juden in

Deutschland. Integration und Selbstbehauptung in einem fremden Land“ (1996, zusammen mit Julius H. Schoeps und Bernhard Vogt), „Faust und die Deutschen“ (1998).

Bernhard Vogt

geb. 1964 in Würzburg, Studium der Geschichte, Wirtschafts- und Sozialwissenschaften, 1989–1994 wissenschaftlicher Mitarbeiter am Salomon Ludwig Steinheim Institut für deutsch-jüdische Geschichte in Duisburg, seit 1995 Forschungen zur Integration russisch-jüdischer Flüchtlinge in Deutschland und zur Wirtschaftsgeschichte, Projekt-Mitarbeiter am Moses Mendelssohn Zentrum. Publikationen u. a.: „Russische Juden in Deutschland. Integration und Selbstbehauptung in einem fremden Land“ (1996, zusammen mit Julius H. Schoeps und Willi Jasper), „Franz Oppenheimer. Wissenschaft und Ethik der sozialen Marktwirtschaft“ (1997).

Sabine Gruber

geb. 1952 in Ludwigsburg, Studium der Pädagogik in Tübingen, verschiedene Lehr- und Forschungstätigkeiten im pädagogischen Bereich, wissenschaftliche Mitarbeiterin im Hochschuldidaktischen Zentrum und im Zentrum für Weiterbildung der Universität Dortmund, beteiligt an verschiedenen Forschungsprojekten zu Fragen osteuropäischer Migration unter Bildungsaspekten, zuletzt im Projekt "Russische und polnische WissenschaftlerInnen in Deutschland" an der Universität Dortmund.

Judith Kessler

geb. 1959, Sozialwissenschaftlerin und Journalistin, längere Studienaufenthalte in Polen, der Sowjetunion und Israel, Arbeit in der Flüchtlings- und Aussiedlerhilfe, ab Anfang der 90er Jahre Betreuung und Beratung russischer Zuwanderer in der Jüdischen Gemeinde zu Berlin, seit 1998 Redakteurin des Magazins „jüdisches berlin“.

Veröffentlichungen zur Migrationsproblematik, u. a.: „Von Aizenberg bis Zaidelman. Jüdische Zuwanderer aus Osteuropa in Berlin und die Jüdische Gemeinde heute“, hg. v. der Ausländerbeauftragten des Berliner Senats, Berlin 1995; „Jüdische

Immigration seit 1990. Resümee einer Studie mit 4.000 Zuwanderern aus der früheren Sowjetunion in Berlin.“ In: Trumah. Zeitschrift der Hochschule für Jüdische Studien Heidelberg, 7 (1998), S. 87–100.

Hanna Petschauer
geb. 1971 in Leipzig, Studium der Soziologie und Psychologie in Berlin und Leipzig, Golda-Meir-Stipendium an der Hebräischen Universität Jerusalem, 1998 Koordinatorin am Zentrum für Kognitionswissenschaften der Universität Leipzig, seit April 1999 wissenschaftliche Mitarbeiterin am Institut für Soziologie an der Universität Leipzig; Veröffentlichungen u. a. in regionalen Studien zur Integration russischer Juden im Leipziger Raum.

Alphons Silbermann
geb. 1909 in Köln, Prof. em. an der Universität zu Köln, Lehre und Forschung als Soziologe und Kommunikationswissenschaftler, Leiter des Kölner Institutes für Massenkommunikation. Zahlreiche Publikationen über Themen der Kunst- und Musiksoziologie, seit den 80er Jahren verstärkt zu gesellschaftspolitischen Problemen und zur Antisemitismusforschung.
Publikationen u. a.: „Sind wir Antisemiten? Ausmaß und Wirkung eines sozialen Vorurteils in der Bundesrepublik Deutschland“ (1982), „Was ist jüdischer Geist? Zur Identität der Juden“ (1984), „Alle Kreter lügen. Die Kunst mit Vorurteilen zu leben“ (1993). Regionale Studien zur Integration russischer Juden in die Synagogen-Gemeinde Köln; Autobiographien: „Verwandlungen“ (1989), „Flaneur des Jahrhunderts“ (1999). In Vorbereitung: „Auschwitz. Nie davon gehört? Erinnern und Vergessen in Deutschland“.

Harald Petzold
geb. 1962 in Heringsdorf/Usedom, Diplompädagoge (Musik und Deutsch), von 1990 bis 1999 Mitglied des Brandenburgischen Landtages und in bildungspolitischen Gremien tätig, Forschungsstudium im Bereich der Musiktheorie und der Politischen Bildung (Lehramt),

Publizistische Tätigkeit, zuletzt: „Homo-Ehe – Flucht aus der Moderne?". In: UTOPIE kreativ, H. 95 (Sept. 1998), S. 13–23.

Olaf Glöckner
geb. 1965 in Chemnitz, Studium der Geschichte, Israelwissenschaften und Jüdischen Studien an der Humboldt-Universität Berlin und an der Universität Potsdam, journalistische Tätigkeit, längere Israel-Aufenthalte, Projekt-Mitarbeiter am Moses Mendelssohn Zentrum Potsdam.

Literaturanhang

Angenendt, Steffen (Hg.), Migration und Flucht. Aufgaben und Strategien für Deutschland, Europa und die internationale Gemeinschaft(= Schriftenreihe der Bundeszentrale für politische Bildung, Bd. 342), Bonn 1997.

Aptekman, David, Jewish Emigration from the USSR, 1990–1992: Trends and Motivation. In: Jews in Eastern Europe, Nr. 1 (1993), S. 15–33.

Bade, Klaus J., Neue Heimat im Westen. Vertriebene, Flüchtlinge, Aussiedler, Münster 1990.

Ders./Troen, S. Ilan (Hg.), Zuwanderung und Eingliederung von Deutschen und Juden aus der früheren Sowjetunion in Deutschland und Israel, Bonn 1993.

Ders., Ausländer – Aussiedler – Asyl: eine Bestandsaufnahme, München 1994.

Bals, Christel, Zur Wohnraumversorgung von Aussiedlern in der Bundesrepublik. In: Klaus J. Bade/S. Ilan Troen (Hg.), Zuwanderung und Eingliederung von Deutschen und Juden aus der früheren Sowjetunion in Deutschland und Israel, Bonn 1993, S. 76–80.

Beauftragter der Bundesregierung für Aussiedlerfragen (Hg.), Info-Dienst Deutsche Aussiedler. Zahlen. Daten. Fakten, Bonn 1998.

Biletski, Valeri (1996), „Deutschland bietet mir keinen Dialog an!“ Zur Situation von Künstlern und Intellektuellen. In: Willi Jasper/Julius H. Schoeps/Bernhard Vogt (Hg.), Russische Juden in Deutschland. Integration und Selbstbehauptung in einem fremden Land, Weinheim 1996, S. 280–323.

Bland-Spitz, Daniela, Die Lage der Juden und die jüdische Opposition in der Sowjetunion 1967–77, Diss., Diessenhofen 1980.

Bloch, Benny, Zedaka – Die Gerechtigkeit. Jüdische Sozialarbeit 1945 bis heute. In: Tribüne. Zeitschrift zum Verständnis des Judentums, 38. Jg., Nr. 149 (1999), S. 127–139.

Bodemann, Michal Y. (Hg.), Jews, Germans, Memory. Reconstructions of Jewish Life in Germany, Ann Arbor 1996.

Bommes, Michael, Migration und Sprachverhalten. Eine ethnographisch-sprachwissenschaftliche Fallstudie, Wiesbaden 1993.

Brenner, Gabi, Jahresbericht 1998. Sozialarbeit und Kulturarbeit der Jüdischen Gemeinde Weiden, Weiden 1998.

Brym, Robert J., Jewish Emigration from the Former USSR: Who? Why? How Many?. In: Noah Lewin-Epstein/Yaacov Ro'i/Paul Ritterband (Hg.), Russian Jews on Three Continents. Migration and Resettlement, London 1997, S. 177–193.

Bubis, Ignatz, Jüdisches Leben in Deutschland 1945–1995. In: Günther B. Ginzel, (Hg.), Der Anfang nach dem Ende. Jüdisches Leben in Deutschland 1945 bis heute, Düsseldorf 1996, S. 37–51.

Bürkle, Gertrud u. a., Jüdische Einwanderung aus den Ländern der ehemaligen Sowjetunion nach Stuttgart, hg. v. der Israelitischen Religionsgemeinschaft Baden-Württemberg, Stuttgart 1994.

Burgauer, Erica, Zwischen Erinnerung und Verdrängung – Juden in Deutschland nach 1945, Reinbek bei Hamburg 1993.

Diner, Dan, Nationalstaat und Migration. Zu Begriff und Geschichte. In: Mechtild Jansen/Sigrid Baringhorst (Hg.), Politik der Multikultur. Vergleichende Perspektiven zu Einwanderung und Integration, Baden-Baden 1994, S. 17–30.

Dietz, Barbara/Peter Hilkes, Rußlanddeutsche: Unbekannte im Osten. Geschichte. Situation. Zukunftsperspektiven, München 1993.

Dies., Anpassung oder Ausgrenzung. Deutsche in der vormaligen Sowjetunion und rußlanddeutsche Aussiedler in der Bundesrepublik Deutschland. In: Sylvia Schraut/Thomas Grosser, (Hg.), Die Flüchtlingsfrage in der deutschen Nachkriegsgesellschaft, Mannheim 1996, S. 75–92.

Duwidowitsch, Ljudmila/Volker Dietzel (Hg.), Russisch-jüdisches Roulette. Jüdische Emigranten erzählen ihr Leben in der Sowjetunion, Zürich 1993.

Dies., „Alles oder nichts" – Die Emigration ist wie ein Spiel. Gespräche mit russisch-jüdischen Kindern und Jugendlichen. In: Julius H. Schoeps/Willi Jasper/Bernhard Vogt, (Hg.), Russische Juden in Deutschland. Integration und Selbstbehauptung in einem fremden Land, Weinheim 1996, S. 324–339.

Eisenstadt, Shmuel, The Absorption of Immigrants, London 1954.

Esser, Hartmut, Aspekte der Wanderungssoziologie. Assimilation und Integration von Wanderern, ethnischen Gruppen und Minderheiten. Eine handlungstheoretische Analyse, Darmstadt/Neuwied 1980.

Ders., Ist das Konzept der Integration gescheitert? Vortragsmanuskript aus Anlaß der Eröffnung des Landeszentrums für Zuwanderung NRW am 8. Januar 1998, Universität Mannheim, Mannheimer Zentrum für Europäische Sozialforschung

Florsheim, Yoel, Soviet Jewish Immigration to Israel in 1990 – A Demographic Profile. In: Soviet Jewish Affairs, Jg. 21, Nr. 2 (1991).

Flottau, Marion, Die Eingliederung der jüdischen Kontingentflüchtlinge aus der ehemaligen Sowjetunion/den GUS-Staaten, Diplomarbeit, Ruhr-Universität Bochum 1999.

Friedmann, Alexander u. a. (Hg.), Eine neue Heimat? Jüdische Emigrantinnen und Emigranten aus der Sowjetunion, Wien 1993.

Frischkopf, A., Multikulturelle Gesellschaft – eine politische Zauberformel. Oder: das Leugnen der Konflikte schadet der

Utopie. In: Landesinstitut für Schule und Weiterbildung (Hg.), Von der Utopie der multikulturellen Gesellschaft und Schwierigkeiten ihrer Verwirklichung, Soest 1990.

Giordano, Ralph, Wohin, Deutschland, gehst Du? Gedanken zur Vergangenheit und Gegenwart. In: Günther B. Ginzel, (Hg.), Der Anfang nach dem Ende. Jüdisches Leben in Deutschland 1945 bis heute, Düsseldorf 1996, S. 279–303.

Gitelman, Zwi, Soviet Jewish Emigrants: Why Are They Chosing America?, In: Soviet Jewish Affairs, 1 (1977), S. 31–46.

Ders., Becoming Israelis. Political Resocialization of Soviet and American Immigrants, New York 1982.

Ders., A Century of Ambivalence: The Jews of Russia and the Soviet Union, 1881 to the Present, New York 1988.

Gold, Steven J./Mia Tuan, Jews from the Former USSR in the United States, San Francisco 1993.

Grosser, Thomas, Die Flüchtlingsfrage in der sozialgeschichtlichen Erweiterung. Anmerkungen zum neueren Forschungsstand. In: Sylvia Schraut/Thomas Grosser (Hg.), Die Flüchtlingsfrage in der deutschen Nachkriegsgesellschaft, Mannheim 1996, S. 19–30.

Harris, Paul Anthony, The Politics of Reparation and Return: Soviet Jewish and Ethnic German Immigration to the New Germany, Diss., Auburn University 1997.

Ders., Jüdische Einwanderung nach Deutschland. Politische Debatte und administrative Umsetzung. In: Zeitschrift für Migration und soziale Arbeit, Nr. 1 (1997).

Holz, Gerda/Hermann Scheib/Sükriye Altun/Ute Petereit/Jutta Schürkes, Fremdsein, Altwerden, und was dann? – Ältere Migranten und die Altenhilfe, Frankfurt a. M. 1994.

Info-Dienst Deutsche Aussiedler, Zahlen. Daten. Fakten, Nr. 99 (Sept. 1998), hg. v. Beauftragten der Bundesregierung für Aussiedlerfragen, Dr. Horst Waffenschmidt, Bonn 1998.

Jasper, Willi/Bernhard Vogt, Integration und Selbstbehauptung. Russische Juden in Deutschland. In: Tribüne. Zeitschrift zum Verständnis des Judentums, 38. Jg., Nr. 149 (1999), S. 157–173.

Kaufmann, Uri (Hg.), On the Way to Pluralism? Jewish Communities in Germany Today. In: Susan Stern (Hg.), Speaking Out. Jewish Voices from United Germany, Berlin 1995, S. 28–38.

Kessler, Judith, Jüdische Migration aus der ehemaligen Sowjetunion seit 1990. Beispiel Berlin, Magisterarbeit, Fernuniversität Hagen 1996.

Dies., Jüdische Immigration seit 1990. In: Zeitschrift für Migration und soziale Arbeit, Nr. 1 (1997), S. 40–47.

Kiesel, D., Vorläufige Überlegungen zu einer Ethik multikulturellen Zusammenlebens. In: Lenz, Wolfgang (Hg.), Politische Bildung und politische Kultur. Herausforderungen, Konzepte, Erfahrungen, Bad Boll 1988, S. 232–238.

Koller, Barbara, Aussiedler der großen Zuwanderungswellen – was ist aus ihnen geworden? Die Eingliederungssituation von Aussiedlerinnen und Aussiedlern auf dem Arbeitsmarkt in Deutschland. In: Mitteilungen aus der Arbeitsmarkt- und Berufsforschung, 30. Jg., H. 4 (1997), S. 766–789.

Korn, Salomon, Geteilte Erinnerung. Beiträge zur deutsch-jüdischen Gegenwart, Bodenheim 1999

Loewy, Hanno, Jüdische Existenz in Deutschland. Zur Gegenwart vieler offener Fragen. In: Tribüne. Zeitschrift zum Verständnis des Judentums, 38. Jg., Nr. 149 (1999), S. 90–101.

Mammey, Ulrich/Rolf Schiener, Zur Eingliederung der Aussiedler in die Gesellschaft der Bundesrepublik Deutschland. Ergebnisse einer Panelstudie des Bundesinstituts für Bevölkerungsforschung, Opladen 1998.

Mehrländer, Ursula, Ausländerforschung 1965 bis 1980: Fragestellungen, theoretische Ansätze, empirische Ergebnisse, Bonn 1987.

Dies./Günther Schultze, Einwanderungskonzept für die Bundesrepublik Deutschland. Fakten, Argumente, Vorschläge, hg. v. Forschungsinstitut der Friedrich-Ebert-Stiftung, Bonn 1992.

Mertens Lothar, Alija, Die Emigration der Juden aus der UdSSR/GUS, Bochum ²1993.

Ders., Davidstern unter Hammer und Zirkel. Die Jüdischen Gemeinden in der SBZ/DDR und ihre Behandlung durch Partei und Staat 1945–1990, Hildesheim 1997.

Ders., Alltäglicher Antisemitismus in der deutschen Provinz? Der Fall Gollwitz. In: Wolfgang Benz (Hg.), Jahrbuch für Antisemitismusforschung, Bd. 7, Frankfurt a. M./New York 1998.

Ministerium für Arbeit, Gesundheit und Soziales des Landes Nordrhein-Westfalen (Hg.), Ausländer, Aussiedler und Einheimische als Nachbarn, Wuppertal 1992.

Münz, Rainer/Wolfgang Seifert/Ralf Ulrich, Zuwanderung nach Deutschland. Strukturen, Wirkungen, Perspektiven, Frankfurt a. M. 1997.

Nachama, Andreas, Ost und West. Die jüdische Gemeinde in Berlin 1945 bis 1988. In: Tribüne. Zeitschrift zum Verständnis des Judentums, 38. Jg., Nr. 149 (1999), S. 173–185.

Paltiel, Ari M./Eitan F. Sabatello/Dorith Tal, Immigrants from the Former USSR in Israel in the 1990s: Demographic Characteristics and Socio-Economic Absorption. In: Noah Lewin-Epstein/Yaacov Ro'i/Paul Ritterband (Hg.), Russian Jews on Three Continents. Migration and Resettlement, London 1997, S. 284–321.

Petschauer, Hanna, Migrationserwartungen und ihre Modifizierung im Integrationsprozeß am Beispiel jüdischer Zuwanderer aus der ehemaligen Sowjetunion in der Stadt Leipzig seit 1990, Diplomarbeit, Universität Leipzig 1998.

Dies., Wege der Integration – russische Juden in Leipzig nach 1990. In: Menora 1999, hg. v. Julius H. Schoeps/Karl E. Grözinger/Gert Mattenklott, Berlin/Bodenheim 1999, S. 75–108.

Polian, Pavel, Geschichte und Soziologie einer Emigration. In: Menora 1999, hg. v. Julius H. Schoeps/Karl E. Grözinger/ Gert Mattenklott, Berlin/Bodenheim 1999, S. 37–59.

Rapaport, Lynn, Jews in Germany after the Holocaust. Memory, Identity and Jewish-German Relations, Cambridge 1997.

Die Rechten in Berlin oder Wie sich Ost und West ergänzen. Beispiele für rechtsextreme Aktivitäten in Berlin. In: Bulletin, Schriftenreihe des Zentrums Demokratische Kultur, Nr. 2 (1998).

Richarz, Monika, Juden in der Bundesrepublik Deutschland und in der Deutschen Demokratischen Republik seit 1945. In: Micha Brumlik/Doron Kiesel/Cilly Kugelmann/Julius H. Schoeps (Hg.), Jüdisches Leben in Deutschland seit 1945, Frankfurt a. M. 1986, S. 13–30.

Ro'i, Yaacov (Hg.), Jews and Jewish Life in Russia and the Soviet Union (Cummings Center Series), Ilford (Essex, England)/Portland (Oregon) 1995.

Runge, Irene, Vom Kommen und Bleiben. Osteuropäische jüdische Einwanderer in Berlin, hg. v. der Ausländerbeauftragten des Senats von Berlin, Barbara John, Berlin 1992.

Dies., „Ich bin kein Russe". Jüdische Zuwanderer zwischen 1989 und 1994, Berlin 1995.

Dies./Igor Chalmiev, Was ich von und in Deutschland wissen sollte. Kleine Integrationshilfe für russischsprachige jüdische Zuwanderer, hg. v. der Ausländerbeauftragten des Landes Brandenburg, Berlin 1998.

Ryvkina, Rozalina, Juden im postsowjetischen Rußland. Umfrage unter der jüdischen Bevölkerung in Moskau, Rostow am Don, Ekaterinburg (Swerdlowsk) und Chabarowsk, Moskau 1996 [in russischer Sprache].

Schmalz-Jacobsen, Cornelia/Georg Hansen (Hg.), Kleines Lexikon der ethnischen Minderheiten in Deutschland (= Schriftenreihe der Bundeszentrale für politische Bildung), Bonn 1997.

Simon, Rita J. (Hg.), New Lives. The Adjustment of Soviet Jewish Immigrants in the United States and Israel, Toronto/Lexington (Mass.) 1985.

Schmelz, Uziel O. u. a. (Hg.), Studies in Jewish Demography. Survey for 1972–1980, New York 1983.

Schoeps, Julius H.,/Willi Jasper/Bernhard Vogt (Hg.), Russische Juden in Deutschland. Integration und Selbstbehauptung in einem fremden Land, Weinheim 1996.

Schraut, Sylvia/Thomas Grosser (Hg.), Die Flüchtlingsfrage in der deutschen Nachkriegsgesellschaft, Mannheim 1997.

Schütze, Yvonne, Warum Deutschland und nicht Israel? Begründungen russischer Juden für die Migration nach Deutschland. In: BIOS, Nr. 2 (1997).

Schulte, A., Multikulturelle Gesellschaft: Chance, Ideologie oder Bedrohung. In: Aus Politik und Zeitgeschichte. Beilage zur Wochenzeitung „Das Parlament", Bd. 23–24 (1990), S. 3–15.

Schulze, Rainer/Doris von der Brelie-Lewien/Helga Grebing (Hg.), Flüchtlinge und Vertriebene in der westdeutschen Nachkriegsgesellschaft, Hildesheim 1987.

Silbermann, Alphons, Sind wir Antisemiten? Ausmaß und Wirkung eines sozialen Vorurteils in der Bundesrepublik Deutschland, Köln 1982.

Ders./Francis Hüsers, Der „normale" Haß auf die Fremden. Eine sozialwissenschaftliche Studie zu Ausmaß und Hintergründen von Fremdenfeindlichkeit in Deutschland, München 1995.

Ders. u. a., Die Synagogen-Gemeinde Köln: Partizipation und Integration. Eine Untersuchung der Gemeindemitglieder, Manuskript, Institut für Massenkommunikation, Köln 1998

Spülbeck, Susanne, Ordnung und Angst. Russische Juden aus der Sicht eines ostdeutschen Dorfes nach der Wende, Diss., Frankfurt a. M./New York 1997.

Statistisches Bundesamt (Hg.), Strukturdaten über die ausländische Bevölkerung, Stuttgart 1997.

Thränhardt, Dietrich, Die Bundesrepublik Deutschland – Ein unerklärtes Einwanderungsland. In: Aus Politik und Zeitgeschichte. Beilage zur Wochenzeitung „Das Parlament", Nr. 24 (1988).

Tress, Madeleine, Foreigners or Jews? The Soviet Jewish Refugee Populations in Germany and in the United States. In: East European Jewish Affairs, Nr. 2 (1997), S. 21–38.

Tolts, Mark, The Interrelationship between Emigration and the Socio-Demographic Profile of Russian Jewry. In: Noah Lewin-Epstein/Yaacov Ro'i/Paul Ritterband (Hg.), Russian Jews on Three Continents. Migration and Resettlement, London 1997, S. 147–176.

Waldhans-Nys, Claudia, „Nationalität – Ja!" Manifestationen eines neuen jüdischen Lebens in Rußland. In: Julius H. Schoeps/Willi Jasper/Bernhard Vogt (Hg.), Russische Juden in Deutschland. Integration und Selbstbehauptung in einem fremden Land, Weinheim 1996, S. 208–268.